Robert G. Jahn • Brenda J. Dunne

AN DEN RÄNDERN DES REALEN

Robert G. Jahn und Brenda J. Dunne

AN DEN RÄNDERN DES REALEN

Über die Rolle des Bewußtseins in der physikalischen Welt

Mit Beiträgen von Harald Atmanspacher und Eberhard Bauer
Aus dem Amerikanischen von Michael Zillgitt

Zweitausendeins

Für Toby und Sam; für Gretchen, Nimbus, Macho und Shadow; für die Rehe und Gänse und alle unsere Freunde im Tierreich, die Wache gehalten und alles begriffen haben.

Deutsche Erstausgabe.
1. Auflage, April 1999.

Die amerikanische Originalausgabe ist unter dem Titel »Margins of Reality. The Role of Consciousness in the Physical World« erschienen.

Die deutsche Ausgabe ist um Einführungen zu jedem der fünf Teile des Buches erweitert. In ihnen referieren Harald Atmanspacher und Eberhard Bauer (H. A. & E. B.) die jüngsten Forschungsentwicklungen und die Diskussionen, die die Pionieruntersuchungen von R. G. Jahn und B. J. Dunne seit Erscheinen der Originalausgabe ausgelöst haben.

Das Register der deutschen Ausgabe hat Ekkehard Kunze erstellt.

Redaktion: Manfred Poser, Freiburg.
Lektorat: Ekkehard Kunze und Martin Weinmann, (Büro W), Wiesbaden.
Umschlaggestaltung: Johannes Paus.
Umschlagbild: Mount Wilson & Palomar Observatories, California Institute of Technology.
Satz und Herstellung: Dieter Kohler GmbH, Nördlingen.
Lithografie: Günter Mayr Repro-Technik GmbH, Donauwörth.
Druck: Wagner GmbH, Nördlingen.
Einband: G. Lachenmaier, Reutlingen.
Printed in Germany.

Dieses Buch gibt es nur bei Zweitausendeins im Versand, Postfach, D-60381 Frankfurt am Main, Telefon 069-420 8000 oder 01805-23 2001, Fax 069-415 003 oder 01805-24 2001. Internet www.zweitausendeins.de, E-Mail info@zweitausendeins.de. Oder in den Zweitausendeins-Läden in Berlin, Düsseldorf, Essen, Frankfurt, Freiburg, 2x in Hamburg, in Köln, Mannheim, München, Nürnberg, Saarbrücken, Stuttgart.

In der Schweiz über buch 2000, Postfach 89, CH-8910 Affoltern a. A.

ISBN 3-86150-224-0

Inhalt

IV. Modelle des Bewußtseins

V. Neue Perspektiven

Vorwort

Das Bewußtsein kann sich keiner Frage zuwenden, die tiefer greift und es in größere Verwirrung stürzt als jene: Welche Rolle kommt dem Bewußtsein bei der Herstellung von Realität zu? Eine von zwei einander ausschließenden Positionen zu dieser Frage, die vom Großteil der traditionellen westlichen Wissenschaft und Philosophie favorisiert und mustergültig vom modernen pragmatischen Materialismus artikuliert wird, lautet, der menschliche Geist sei auf eine passiv-rezeptive Funktionsweise beschränkt, kurz: alle Erfahrungen, die er macht, würden ihm von einer ihn gänzlich determinierenden Außenwelt aufgezwungen. Er würde vom Leben Kenntnis nehmen wie ein Besucher, der die Hallen eines Museums durchschreitet. Die Gegenposition, das andere Extrem, wird von zahlreichen Philosophien und Traditionen der Mystik vieler Kulturen und Epochen vertreten. Sie behauptet, alle Erfahrung würde vom Bewußtsein erzeugt. Für diese Position beruht also jede greifbare Realität nur auf Trugbildern. Zwischen diesen beiden unvereinbaren Standpunkten ist Raum für vielfältige individuelle Zwischenpositionen, in denen sich unterschiedliche Konstellationen des kulturellen und religiösen Erbes spiegeln und die bestimmte empirische Erfahrungen, logische Schlußfolgerungen, Intuitionen oder Inspirationen ausdrücken. Das Bewußtsein kann teilweise einen passiven, teilweise einen aktiven Part übernehmen, oder wie Niels Bohr angesichts der Rätsel der modernen Physik einmal gesagt hat: »Im großen Schauspiel der Existenz sind wir sowohl Zuschauer als auch Akteure.«[1]

Wenn die Forschung versucht hat, diese Standpunkte pragmatisch in ein befriedigendes Verhältnis miteinander zu bringen, so hat sie das bis vor kurzem zwangsläufig meist auf einer hypothetischen und qualitativen Grundlage getan. Durch empirische Evidenz zu einer Klärung zu kommen, war kaum möglich. Und wenn die Alchimisten jeder Epoche immer wieder mit größter Hartnäckigkeit versucht haben, die Substanzen zu scheiden und dieses Welträtsel zu lösen, dann haben die Ergebnisse ihrer Anstrengungen die Frage eigentlich immer nur weiter zugespitzt. Die psychologische Forschung hat zwar viele empirische Korrelationen ermittelt und heuristische Modelle konstruiert, wie menschliches Bewußtsein mit seiner Umgebung interagiert; welchen Mechanismen der Dialog zwischen Geist und Materie unterliegt, versteht man damit aber noch lange nicht. Von Seiten der Physik sind einschlägige experimentelle Befunde vorgelegt worden, doch lassen eine ganze Reihe anomaler Effekte – die Probleme des Meßprozesses in der Atom- und Kernphysik, die weißen Regionen auf den Landkarten von Neurophysiologie und Medizin sowie alles, was unter den sogenannten Grenzgebieten der Psychologie subsumiert wird – vermuten, daß die etablierten Paradigmen ernste Defizite aufweisen.

Angesichts der großen – praktischen und philosophischen – Tragweite des Themas mag der Mangel an experimenteller Evidenz erstaunlich sein. Andererseits ist zu bedenken, daß derartige Untersuchungen auf erhebliche Hindernisse stoßen. Bei den physikalischen und psychologischen Beziehungen zwischen Bewußtsein und physischer Außenwelt treten subtile Effekte und Prozesse auf, die zuweilen die fundamentalsten wissenschaftlichen Auffassungen von Raum, Zeit und Kausalität zu verletzen scheinen. Die zahlreichen Parameter, die bei solchen Wechselwirkungen beschrieben werden müssen, sind eigentlich nur interdisziplinär zu erforschen. Außerdem ist anzunehmen, daß verschiedene subjektive und ästhetische Faktoren eine Rolle spielen, die von der traditionellen wissenschaftlichen Methodik normalerweise nicht erfaßt werden. Selbst bei mit größter Sorgfalt konzipierten und scharf kontrollierten Studien treten systematisch reproduzierbare Effekte nur als marginale Abweichungen vom normalen statistischen Verhalten probabilistischer Systeme auf. Es erfordert eine extreme Empfindlichkeit und Stabilität der experimentellen Anordnung und Apparaturen sowie die Erfassung riesiger Datenmengen, wenn im intrinsischen Rauschen der Zufallsprozesse Effekte eindeutig nachgewiesen werden sollen.

Ohne die Schwierigkeiten zu unterschätzen, möchten wir im vorliegenden Buch den Versuch unternehmen, die Rolle des Bewußtseins beim Herstellen physischer Realität aufs neue zu durchdenken und zu untersuchen. Das soll anhand umfangreicher experimenteller Daten geschehen, die in jüngster Zeit mit modernen Datenverarbeitungs- und Interpretationsverfahren erhoben wurden. Dem erwähnten Problem ließ sich dadurch begegnen, daß statistisch reproduzierbare, quantitative Ergebnisse erzielt werden konnten. Bei einigen Experimenten wurde die Wechselbeziehung zwischen Versuchspersonen und verschiedenen technischen Vorrichtungen und

Systemen untersucht; bei anderen ging es um den Empfang von Informationen über geographisch weit entfernte Ziele, die nicht durch gewöhnliche Sinneskanäle zugänglich sind. Bei diesen Studien traten eine Reihe anomaler Effekte auf, die mit etablierten physikalischen und psychologischen Modellen offensichtlich unvereinbar sind und klar darauf hinweisen, daß menschliches Bewußtsein in bezug auf die meßbaren statistischen Charakteristika bestimmter Informationen eine Rolle spielen. Auf der Grundlage des skalierten und parametrisierten Profils dieser Anomalien kann ein begriffliches Modell derartiger Wechselbeziehungen vorgeschlagen werden, das bei der Bewertung von Korrelationen, beim Entwurf aussagefähigerer Experimente, bei der Vorhersage anderer Effekte und bei der grundsätzlichen Deutung der Phänomene hilfreich sein kann. Obwohl die bei diesen Experimenten ablaufenden und dem Modell zugrundegelegten Zufallsprozesse speziell auf eine rigorose quantitative Untersuchung zugeschnitten waren, haben sie viele grundlegende Eigenschaften mit zahlreichen anderen probabilistischen Systemen gemeinsam, welche Physik, Psychologie, Soziologie oder die Ingenieurwissenschaften untersuchen. Insofern ist es sinnvoll, Fragen nach weitergehenden Implikationen der beobachteten und postulierten Effekte zu stellen und zu erwägen.

Unsere Überlegungen gliedern sich in fünf Schritte. *Teil I* versammelt eine Reihe erkenntnistheoretischer Ausgangspunkte. Sie greifen auf Erfahrungen und Gedanken aus einem breiten Spektrum verschiedener Traditionszusammenhänge zurück und konvergieren in Motivation, Definition und Ausarbeitung eines speziellen Forschungsprogramms. *Teil II* gibt eine geraffte Übersicht über den Entwurf, die Durchführung und die Ergebnisse einer Gruppe von Experimenten, bei denen die Wechselbeziehung zwischen menschlichem Bewußtsein und physikalischen Vorrichtungen und Systemen, die verschiedenartige Zufallsprozesse realisieren, direkt untersucht wurde. *Teil III* beschreibt ein ergänzendes Experimentalprogramm zum Empfang und zur Interpretation von Information über unbekannte, räumlich und zeitlich vom Empfänger weit entfernte physikalische Zielobjekte. In *Teil IV* werden die festgestellten anomalen Fähigkeiten menschlichen Bewußtseins im Rahmen eines umfassenden theoretischen Modells diskutiert, das mit derselben Wellenmechanik-Metapher operiert, mit der die moderne Physik arbeitet. *Teil V* schließlich kommt auf die erkenntnistheoretischen Voraussetzungen zurück, von denen wir in Teil I ausgegangen sind, um diese im Licht der experimentellen Ergebnisse und theoretischen Vorhersagen neu zu bewerten. Darüber hinaus versuchen wir hier auch eine Synopse unserer Ausgangsfrage zu zeichnen, welche Rolle das Bewußtsein bei der Herstellung der physikalischen Realität spielt.

Viele technische und philosophische Fäden müssen aufgegriffen und miteinander versponnen werden, um diese Überlegungen zu entwickeln; einige bleiben intuitiv und werden nur grob skizziert, andere sind präziser und knüpfen aneinander an. Ihre Wechselwirkungen sind ebenso wichtig wie ihre individuellen Verläufe. Sobald aber diese begriffliche Basis etabliert ist und ihre empirische Evidenz überprüft wurde, zeigt sich, daß die Rolle des Bewußtseins in der physikalischen Welt wirklich eine aktive Komponente hat. Aufgrund der fundamentalen Prozesse, durch die es mit seiner Umgebung Information austauscht, ordnet und interpretiert, hat das Bewußtsein die Fähigkeit, probabilistische Systeme zu beeinflussen, bahnt sich also einen Weg zu den Rändern des Realen.

I. Ausgangspunkte

Wissenschaftliche Beobachtung.
Stich aus dem 18. Jahrhundert

In ihren Fragestellungen sind sicherlich
alle geisteswissenschaftlichen Disziplinen
und Humanwissenschaften von gleichem Wert,
auch in ihren wechselseitigen Ergebnissen;
daß sie zusammengehören, darf aber nicht
heißen, sie zu vermengen. ... Am sichersten
kommt man immer noch voran, indem man
ein Phänomen in seinem eigenen Bezugssystem
untersucht und sich hernach die Freiheit nimmt,
die aufgefundenen Resultate in eine weiter-
reichende Perspektive einzufügen.

MIRCEA ELIADE[2]

Das Verhältnis zwischen Geist und Materie... ist das beständige Problem, das seit Anbeginn der Welt jeden großen Geist in Staunen versetzte und zu unermüdlichem Streben drängte, vom Zeitalter der Ägypter und der Brahmanen bis hin zu Pythagoras, Platon, Bacon, Leibniz und Swedenborg. Die Sphinx sitzt dort am Wegesrand, und mit jedem Zeitalter kommt ein Prophet des Weges und erprobt sein Schicksal, indem er versucht, ihr Rätsel zu lösen.« So schrieb Ralph Waldo Emerson, einer der großen Philosophen des »Jungen Amerika«, im Jahre 1836 in seinem Essay *Nature* (Emerson 1982). Diese Einschätzung ist heute so aktuell wie damals. Das Problem der Beziehung zwischen Geist und Materie, oft auch als psychophysisches Problem bezeichnet, existiert trotz Dennett (1991) oder Crick (1994) nach wie vor. Es ist weder gelöst noch steht andererseits fest, daß es unlösbar ist, wie dies zum Beispiel Emil Du Bois-Reymond 1872 mit seinem berühmten *ignorabimus* vertrat (Du Bois-Reymond 1974).

Die verschiedensten Versuche, sich mit dem psychophysischen Problem zu beschäftigen, durchziehen *alle* Kulturen der Welt. Es handelt sich dabei nicht etwa um ein Problem von Philosophen und Wissenschaftlern der sogenannten westlichen Kulturen, vielmehr hat es eine weit umfangreichere und ältere Tradition im Mittleren und Fernen Osten sowie anderen Kontinenten. Jede dieser Traditionen hat ihre spezifischen Umgangsformen mit Geist und Materie entwickelt, die letztlich mit dem jeweiligen (sich wandelnden) Realitätsbegriff zusammenhängen. In den östlichen Kulturen verbindet sich damit ein deutlicher Schwerpunkt auf der *spirituellen Innenwelt* des einzelnen. Das Ziel der entsprechenden »Erfahrungserkenntnis« ist es, Hinweise und Anleitungen für eine Entwicklung hin zu menschlicher Reife und Weisheit zu geben. Als verwandte westliche Richtungen können etwa die Mystiker und Gnostiker, Hermetiker und Alchimisten betrachtet werden, von Meister Eckhart bis Nikolaus von Cusa, von Pico della Mirandola bis Paracelsus. In jüngerer Zeit haben beispielsweise Carl Gustav Jung oder Jean Gebser (1953) entsprechende Ansätze wiederbelebt und weiterentwickelt.

Demgegenüber hat sich jedoch in den westlichen Zivilisationen eine Grundtendenz herausgebildet, die heute deutlich von »objektiver wissenschaftlicher Erkenntnis« und deren externer Instrumentalisierung geprägt ist. Anwendungen dieses Wissens und sogar seine Wahrheitskriterien (Vicos *verum-factum-Prinzip*) sind in der *materiellen Außenwelt* verankert – in Daten und Fakten, in Experimenten und in Technologie. Das Staunen, das Emerson noch als charakteristisch empfunden hat, ist über weite Strecken der Beherrschung und Manipulation der Natur gewichen – wie wir heute sehen, sowohl mit überzeugenden als auch mit zweifelhaften Folgen. Um die Einseitigkeit, die unter dem Einfluß von Wissenschaft und Technologie (und den von ihnen geprägten Wirtschafts- und Gesellschaftsformen) entstanden ist, besser zu verstehen, ist es zunächst notwendig, ihre Voraussetzungen zu skizzieren. Dazu kann vor allem die Geschichte von Philosophie und Wissenschaft sowie deren Methodologie wesentliche Beiträge liefern. Durch die damit verbundenen Blickwinkel kann klarer werden, auf welchen Vorentscheidungen und Vorurteilen die Entwicklung unserer Gegenwartssituation beruht.

Das erste Kapitel des vorliegenden Buches von Robert Jahn und Brenda Dunne ist diesem Thema gewidmet. In methodologischer Hinsicht werden einige Punkte diskutiert, die für die sogenannten etablierten Wissenschaften von zentraler Bedeutung sind, etwa die Zweigleisigkeit von Theorie und Experiment, die Rolle der Statistik bei der Auswertung empirischer Daten und damit verwandte Problemkreise. Wissenschaftsphilosophisch münden viele dieser Themen in die Debatte zwischen Realismus und Relativismus, zu der es eine (allerdings nicht mehr ganz neue) ansprechende und inspirierende Darstellung von Elkana (1986) gibt. In historischer Perspektive gehen Jahn und Dunne vor allem auf frühe oder Nebenströmungen in der Ideengeschichte ein, von Magie, Ritual und Mythos über das facettenreiche Spektrum esoterischer Bewegungen aller Art bis zur Ende des 19. Jahrhunderts entstandenen Parapsychologie. Details dazu finden sich zum Beispiel bei Beloff (1993) und Bauer (1997). Heute eher als Hauptströmungen der Geistesgeschichte bezeichnete Vorstellungen zum psychophysischen Problem werden weniger betont. Dazu gibt es empfehlenswerte Literatur, etwa Hastedt (1988) oder Carrier und Mittelstraß (1989).

Ebenso klammern die Autoren den gesamten Bereich der kognitiven Wissenschaften weitgehend aus, d.h. etwa Ansätze aus der Philosophie des Geistes, der analytischen Philosophie, aus weiten Teilen der Computerwissenschaften (»künstliche Intelligenz«), den Neurowissenschaften, der Psychologie und der Psychiatrie. Ein guter Überblick über zeitgenössische Ansichten und Perspektiven zum Thema »Bewußtsein« (mit umfassender Bibliographie), unter dem das psychophysische Problem als sogenanntes »hard problem« oft angesprochen wird, findet sich bei Metzinger (1995) sowie in einem von Maar et al. (1996) herausgegebenen Sammelband. Im gleichen Zusammenhang sei auf Chalmers (1996) und auf das 1994 gegründete *Journal of Consciousness Studies* hingewiesen.

Das Projekt, das die Autoren vorstellen, behandelt demzufolge primär weder die (psychozerebralen) Beziehungen zwischen Geist und Gehirn noch die (psychosomatischen) Beziehungen zwischen Geist und Körper. Im Mittelpunkt steht vielmehr das Problem der Beziehungen zwischen Geist und Materie in seinem womöglich allgemeinsten Sinn, der die sogenannte unbelebte oder unbeseelte Materie einschließt. Der Ansatz von Jahn und Dunne ist ein Versuch, die Beziehungen zwischen materiellen und nicht-materiellen Aspekten der Realität auszuloten. Dabei wird von der Methodik der exakten Wissenschaften ausgegangen, die allerdings zunächst, insbesondere soweit die Physik betroffen ist, genaugenommen nur die materielle Welt zum Gegenstand hat.

Die Bezugnahme auf die Physik als einen speziellen Bereich der Wissenschaften ist nicht, wie man vielleicht meinen könnte, einer naiven Renaissance positivistisch-materialistischen Gedankengutes zuzuschreiben. Ganz im Gegenteil: Innerhalb der modernen Physik sind in den letzten Jahrzehnten Fragenbereiche entstanden, die *aus der Physik heraus* (etwa der Quantenphysik und der Physik komplexer Systeme) auf die Frage nach der Beziehung zu einer möglicherweise nicht-materiellen, mentalen Welt führen. Damit steht ein Problemansatz zur Verfügung, der völlig anders gelagert ist als der der traditionellen philosophischen Beschäftigung mit dem psychophysischen Problem. Während man dort allenfalls darauf geachtet hat, nicht in Widerspruch zur

Physik zu geraten (z. B. bei der notorischen Determinismus-und-freier-Wille-Diskussion, vgl. Honderich 1993), geht es hier um nicht-importierte, sozusagen auf eigenem Boden gewachsene Probleme der Physik. Auf diese Weise wächst ihr eine konstruktive Rolle zu, die es bezüglich derartiger Fragen bislang nicht gab und die für Vertreter anderer Disziplinen das Erfordernis schafft, sich mit physikalischen Entwicklungen vertraut zu machen, sofern sie auf dem Stand der Dinge bleiben wollen.

Jahn und Dunne möchten die Arbeiten ihrer Gruppe in Princeton ausdrücklich nicht als traditionelle »Parapsychologie«, sondern in einem weiteren Sinn als Anomalienforschung verstanden wissen. Es geht ihnen darum, im herkömmlichen Geltungsbereich der Physik Tatbestände nachzuweisen, die mit anerkannten Gesetzmäßigkeiten nicht verträglich sind. Hier liegt das große Verdienst ihrer Arbeiten. Das *Princeton Engineering Anomalies Research (PEAR) Laboratory* ist seit Ende der 70er Jahre eines der wenigen Labors, die sich in solider und langwieriger Detailarbeit mit dem Problem beschäftigen, wie bewußtseinsbezogene Anomalien der Physik experimentell nachweisbar seien. Die Haltung, die sich die Autoren bei der Auseinandersetzung wünschen, ist Skepsis in einem positiven Sinn: kritisch, doch zugleich auch konstruktiv.

Im Zusammenhang mit derartigen Bemühungen ist 1987 das *Journal of Scientific Exploration* der gleichnamigen Gesellschaft (mit Sitz in Stanford, USA) entstanden. Andere wichtige Institutionen, die sich derzeit mit diesen und verwandten Fragestellungen auseinandersetzen, sind etwa das Rhine Research Center in Durham (USA), das Cognitive Sciences Laboratory in Palo Alto (USA), die Koestler Parapsychology Unit im Department of Psychology der Universität Edinburgh (Schottland), das Anomalous Cognition Project der Universität Amsterdam (Niederlande) und das Institut für Grenzgebiete der Psychologie und Psychohygiene in Freiburg (Deutschland). Einen Überblick über den nicht ganz leicht zu beurteilenden Stand der Anomalienforschung in der ehemaligen Sowjetunion bietet der Artikel von May und Vilenskaya (1992). Diesbezügliche empirische Untersuchungen wurden von Gurtovoy und Parkhomov (1993) zusammengefaßt. Einige Informationen zur Beschäftigung mit entsprechenden Themenbereichen im Fernen Osten können bei Zha und McConnell (1991) nachgeschlagen werden.

Ausführliche Bibliographien zum deutschsprachigen bzw. angloamerikanischen Schrifttum (unter Einschluß wichtiger Organisationen, Forschungseinrichtungen und Zeitschriften) sind bei Bauer (1992) und White (1990) aufgelistet. Der deutsche Leser findet eine umfangreiche Spezialbibliothek zur Anomalienforschung mit allen wichtigen Monographien und Zeitschriften am Freiburger Institut für Grenzgebiete der Psychologie und Psychohygiene. Die Bestände gehören zur Universitätsbibliothek Freiburg und können dort benützt und ausgeliehen werden. Weitere Informationen sind unter *http://www.igpp.de* erhältlich.

H. A. & E. B.

Bauer, E. (1992). *Grenzgebiete der Psychologie*. Schriftenreihe »Bibliographien zur Psychologie« Nr. 85. Universität Trier: Zentralstelle für Psychologische Information und Dokumentation.

–, – (1997). Parapsychology. In *Pictorial History of Psychology*, hg. von W. G. Bringmann et al. Chicago: Quintessence, pp. 71–76.

Beloff, J. (1993). *Parapsychology: A Concise History*. London: Athlone Press.

Carrier, M., und Mittelstraß, J. (1989). *Geist, Gehirn, Verhalten*. Berlin: De Gruyter.

Chalmers, D. J. (1996). *The Conscious Mind*. Oxford: University Press.

Crick, F. (1994). *The Astonishing Hypothesis*. New York: Charles Scribner's Sons. Deutsch: *Was die Seele wirklich ist*. München: Artemis & Winkler 1994.

Dennett, D. (1991). *Consciousness Explained*. London: Penguin, Boston: Little Brown. Deutsch: *Philosophie des menschlichen Bewußtseins*. Hamburg: Hoffmann und Campe 1994.

Du Bois-Reymond, E. (1974). Über die Grenzen des Naturerkennens. In *Vorträge über Philosophie und Gesellschaft*. Hamburg: Meiner, S. 54–77; hier S. 77.

Elkana, Y. (1986). Anthropologie der Erkenntnis. In *Anthropologie der Erkenntnis*. Frankfurt: Suhrkamp, S. 11–122.

Emerson, R. W. (1982). *Natur*. Zürich: Diogenes, S. 45/46.

Gebser, J. (1953). *Ursprung und Gegenwart*. Stuttgart: Deutsche Verlagsanstalt. Neu aufgelegt bei dtv (München) sowie als Bände 2/3 in der Gebser-Gesamtausgabe bei Novalis (Schaffhausen).

Gurtovoy, G. K., und Parkomov, A. G. (1993). Remote mental influence on biological and physical systems. *J. Soc. Psych. Res. 59*, 241–258.

Hastedt, H. (1988). *Das Leib-Seele-Problem*. Frankfurt: Suhrkamp.

Honderich, T. (1993). *How Free Are You?* Oxford: University Press. Deutsch: *Wie frei sind wir?* Stuttgart: Reclam 1995.

Maar, C., Pöppel, E., und Christaller, T., Hg. (1996). *Die Technik auf dem Weg zur Seele*. Hamburg: Rowohlt.

May, E., und Vilenskaya, L. (1993). Overview of current parapsychological research in the former Soviet Union. *Subtle Energies 3(3)*, 45–67.

Metzinger, T., Hg. (1995). *Conscious Experience*. Thorverton: Imprint Academic. Deutsch: *Bewußtsein*. Paderborn: Schöningh 1996.

White, R. A. (1990). *Parapsychology: New Sources of Information, 1973–1989*. Metuchen, N. J.: Scarecrow Press.

Zha, L., und McConnell, T. (1991). Parapsychology in the People's Republic of China: 1979–1989. *J. Am. Soc. Psychic. Res. 85*, 119–143.

1. Wissenschaftlicher Twostep

Wissenschaft schreitet auf ihren etablierten Feldern gleichsam auf zwei Beinen voran. Das eine Bein ist das »Experiment«: eine Beobachtung oder eine Messung, die unter kontrollierten Bedingungen abläuft und Informationen über einen natürlichen Effekt oder Vorgang liefert. Das andere nennen wir »Theorie«: ein Modell, Prinzip oder Formalismus, mit deren Hilfe beobachtete Befunde erklärt, eingeordnet oder vorhergesagt werden sollen. Wenn diese zwei Pfeiler solide sind, miteinander harmonieren und das bearbeitete Gebiet fruchtbar ist, kann sich Wissenschaft produktiv entfalten. Dann wird sie das Schwergewicht nach und nach vom empirischen Experiment auf eine erklärende Theorie verlagern oder von einer voraussagenden Theorie zum bestätigenden Experiment übergehen und kann stetig, in einem flotten Marsch oder einem anmutig wirbelnden Tanz voranschreiten. Lahmt sie aber auf einem ihrer Beine, ist eine der beiden Säulen den technischen oder logischen Eigenschaften der Umgebung nicht angepaßt oder führt der Weg durch gänzlich unbekanntes oder unwegsames Terrain, dann ist der Fortschritt mühsamer und langwieriger. Zögernd und tastend muß herausgefunden werden, wohin der Fuß gesetzt werden und ob das eine Bein das andere beim nächsten Schritt unterstützen kann. Ist man auf unsicheren Grund geraten, muß man sich auf eine tragfähigere Position zurückziehen. Auf ungesichertem Terrain können Experimente unzuverlässige Ergebnisse liefern, so daß das theoretische »Bein« ins Stolpern gerät und lahmt. Ebenso können schlecht begründete Theorien, die den empirischen Daten nicht entsprechen oder den phänomenalen Sachverhalt nicht zu erklären vermögen, die nächsten experimentellen Schritte in eine Sackgasse lenken. Irrwege zu vermeiden oder Hindernisse zu überwinden, die vielleicht nicht zu umgehen sind, erfordert technisches Können, Erfahrung, aber auch Intuition, Vorstellungskraft und Inspiration.

In kritische Situationen gerät die Wissenschaft immer dann, wenn sie mit einer Anomalie fertig werden muß, auf die eines ihrer »Beine«

Auf den Fußstapfen der Natur. Stich aus dem 17. Jahrhundert

stößt: empirische Beobachtungen, die mit vorangegangenen theoretischen Schritten schlecht zu vereinbaren sind, oder neue theoretische Vorhersagen, die den vorliegenden experimentellen Daten widersprechen. Anomalien sind sozusagen Straßenschilder, die dem Forschungsreisenden »Umleitung« oder »schlechte Wegstrecke« signalisieren. Dann muß er feststellen, welches Bein sich auf sumpfigem Grund befindet. Besteht die Anomalie in einem Artefakt aufgrund fehlerhafter Experimente, oder kann die Theorie nicht an alle beobachteten Phänomene angepaßt werden? Kommt es in einer solchen Situation zu einer Fehlentscheidung, folgt die Forschung einer falschen Fährte, von der sie, soll sie nicht steckenbleiben, wieder abgebracht werden muß. Wird hingegen eine Anomalie richtig bewertet und eingeordnet, biegt man auf einen besseren Weg ein, auf dem leichter und schneller voranzukommen ist.

Die zweigleisige Dynamik der Forschung ist natürlich nur eine strengere Form allgemein menschlicher Alltagserfahrung und kognitiver Prozesse, wie persönliche Realität konstituiert, eingeordnet und interpretiert wird. Von der Geburt bis zum Tod sammelt jedes Individuum mehr oder weniger gezielt Erfahrungen, interpretiert sie, bildet auf ihrer Grundlage Erwartungen aus und verbindet sie mit neuen Erfahrungen. Obwohl hier die »Mechanik« von Sammeln, Verarbeiten und Interpretieren der Eingangsdaten weniger rigoros definiert und strukturiert sein mag als in der Wissenschaft mit ihren Formalismen, ist das Alternieren zwischen Erfahrung und Überlegung für ein geordnetes Fortschreiten nicht weniger wichtig. Auch bei individuellen Erfahrungen trifft man auf Anomalien, auf die man reagieren muß. Ereignisse, die eingefahrenen Meinungen oder gewohntem Verhalten widersprechen, werfen eine Menge Probleme auf, da sie die vermeintliche Bedeutung dieser Ereignisse und die geltenden persönlichen Überzeugungsmuster in Frage stellen, bis schließlich eine umfassendere Lösung erreicht wird.

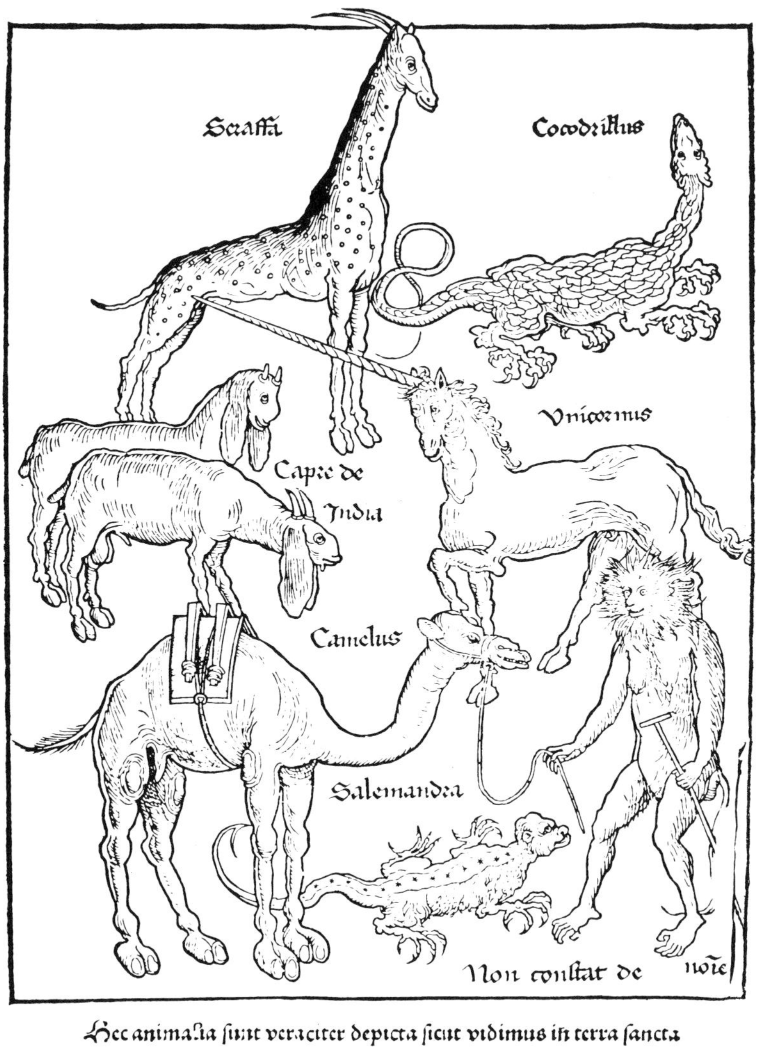

Tiere mit »Anomalien«.
Stich aus dem 15. Jahrhundert

Die sich rasant entwickelnden Forschungsgebiete zur künstlichen Intelligenz, zu Expertensystemen, Robotik und automatisierter Fertigung versuchen, diese Strategie weitgehend nachzuahmen. Aus einer im »Gedächtnis« oder Speicher eines Rechnersystems implementierten empirischen Datenbasis leiten Programmalgorithmen »intelligente« Handlungen ab, die bestimmte Aufgaben lösen. Andere Routinen werten die Ergebnisse der ausgeführten Handlungen aus und erzeugen Vorschläge, die die Qualität und Quantität des »Gedächtnisses« verbessern. Wie bei ihrem Gegenstück, dem menschlichen Geist, hängt ein Großteil der Effizienz und der Differenziertheit solcher intelligenter Maschinen von der Fähigkeit ab, konstruktiv mit Anomalien umzugehen, die in den Schleifen der Erfahrungsverarbeitung auftreten und nicht durch Such- und Vergleichsroutinen aufzulösen sind.

Eine ähnliche Dynamik der Erfahrungsverarbeitung läßt sich auch im größeren kollektiven und sozialen Maßstab beobachten. Die historische Entwicklung kultureller Strategien, Prinzipien und Werte läßt sich als Abfolge von vergleichsweise passiven Perioden des Sammelns von Erfahrungen mit Perioden der strukturellen und strategischen Veränderungen auffassen, in denen aus den gesammelten Reaktionen Konsequenzen gezogen wurden.

Anomalien und Katastrophen – Kriege, Seuchen, ökonomische Zusammenbrüche, politische oder religiöse Umwälzungen – haben soziale Mängel und Widersprüche artikuliert und geschichtlich tiefgreifende Veränderungen eingeleitet. Analog wäre die biologische Evolution als eine Abfolge genetischer Antworten zu deuten, durch die Organismen auf Bedrohung oder Veränderung in ihrer Umgebung reagieren.

Die meisten anomalen Phänomene, mit denen sich das Denken in der Wissenschaft, im persönlichen oder im öffentlichen Leben konfrontiert sieht, haben meist nur Auswirkungen auf ein lokal begrenztes Erkenntnisfeld. Bezogen auf die Gesamtentwicklung des begrenzten Feldes treten sie nur vergleichsweise kurze Zeit auf und werden relativ rasch gelöst. Daß sie auf alle Erkenntnisfelder ausstrahlen, ist eher die Ausnahme; sie zu lösen, dauert länger und bedarf dann intensiverer Anstrengung. Als geschichtliches Beispiel für derartige Anomalien könnte man etwa die Himmelsbeobachtungen anführen, die den damals vorherrschenden geozentrischen Modellen und den mit ihnen verknüpften religiösen Überzeugungen widersprachen, oder die physikalischen Daten über atomare Objekte, die Umwälzungen unseres Weltbildes eingeleitet und schließlich zur Quantentheorie geführt haben.

Holzschnitt aus dem 17. Jahrhundert
»Drum hab ich mich der Magie ergeben, ... daß ich erkenne, was die Welt im Innersten zusammenhält.«
Johann Wolfgang Goethe, *Faust*

Ein bestimmtes Feld anomaler Erfahrungen war in der Geschichte so allgegenwärtig und folgenschwer und hat sich gegen eine rationale Durchdringung so hartnäckig gesperrt, daß es alles andere in den Hintergrund drängte – und zwar dasjenige, das allen Fähigkeiten zur Beobachtung und Deduktion zugrunde liegt: nämlich die anomalen Phänomene der Bewußtseinsprozesse selbst. Im Laufe der Geschichte wurde immer wieder anekdotisch über unerklärliche Bewußtseinsphänomene berichtet, die in Religion, Philosophie, Psychologie, Anthropologie, Medizin, Kunst, selbst in der modernen Technik registriert und interpretiert wurden: Ereignisse, die als »Wunder«, als Ausdruck »magischer« Fähigkeiten, als »parapsychische Phänomene«, »Hexerei«, »Inspiration« und durch andere, nur schwer präzise zu definierende Begriffe beschrieben wurden. Zwischen diesen Phänomenen wurden aber weder Zusammenhänge hergestellt, noch ist es den Bemühungen der Gelehrten bislang gelungen, ein verwertbares und nachvollziehbares Beobachtungswissen zusammenzutragen, das es erlauben würde, den Kern dieser anomalen Phänomene einigermaßen präzise und bündig zu umschreiben; ganz zu schweigen davon, sie zum Gegenstand einer wissenschaftlichen Fragestellung und zu Lösungsansätzen zu machen. In jüngster Zeit allerdings ist es dank neuer empfindlicherer und effizienterer experimenteller Methoden gelungen, solche Effekte plausibler darzustellen, zu beschreiben und unter kontrollierten Bedingungen miteinander zu verknüpfen. Anhand zuverlässigerer Beobachtungsdaten reift die Möglichkeit heran, einander ergänzende theoretische Ansätze zu formulieren und Schritt für

Schritt diese Anomalien in ein umfassenderes Verständnis der Interaktion von Bewußtsein und physikalischer Umwelt einzuordnen.
Dieses Buch zeichnet die Strategie, die experimentelle Umsetzung, die Befunde und die Interpretation einer solchen zeitgenössischen wissenschaftlichen Reise auf; es ist eine Expedition in das Hinterland dieser Phänomene – dieser verwirrenden Anomalien, die beim Umgang von Menschen mit empfindlichen Geräten und Informationsverarbeitungsverfahren auftreten. Ursprünglich waren unsere Untersuchungen hauptsächlich auf technische Zusammenhänge ausgerichtet. Aber es wurde schnell klar, daß ein effektives Experimentaldesign, das solche Effekte methodisch überhaupt erfassen und Zuordnungen liefern kann und überdies die Daten theoretisch darzustellen und auf die beteiligten Personen bezogen zu interpretieren in der Lage ist, dazu nötigt, viele schwer greifbare Faktoren einzubeziehen, die in den Gebäuden der modernen Wissenschaft normalerweise nicht zugelassen werden. Tatsächlich war einer der aufregendsten Aspekte dieser Untersuchungen, daß sie für praktisch alle anderen Zweige wissenschaftlicher Forschung relevant (aber auch umgekehrt: von ihnen abhängig) sind.
Einige Ausgangspunkte haben die Funktion, gleichsam als Punkte für Querpeilungen zu dienen. Manche Positionen sind historisch, andere zeitgenössisch, einige sind philosophisch, andere technisch; manches ist intuitiv, einiges hat sicherlich auch einfach nur etwas mit unserem (zufälligen) intellektuellen Horizont zu tun. Einer dieser Ausgangspunkte, über den wir gerade diskutiert haben, ist die generische Rolle der Anomalien in der Wissenschaftsgeschichte. In den folgenden Kapiteln von Teil I wollen wir die wichtigsten anderen Ausgangspunkte nachzeichnen und die Perspektiven der jeweiligen Begrifflichkeit bis zu ihren Schnittpunkten mit unserem Forschungsprogramm verfolgen. Nach der Darstellung der zentralen Experimente und theoretischen Überlegungen (Teil II–IV) werden wir in Teil V unsere Ausgangspunkte erneut aufgreifen und prüfen, welche Bedeutung unsere Forschungen für die Ausgangsfragestellung haben. Darüber hinaus werden wir in Teil V den Versuch machen, die in Ansatz gebrachten Konzepte zu einem kohärenten Begriffssystem zu entwickeln. Keines dieser Konzepte kann für sich allein einen befriedigenden Bewertungsmaßstab oder Erklärungsansatz liefern. Nur alle zusammen bilden einen, wie wir meinen, brauchbaren Rahmen für die Klärung einer Frage von höchster ontologischer und funktionaler Bedeutung: Es geht um nichts Geringeres als das Problem, welche Rolle menschliches Bewußtsein in der physikalischen Realität spielt.

2. Der Mensch und das Mystische

Ein so wichtiges wie rätselhaftes Problemfeld, das wir ebenfalls einbeziehen müssen, ist kein geringeres als die archetypische Neigung des *Homo sapiens*, an Aktivitäten teilzuhaben, die meist unter dem Begriff des »Mystischen« subsumiert werden. Zu dieser Kategorie zählen wir alle Arten von Zeremonien und Ritualen, mündlichen und schriftlichen Beschwörungen, architektonischen und künstlerischen Bemühungen, außerdem jede andere Form geistiger Handlungen, jede Art von geistigen Akten, die mehr oder minder starke Hoffnungen, Vermutungen oder Überzeugungen hinsichtlich übernatürlicher Einflüsse ausdrücken, physische Ereignisse in ihrem Ablauf beeinflussen oder Informationen und Einsichten ins Übernatürliche erlangen oder transzendente spirituelle Erfahrung sammeln wollen. Kurz gesagt, es geht darum, welche Rolle das abstrakte Wünschen beim Herstellen oder Wahrnehmen der Realität spielt, was seinerseits eine generische Anomalie für jedes deterministische Paradigma bildet.

So definiert, führt uns die Frage nach dem Mystischen weit in die dunkle Vorgeschichte zurück. Die Begräbnisstätten der Neandertaler, die paläolithischen Höhlenzeichnungen im südwestlichen Europa, die Statuetten von Muttergöttinnen aus unzähligen Kulturen verschiedener Jahrtausende, die megalithischen Steinkreise und Monumente, die Pyramiden in Ägypten, Indien, Süd- und Mittelamerika, die Orakelknochen im alten Orient, die Masken, Felszeichnungen und Totempfähle der Ureinwohner Amerikas, Afrikas und anderer Kontinente – all das bezeugt durch seine ubiquitäre Verbreitung und seine große gesellschaftliche Bedeutung, welch enormes Gewicht das Mystische in einfachen Lebensformen hat, die sich ansonsten ganz an praktischen Zwecken ausrichten. Die frühesten Schöpfungsgeschichten, Mythen, Heldenepen, Märchen, Sagen und göttlich inspirierten Legenden, die, lange Zeit nur mündlich überliefert, in die klassische Literatur und Kunst Eingang gefunden haben, sind voller mystischer Anspielungen, Schilderungen über-

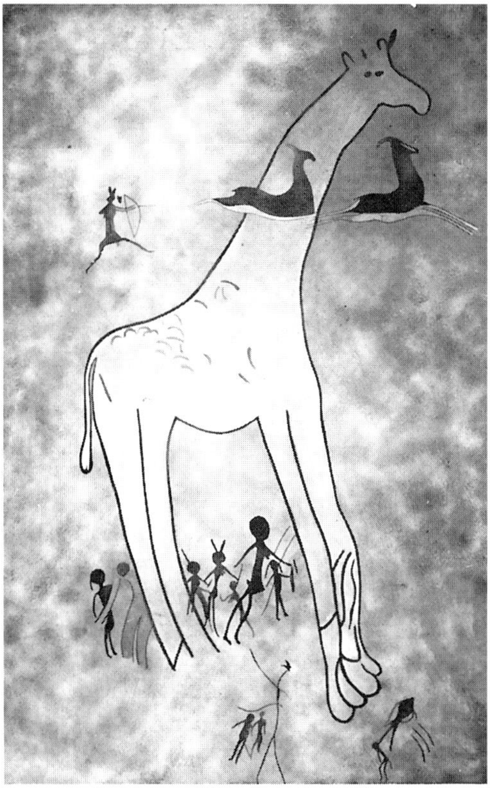

Die Große Giraffe Adjefou. Felsmalerei bei Tassili, libysche Sahara. Um 3500 v. Chr.

menschlicher Gestalten und Wunder, die eine Brücke zwischen der profanen Welt und dem Erhabenen geschlagen haben. In praktisch allen primitiven Religionen wurde Hilfe und Gunst der Götter erfleht; die frühesten Philosophen haben über die metaphysischen Aspekte der Existenz mindestens ebenso intensiv nachgedacht wie über die Dinge des Alltagslebens. Schon ein kurzer Blick auf die überlieferten Zeugnisse und Rituale zeigt, daß das Mystische immer von einer Trias von Motiven getragen wird, die sich wechselseitig befruchten:

1) Es hat einen praktischen Nutzen im Alltag,
2) es erfüllt spirituelle Sehnsüchte,
3) es möchte die intellektuelle Neugierde befriedigen, was hinter dem Natürlichen steht.

In der einen oder anderen Form haben diese drei Grundbedürfnisse in allen historischen Epochen die mystische Komponente menschlicher Erfahrung entscheidend geprägt.

Die mystischen Aspekte der frühen Kulturen sind im Zuge der Ausbildung komplexerer Gesellschaftsformen keineswegs verschwunden, sondern erschien nur strukturierter und reglementierter. Das klassische Ägypten, das antike Griechenland, Rom und die Kulturen des Nahen und Fernen Ostens haben sich intensiv mit ausgefeilten mystischen oder magischen Verfahren beschäftigt, die ihren Ort in lebenspraktischen, spirituellen und philosophisch-theoretischen Zusammenhängen hatten. Das Delphische Orakel und viele vergleichbare andere Einrichtungen hatten – von der Archaik bis in die Epoche Alexanders des Großen – eine politische Funktion. Das Orakel wurde regelmäßig befragt: zu Krankheiten und Epidemien, zur Gründung der griechischen Stadtstaaten oder zum besten Standort für neue griechische Kolonien. In Tempeln und Himmelsobservatorien wurden die Zeichen der Gestirne und außerirdischen Mächte beobachtet und befragt, was sie für den Ackerbau, bevorstehende Feldzüge, den Verlauf von Seuchen, Entscheidungen der Polis, die Geburt eines Kindes oder den Tod eines Menschen verhießen. Die Priester waren die Vermittler, die Verbote und Gebote verkündeten, während die Theologen und Philosophen im Osten wie im Westen versuchten, mystische Erfahrung und Lebenspraxis in ihrer Beziehung zueinander intellektuell zu durchdringen und zu definieren. Ontologische Systeme, so weit ihre Ursprünge geographisch und zeitlich auseinanderliegen, möchten den Menschen als Individuum wie als soziales Wesen in die Kräfte des Lebens und den Kosmos einbinden. Denken wir etwa an das chinesische *I Ging*, das heilige Wissen der *Veden* und die Geheimlehren der *Upanischaden* Indiens, die ägyptischen und tibetanischen *Totenbücher* oder den *Pentateuch* der Hebräer.

Die kulturelle Verflochtenheit von mystischer Praxis, Anbetung und gelehrter Betrachtung hat sich in Europa bis ins »dunkle« Mittelalter hinein gehalten, ihre Auflösung setzte erst mit der Renaissance und Aufklärung ein. In fernöstlichen Gesellschaften und in isolierteren Kulturen der südlichen Hemisphäre lassen sich vergleichbare Strukturen nachzeichnen. Selbst in der Moderne hat sich, dem Siegeszug der Technik und dem Aufstieg von Materialismus, Rationalismus und analytischem Denken zum Trotz, der elementare Hunger nach mystischer Teilhabe am Übernatürlichen in kaum veränderten Formen erhalten.

König Ägeus befragt das Delphische Orakel. Griechische Vase. Um 400 v. Chr.

Nirgendwo anders als bei der Ausbildung der großen Religionen ist das Zusammenspiel der drei Motive mystischer Teilhabe inniger gewesen und nirgends haben Anomalien eine größere Rolle gespielt. Die religiösen Grundüberzeugungen stützen sich ohne Unterschied darauf, daß in wundersamen Ereignissen bestimmte Prophezeiungen in Erfüllung gingen. Spuren davon lassen sich selbst in modernen

»Alle warfen ihre Stäbe hin, und diese wurden zu Schlangen. Aber der Stab Aarons verschlang ihre Stäbe.« Exodus 7, 12

Begriffssystemen und der zeitgenössischen Literatur entdecken. Sie belegen, wie eng verwoben unsere Kultur noch heute mit mystischen Vorgängen und mythischen Anspielungen ist. Die jüdisch-christliche Tradition beruht, wie fast alle anderen überlieferten religiösen Lehren, auf der Überzeugung, daß die göttliche Allmacht und Transzendenz in physikalische Vorgänge eingreifen und greifbare Wunder bewerkstelligen kann. In der Bibel und anderen heiligen Texten wird von zahlreichen Wundern berichtet, und zwar so nüchtern, daß man glauben möchte, das Volk Gottes habe damals Wunder fast als etwas Normales aufgenommen und sich im alltäglichen Leben und in seiner spirituellen Haltung geradezu auf derartige Vorgänge verlassen. Die Bibel ist, wenn man so will, ein Kompendium anomaler Phänomene. Alle Kategorien von Grenzphänomenen des Bewußtseins, auf die wir in diesem Buch zu sprechen kommen werden, sind hier in der einen oder anderen Form ausgemalt.

Welches Gewicht der mystischen Dimension noch heute zukommt, bezeugt der ungebrochene Einfluß der etablierten Religionen; darüber hinaus hat es immer eine weniger einheitliche, aber nicht zu unterschätzende Tradition an heimlichen, okkulten Organisationen und Bräuchen gegeben, die andersartige Ausdrucksformen für dieselben elementaren Bedürfnisse anboten. Auch jene Art von übernatürlichen Kräften, für die in literarischer Form die Hexen in Shakespeares *Macbeth* stehen, sind die Geschichte hindurch immer angerufen, gesucht und gefürchtet worden; ihnen wurden die gleichen Kategorien anomaler Phänomene zugeordnet.

Mystische Praktiken sind aber nicht auf religiöse, antireligiöse oder andere gruppenspezifische Riten und Zeremonien beschränkt. Die Neigung zu mystischen Handlungen wurde stets als mögliche Ausdrucksformen des Charakters begriffen. Es gibt wenige Menschen, die nicht irgendeinen Aberglauben oder einen Hang zu Spekulationen haben, in denen latent oder offen Vorstellungen eine Rolle spielen, daß es eine metaphysische Realität gibt. Ob jemand die Iden des März meidet oder um Löcher im Bürgersteig einen Bogen macht, sein Horoskop befragt, einen Traumdeuter aufsucht oder einen personalen oder abstrakten Gott anfleht, wenn er in Gefahr schwebt: seinem Bedürfnis nach kosmischem Kontakt gibt der Mensch heute wie in der Vergangenheit Raum; daran hat sich nichts geändert.

> **Als praktischem System geht es magischem Denken weniger um Analyse als darum, die kreative und intuitive Seite im Menschen ins Spiel zu bringen.** Israel Regardie

So komplex es auch ist, das moderne Leben ist bis heute kollektiv und individuell von mystischen Zügen geprägt. Auch heute wird in Gottesdiensten gebetet, werden Sakramente verteilt und gemeinsam Gesänge angestimmt. Logen und Orden gedeihen und zelebrieren die Kulte, die ausdrücklich an alte mystische Geheimrituale anknüpfen. In vielen Kulturen florieren spiritistische Bewegungen, die vorgeben, mit leibfreien Seelen zu kommunizieren. Östliche spirituelle Praktiken der Meditation, Yoga und Kampftechniken haben auch in westlichen Gesellschaften Eingang gefunden. In den Buchhandlungen quellen die Regale über mit okkultistischen Büchern, modernen Gespenster- und Geistergeschichten, mit Anleitungen zu Astrologie, Zauberei, Tarot und der Entwicklung von Psi-Fähigkeiten, nicht zu reden von den Hunderten von Ratgebern darüber, wie man sich selbst verwirklichen und psychisch stärker werden kann, den Bestsellern zur Selbsterfahrung und zur Steigerung der eigenen Leistungsfähigkeit. Auf US-Münzen kann man den Wahlspruch »In God we trust« (Wir vertrauen auf Gott) lesen, daneben sind die klassischen hermetischen Symbole des Auges und der Pyramide abgebildet. Daß sich mystisches Brauchtum so zäh am Leben erhält, daß sich überall die Neigung dokumentiert, historische Embleme und Symbole metaphysisch auszudeuten, verrät, wie stark und tief diese Dimension in der modernen Psyche verankert ist, so sehr auch unsere heutige Kultur sich einem deterministischen Leitbild verschrieben hat. Wie seit Urzeiten sucht der moderne Mensch immer noch nach Mitteln, auf sein Schicksal durch mystische Praktiken Einfluß zu nehmen. Die Sehnsucht nach transzendenten Erfahrungen und der Wunsch, zu einem umfassenden Verstehen der Vorgänge hinter der Wirklichkeit zu gelangen, scheint es, ist nicht auszurotten.

Die Wissenschaft hat alle ungreifbaren und numinosen Einflüsse zu widerlegen gesucht, kann aber ihren innersten Kern nicht völlig gegen metaphysische Aspekte abschotten. Immer wieder gerät sie auf zahlreichen Feldern mit ihren gültigen Leitvorstellungen in Sackgassen und sieht sich gezwungen, die Beziehung zwischen Bewußtsein und physikalischer Realität objektiv zu werten. Genau in diesem Sinne kommt den Arbeiten, die in vorliegendem Buch beschrieben werden, in der langen Entwicklungslinie des Mystischen ein bescheidener Platz zu.

»Der Stern«.
Zeitgenössische Tarot-Karte

3. Zur Vorgeschichte der Anomalienforschung

Wer wissenschaftlicher Forschung ein neues Feld erschließen will, muß zuerst das bisher Geleistete bewerten. Für die schwierige Expedition, zu der wir aufbrechen, ist eine derartige Vorbereitung besonders wichtig. Nur wenn wir die Erkenntnisse und Erfahrungen der Vergangenheit sichten und sammeln, werden wir die Wiederholung alter Fehler vermeiden und herausfinden, welches der vielversprechendste Weg für uns sein wird. Nun wird aber schnell deutlich, daß der Versuch, umfassend und systematisch zu sichten, welche Erkenntnisse die Vergangenheit über die Rolle des Bewußtseins in physikalischen Prozessen angehäuft hat, mit drei Haupthindernissen zu kämpfen hat, Hindernissen, die ihrerseits wichtige Aufschlüsse darüber geben, welche Besonderheiten und Voraussetzungen für dieses Feld der Forschung kennzeichnend sind. Erstens ist schwer einzugrenzen, welche Praktiken, Ideen und Konzepte wir einbeziehen müssen, da im Grunde die gesamte überlieferte Geschichte aller Kulturen und Ebenen intellektueller Anstrengungen für diese Fragestellung zu untersuchen ist. Zweitens ist der Gegenstand an sich einfach ganzheitlich; jede begriffliche Trennung entlang der Fachgrenzen macht die Phänomene weniger klar, als daß sie sie erhellt. Und drittens: Selbst wenn eine solche Trennung abstrakt zu vollziehen wäre, so hat doch die in Disziplinen aufgespaltene, kalte Art des analytischen Denkens, Schreibens und Sprechens der modernen Wissenschaft nur für eine relativ kurze Periode die Geschichte des Wissens dominiert. Historisch waren Philosophie, Theologie, Medizin, Kunst und Wissenschaft die längste Zeit über eng miteinander verknüpft, und das theoretische Denken war – besonders was die Fragen anlangt, um die es uns geht – untrennbar mit ästhetischen, metaphysischen und im wahrsten Sinne des Wortes magischen Aspekten verbunden. Erst im Zuge der sogenannten wissenschaftlichen Revolution im 17. Jahrhundert treten diese Wissensfelder mit schärfer gezogenen Grenzen auseinander, erst danach läßt sich von – im heutigen Sinn – wissenschaftlicher Arbeit speziell

Thot. Ägyptischer Gott der wissenschaftlichen Erkenntnis

zur Erforschung von Bewußtseinsanomalien sprechen. Ungeachtet dieser Probleme wird schon bei einem flüchtigen Blick deutlich, welch enorme Bedeutung metaphysische Begriffe und Werte für die gesamte Struktur der wissenschaftlichen und philosophischen Entwicklung auf vielen Gebieten und Epochen gehabt haben.

Die Entwicklungslinie des westlichen wissenschaftlichen Denkens führt zwangsläufig zu den Philosophen des antiken Griechenland zurück. Aber schon Jahrtausende zuvor hat es in Ägypten, Babylonien, Indien und im Orient substantielles wissenschaftliches Denken gegeben, für das, in Mythen und Legenden kristallisiert, die Götter- und Menschenwelt noch kaum geschieden war. Sagen und Mythen, deren Ursprung sich kaum verfolgen läßt, berichten von Helden und Halbgöttern, dem indischen Manu, dem griechischen Prometheus, dem biblischen Seth, dem ägyptischen Thot oder von Hermes Trismegistos, dem legendären Vorläufer der hermetischen alchimistischen Tradition. Hermes Trismegistos hat den Menschen ein göttliches Geschenk gebracht, die Kenntnis von den Geheimnissen der Natur. In den ihm zugeordneten Schriften finden sich die frühesten Hinweise auf eine Sammlung mystischer Prinzipien, die die griechische Wissenschaft und über sie die gesamte westliche Tradition beeinflußt haben. Das grundlegendste Prinzip betrifft die Analogie zwischen Makrokosmos und Mikrokosmos:

> Was unten ist, gleicht dem Oberen, und was oben ist, gleicht dem Unteren; auf daß sich die Wunder einer jeden Sache vollenden.[3]

Die ersten besser überlieferten griechischen Forschungen, beispielsweise die des Pythagoras (6. Jahrhundert v. Chr.) sind von ähnlichen metaphysischen Begriffsbestimmungen geprägt, der Überzeugung, daß alle Dinge und Vorgänge in der natürlichen, belebten Welt von einer Art Verstand oder Geist durchdrungen sind, daß sich im Mikrokosmos der göttliche Makrokosmos spiegelt. Mathematik und Astronomie galten als Sprache des göttlichen Geistes – als heilige Instrumente, die seine Wunder zu begreifen und seine Kräfte praktisch zu nutzen erlauben. Vor diesem Hintergrund konnte Sokrates den menschlichen Geist als den vornehmsten Gegenstand der Erkenntnis preisen und die Lehre vertreten, daß wir die Welt verstehen, indem wir uns selbst verstehen. Sein größter Schüler, Platon, radikalisierte das und postulierte den Primat der reinen Vernunft, des Geistes über die Sinnlichkeit oder die Materie. Aristoteles, Platons bedeutendster Schüler, sprach zwar wie dieser den abstrakten (oder magischen) Qualitäten der Erfahrung große Bedeutung zu, vertrat aber einen eher kausalen und deduktiven erkenntnistheoretischen Ansatz, der zur Grundlage der Wissenschaft wurde, wie wir sie heute definieren. Aber auch Aristoteles war der Überzeugung, daß alle natürlichen Prozesse auf eine göttliche Absicht (*telos*) zurückzuführen seien, durch die die Dinge ihre Wesensformen erlangen, so daß die von jeder Substanz angenommene besondere Form ihr durch den Geist auferlegt wird.

Die unterschiedlichen Auffassungen von Platonismus und Aristotelismus haben auf die eine oder andere Weise das ganze westliche Denken durchzogen. Debatten über den relativen Vorrang des Geistes über die Materie, der Form über die Substanz oder der Seele über das Physische haben – etwa in den Dichotomien der Leib-Seele-Problematik, im Welle-Teilchen-Dualismus oder im Gegensatz Determinismus/Indeterminismus – bis heute überdauert. Zwar schwang das Pendel in den verschiedenen Ländern und Kulturen zwischen beiden Auffassungen hin und her, aber nahezu jeder bedeutende Denker sah sich früher oder später, erklärtermaßen oder implizit, mit dieser fundamentalen Frage konfrontiert.

> **Es gibt keinen Dualismus von »Geist« und »Materie« mehr, sondern einen von »Wellen« und »Teilchen«; sie scheinen, wenn auch verdeckt, direkte Nachfolgekonzepte für den Geist-Materie-Gegensatz zu sein, wobei »Welle« an die Stelle des Geist-Begriffs und »Teilchen« an die Stelle des Materie-Begriffs tritt.** James Jeans

Die Römer der Antike waren bessere Soldaten als Gelehrte, bessere Techniker als Wissenschaftler und bessere Politiker als Philosophen. Zu den theoretischen Errungenschaften der Griechen trugen sie wenig mehr bei, als sie zu bewahren. Nach dem Untergang des Imperium Romanum bewahrten nur die römische Kirche und das am Rande Europas gelegene Byzanz die westliche Kultur vor einem Rückfall in die Barbarei. Intellektuelles Leben gab es im frühen Mittelalter praktisch nur noch auf den isolierten Inseln der christlichen Klöster; aber selbst den gelehrtesten Mönchen waren lediglich einfache Arithmetik und Bruchstücke der griechischen Astronomie geläufig.

Über Jahrhunderte waren Mathematik mit Astrologie und Naturwissenschaft mit Alchimie fast identisch. Das Denken war von theologischen Doktrinen beherrscht, die ihre eigenen metaphysischen Themen diktierten. Die Natur wurde nur insofern erforscht, als man nach Analogien für herrschende religiöse Überzeugungen suchte, und wissenschaftliche Wahrheiten konnten sich nur durchsetzen, wenn sie als Bestätigung der göttlichen Offenbarung gelten konnten.

In dieser dunklen Periode des europäischen Denkens studierten und übersetzten brillante arabische Gelehrte die Hauptschriften des Aristoteles, die in byzantinischen Bibliotheken aufbewahrt worden waren. Ihre Interpretationen haben die arabischen Gelehrten mit metaphysischen und wissenschaftlichen Konzepten in Zusammenhang gebracht, die von indischen und chinesischen Mathematikern, Astronomen, Ärzten und Alchimisten stammten. Das Theoriegebäude, das auf diese Weise entstand, wurde später, ins Lateinische übersetzt, von den christlichen Gelehrten diskutiert und fand so seinen Weg in die scholastische Theologie des Mittelalters. Die ersten Reaktionen auf die Schriften der »heidnischen« Philosophen Al-Kindi, Avicenna, Averroes und Maimonides waren anfänglich skeptisch und feindselig. Nur Dank der Beharrlichkeit von Visionären wie Albertus Magnus, Philosoph, Alchimist und einer der Lehrer des Thomas von Aquin, fand die aristotelische Kosmologie und Metaphysik allmählich Eingang in die kirchlichen Dogmen. Auf diese Weise wurde es möglich, daß in der christlichen Welt schöpferische Gelehrsamkeit wieder einen vorsichtigen Aufschwung nehmen konnte.

Hermetischer Philosoph

Diese ganze historische Periode über galten Astronomie, Astrologie, Mathematik, Philosophie, Alchimie und Medizin immer noch als Zweige einer einzigen Wissenschaft, die, stark vom hermetischen Mystizismus durchdrungen, nur soweit geduldet wurde, als sie theologische Prinzipien stützte. Was das für die Gelehrten bedeuten konnte, mag das Schicksal des Franziskanermönchs Roger Bacon (1214–1292) illustrieren, der bemerkenswert exakte Experimente zu

Optik, Chemie und Mechanik durchführte und die Erfindung von Brille, Teleskop, Schießpulver und Dampfmaschine voraussagte. Er verbrachte 22 Jahre im Gefängnis, da er der Ausübung der Magie und der Zauberei beschuldigt worden war. Schließlich hatte er so schändliche Dinge für denkbar gehalten wie

> Instrumente von wunderbarem Nutzen, etwa Maschinen zum Fliegen oder zur Fortbewegung in Fahrzeugen, die nicht von Tieren gezogen werden und trotzdem unvergleichlich schnell sind, oder zur Schiffahrt ohne Ruderer, aber rascher, als es mit Menschenkraft möglich wäre. Damit diese Dinge in unseren Tagen Wirklichkeit werden können, sollte sie niemand lächerlich machen oder sich über sie wundern. ...
> Es können fliegende Maschinen gebaut werden, und ein Mensch, der mitten in einem solchen Gerät sitzt, kann eine raffinierte Vorrichtung in Drehung versetzen, durch die künstliche Flügel die Luft nach unten schlagen, wie bei einem fliegenden Vogel. ... Man kann auch Maschinen konstruieren, mit denen man im Meer oder in den Flüssen bis hinab auf den Grund gelangen kann, und das ohne jede Gefahr.[4]

Wissenschaftliche Forschung konnte bis weit in das 17. Jahrhundert hinein die Gelehrten Leib und Leben kosten. Im Wüten der Gegenreformation und im Kampf der katholischen Kirche gegen den Wiederaufstieg des Platonismus und der hermetischen Philosophie gelangte die Denkzensur auf ihren Gipfel, waren doch jene aristotelischen Lehren bedroht, die inzwischen zum theologischen Dogma geworden waren. Giordano Bruno, der brillante Astronom, wurde im Jahre 1600 als Ketzer auf dem Scheiterhaufen verbrannt. Er war in Konflikt mit dem kirchlichen Dogma geraten, weil er bestritten hatte, daß das Universum eine endliche Ausdehnung habe. Galileo Galilei geriet in die Fänge eines Inquisitionsgerichts, das ihn verurteilte, weil er das heliozentrische Modell des Kopernikus unterstützte.

Kopernikus selbst, von dem es heißt, er habe mit den schneidenden Waffen der wissenschaftlichen Beobachtung und Logik die Stricke der geozentrischen Selbsttäuschung zerschnitten, war stark von der hermetischen Ästhetik beeinflußt. Das verraten schon die Bilder seiner Sprache:

> Und in der Mitte thront die Sonne. Könnten wir in diesem herrlichsten Tempel diesem leuchtenden Himmelskörper eine bessere Position zuweisen, von der er alles gleichzeitig überstrahlen kann? Er wird zu Recht das Licht genannt, der Geist, der Lenker des Universums: Hermes Trismegistos nennt ihn den Sichtbaren Gott, und Sophokles' Elektra den All-Sehenden. So sitzt die Sonne auf einem königlichen Thron und herrscht über ihre Kinder, die Planeten, die sie umrunden.[5]

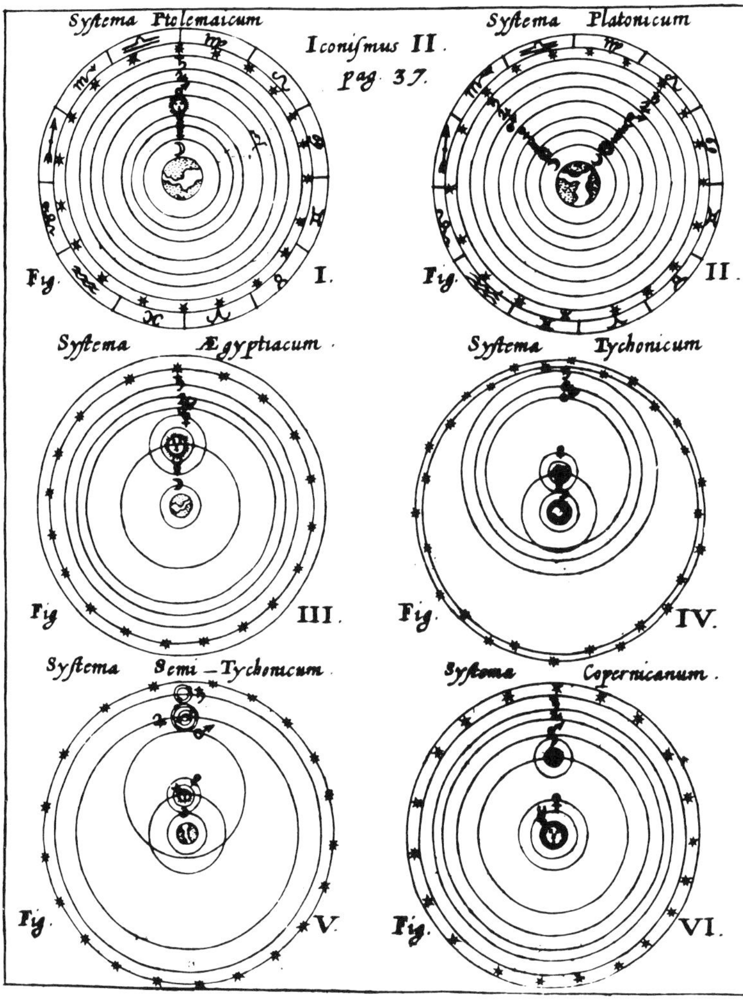

Verschiedene Modelle des Sonnensystems. 17. Jahrhundert

Einer der bedeutendsten Vertreter des mystischen Neuplatonismus Europas war der deutsche Arzt Theophrastus Bombastus von Hohenheim – besser bekannt als Paracelsus –, der durch seine Beiträge zur Alchimie und seinen großen Einfluß auf die Begründung der modernen Medizin berühmt wurde. Für Paracelsus und für viele andere Gelehrte des 16. und 17. Jahrhunderts kamen in den überkommenen alchimistischen Praktiken spirituelle Einsichten und physikalisches Erfahrungswissen über die hermetische Beziehung zwischen Mikrokosmos und Makrokosmos miteinander zur Deckung. Worum es bei diesen Arbeiten ging, kann man fast mit denselben Begriffen erläutern, mit denen wir unsere eigenen Forschungen beschreiben: die systematische Untersuchung der Interaktion zwischen Bewußtsein und physikalischer Welt und der verschiedenen Kondensate dieser Interaktion sowie die Entwicklung brauchbarer Metaphern, mit denen sich diese Prozesse verstehen und darstellen lassen. Manche Alchimisten bevorzugten eine physikalische Interpretation, andere eine eher metaphysische. Erst im späten 17. Jahrhundert spaltete sich die Alchimie in zwei Richtungen auf. Die physikalischen Experimente wandelten sich, aus ihrem metaphysischen Kontext herausgelöst, zur gewöhnlichen Chemie; die Metaphysik, der Disziplin des Labors entzogen, ging ihre eigenen Wege und spürte nur noch dem Rätsel und Mysteriösen an sich nach. In den Augen der Gelehrten des mechanistischen Weltbildes hatte sich die Philosophie auf den Kampf gegen die Windmühlen des Aberglaubens kapriziert.

Die ältere, ganzheitliche alchimistische Tradition ist der Nährboden, ohne den sich ein Genius wie Johannes Kepler oder Tycho Brahe (Keplers Mentor, der noch enger an mystische Traditionen anschloß) nicht hätte entwickeln können. Kepler war wie Pythagoras von einer *Harmonia mundi* überzeugt, die, wie er dachte, ein verspielter Zauberer sich ausgedacht und ins Werk gesetzt haben mußte und deren Gesetze nur durch die abstrakten Notationssysteme der Musik und Mathematik ausgedrückt werden könnten.

> **Eine von einer Ebene geschnittene Kugel zeigt als Schnittfläche einen Kreis, das ursprüngliche Bild des erschaffenen Geistes, der den Körper zu lenken hat; und dieser Kreis verhält sich zur Kugel wie der menschliche Geist zum Göttlichen Geist.**
>
> Johannes Kepler

In den Schriften von William Gilbert, der den Grundstein für die wissenschaftliche Erforschung des (schon seit langem bekannten) Geomagnetimus gelegt hat, offenbart sich in ähnlicher Weise eine magische Komponente:

Aristoteles' Welt wäre eine Mißgeburt. Alle Dinge im Universum sollen vollkommen, lebendig und beseelt sein, nur die Erde, ein glückloser kleiner Teil, soll unvollkommen, tot, seelenlos und dem Verfall preisgegeben sein. Andererseits erkannten Hermes Trismegistos, Zoroaster und Orpheus eine universelle Seele. Auch wir halten das ganze Universum für beseelt und glauben, daß alle Himmelskörper, alle Sterne und auch diese prächtige Erde von Beginn an durch ihre eigenen ausersehenen Seelen beherrscht werden und daher den Impuls zur Selbst-Erhaltung bekamen. ... Wie Aristoteles in seinem Werk *De Anima* [Über die Seele] berichtet, erklärte Thales deshalb nicht ohne Grund den Magnetstein für beseelt, der ein Teil von Mutter Erde und ihr innig geliebter Sprößling sei.[6]

Sogar der große Isaac Newton, der unbestritten als Begründer der mechanistischen Tradition unserer modernen Wissenschaft gilt, wurde nicht unzutreffend charakterisiert als

> nicht der erste Vertreter des Zeitalters der Vernunft. Er war der letzte der Magier, der letzte der Babylonier und Sumerer, der letzte bedeutende Geist, der die sichtbare und die geistige Welt mit denselben Augen sah, mit denen sie jene gesehen haben, die vor fast 10000 Jahren die Grundlagen der geistigen Welt zu legen begonnen haben, deren Erben wir sind.[7]

Newtons wissenschaftliche Brillanz beruhte auf der Kombination seiner mystischen und seiner mathematischen Einsichten, doch beeinflußt wurde er ebenso stark von der hermetischen Philosophie, der Lehre von den alchimistischen und magischen Kräften wie vom cartesischen Rationalismus und der zeitgenössischen, an Bacon geschulten Methodologie. Newtons berühmten Werken über klassische Mechanik, Optik und Gravitation stehen weniger bekannte zur Seite: seine ausführlichen Abhandlungen über biblische Prophezeiungen und die okkulte Symbolik im Grundriß des Tempels Salomos sowie der großen Cheopspyramide. Darüber hinaus führte er in seinem eigenen Laboratorium aufwendige alchimistische Experimente durch. Sein Konzept einer alle Körper im Kosmos miteinander verbindenden universellen Gravitationskraft steht eindeutig unter dem Einfluß alter mystischer Ideen, und seine Ansichten über mechanistisch gedachte Kausalität zehrten von der Vorstellung, daß es einen willentlichen, geistähnlichen Einfluß auf den Lauf der physikalischen Welt gebe. Newton siedelt, wie ein anderer Biograph vermerkt, den elementaren Mechanismus von Veränderungen im Universum in dem »Mysterium an, durch das der Geist die Materie lenken kann«.[8]

Vereinigung des Weiblichen mit dem Männlichen (die »chymische Hochzeit«). 13. Jahrhundert

Erst nach dem Triumph der »wissenschaftlichen Methodik« gegen Ende des 17. Jahrhunderts kristallisierten sich die Ansätze heraus, die stringentere Zugänge zu philosophischen und wissenschaftlichen Gegenständen ebneten. Der vielleicht wichtigste Architekt der neuen wissenschaftlichen Methodologie, ein typischer Vertreter der Renaissance, war Francis Bacon, ein Philosoph, Wissenschaftler und Staatsmann. Seine Forderung, daß empirischer Beweis und deduktive Logik sich in einem Wechselspiel aufeinander beziehen müssen, hat die moderne Forschung geprägt. Was er in seiner bilderreichen Sprache über das Verhältnis von Experiment und Theorie zu sagen weiß, ist von unserem Bild des wissenschaftlichen Twostep nicht weit entfernt.

> Die, welche die Wissenschaften bearbeiteten, waren entweder Empiriker oder Dogmatiker. Jene sammeln und verbrauchen nur, wie die Ameisen;

Letztere aber, welche mit der Vernunft beginnen, ziehen wie die Spinnen das Netz aus sich selbst heraus. Das Verfahren der Bienen steht zwischen beiden; diese ziehen den Saft aus den Blumen in Gärten und Feldern, aber behandeln und verdauen ihn durch eigne Kraft. Aehnlich ist das Geschäft der Philosophie; es stützt sich nicht ausschliesslich oder hauptsächlich auf die Kräfte der Seele, und es nimmt den von der Naturkunde und den mechanischen Versuchen gebotenen Stoff nicht unverändert in das Gedächtniss auf, sondern verändert und verarbeitet ihn im Geiste. Deshalb können auf das engere und festere Bündniss beider Vermögen, des versuchenden nämlich und des denkenden, was bis jetzt noch nicht bestanden hat, die besten Hoffnungen gebaut werden.[9]

Die Gründung der *Royal Society of London* im Jahre 1662 ist ein schönes Beispiel für die neue Tonart, die in den Wissenschaften angeschlagen wird. Um den Zweck dieser Gesellschaft und den Gegenstand der von ihr geförderten Forschung zu umschreiben, skizziert der Physiker Robert Hooke eine Grenzziehung: Forschung müsse sich all dessen entschlagen, was nicht handfest und handgreiflich zu fassen ist. Ihr Zweck sei,

mit Hilfe von Experimenten das Wissen über die Dinge der Natur verbessern, ebenso alle nützlichen Künste, Herstellungsmethoden, mechanischen Verfahren, Maschinen und Erfindungen (ohne dies zu vermengen mit Gottheiten, Metaphysik, Moral, Politik, Grammatik, Rhetorik oder Logik).[10]

Trotz der erklärten Ausrichtung auf wissenschaftliche Strenge hatten sich aber nicht wenige Forscher ein großes Interesse an verschiedenen esoterischen Phänomenen bewahrt. Da eine Wendung hin zum wissenschaftlichen Determinismus Anomalien weit prägnanter und schärfer hervortreten läßt, ist das nicht verwunderlich. Eindeutig »nicht-wissenschaftlich« werden Anomalien zu einer direkten Herausforderung für das mechanistische Paradigma. Zu den frühesten Aufgaben, die die *Royal Society* sich gestellt hat, gehörten wissenschaftliche Untersuchungen zur Astrologie, Alchimie, Prophetie, Magie und Zauberei, an denen sich teilweise die prominentesten Mitglieder – praktizierende Alchimisten und Okkultismusanhänger – beteiligten. Bacon selbst war von Naturmagie überzeugt und schlug vor, telepathische Träume und Geistheilungen systematisch zu untersuchen und Experimente zur »Übertragung von Geistern und der Kraft der Vorstellung« zu machen.[11] Daß er das Gegenteil proklamiert hatte, hinderte Hooke keineswegs daran, über eindeutig metaphysische Themen zu schreiben und zu forschen. Eine seiner Aussagen ist für den Gegenstand dieses Buches relevant:

Ich habe, wie bemerkt, zu zeigen versucht, daß die Strahlkraft der Seele sich nicht nur über den ganzen Vorrat unserer Vorstellungen erstreckt und diese lenken kann. Weder glaube ich, daß ihr Wirkungsbereich eine genaue Grenze hat, noch nehme ich es als gewiß, daß sie ihn auf alle Punkte des Körpers, den sie belebt und schützt, ausdehnen kann. Ebensowenig aber ist ausgeschlossen, daß sich die Kraft auch außerhalb des Körpers über beträchtliche Abstände erstreckt, so daß sie nicht nur andere Körper beeinflußt, sondern auch von diesen beeinflußt wird. Ich könnte vielfältige Beobachtungen und Begründungen dafür anführen, daß es nicht nur möglich, sondern wahrscheinlich, wenn nicht sogar gewiß ist, daß es solche Einflüsse gibt, was sich auch aus anderen Vorstellungen folgern läßt ...[12]

Robert Boyle, Wegbereiter der kinetischen Theorie der Gase, war wie Isaac Newton, sein Kollege, mit dem er lebenslang befreundet war, von der Alchimie und mystischen Praktiken fasziniert. Obwohl er, als er diese Interessen in seinen Publikationen zu sehr herausstrich, von anderen Wissenschaftlern scharf angegriffen wurde, rückte er von seinem Engagement für das hermetische Erbe nicht ab.

Da ich nun alt geworden bin, glaube ich, daß es Zeit sei, meine früheren Absichten zu verwirklichen und den lernbegierigen Jüngern dieser Kunst eine Art hermetischen Erbes zu hinterlassen und in der beigefügten Schrift offen einige chemische und medizinische Vorgänge zu schildern. Diese sind weniger einfach und klar als jene kaum erhellenden, die ich gewöhnlich vorziehe; außerdem sind sie schwieriger und komplizierter als jene, die ich bisher beschrieben habe, und eher verwandt mit den vornehmsten hermetischen Geheimnissen oder – wie Helmont sie bezeichnet – *Arcana majora*.[13]

Freimaurermedaille aus dem 18. Jahrhundert. Die Symbolik verweist auf das fortdauernde hermetische Erbe.

Einige Wissenschaftshistoriker gehen so weit zu behaupten, die *Royal Society* sei geradezu zu dem Zweck gegründet worden, um hermetische, neuplatonische und rosenkreuzerische Konzepte in die Forschung zu integrieren und die Forscher vor religiöser Verfolgung zu schützen. Dann wären die sorgfältigen Formulierungen von Hooke, Boyle, Newton und anderen nur Tarnmanöver gewesen, die Kirchenautoritäten ablenken sollten, indem ganz eindeutig häretische Ideen hinter strikt empirischen Ansätzen versteckt wurden.[14]
Neben der *Royal Society* existierten auch weniger formelle intellektuelle Zirkel, in denen metaphysische Fragen diskutiert wurden. Der Philosoph Henry More, auch ein enger Freund Newtons, und der Theologe Joseph Glanvill gehörten zu einer dieser Gruppen; beide waren zugleich auch Mitglieder der *Royal Society*. Die Bücher, in denen sie ihre Untersuchungen publizierten, trugen so faszinierende Titel wie *Saducismus Triumphatus* oder *Vollständiger und einfacher Beweis für Hexerei und Erscheinungen*, *Über die Unsterblichkeit der Seele* sowie *Remedur gegen die Gottlosigkeit*, in dem More erklärte, »wie Gottes und Satans irdische Stellvertreter auf ähnliche Weise ihren Haushalt führen«.[15]

Die Genealogie des westlichen Denkens könnte man vertiefen, indem man seinen Verzweigungen in die Traditionen des Nahen und Fernen Ostens und in die Überlieferungen aus archaischeren Kulturen nachgeht. Dort waren mystische Praktiken und Vorstellungen womöglich noch sehr viel enger mit den verschiedenen Wissensformen verkoppelt. So umfassende Werke wie die *Pyramidentexte* (das *Sefer HaZohar*), die *Yoga Sutras* oder das *Avesta* enthalten bemerkenswerte lebenspraktische Theorien und spirituelle Einsichten, deren Bedeutung trotz der kaum zu überblickenden Deutungen, die sie in den verschiedensten Kulturen späterer Epochen erfahren haben, kaum ausgeschöpft werden kann. Daß der Orient die moderne westliche Wissenschaft und Technik historisch beeinflußt und bereichert hat, läßt sich nicht länger und immer weniger leugnen.

Aber wir dürfen auch nicht übertreiben: Mystische Dimensionen wissenschaftlicher Kreativität sind in den Epochen vor der Aufklärung nicht von allen Forschern gleichermaßen anerkannt worden. Historische Beispiele, daß materialistische Auffassungen und mechanistisches Denken tonangebend waren oder Forscher bei der Arbeit ihre intuitiven oder ästhetischen Seiten abgespalten haben, lassen sich unschwer finden: Demokrit, der griechische Begründer des Atomismus, hat die spirituellen Auffassungen eines Heraklit heftig bekämpft; Leonardo da Vinci, der hochsensible Künstler, genialeklektische Forscher und Erfinder, hat sich immer dagegen gesperrt, für physikalische Phänomene andere als natürliche Ursachen gelten zu lassen. Bei René Descartes gibt es viele spirituelle Denkmotive, bei der Errichtung seines Denkgebäudes wollte der Philosoph und Mathematiker im Prinzip aber streng rational und reduktionistisch verfahren. Gleichwohl, das historische Fazit ist eindeutig: Wo Bewußtseinsphänomene ernsthaft untersucht worden sind, haben mystische Fragestellungen und metaphysische Positionen im abendländischen wie im östlichen Denken immer eine Rolle gespielt und die Prämissen, Methoden und Schlußfolgerungen solcher Untersuchungen geprägt.

Die von den Gründern der *Royal Society* proklamierte Trennung von Wissenschaft und Theologie führte allmählich dazu, daß sich der vordem einheitliche Strom des Wissens in die vielen Fächer und Disziplinen verzweigte, die wir heute kennen. Das erste größere Schisma war das zwischen philosophischen und nichtphilosophischen akademischen Disziplinen, die bis dahin durch sachliche Querbezüge und durch die universellen Interessen der Gelehrten eng miteinander verflochten waren. Wissenschaft und Philosophie waren eins. Wie Janus, der Gott mit den zwei Gesichtern, waren sie die Kehrseiten eines Denkens: Das eine Gesicht wandte sich den Realitäten der Natur zu, das andere der Natur der Realität. Und beide Male wurde empirische Erfahrung begrifflich-analytisch verarbeitet. Aristoteles, Kopernikus, Roger und Francis Bacon, Paracelsus, Kepler, Newton und Descartes: sie alle waren sowohl Gelehrte wie Philosophen und haben auf beiden, heute so weit voneinander abliegenden Feldern ihre Spuren hinterlassen. Aber als sich die Mechanisten gegen die Alchimisten, der Rationalismus sich gegen die Metaphysik durchgesetzt hatten, verzweigten sich Wissenschaft und Philosophie zu zwei getrennten Wissensströmen, die ihren eigenen, allerdings parallel verlaufenden Richtungen folgten. Unsere Übersicht kann von diesem Punkt an im Grunde nur derselben Strategie folgen.

Als losgelöstes Einzelfach hat die Philosophie in den folgenden drei Jahrhunderten umfassende und hochdifferenzierte Systeme hervorgebracht, die schwerlich auf einen Nenner zu bringen sind. Die Dichotomien Geist/Materie, Verstand/Substanz und Subjekt/Objekt haben aber, wie eine kursorische Durchsicht schnell zeigt, unverändert zum Kernbereich des philosophischen Denkens gehört, so breit das Spektrum der eingenommenen Positionen auch war: vom objektiven Materialismus eines Bacon, Hobbes und vom englischen Empirismus, von Voltaire, den französischen *philosophes* bis hin zum Subjektivismus des Neuplatonismus bei Berkeley, Rousseau oder Hegel, bei den Vertretern des deutschen Idealismus oder amerikanischen Transzendentalismus. Die Ausgangspunkte für die Fragen haben sich im Laufe der Zeit verschoben; die Fragerichtungen haben in Abhängigkeit von sozialen Entwicklungen, politischen Strömungen und Fortschritten der Wissenschaft gewechselt: aber in jeder Epoche wurden Anstrengungen unternommen, auf tolerante und symbiotische Weise dialektische Kombinationen dieser zwei Perspektiven zu finden. Von den vielen Philosophen, die sich dem Geist-Materie-Problem aus derart integrierenden Sichtweisen zuwandten, haben drei eine besondere Wirkung auf unsere eigene Orientierung: Immanuel Kant, Henri Bergson und William James.

Kant, der herausragende deutsche Denker des 18. Jahrhunderts, strebte nach einer Art kritischer Philosophie, die den rationalen Skeptizismus des David Hume mit dem romantischen Idealismus des Jean-Jacques Rousseau vereinigen sollte. Kant unterschied eine wahrgenommene Welt der empirischen Empfindungen oder »Phänomena« von einer objektiven Welt transzendenter, unerkennbarer Dinge an sich oder »Noumena«; er postulierte, daß Erfahrung das

Produkt des Geistes und seiner inhärenten organisatorischen Kategorien sei, die unmittelbar auf die Sinne einwirkten. Für ihn waren Zeit, Raum und andere »Naturgesetze« einschließlich der Kausalität Produkte des menschlichen Geistes und keine objektiven Realitäten einer physikalischen Welt:

> Die Ordnung und Regelmäßigkeit also an den Erscheinungen, die wir Natur nennen, bringen wir selbst hinein und würden sie auch nicht darin finden können, hätten wir sie nicht oder die Natur unseres Gemüths ursprünglich hineingelegt.[16]

Ein Jahrhundert später wandte sich der populäre französische Philosoph Henri Bergson gegen den materialistischen Positivismus, der die schnelle Industrialisierung in Europa begleitete. Er wurde auch zum eloquenten Verfechter einer aktiven Rolle des Geistes und des freien Willens bei der Erschaffung der Realität. Bergson befaßte sich mit der fundamentalen Spannung zwischen der Lebenskraft, die er »élan vital« nannte, und der »Trägheit« der materiellen Welt. Das Bewußtsein, meinte er, müsse mit dem Leben koextensiv sein. Das Bewußtsein »erweist sich als proportional zum Wahlvermögen, worüber das Leben verfügt. Es beleuchtet die Zone der Möglichkeiten, die rings um die Tat gezogen ist.«[17] Während er davon ausging, daß Bewußtseins- und Zerebralprozesse einander korrespondieren, beharrte er darauf, daß »das Bewußtsein eines Lebewesens mit seinem Gehirn nur im selben Sinn solidarisch [ist] wie ein spitzes Messer mit seiner Spitze«.[18] Der Mensch könnte versuchen, die physikalische Welt über seinen Intellekt zu verstehen oder zu beschreiben, aber direkt könne er sie nur durch Intuition erfahren; daher müßten, wie Kant behauptet hatte, Zeit und Raum subjektive Eigenschaften des Intellekts sein. Bergsons Schriften übten großen Einfluß auf Forscher vieler Disziplinen aus, am prominentesten vielleicht der Paläontologe und Theologe Pierre Teilhard de Chardin, der Bergsons Prämissen in seine Philosophie der bewußtseinsgetriebenen Evolution aufnahm, und der Quantenphysiker Louis de Broglie, der eine metaphysische Dimension vertrat, die die reduktionistische Wissenschaft ergänzen sollte.

Die vielleicht eloquentesten Darlegungen über die Funktionsweisen und Erkenntnisleistungen des Bewußtseins stammen von dem amerikanischen Philosophen und Psychologen William James. Immer wieder hat er betont, daß man, ohne anomale psychische Erfahrungen einzubeziehen, zu keiner wirklich umfassenden Bewertung der menschlichen Natur gelangen könne. Durch alle seine Werke über Philosophie, Psychologie, Religion und parapsychologische

Forschung zieht sich das Thema des Bewußtseins, das seine Realität erzeugt, indem es aus dem »schäumenden, summenden Durcheinander« von Umgebungsreizen jene Teile aussortiert, die für seine Zwecke nützlich sind oder den Ausdruck seines Willens verstärken.[19] Die Vorstellungen von James durchziehen die Literatur der späteren parapsychologischen Forschung. Sie haben auch unsere Arbeit befruchtet. Wir werden auf ihn zurückkommen.

Im Gefolge der wissenschaftlichen Revolution löste sich ein Großteil der Spannung zwischen säkularer Forschung und kirchlicher Lehre, die sich über Jahrhunderte aufgebaut hatte. Die hysterisch-paranoide kirchliche Verfolgung von Zauberei und Hexenwesen, die in den Prozessen, Folterungen und Hinrichtungen durch die

Hexe vor Gericht. 19. Jahrhundert

Inquisition ihren Gipfel gefunden hatten, gingen langsam zu Ende; religiöse Gelehrte waren wieder fähig, übernatürliche Phänomene mit einer gewissen Gelassenheit zu behandeln. Mitte des 18. Jahrhunderts wurde Kardinal Prospero Lambertini, der spätere Papst Benedikt XIV., von der katholischen Kirche beauftragt, parapsychische Fälle wissenschaftlich zu untersuchen. Es sollten Fälle ermittelt werden, die als authentische Wunder für eine Seligsprechung in Frage kämen. Was er unter dem Titel *De Beatificatione Servorum Dei et De*

Canonizatione Beatorum (»Von der Seligsprechung der Diener Gottes und Heiligsprechung der Seligen«) zusammentrug, hatte bemerkenswert wenig geistliche Scheuklappen und nahm in vielen Hinsichten spätere Einsichten und Beobachtungen vorweg: »Die Gabe der Weissagung, durch die ein Mensch ... künftige, vergangene, weit entfernte oder verborgene Dinge wissen kann oder die Geheimnisse des Herzens oder die innersten Gedanken zu erkennen vermag«, mußte erstens nicht entweder göttliches Wunder oder Wirken eines Dämons sein, sondern konnte auch natürliche Ursprünge haben; zweitens trat sie öfter bei ungebildeten Menschen auf als bei gebildeten Personen, die sich eher »inneren Neigungen oder äußeren Beschäftigungen« hingeben; drittens trat sie häufiger im Schlaf als im Wachzustand auf; viertens war sie oft nicht von persönlichen Gedanken zu unterscheiden; fünftens nahm sie oft symbolische Formen an; und sechstens konnte man sie bei Heiden, Kindern, Frauen, Tieren und Fischen ebenso antreffen wie bei »heiligen Menschen«.[20]

Mystische Erfahrungen und Phänomene zogen damals darüber hinaus auch zahlreiche hervorragende Gelehrte aus vielen der jungen, sich säkularisierenden Wissenschaften an. Wohl einer der bedeutendsten war Emanuel Swedenborg, Mathematiker, Ingenieur, Psychologe, Physiker, Physiologe und Erfinder; er war auch Mitglied des Schwedischen Parlaments, Musiker und Hellseher. Er verkündete, daß »es nun zulässig sei, dem Verstand Eingang in die Mysterien des Glaubens zu geben«. In Swedenborgs Philosophie sind natürliche Welt und menschlicher Geist durch ein System von »Korrespondenzen« miteinander verbunden und »Liebe oder Willen das wahre Leben des Menschen«.[21] Er gehörte zu den größten Mystikern seiner Zeit. Seine Vorstellungen beeinflußten nicht nur das zeitgenössische Denken, mit seinem Werk setzten sich Kant, Bergson und William James auseinander.

Einen anderen wichtigen Beitrag zur wissenschaftlichen Erforschung von Anomalien leistete im 18. Jahrhundert die Medizin mit den Arbeiten des Arztes Franz Anton Mesmer über Hypnose. Mesmer zufolge senden alle Dinge in der Natur Strahlung kosmischer Vitalität oder »tierischen Magnetismus« aus. Durch Überladung entstandenes Ungleichgewicht konnte seiner Meinung nach verschiedenartige Krankheiten auslösen.[22] Gelang es, zwischen Patient und Heiler eine Beziehung herzustellen, könne der Magnetismus durch beide zirkulieren und so, durch die Zusammenschaltung, das magnetische Gleichgewicht wiederhergestellt und die Heilung eingeleitet werden. Mesmers Berichte über seine wundersamen Kuren wurden von vielen Zeitgenossen verlacht; er wurde der Scharlatanerie beschuldigt, weil er bestimmte Vorgänge nicht adäquat beschreiben und erklären konnte. Mesmers Theorien, so spekulativ sie auch gewesen sein mögen, haben jedenfalls den Grundstein dafür gelegt, daß sich eine Reihe von Wissenschaftlern der Erforschung der Hypnose zugewandt haben, darunter auch Sigmund Freud und seine Anhänger.

Das Bild, das wir uns vom Bewußtsein machen, ist um die Jahrhundertwende durch Sigmund Freud revolutioniert worden, den Begründer der Psychoanalyse, dem wir bahnbrechende Beiträge zur klinischen Psychologie verdanken. Mit den Konzepten und Begriffen der Psychoanalyse konnten außergewöhnliche Effekte beschrieben werden; Freuds Forschungen über das Unbewußte und die Funktion von Träumen legten offen, wie groß der Anteil innerer mentaler Prozesse an dem sind, was wir als Realität wahrnehmen. In seiner »analytischen Psychologie« hat C.G. Jung, ehemaliger Schüler und Kronprinz Freuds, dem Unbewußten eine noch größere Bedeutung zugeschrieben und in umfassenden Untersuchungen mystischer und okkulter Zusammenhänge vielfältige anomale Phänomene zum Thema gemacht. Er begann seine akademische

Prinzip der akausalen Verbindung.
Jakobsleiter.
William Blake (1757–1827)

Karriere mit einer Dissertation *Zur Psychologie und Pathologie sogenannter okkulter Phänomene* (1902), forschte über Traumsymbolismus, religiöse und transformative Erfahrung, Mythologie, östliche Religion und Philosophie, Alchimie, Geisterglaube und Seelenwanderungslehren, über moderne Mythen, fliegende Untertassen beispielsweise, und andere mystische und parapsychologische Phänomene. Einige Konzepte seiner Lehre vom kollektiven Unbewußten und den Archetypen haben in verschiedene Bereiche der modernen klinischen Psychologie Eingang gefunden. Besonderes Gewicht hat seine Theorie des »akausalen verbindenden Prinzips« bzw. der »Synchronizität«, mit der das scheinbar zufällige Zusammentreffen sinnvoller Ereignisse beschrieben wird,[23] ein Ansatz, den er in einem Buch entwickelte, das er in Zusammenarbeit mit dem Physiker Wolfgang Pauli veröffentlicht hat; es enthält fundamentale Einsichten in Psychologie und Physik und hat den weiteren Werdegang der beiden Männer zweifellos stark beeinflußt.

Die sich schnell emanzipierenden Einzelwissenschaften haben sich in ihrer modernen Form im Westen im Lauf des 19. Jahrhunderts herausgebildet. Zwar hätte es neue technische Möglichkeiten gegeben, mit denen man die Rolle des Bewußtseins in der physikalischen Realität hätte untersuchen können, die wachsende Fachborniertheit der Einzelwissenschaften stand aber einer Forschung entgegen, die angesichts ihrer metaphysischen Implikationen nur einem holistischen Ansatz zugänglich sein konnte. Nur auf ganz wenigen Wissensfeldern, auf die wir in den folgenden Kapiteln noch eingehen werden, lag die Frage nach dem Bewußtsein so klar auf der Hand, daß man sozusagen gar nicht umhin konnte, sie zu stellen. In den meisten Disziplinen wurde diese Dimension freilich weitgehend unter den Teppich gekehrt, als Epiphänomen der Physiologie des Gehirns abgetan oder gänzlich ignoriert.

Das historische Fazit, das wir ziehen können, zeichnet sich klar und unverkennbar ab: Über seine intellektuellen Fähigkeiten hinaus bringt das Bewußtsein mystische und metaphysische Dimensionen ins Spiel, wenn es Realität begrifflich faßt und interpretiert. Zu klären ist, wie das Ausmaß zu bestimmen ist, in dem diese Dimensionen an der Bildung eben dieser Realität beteiligt sind.

4. Parapsychologie

Der erste nennenswerte Versuch, die wissenschaftliche Untersuchung anomaler Bewußtseinsphänomene zu institutionalisieren, war die Gründung der *Society for Psychical Research* (SPR, Gesellschaft für parapsychologische Forschung) 1882 in London. Die große Popularität des Spiritualismus mit seinen Séancen und dem Tischerücken veranlaßte eine Reihe angesehener Gelehrter aus unterschiedlichen Fachrichtungen, die auftretenden Phänomene mit derselben wissenschaftlichen Strenge zu behandeln, wie es sich bei den klassischen Universitätsdisziplinen von selbst verstand. Führend waren hierbei der Physiker William F. Barrett, der Philosoph Henry Sidgwick, der Altphilologe Frederick W. H. Myers und der Musikwissenschaftler Edmund Gurney. Wenige Jahre später (1885; A.d.R.) formierten mehrere ähnlich renommierte Wissenschaftler und Philosophen unter Leitung von Simon Newcomb und William James in Boston eine entsprechende Organisation in den USA, die *American Society for Psychical Research* (ASPR). Die ausdrücklichen wie auch die stillschweigenden Ziele dieser beiden Organisationen wurden von James treffend so zusammengefaßt:

> Jeder mit einem gesunden Gespür dafür, was als Beweis gelten darf und der nicht durch das Sektierertum der »Wissenschaft« methodisch abgestumpft wurde, sollte sich nun, scheint mir, eingestehen, daß eine übersteigerte Sensibilität und bizarre Erinnerungen, Geister, Spukhäuser, übernatürliche Fähigkeiten in der Trance und selbst experimentelle Gedankenübertragung ganz natürliche Phänomene sind, denen man wie anderen natürlichen Erscheinungen mit wissenschaftlicher Wißbegier nachgehen sollte.[24]

Obwohl die etablierten wissenschaftlichen und intellektuellen Zirkel die beiden jungen Gruppierungen mit heftiger Kritik überzogen, wurde manch ein hervorragender Gelehrter jener Tage doch neugierig und schloß sich ihnen an. Zu ihren Präsidenten zählten drei Nobelpreisträger, neun Mitglieder der *Royal Society*, ein Premierminister, ein Erzbischof von Canterbury sowie zahlreiche prominente Akademiker, darunter – neben den Gründern – Arthur Earl

Tischerücken im Viktorianischen Zeitalter

of Balfour, Henri Bergson, Sir William Crookes, Sir Oliver Lodge, William McDougall, Gardner Murphy, Gilbert Murray, Lord John Rayleigh, Charles Richet, Eleanor Balfour Sidgwick, Sir J. J. Thomson (Vizepräsident) und G. N. M. Tyrrell. Eine imposante Mitgliederliste, es waren aber noch andere berühmte Persönlichkeiten in den Gesellschaften aktiv – Marie und Pierre Curie beispielsweise, Sigmund Freud, C. G. Jung, Lord Alfred Tennyson, Mark Twain, Alfred Russel Wallace und William Butler Yeats.

Zu Beginn dieser Konsolidierungsphase faßte Myers seine langjährigen eigenen Untersuchungen in seinem klassischen zweibändigen Werk *Human Personality and its Survival of Bodily Death* (»Die menschliche Persönlichkeit und ihr Überleben des körperlichen Todes«) zusammen; er bezeichnete das Werk selbst als

> eine Darlegung weit eher als einen Beweis [der] These, daß eine Kommunikation von Geist zu Geist ohne das Wirken der uns bekannten Sinnesorgane möglich ist. Wir fanden heraus, daß dieser Mechanismus, der durch ein geeignetes Experiment sogar bei unbedeutenden Anlässen sichtbar gemacht werden kann, sich mit einem stärkeren oder wenigstens deutlicher bemerkbaren Mechanismus zu verbünden schien, der in Augenblicken der Krise oder in der Stunde des Todes einsetzt.[25]

Dieses gewaltige Werk stützte sich auf eine ähnlich beeindruckende Arbeit, die *Phantasms of the Living,* eine umfangreiche Materialsammlung aus spontanen übernatürlichen Erfahrungen. Die Fälle stammten aus Veröffentlichungen der SPR und deren Aufzeichnungen aus 15jähriger Forschung sowie aus anderen historischen Dokumenten.

Das wissenschaftliche Interesse an diesem Thema wurde zu jener Zeit angeregt von einer Reihe sorgfältiger Experimente, die einige Jahre zuvor der Physiker William Crookes angestellt hatte; ihn bezeichnete Myers als »den ersten führenden Mann der Wissenschaft, der es mit Ernsthaftigkeit unternahm, den vermuteten wechselseitigen Einfluß und die gegenseitige Durchdringung der spirituellen Welt und unserer eigenen durch Experimente mit wissenschaftlicher Präzision nachzuprüfen«.[26] Crookes, Entdecker des Elements Thallium und ein Pionier in der Erforschung elektrischer Entladungen in Gasen unter geringem Druck, hatte mit den bekannten Medien D. D. Home und Florence Cook experimentiert, um die paranormale Kommunikation und physikalische Anomalien (meist Materialisationen in Séancen; A. d. R.) zu untersuchen. Dabei setzte er raffinierte Instrumente ein, um Phänomene aufzuzeichnen und sie von Artefakten abzugrenzen. Außer Crookes' technischen Berichten sind die Beschreibungen seiner erbitterten Fehden mit Vertretern des wissenschaftlichen Establishments für sich allein schon sehr unterhaltend und aufschlußreich.

Der Einsatz eines anderen angesehenen Physikers jener Zeit, Oliver Lodge, für diese derart umstrittene Forschung war vielleicht noch intensiver, noch zäher, und er wurde dafür vom wissenschaftlichen Establishment noch mehr verspottet. Lodge war ein tief religiöser Mensch, und seine Einstellung zu dem Gegenstand veränderte sich

Versuchsvorrichtungen von William Crookes (1832–1919):

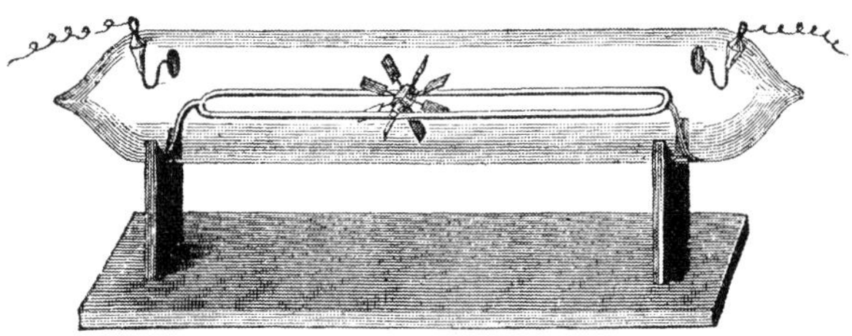

a) Gasentladungsröhre

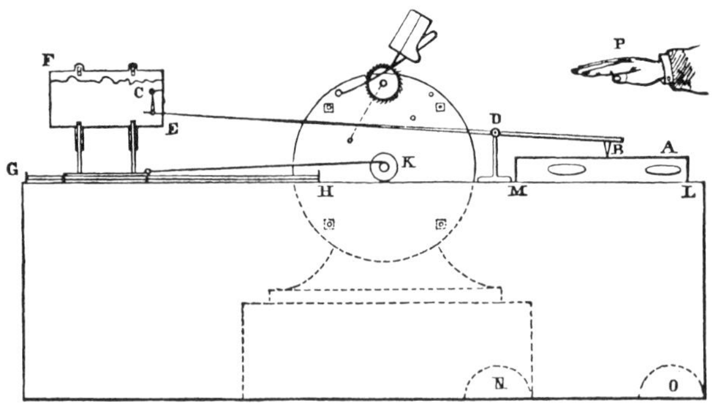

b) Apparatur zum Messen der parapsychologischen Kraft

allmählich: Angefangen hatte er mit einer von Skepsis geprägten Untersuchung der Telepathie; am Ende leitete er während des Ersten Weltkriegs die englische Spiritualistenbewegung. Er ging so weit, bei der Kommunikation mit Toten einen physikalischen Äther ins Spiel zu bringen, der den leeren Raum füllen sollte (*Der Weltäther*, 1911). Dieser Äther war bis zu jener Zeit eines der großen Rätsel in der elektromagnetischen Theorie. Lodge schrieb ausführlich über Themen wie *Leben und Materie* (1908) und *Das Fortleben des Menschen* (1910). Einige seiner Meinungen waren so extrem, daß sie sogar bei (konservativeren) Mitgliedern der *Society for Psychical Research* Kritik auslösten.

Der Pariser Physiologe Charles Richet beeinflußte die frühe Entwicklung der Disziplin entscheidend, indem er die Wahrscheinlichkeit und die Statistik zum Planen und Interpretieren von Telepathieexperimenten heranzog (er selbst sprach von »Mentalsuggestion«).[27] Zwar waren Ansätze der Wahrscheinlichkeitsrechnung und der statistischen Theorie schon zuvor in anderen wissenschaftlichen Zusammenhängen angewandt worden, doch Richet bezog besonders geschickt diese Konzepte in sein Experimentalprogramm ein. Er hatte damit großen Einfluß auf die späteren Auswertungsmethoden – und das nicht nur in der Parapsychologie, sondern auch in der klassischen Psychologie, der Biologie, der Medizin und der Statistik selbst.

Sigmund Freud wurde 1911 korrespondierendes Mitglied der Society for Psychical Research in London und von der amerikanischen Gesellschaft 1915 zum »Honorary Fellow« ernannt; dennoch stand er der Parapsychologie zeitlebens als gespaltener Skeptiker gegenüber. Einerseits äußert er in dem Artikel »Traum und Telepathie« (1922) die Sorge, der Leser könne folgern, er sei »heimlich geneigt, die Realität der Telepathie im okkulten Sinne zu bejahen«.[28] Aber in einem Brief an Hereward Carrington gab er zu: »Wenn ich mein Leben neu beginnen müßte, würde ich mich lieber der Parapsychologie als der Psychoanalyse widmen«[29] – eine Aussage, an die er sich acht Jahre später nicht mehr erinnern wollte.

Trotz der zahlreichen Akademiker, die an der Gründung und der frühen Forschung der beiden erwähnten Gesellschaften beteiligt waren, konnte sich die etablierte akademische Gemeinschaft nicht so recht für die Anomalienforschung erwärmen, und an den Universitäten wurden derartige Forschungsprogramme nur schleppend initiiert. Im ersten Viertel des 20. Jahrhunderts wurden nur wenige erwähnenswerte Anstrengungen unternommen, alle aber in den Fakultäten für Psychologie. Stiftungen von William James in Harvard und von Thomas Stanford an der Stanford University unterstützten die frühen kontrollierten Telepathieexperimente in den USA. Diese Untersuchungen und einige Arbeiten an der Universität Groningen in Holland setzten in bezug auf Methoden und Durchführung Maßstäbe für die künftige Forschung; hervorzuheben ist der Begriff des »randomisierten« Experiments, der damals entstand. Doch diese Untersuchungen konnten fast niemanden begeistern. Die Abneigung der Akademiker läßt sich vermutlich dadurch erklären, daß viele Forscher sich damals andauernd mit spiritistischen und medialen Phänomenen beschäftigten, und das unter Bedingungen, die wissenschaftlichen Ansprüchen hohnsprachen. Bei diesen Phänomenen waren der Leichtgläubigkeit des großen Publikums und der betrügerischen Ausbeutung Tür und Tor geöffnet, und eine Aura des Sensationellen umgab bald das ganze Fach. Die Berührungspunkte der Parapsychologie mit den herkömmlichen Religionen, was Konflikte erahnen ließ, hielten eingesessene Forscher und Institutionen noch mehr davon ab, sich mit dem Gegenstand näher zu befassen.

Erst in den späten zwanziger Jahren gelang es, die Anomalienforschung in den akademischen Bereich einzuführen. Seinerzeit wurde William McDougall (der James' Nachfolger in Harvard gewesen war) Dekan der Abteilung für Psychologie an der Duke University. Er berief J.B. und Louisa Rhine, die die wissenschaftliche Stichhaltigkeit parapsychologischer Phänomene untersuchen sollten. Die ersten Bemühungen des Ehepaares Rhine galten dem Leben nach dem Tod, richteten sich jedoch bald auf einen leichter zugänglichen Bereich, bei dem man allgemein von »ψ-Prozessen« oder von »Parapsychologie« spricht (den Begriff prägte 1889 der deutsche Psychologe Max Dessoir; A.d.R.). Diese Bezeichnung war gewählt worden, um den neuen Ansatz von den Strategien, der Terminologie und der Betrachtungsweise der herkömmlichen Psychologie abzugrenzen und um hervorzuheben, daß die zu untersuchenden anomalen Phänomene mit der Psyche Lebender zu tun hatten und nicht mit körperlosen Geistwesen, wie es in vorangegangenen spiritistisch orientierten Arbeiten oft angenommen worden war.

Psi

Das Ehepaar Rhine unterschied in seinen Arbeiten zwei Klassen von Psi-Phänomenen. Die eine nannten sie »außersinnliche Wahrnehmung« (ASW; im Englischen ESP, »extrasensory perception«). Sie gilt als die Fähigkeit, Informationen aufzunehmen, die über die uns bekannten Sinneskanäle nicht zugänglich sind. Die andere Kategorie ist die »Psychokinese« (PK), also die Fähigkeit, Objekte oder Prozesse auf eine Weise zu beeinflussen, die durch uns bekannte physikalische Mittel nicht zu erklären ist. Typisch für ihre frühen Experimente waren lange Versuchsreihen, bei denen mehrere Versuchspersonen randomisierte (zufällig ausgewählte) Folgen von fünf verschiedenen geometrischen Symbolen in einem Stapel aus 25 Zener-Karten identifizieren sollten oder bei denen der Fall von Würfeln über die zu erwartende Wahrscheinlichkeit hinaus beeinflußt werden sollte. Diese Arbeiten führten zu einer Vielzahl von komplexeren Aufgabenstellungen im Bereich von außersinnlicher Wahrnehmung und Psychokinese. Dabei sollten die Beziehungen zwischen parapsychologischen Fähigkeiten und psychologischen Merkmalen der Teilnehmer aufgeklärt werden.

Die ASW-Kartensymbole von J. B. Rhine

J. B. Rhine faßte die in den ersten beiden Jahrzehnten erzielten Resultate im Jahre 1967 in einer Rede vor der *American Psychological Association* folgendermaßen zusammen:

> Die untersuchten Phänomene zeigten allmählich gesetzmäßige Wechselbeziehungen und sogar ein gewisses Maß an Einheitlichkeit. Nach und nach wurden die wichtigsten Hypothesen, die sich ursprünglich nur auf spontane menschliche Erfahrungen gestützt hatten, im Labor überprüft und experimentell verifiziert. ... In dieser Phase wurden gewisse allgemeine Merkmale des Psi-Prozesses klar. Am aufschlußreichsten ist, daß die Person keine bewußte Kontrolle über irgendeine Art von Psi-Fähigkeit auszuüben vermag; diese Eigenschaft erklärt, warum das Phänomen so flüchtig ist. Hier wurde methodisches Neuland betreten, selbst für die Psychologie. ... Weiterhin waren wir überrascht, daß Psi-Fähigkeit so weit verbreitet ist, wahrscheinlich sogar eine spezifische menschliche Befähigung ist und nicht nur bei einigen wenigen Individuen auftritt, wie allgemein angenommen wird. Der Beweis, daß Psi nicht mit Krankheiten oder anomalen Veranlagungen verknüpft ist, war eine weitere willkommene Erkenntnis. ... Bis 1951 war ... eine blühende junge Wissenschaft entstanden.[30]

Am Institut der Rhines wurden die meisten grundlegenden Theorien, Experimentaldesigns und Begriffe dieser neuen parapsychologischen Disziplin entwickelt. Hier entstand auch die erste umfangreiche und systematische Datensammlung, und hier wuchs die nächste Forschergeneration heran. Trotz der fortdauernden Skepsis der meisten wissenschaftlichen Kollegen waren das für die spätere Forschung bahnbrechende Arbeiten, die die Haltung zahlreicher prominenter Wissenschaftler jener Zeit beeinflußten. In Anspielung auf diese Arbeiten bemerkte der Physiker Wolfgang Pauli in einer 1961 erschienenen Arbeit über Physik und Erkenntnistheorie:

> In neuerer Zeit gibt es eine empirische Parapsychologie, die den Anspruch exakter Wissenschaftlichkeit erhebt und mit modernen experimentellen Methoden einerseits, mit moderner mathematischer Statistik andererseits arbeitet. Sollten sich die positiven Ergebnisse auf dem noch kontroversen Gebiet der »extra sensory perception« (ESP) endgültig bewahrheiten, so könnte dies zu heute noch gar nicht übersehbaren Entwicklungen führen.[31]

Im weiteren warnte Pauli die wissenschaftliche Gemeinschaft davor, diesen Themenkreis von vornherein aus philosophischen Gründen abzulehnen, und bestand darauf, über die Existenz parapsychologischer Phänomene sei aufgrund kritischen und empirischen Vorgehens zu entscheiden.

Eine natürliche Folge der psychologischen Ausrichtung des Rhineschen Instituts und der vielen nachfolgenden Forschungsprogramme ihrer Studenten und Kollegen war, daß die parapsychologische Forschung sich weiterhin auf menschliche Teilnehmer als Versuchspersonen (»Subjects«) konzentrierte anstatt nur auf die physikalische Seite der Phänomene. Auch heute befaßt sich die parapsychologische Literatur meist mit den Korrelationen von Psi-Erfolg mit kognitiven Prozessen oder mit Persönlichkeitsmerkmalen wie Verhalten, Motivation, Kreativität, Intelligenz sowie Kooperation versus Konkurrenzverhalten oder Introvertiertheit versus Extrovertiertheit. Weiterhin befaßt man sich heutzutage unter anderem mit Phänomenen unter Hypnose, im Schlaf, unter Reizentzug, in der Entspannung oder bei der Meditation. In ihrem Streben nach wissenschaftlicher Anerkennung und im Gegensatz zu ihren eher spiritualistischen Vorgängern mit ihrer »Psychic research« tendierte die Parapsychologie dazu, sich vor allem mit relativ einfachen Aufgabenstellungen zu befassen, die unter kontrollierten Laborbedingungen und mit klar definierten Regeln für die Erhebung und Weiterverarbeitung der Daten durchzuführen sind. Sie begnügte sich mit einfachen statistischen Modellen, die zu entwerfen sie mitgeholfen hatte. Gleichwohl wurde einige Mühe darauf verwendet, auch entlegenere Phänomene methodisch zu erforschen, etwa das Leben nach dem Tod und die Reinkarnation, Spukerscheinungen und Phänomene von Medien in der Trance oder bei Séancen. Andere biologisch orientierte Experimente widmeten sich der Frage der paranormalen Heilung und möglicher Psi-Fähigkeiten von Tieren und Pflanzen.

Da sich die parapsychologische Forschung auf psychologische und physiologische Parameter verläßt, leidet sie wie die herkömmliche

Saducismus Triumphatus:
OR,
Full and Plain EVIDENCE
Concerning
WITCHES
AND
APPARITIONS.
In Two Parts.
The First treating of their
POSSIBILITY,
The Second of their Real
EXISTENCE.
By Joseph Glanvil late Chaplain in Ordinary to his Majesty, and Fellow of the Royal Society.
With a Letter of Dr. HENRY MORE on the same Subject.
And an Authentick,but wonderful story of certain Swedish Witches; done into English by Anth. Horneck, Preacher at the Savoy.
LONDON: Printed for J. Collins at his Shop under the Temple-Church, and S. Lownds at his Shop by the Savoy-gate, 1681.

Ein früher Versuch, außergewöhnliche Phänomene zu sammeln und darzustellen. 17. Jahrhundert

Psychologie darunter, daß sie bei ihren Interpretationen verallgemeinern muß und ihre Variablen nicht voneinander isolieren kann. Viele Ergebnisse mögen sich dürftig ausnehmen, und dennoch lieferte der Ansatz der Parapsychologie wichtige Hinweise auf die subtileren Merkmale der Phänomene, die bei einer rein physikalischen Betrachtung wohl nicht bemerkt worden wären. Nicht nur wurde nachgewiesen, daß es von Natur aus schwierig ist, in einer sterilen Laborumgebung Psi-Phänomene zu erzeugen, sondern man erkannte auch die Bedeutung psychologischer Faktoren wie der Einstellung der Versuchspersonen zur Parapsychologie, der Beziehung zwischen Versuchsperson und Experimentator sowie den Faktor der unterbewußten und unbewußten Bestandteile des Prozesses. Einige andere Aspekte erschwerten die Durchführung und Interpretation der Experimente, lieferten indessen wertvolle Hinweise auf die mögliche Natur der Phänomene. Dazu gehören die Schwierigkeit, die Resultate zu wiederholen; der »Decline«- (Absinkungs-) und Auslöschungseffekt, wodurch gute Ergebnisse nach wiederholten Tests sich als immer schwächer werdend entpuppen, um schließlich zum reinen Zufallsergebnis zu werden; das »Psi-Missing«, bei dem signifikante Ergebnisse zutage treten, die aber den ursprünglich erwarteten entgegengesetzt sind; das »Displacement«, wobei die Korrelationen ein Ziel betreffen, das dem ursprünglichen benachbart ist;

schließlich der »Experimentator«-Effekt, der sich dadurch auszeichnet, daß manche Forscher oder Institute bei fast gleichen Aufgabenstellungen regelmäßig stärkere Anomalien finden als andere. All diese Feststellungen sind Anomalien, die sich der traditionellen wissenschaftlichen Reproduzierbarkeit und der kausalen Darstellung widersetzen, die zwar unvorhersehbar, aber häufig auftreten.

Abgesehen von der Entmutigung durch solche Schwierigkeiten war die kaum flügge gewordene Disziplin der Parapsychologie gezwungen, mit sehr beschränkten Geldmitteln auszukommen. Zudem konnte sie sich keine akademische Glaubwürdigkeit erarbeiten und war ständigem Druck durch eine lautstark und gelegentlich unfair argumentierende Kritik ausgesetzt. Zudem ist sie über Gebühr ausgebeutet worden – von denen, die ihre spärlichen Ergebnisse unzulässigerweise »aufbliesen« und als Sensationen vermarkteten. Positiv daran ist, daß diese schwierigen Bedingungen die meisten Forscher zu einem korrekten professionellen Verhalten veranlaßten, wobei sie negative oder ausbleibende Resultate nicht verheimlichten und ihre Arbeiten sehr selbstkritisch angingen. Diese Bedingungen erforderten auch ein bewundernswertes Maß an Unabhängigkeit. Da die Publikationen der Rhines von etablierten Zeitschriften abgelehnt worden waren, gründeten sie im Jahre 1937 das *Journal of Parapsychology*. Und weil sie von der Mitwirkung in anderen wissenschaftlichen Gesellschaften ausgeschlossen waren, riefen sie mit ihren Kollegen 1957 die *Parapsychological Association* ins Leben, die im Jahre 1969 von der *American Association for the Advancement of Science* aufgenommen wurde. Das *Journal* und die *Association* sind auch heute noch bedeutende Foren für die Diskussion und Verbreitung der Forschungsergebnisse. Gemeinsam mit der SPR, der ASPR, der *Parapsychology Foundation* und den *Parapsychology Sources of Information* leisten sie den größten Teil des Literaturservice und bieten der Öffentlichkeit Gelegenheit, sich über dieses Feld zu informieren.

Eine negative Begleiterscheinung dieses erzwungenen Inseldaseins war eine Art intellektueller Inzucht, die den Bereich der Theoriebildung, die Anwendung und der Interpretation der Themen der Forschung Grenzen setzte und auch schuld daran ist, daß ungünstige Verfahren und Methoden weiter eingesetzt wurden. Beispielsweise führte das Erbe der früheren Erforschung des Übersinnlichen im Verbund mit der vorherrschenden psychologischen Perspektive dazu, daß unverhältnismäßig große Anstrengungen auf die Suche nach »begabten Versuchspersonen« verwendet wurde, was auf Kosten ausgefeilter technischer Strategien ging. Die Abhängigkeit von diesen Personen brachte es mit sich, daß sich die Forschung von den

persönlichen Fähigkeiten, Interessen, der Lebensweise und der Integrität dieser Menschen abhängig machte und in der Öffentlichkeit das fragwürdige Bild eines Forschungsgebiets bot, das von betrügerischen Akteuren und leichtgläubigen Pseudowissenschaftlern beherrscht zu werden schien. Dies mag auch weniger schillernde, aber höchst kompetente Begabungen abgeschreckt haben, die die unvermeidliche öffentliche Zurschaustellung und die unvermeidliche Präsentation als »Übersinnliche« scheuten und nicht als Objekte der Forscher, sondern als Partner behandelt werden wollten.
Eine andere Beschränkung des parapsychologischen Ansatzes lag in dessen Abhängigkeit von Vorschriften und der Instrumentierung begründet, was zwangsläufig mit relativ groben Meßapparaturen und langsamer Datenerfassung einherging. Die Datenmengen waren vielfach kaum noch zu überschauen oder gingen im »statistischen Rauschen« unter, so daß sinnvolle Korrelationen oder begründete Folgerungen unmöglich wurden. Erst in letzter Zeit konnten Versuchsanordnungen und Meßinstrumente verwendet werden, die eine gute Trennung von Signal und Rauschen ermöglichen; ferner erlauben sie das Identifizieren von experimentellen Artefakten und die Verarbeitung ausreichend großer Datenmengen unter stabilen Bedingungen, so daß wiederholbare systematische Trends auszumachen sind. Ein Großteil dieser neueren Verbesserungen der Instrumente und der Datenverarbeitung geht auf die Mitwirkung einiger Naturwissenschaftler und Ingenieure zurück, die eine breitere technische und theoretische Perspektive, neue Ideen und Fertigkeiten einbrachten. Dadurch konnte sich die Forschung von der Frage nach dem »wer« der Frage nach dem »wie« zuwenden.

Wenn Psi-Fähigkeiten Raum und Zeit noch so schwach oder selten durchdringen, so enthüllen sie doch fundamentale Eigenschaften des menschlichen Geistes als Ganzes. Diese Fähigkeit, durch ASW und PK die physikalische Welt zu durchdringen, hängt daher von der gesamten Persönlichkeit ab und ist kein abstrakter, isolierter, momentaner mentaler Zustand. J. B. Rhine

Die Beiträge, die andere wissenschaftliche Disziplinen – Anthropologie, Soziologie, Philosophie und Medizin – zur Parapsychologie leisten, häufen sich: derzeit bildet dieses Gebiet einen »paranormalen Schmelztiegel« für viele hervorragende Köpfe, denen ein Interesse an den Fähigkeiten und Möglichkeiten des menschlichen Bewußtseins gemeinsam ist. Womit sie es zur Zeit zu tun haben, ist ein keineswegs überzeugendes oder brauchbares System, das aus verwirrenden und widersprüchlichen Indizien besteht. Es kann beim derzeitigen Wissensstand weder wissenschaftlich katalogisiert noch kategorisch ignoriert werden, erfordert aber ganz gewiß eine ausgedehntere und zielgenauere Erforschung und theoretische Durchdringung.

5. Kritik

Nach einem bekannten Sprichwort kann ein Mensch nach der Qualität seiner Kritiker eingeschätzt werden. »Viel Feind, viel Ehr«, heißt es. Das mag ebenso für wissenschaftliche Unternehmungen oder Hypothesen gelten. Selten sind in der Wissenschaftsgeschichte eine bedeutende, durch das Experiment abgesicherte Anomalie oder ein neues theoretisches Modell verkündet worden, ohne heftige Ablehnung hervorzurufen. In den meisten Fällen war diese kritische Kommentierung objektiv und zutreffend; damit leistete sie, was sie sollte: fehlerhafte Daten oder unrichtige Konzepte anzuprangern, so daß die Interpretation in eine fruchtbarere Richtung gelenkt wurde oder die Vorstellungen verfeinert wurden, bis sie besser zutrafen. In einigen weniger glücklichen Situationen krankte die Kritik daran, daß sie sich borniert an den Status quo klammerte, an persönlichen Interessen, an Pseudogelehrsamkeit, Ignoranz und Bigotterie oder daran, daß sie auf die Person, nicht auf die Sache zielte. So konnte es dazu kommen, daß wissenschaftliche Neuerer verfolgt und visionäre Ideen unterdrückt wurden. Es ist verführerisch, an dieser Stelle abzuschweifen und eine ausführliche Liste von positiven wie auch negativen Beispielen zusammenzustellen, mit denen die Rolle der Kritiker und der Skeptiker beim Fortschritt der Wissenschaft zu illustrieren wäre. Hierzu gehören typische Konflikte wie jener zwischen den Anhängern von Aristoteles und denen von Platon, zwischen den Vertretern des geozentrischen und des heliozentrischen Systems, zwischen denen, die an eine göttliche Schöpfung glauben und den Verfechtern der Evolution und schließlich, neben vielen anderen, zwischen den Repräsentanten der klassischen Physik und den Anhängern der Quantenmechanik. Betrachten wir aber besser einige Fälle, die zum vorliegenden Thema passen.

Wohl niemals waren die kritischen Kommentare unerbittlicher und in Qualität und Tauglichkeit unterschiedlicher als in bezug auf anomale Bewußtseinsphänomene im allgemeinen oder Parapsychologie im besonderen. Stets konkurrierte in der Geschichte die skep-

Wissenschaft im Kampf mit Ammenmärchen (»Mother Goose«). 19. Jahrhundert

tische Opposition gegen die Behauptungen solcher Anomalien mit den Bemühungen, diese glaubwürdig zu demonstrieren und zu erklären, und der Widerstand dagegen war meist eine konfuse Mischung aus Hilfestellung und Behinderung. Die gegenwärtige Kritik an der Anomalienforschung und das Zurückweisen der Phänomene, die beweisen zu können sie behauptet, umfaßt ein Geflecht aus allgemeinen und spezifischen Einwänden. Jeder davon hat eine gewisse Plausibilität und ist eine Überlegung wert, wenn man aufrichtig versuchen will, dieses Fach zu verstehen:

1) beweisbarer Betrug bei Erhebung und Veröffentlichung der Daten;
2) Naivität beim Anwenden der Technik, darunter unzureichende Kontrollen, fehlerhafte Geräte, Beeinflussung der Teilnehmer oder »Durchsickern« von Informationen zu ihnen, Vorurteile der Experimentatoren, selektive Behandlung der Daten, Unterdrückung negativer Resultate, Verwendung ungeeigneter statistischer Methoden sowie experimentelle und theoretische Unfähigkeit;
3) Ausbleiben eines substantiellen Fortschritts während vieler Forschungsjahre;
4) dürftige experimentelle Reproduzierbarkeit;
5) Abhängigkeit der Resultate von den Teilnehmern und deren Einstellung sowie von der Laborumgebung;
6) geringfügige Signifikanz der meisten Resultate verglichen mit dem, was rein zufällig zu erwarten wäre;
7) Verschwinden der Effekte bei skeptischer Untersuchung;

8) Fehlen eines adäquaten theoretischen Rahmens;
9) Unvereinbarkeit mit dem herrschenden wissenschaftlichen Paradigma;
10) Unvereinbarkeit mit persönlichen Überzeugungen oder mit dem gesunden Menschenverstand.

In dieser Aufstellung wiederholt sich augenscheinlich vieles. Sie deckt die ganze Skala technischer und prozeduraler Einwände ab – von phänomenologischen Ungereimtheiten bis hin zu eher kategorischen und subjektiven Bedenken, die logisch schwer zu widerlegen oder durch den experimentellen Ansatz kaum auszuschließen sind. Vermutlich liegt man mit der Aussage nicht ganz falsch, daß wesentliche Teile der klassischen und der modernen Forschung in Physik, Biologie und den Sozialwissenschaften ebenfalls arge Mühe hätten, diesem Forderungskatalog streng Genüge zu leisten. Nichtsdestotrotz verpflichten das fragwürdige Erbe der Parapsychologie und die denkbaren außerordentlichen Implikationen ihres Gegenstandes die Forschung, sich frei und konstruktiv mit jedem der aufgezählten Punkte zu befassen.

> **Wie gehen Wissenschaftler mit tatsächlichen Anomalien um? Was tun wir mit einem Beweis, der unsere beruhigende Sichtweise von der Ordnung der Natur bedroht?... Das sofortige Akzeptieren von Sachverhalten, die Gegenteiliges beweisen, ist nicht... die gewöhnliche Reaktion von Wissenschaftlern auf Angriffe der Natur auf ihre traditionellen Überzeugungen.** Stephen Jay Gould

Leider trifft, ohne das bestreiten zu können, der eine oder andere der ersten drei Einwände auf einen Großteil der Grundlagen des historischen Datenmaterials zu. Es liegt in der Natur dieser Disziplin, daß sie äußerst anfällig für Betrug und Leichtgläubigkeit ist, wie das in einem erschütternden Ausmaß vor allem bei den frühen Forschungen mit Medien der Fall war. Ebenso wahr ist, daß dieses Fach einen unverhältnismäßig hohen Anteil von Forschern mit zweifelhafter Kompetenz anzog und daß es auch für die besten Gelehrten außergewöhnliche Fallstricke bereithält. Das Ausbleiben eines merklichen Fortschritts beim Verständnis der Phänomene könnte auf den geringen Einsatz von Mitteln zurückzuführen sein, verglichen mit vielen der bevorzugten Wissenschaftsgebiete unserer Tage, und auf die kurze Zeitspanne, seit der ausreichend komplexe Vorrichtungen, Datenverarbeitungsverfahren und physikalische Modelle herangezogen werden. Dennoch bleiben berechtigte Bedenken, ob dieses Gebiet wirklich handhabbar ist.

Die spezifischeren Einwände 4) bis 8) verdienen aufgrund zweier Gesichtspunkte eine nähere Untersuchung: Es ist die Frage, in welchem Ausmaß derartige Charakteristika die experimentellen Resultate wirklich wertlos machen. Oder umgekehrt: In welchem Ausmaß beleuchten sie das tiefere Wesen der Phänomene? Zweifellos wurzelt die vorherrschende experimentelle Frustration auf diesem Gebiet in der Unfähigkeit, zuvor beobachtete anomale Phänomene jederzeit reproduzieren zu können – und zwar nicht nur in anderen Laboratorien mit anderen Teilnehmern, sondern sogar in der ursprünglichen Einrichtung und mit denselben Teilnehmern unter offensichtlich identischen experimentellen Bedingungen. Diese Widersprüchlichkeit kann ihrerseits auf verschiedene Arten interpretiert werden: Die Phänomene sind: a) trügerisch; b) selten auftretende und bizarre zufällige Erscheinungen, die keine Hoffnung auf Regelhaftigkeit zulassen; c) zumindest teilweise die Folge von psychischen und/oder physiologischen Faktoren, die derzeit außerhalb der experimentellen Kontrolle liegen, aber sich – wenn man sie völlig verstanden hat – in ein etabliertes wissenschaftliches Paradigma einfügen; d) grundsätzlich statistisch und möglicherweise in einem makroskopischen Maßstab quantenmechanisch, so daß sie sich, wenn überhaupt, nur mit verschwindend geringer Wahrscheinlichkeit manifestieren. Die beiden letzten Optionen schließen einander nicht unbedingt aus, insbesondere wenn man annimmt, daß es in der Bevölkerung ein ganzes Spektrum von Fähigkeiten zum Erzeugen solcher Effekte gibt und daß jedes Individuum einen sehr variablen Bereich persönlicher Fähigkeiten aufweisen kann, die von der Umgebung sowie von physiologischen und psychischen Faktoren abhängen, die zum jeweiligen Zeitpunkt herrschen.

Die Tendenz vieler anomaler Resultate, im betreffenden statistischen System nur knapp außerhalb der normalen Zufallserwartung aufzutreten, führt ebenfalls in zwei Richtungen: Einerseits ist es verführerisch anzunehmen, daß weitere Verfeinerungen der experimentellen Verfahren oder der Datenaufbereitung die Resultate in den normalen Bereich zurückführen; andererseits sind Ergebnisse, die schwach voneinander abweichen, weit eher zu erwarten als breite Streuungen, eine theoretisch untermauerte und auf viele weniger umstrittene physikalische, biologische und psychische Systeme anwendbare Tatsache – vor allem für solche, bei denen Zufallsprozesse beteiligt sind. In jedem Fall erfordert diese Eigenheit eine präzise Diagnosevorrichtung und – vielleicht noch wichtiger – die Bewältigung sehr großer Datenmengen, damit systematische Trends im statistischen Rauschen eindeutig erkennbar werden.

Die Flüchtigkeit der Phänomene unter sorgfältig kontrollierten und überwachten Untersuchungsbedingungen mag der empfindlichste Punkt sein, den die Kritik treffen kann, kann aber auch eine wichtige, aufschlußreiche Eigenschaft sein. Die Tendenz eines bestimmten vorläufigen oder einmaligen Ereignisses, nicht mehr aufzutreten oder schwächer zu werden, wenn die experimentellen Bedingungen verschärft werden oder wenn es einer Jury skeptisch eingestellter Beobachter vorgeführt werden soll, wirft offensichtlich ernste Zweifel an der wissenschaftlichen Stichhaltigkeit der Resultate auf. Überdies macht diese Tendenz eine Anzahl anderer Fähigkeiten des Bewußtseins deutlich, die zwar, oberflächlich betrachtet, sich davon unterscheiden, aber wohl nicht völlig davon gelöst werden können: Wir meinen die ästhetische, intellektuelle und praktische Kreativität. Künstlerische, musische oder literarische Schöpfungen, abstraktes philosophisches Denken, pragmatische Erfindungsgabe oder romantisches Liebeswerben werden normalerweise nicht gerade gefördert, wenn starre Einschränkungen vorliegen oder skeptische Beobachter die Vorgänge kontrollierend verfolgen. Ein günstiges Ambiente und eine positive Stimmung können solche Bemühungen entscheidend fördern, jedoch werden kreative Leistungen in einer allzu sterilen oder feindlichen Umgebung kaum zu erzielen sein. Das hat Richard Wagner seinen Kritikern plastisch vor Augen geführt: In den *Meistersingern* singt Walter von Stolzing sein unkonventionelles »Preislied« vor einem bedrohlichen Auditorium von Meistersingern. Praktisch jede kreative Persönlichkeit bewahrt sich eine Art Refugium; selbst streng analytisch vorgehende Wissenschaftler werden die wichtige Rolle der unstrukturierten Vorstellungskraft für die Erweiterung ihrer physikalischen Einsichten anerkennen.

Kein wissenschaftliches Projekt kann sehr weit kommen, wenn ein tragfähiger theoretischer Unterbau fehlt; und diese Disziplin litt stark eben darunter. Viele Versuche sind angestellt worden, um heuristische Modelle vorzuschlagen oder etablierte Formalismen von Physik oder Psychologie zur Anwendung zu bringen; aber bis jetzt hat sich kein Ansatz als brauchbar erwiesen. Dieses Manko erlaubt wiederum zwei verschiedene Interpretationen: Entweder ist der Gegenstand als Ganzer wertlos, oder in den Theorien sind nicht alle wichtigen Parameter berücksichtigt worden, die auf die Phänomene einwirken.

Richard Wagners Mahnung an seine Kritiker: »Wollt ihr nach Regeln messen, was nicht nach eurer Regeln Lauf, der eignen Spur vergessen, sucht davon erst die Regeln auf!« *Die Meistersinger,* 1. Aufzug, 3. Auftritt

Die letzten beiden Kritikpunkte betreffen die Unvereinbarkeit der Phänomene mit etablierten wissenschaftlichen und persönlichen Paradigmen. Sie sind treffende und leistungsfähige fachliche oder individuelle Kriterien, die für große Vorsicht und Disziplin bürgen, wenn man sich in ein kaum erschlossenes Forschungsfeld vorwagt; aber ihnen darf kein totales Vetorecht zugestanden werden, wenn neue Bereiche der begrifflichen Erfahrung zu erobern sind. Jedes derartige Einhaltgebieten behindert die wertvollste Eigenschaft des menschlichen Bewußtseins: die Neugierde auf das Unbekannte, die Geist und Denken des Menschen sich weiterentwickeln läßt, anstatt sie nur reflexartig Dinge wiederholen zu lassen. Die vorherrschenden »Belief-Systeme« und die fest strukturierten Überzeugungen müssen in Frage gestellt werden, wenn das Denken nicht auf der Stelle treten soll, auch wenn Ablehnung, Spott und Versagen drohen.

Ungeachtet gewisser Unstimmigkeiten und Einschränkungen in der aufgeführten Liste der Kritikpunkte sollten ernsthafte Versuche, experimentelle Daten auf diesem Feld zu erheben und zu interpretieren, diese Bedenken berücksichtigen und so weit wie möglich auf sie eingehen. Zweifellos müssen die Daten mit größter Vorsicht und technischer Perfektion gesammelt und aufgearbeitet werden. Darüber hinaus muß das Design der Experimente eine eindeutige Unterscheidung zwischen wirklichen Anomalien und zufälligen Fluktuationen erlauben. Die Phänomene weisen eine gewisse Unregelmäßigkeit auf, sie hängen von vielfältigen physikalischen, psychischen oder physiologischen Parametern sowie von der Umgebung ab und neigen dazu, als geringfügige Abweichungen von normalen statistischen Verteilungen aufzutreten. Vor allen Dingen muß sichergestellt sein, daß bei den Experimenten umfangreiche Datenmengen bewältigt werden können. Und nicht zuletzt sollte eine Art theoretisches Modell, wenn auch spekulativ oder *ad hoc* formuliert, ein Gegengewicht zum experimentellen Programm bilden. Unser Forschungsansatz versucht unter anderem in dieser Hinsicht, die konventionellen Kritikpunkte zu umgehen, ohne daß wir uns aber allzusehr von ihnen einschränken hätten lassen.

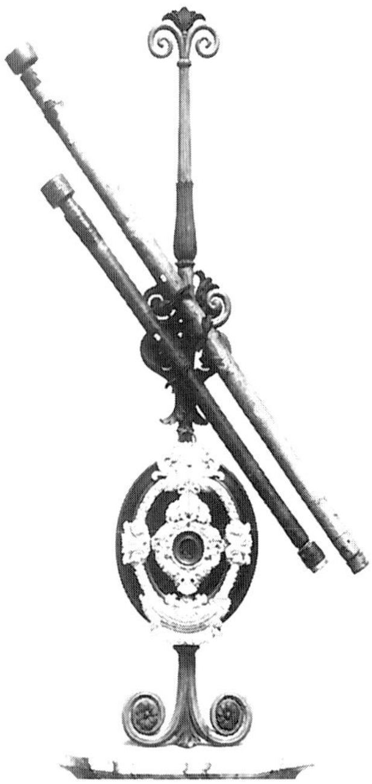

Zwei frühe Teleskope, Galileo Galilei zugeschrieben. 17. Jahrhundert

6. Quantenmechanik

Gegen Ende des 19. Jahrhunderts und bis weit in das 20. hinein wurde das festgefügte, hochentwickelte Gebäude der klassischen Physik durch eine Reihe empirischer Beobachtungen im atomaren Bereich erschüttert. Die neuen Befunde waren offensichtlich unvereinbar mit den anerkannten Paradigmen, waren also in jeder Bedeutung des Wortes echte Anomalien. Die Intensitätsverteilung im Spektrum der Strahlung glühender Hohlräume (sogenannter schwarzer Körper) wich auf dramatische Weise von der Verteilung ab, die man nach den Gleichungen für die elektromagnetische Strahlung erwartet hätte. Auch die Absorption und die Emission der Linienspektren sogar der einfachsten atomaren Spezies konnten mit der klassischen Theorie der Strahlung bewegter Ladungen nicht einmal qualitativ erklärt werden. Die spezifische Wärmekapazität zahlreicher Festkörper unterschied sich drastisch von den Werten, die nach den Gesetzen der statistischen Thermodynamik berechnet wurden. Die Energie der Elektronen, die beim photoelektrischen Effekt aus einer bestrahlten Metalloberfläche emittiert werden, hing nicht wie erwartet von der Intensität des Lichts ab, sondern von dessen Frequenz. Schließlich erzeugten Teilchenstrahlen von Elektronen ein Interferenzmuster, wie es eigentlich nur von Wellen hervorgerufen wird.

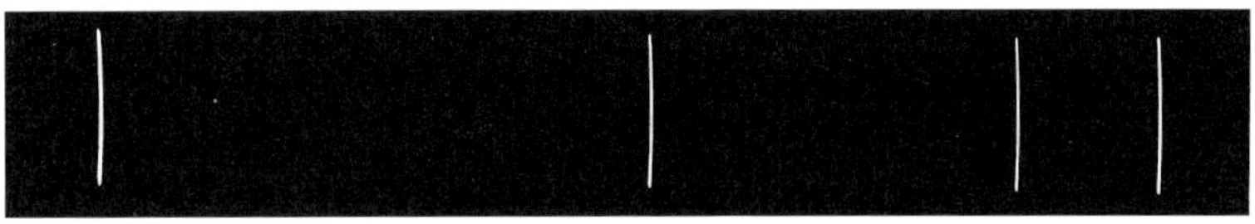

Linienspektrum des Heliums

Über die revolutionären Umwälzungen in der Physik ist viel geschrieben worden. Bis diese anomalen Effekte eingeordnet werden konnten, hatte man sie erst einmal zu akzeptieren; es wurde viel geschrieben über die Persönlichkeiten, die solche erstaunlichen Ideen hatten und sie ins Theoriegerüst einbauten. Planck und Bohr, de Broglie, Schrödinger und Heisenberg sowie Einstein, Pauli,

Jordan, von Weizsäcker und Wigner werden von Physikstudenten der Brillanz wegen verehrt, mit der sie die Diskussion vorangetrieben und die Probleme gelöst haben. Mit bemerkenswerter Einfühlung und nicht geringem Mut zimmerten diese Wegbereiter mit immer eleganteren Konstruktionen ein neues System physikalischer Formalismen, das auf einigen radikalen Konzepten beruht, die so anders als die bis dahin herrschenden Annahmen der klassischen Physik waren: anders als die Anomalien, die die fremdartigen Konzepte erzwungen hatten. Elektromagnetische Energie, so wurde postuliert, tritt in unteilbaren Paketen auf, den »Quanten«, deren Größe nur von der Frequenz der Schwingung abhängt. Einige stabile atomare Konfigurationen durften nun sozusagen gegen die Theorie der elektronischen Strahlung verstoßen; es wurden jetzt probabilistische Aspekte in zuvor deterministische Systeme eingeführt; identische atomare Teilchen wurden als nicht voneinander unterscheidbar angesehen; Teilchen durften wellenähnliche Eigenschaften annehmen, die durch ihren mechanischen Impuls bestimmt werden; und der Beobachtungsprozeß wurde folgenreich für die Bestimmung ihres physikalischen Verhaltens.

Nachdem wir uns nun entschieden, daß das Gesetz der Kausalität keineswegs ein notwendiges Element im Prozeß des menschlichen Denkens ist, haben wir eine Möglichkeit geschaffen, die Frage nach ihrer Stichhaltigkeit in der Welt der Realität zu behandeln. Max Planck

Diese Bemühungen waren, praktisch gesehen, ungeheuer erfolgreich, denn nun konnte man die Fülle der anomalen Befunde mit außerordentlicher Genauigkeit erklären. Ein neues Zeitalter der Grundlagenforschung und der angewandten Wissenschaft konnte beginnen. Theoretisch indessen öffnete dieses Gemenge aus empirisch belegten Erfolgen eine philosophische »Büchse der Pandora« voller eigener anomaler Axiome. Prompt brachen heftige Kontroversen aus; sie betrafen die Folgerungen aus solchen Grundvoraussetzungen wie der Rolle des Beobachters bei der Bestimmung der Realität, dem Unbestimmtheitsprinzip (es grenzt die Genauigkeit ein, mit der komplementäre physikalische Größen anzugeben sind) und der Aufhebung der strengen Kausalität und des logischen Positivismus. Diese Debatten mit all ihren Verzweigungen dauern bis heute an.

Philosophische Implikationen waren den genannten Pionieren alles andere als gleichgültig. Die Bedeutung, die sie in Forschung und

Lehre, in ihren Publikationen und in den Fachdiskussionen diesen Fragen einräumten, geben ihr die heutigen Praktiker und Studenten in weit geringerem Maß. Diese nehmen deren analytische Formalismen und physikalische Daten wichtiger. Obendrein wird nicht allgemein anerkannt, daß über solche Betrachtungen viele dazu kamen, nach Implikationen der Quantenmechanik für verschiedene andere Gebiete der Wissenschaften zu fragen, die außerhalb des Spektrums der modernen Physik gelegen sind.

> **Kausalität kann als eine Art der Wahrnehmung angesehen werden, durch die wir unsere Sinneseindrücke auf eine Ordnung reduzieren.** Niels Bohr

Niels Bohr interessierte sich sein Leben lang für Biologie und Psychologie. Er erwog, was die Quantenmechanik für lebende Systeme bedeuten könnte und wie die verschiedenen quantenmechanischen Konzepte als biologische Metaphern zu verwenden seien.[32] Wolfgang Pauli mit seinem regen Interesse am Mystizismus und am Okkulten erforschte den Einfluß des Archetyps auf die Entwicklung physikalischer Theorien.[33] Erwin Schrödinger studierte östliche und westliche Philosophie und publizierte immer wieder über mystische und metaphysische Aspekte.[34] Werner Heisenberg verlieh der Wissenschaftsphilosophie sowie ihren ethischen und sozialen Anwendungsbereichen neue Impulse.[35] Pascual Jordan spekulierte über die mögliche Rolle der modernen Physik für das Verständnis von Psi-Phänomenen.[36] Eugene Wigner erkannte ausdrücklich die Notwendigkeit an, das Bewußtsein in physikalische Theorien einzubeziehen.[37] Carl Friedrich von Weizsäcker schlug vor, Information als die fundamentale »Währung« der Physik zu begreifen, und durchdachte die Beziehung zwischen östlicher Metaphysik und westlicher Wissenschaft.[38] Albert Einstein wies häufig auf das Band zwischen Wissenschaft und Religion hin.[39] Abgesehen von ihren unterschiedlichen persönlichen Neigungen ist bemerkenswert, daß viele der Genannten sich hinsichtlich der parapsychologischen Forschung am Rhineschen Institut auf dem laufenden hielten und sie auch kommentierten.

In allen ihren Exkursen findet sich dieselbe Dichotomie zwischen reduktionistischen und holistischen Überlegungen, die sich durch die Dialoge von Aristoteles und Platon, Bacon und Paracelsus, Hobbes und Hegel zogen. In unserem Fall wurde die Debatte dadurch pointiert, daß sich Einstein intensiv und instinktiv dem kausalen Reduktionismus verschrieb, Planck, Bohr und Schrödinger

Relativistische Umlaufbahnen (mit überzeichneten Präzessionen):

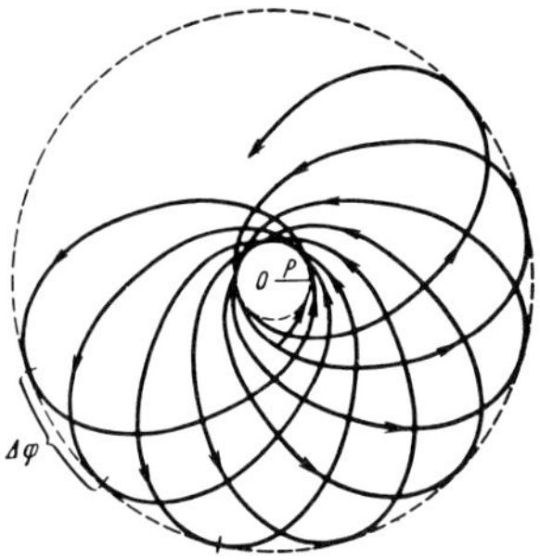

Elektron um den Atomkern

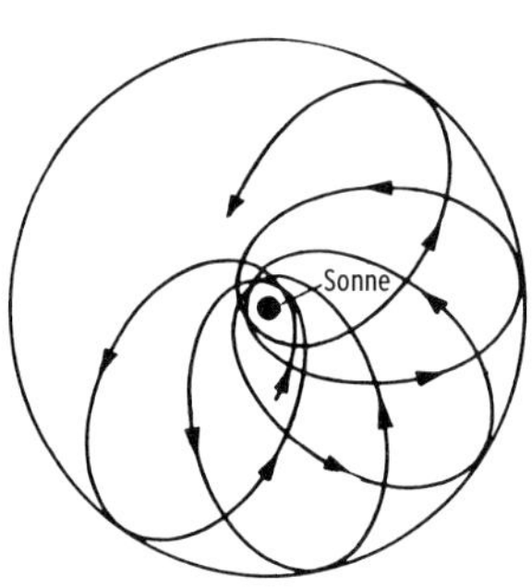

Merkur um die Sonne

aber den empirischen Holismus vertraten. Bis heute führen die Anhänger beider Richtungen die Debatte weiter, indem sie die neuesten physikalischen Anomalien aus diesen beiden alternativen Perspektiven diskutieren.

Trotz ihrer thematisch verschiedenen Wege und philosophisch differierenden Überzeugungen kamen diese Kronzeugen der modernen Physik schließlich zum selben Schluß: daß es gälte, die Rolle des Bewußtseins bei der Bestimmung der physikalischen Realität zu betrachten. Der erste in dieser stattlichen Phalanx war Max Planck, der dieselben kritischen Fragen aufwarf wie Kant mehr als ein Jahrhundert zuvor:

> Alle Vorstellungen, die wir über die äußere Welt entwickeln, sind letztlich nur Reflexionen unserer eigenen Wahrnehmungen. Können wir auf logische Weise gegen unsere Selbstbewußtheit eine »Natur« etablieren, die von ihr unabhängig ist? Sind nicht alle sogenannten Naturgesetze in Wahrheit lediglich mehr oder weniger zweckdienliche Regeln, mit denen wir den Ablauf unserer Wahrnehmungen so exakt und bequem wie möglich assoziieren?[40]

Er war der Meinung, daß Wissenschaft nicht umhin komme, eine metaphysische Komponente zu bewahren:

> Wissenschaftler haben erfahren, daß der Ausgangspunkt ihrer Forschungen nicht allein in den Sinneswahrnehmungen liegt und daß Wissenschaft nicht ohne einen gewissen Anteil an Metaphysik existieren kann. Die moderne Physik beeindruckt uns vor allem durch die Wahrheit der alten Doktrin; diese lehrt, daß es Realitäten gibt, die außerhalb unserer Sinneswahrnehmungen existieren, und daß es Probleme und Konflikte gibt, bei denen diese Realitäten für uns wertvoller sind als die reichsten Schätze der Erfahrungswelt.[41]

Planck scheute sich auch nicht, ausdrücklich von übernatürlichen Phänomenen zu sprechen:

> Der Glaube an Wunder ist ein sehr wichtiges Element in der Kulturgeschichte des Menschen. ... Findet man bei tiefschürfendster Analyse irgendeinen grundsätzlich sicheren Halt für diesen Glauben an Wunder, wie bizarr und unlogisch die äußeren Formen auch sein mögen, die er annimmt?[42]

Ähnliche Überlegungen ziehen sich auch durch Schrödingers Schriften:

> Es sind die gleichen Gegebenheiten, aus denen mein Geist und die Welt gebildet sind. Die Lage ist für jeden Geist und seine Welt die gleiche, trotz der unermeßlichen Fülle der »Querverbindungen« zwischen ihnen. Die Welt gibt es für mich nur einmal, nicht eine existierende und eine wahrgenommene Welt. Subjekt und Objekt sind nur eines. Man kann nicht sagen, die Schranke zwischen ihnen sei unter dem Ansturm neuester physikalischer Erfahrungen gefallen; denn diese Schranke gibt es gar nicht.[43]

Und nun halten wir dem gegenüber, daß *Bewußtsein* dasjenige ist, wodurch diese Welt allererst manifest wird, ja wir dürfen ruhig sagen, allererst vorhanden ist, daß die Welt aus Bewußtseinselementen *besteht*.[44]
Ich stehe also kurz und gut nicht an, die Annahme einer real existierenden materiellen Welt zum Verständnis dessen, daß wir alle uns schließlich empirisch in derselben Umgebung vorfinden, für mystisch-metaphysisch zu erklären.[45]
Der Geist baut die reale Außenwelt der Naturphilosophie (wie auch die des Alltags) ausschließlich aus seinem eigenen, d. i. aus geistigem Stoffe auf.[46]

Und de Broglie über die Rolle des Bewußtseins:

Wissenschaft ist daher eine seltsame Art, in eine Welt einzudringen, die durch menschliches Bewußtsein und Denken gelernt hat, sich ihrer selbst bewußt zu werden.[47]

Eine seiner Aussagen deutet die These dieses Buches schon im wesentlichen an:

Die Notwendigkeit, Unbestimmtheitsränder einzuführen, ist sogar in der exaktesten Naturwissenschaft, in der Physik, aufgetaucht, und mit dieser Tatsache sollten sich, so scheint uns, die Philosophen beschäftigen, denn sie wird uns vielleicht eines Tages erklären, wie die durch unseren Verstand ersonnenen Idealisierungen sich auf die Wirklichkeit anwenden lassen.[48]

Nichts ersetzt eine tiefgehendere eigene Lektüre der Schriften, die er und die anderen Väter der modernen Physik solchen Themen widmeten, obwohl viele dieser Quellen unerklärlicherweise verborgen oder schwer zugänglich sind. Als wir unser eigenes theoretisches Modell erarbeiteten, stellten wir ein Kompendium der wichtigsten Auszüge aus diesen Essays zusammen.[49] Diesen Sammelband durchzieht eine Folge von Thesen und Schlußfolgerungen, mit denen dieses Themenfeld der Quantenphysik gut umrissen werden kann:

1) Eine physikalische Theorie kann nicht vollständig sein, bevor nicht das Bewußtsein in irgendeiner Weise als ein aktives Element bei der Herstellung der Realität anerkannt wird.
2) Die Quantenmechanik eröffnet die Möglichkeit einer analogen Darstellung der Wechselwirkung des Bewußtseins mit seiner physikalischen Umgebung.
3) Die Möglichkeit, daß das Bewußtsein das Verhalten physikalischer Systeme direkt beeinflussen kann, darf nicht kategorisch ausgeschlossen werden.
4) Umfangreichere und zuverlässigere Daten über die Wechselbeziehung des Bewußtseins mit physikalischen Systemen und Prozessen werden gebraucht, damit der wissenschaftliche Two-step Theorie/Experiment in Gang gesetzt werden kann.

Nach unserer Auffassung ist jeder dieser vier Aspekte Motiv genug, eine Expedition in wissenschaftlich zu erforschendes Neuland auf den Weg zu bringen. Mit einer Kombination aus modernen experimentellen Verfahren und theoretischen Erweiterungen der Quantenmechanik nach einem Schlüssel für diese älteste aller erkenntnistheoretischen Fragen zu suchen, ist ein Faszinosum ersten Ranges.

7. Mensch und moderne Maschine

Heute ist in den Bereichen Informatik, Energie und Materialverarbeitung, die einen Großteil der modernen Technik ausmachen, ein Trend zu immer empfindlicheren Komponenten und interaktiven Systemen zu verzeichnen. Daher wird man sich zunehmend vor extrem schwachen äußeren Einflüssen und internen Wechselwirkungen schützen müssen. In der Mikroelektronik werden die Geräte inzwischen routinemäßig gegen geringfügigste thermische, seismische, elektromagnetische und optische Störungen abgeschirmt – sogar gegen die kosmische Hintergrundstrahlung. Anlagen zur Weiterverarbeitung von empfindlichen biologischen Substanzen, seltenen physikalischen Materialien oder radioaktiven Bestandteilen können außergewöhnlich strenge Kontrollen der Umgebung und viel Disziplin von Seiten des Bedienungspersonals erfordern. In vielen Bereichen der Grundlagenforschung – von den subnuklearen Teilchen bis zur Kosmologie – müssen ausgeklügelte Methoden zur Mustererkennung angewandt werden, damit schwächste Signale im Grundrauschen erkannt werden können. In solchen Situationen kann das Personal nicht immer für das optimale Funktionieren der Geräte oder die korrekte Behandlung der Daten garantieren – die Mitarbeiter beobachten und agieren manchmal nachlässig, oder sie haben es auch mit unbeabsichtigten thermischen, akustischen, chemischen oder elektromagnetischen Verunreinigungen oder Einflüssen zu tun, die ihnen unbekannt und kaum zu bemerken sind.

> **Hochentwickelte Technik ist von Magie kaum noch zu unterscheiden.**
>
> Das »Dritte Gesetz« von Clarke

Abgesehen von den Daten zur Psychokinese, die durch konventionelle parapsychologische Experimente gewonnen wurden, gibt es eine Menge anekdotischer Überlieferungen und allgemeiner Erfahrungen, die davon berichten, daß gewisse Personen die seltene Gabe haben, Fehlfunktionen technischer Geräte herbeizuführen, oder daß oft die wichtigste Maschine gerade dann ihren Dienst versagt, wenn sie am dringendsten gebraucht wird, und daß medizinische Apparate manchmal scheinbar wohlwollend oder böswillig arbeiten, also irgendwie menschliche Charakterzüge zeigen. Bei militärischen Operationen ist der »Gremlin-Effekt« (Koboldeffekt) längst Legende, und manche Testpiloten und Astronauten räumen inoffiziell ein, daß bei ihren genauestens kalibrierten (geeichten) Leit-, Kontroll- und Kommunikationssystemen bisweilen unerklärliche Abweichungen auftreten.

All das mag als normale Zufallsprozesse ausreichend erklärt sein. Aber auch das selektive menschliche Gedächtnis, eine übertriebene Vorstellungskraft oder eine falsche Beurteilung von Sachverhalten können dabei eine Rolle spielen. In Anbetracht der Tendenz zu immer mehr hochempfindlichen Geräten und unserer zunehmenden Abhängigkeit von ihrem absolut sicheren Funktionieren sowie aufgrund der zwar unscharfen, jedoch nicht von der Hand zu weisenden Forschungsergebnisse und der mutmaßlichen paranormalen Einflüsse könnte es unklug sein, kategorisch zu behaupten, daß das menschliche Bewußtsein lediglich passiv mit mikroelektronischen Hilfsmitteln umgehen kann. Können wir denn völlig sicher sein, daß all die modernen Instrumente, Kontroll- und Steuervorrichtungen ausreichend gesichert sind gegen ungewollte oder gewollte Störungen, die irgendwie mit der Psyche der menschlichen Benutzer zusammenhängen, vor allem in Phasen hoher emotionaler oder intellektueller Beanspruchung? Können wir ganz sicher sein, daß die empfindlichen und komplizierten Prozesse und Strategien zur Informationsverarbeitung – in den Apparaten wie auch im Menschen – voneinander unabhängig arbeiten ohne Überlagerungen und Fehlschaltungen? Oder sollte man nicht besser in einer direkten systematischen Studie der Möglichkeit solcher Wechselwirkungen nachgehen?

Diese Studie ist einfach zu konzipieren, aber nicht so einfach auszuführen. Wenn die betreffenden Phänomene real sind, dann sind sie außerordentlich subtil und kaum faßbar. Die anekdotischen Berichte über paranormale Erlebnisse sind ja denn auch nur schwer einzuordnen oder statistisch aufzubereiten, und die kontrollierten Experimente haben eben bisher nur wenige glaubwürdige Ergebnisse geliefert, so daß es noch keine tragfähigen theoretischen Modelle gibt, die irgendeinen der Ergebniskomplexe deuten könnten. Gleichwohl gibt es nun etwas Hoffnung, daß gerade die sprunghafte Entwicklung der Apparaturen, die immer empfindlicher und ausgefeilter werden – was sie besonders anfällig für die erwähnten Effekte macht –, auch Ansätze zur Lösung dieser Probleme bieten können. Vor allem die Eigenschaft der mikroelektronischen Schaltungen, sehr schwache Signale nachweisen und Daten rasch registrieren und verarbeiten zu können, ermöglicht jetzt einen experimentellen Zugang zu jenen Bezirken der Wechselwirkung, in denen die beobachteten Phänomene statistisch besser reproduzierbar sind.

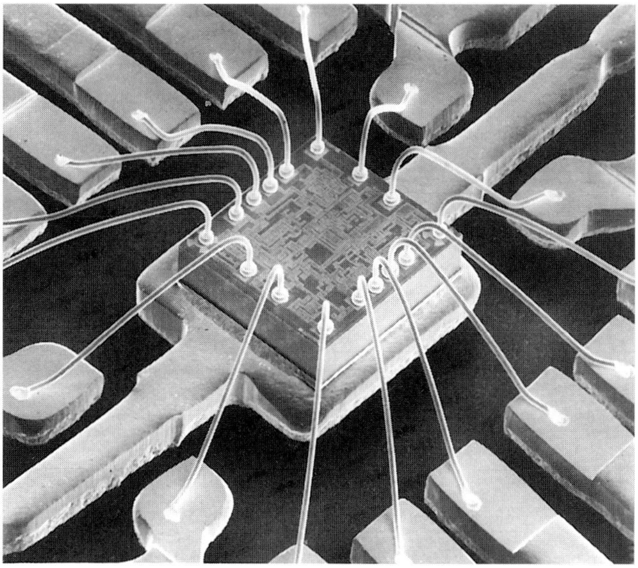

Computerchip

Stellen wir in diesem Zusammenhang Experimente an, so gehen wir sozusagen auf dem Weg weiter, den die traditionelle Technikforschung eingeschlagen hat. Begriffe wie »der menschliche Faktor«, »Kybernetik«, »Ergonomie« oder »Mensch/Maschine-Interaktion« wurden eingeführt. Diese Veränderungen vollzogen sich parallel zu einer ähnlichen Forschungsrichtung in der Betriebs- oder Industriepsychologie. Am produktivsten waren solche Bemühungen, die technische und psychologische Einsichten interdisziplinär kombinierten. Aber bevor man sich der anomalen Komponenten der Wechselwirkung des menschlichen Bewußtseins mit physikalischen Vorrichtungen widmet, muß man sich zweifelsohne mit einer Reihe subjektiver Prozesse auseinandersetzen, die kaum verstanden oder nicht von vornherein als solche erkennbar sind. Wenn sich die Phänomene aber in gewissem Grade von bewußten oder unterbewußten Prozessen des menschlichen Geistes ableiten lassen, dann müssen Einrichtung und Vorschriften der Experimente so konzipiert werden, daß sie diese obskuren Prozesse fördern oder zumindest nicht hemmen. Zwei gleich strenge Experimente, von denen das eine, unergiebige, steril wirkt und das andere erfolgreich ist, unterscheiden sich wahrscheinlich ebenso in der Wirkung des Ambientes, des angewandten Verfahrens und der Art des Feedbacks (Rückkopplung) wie auch in der Eleganz der Instrumentierung.

Aus diesen und anderen Gründen sollten bei Planung, Durchführung und Interpretation derartiger Forschung die Einsichten, die Intuition und die Intelligenz der Teilnehmer mit einbezogen werden, die dabei als Komponenten des Mensch/Maschine-Systems wirken sollen. Zudem müssen die Mitarbeiter der Labors wegen des interdisziplinären Charakters dieser Untersuchungen ein breites Erfahrungsspektrum besitzen und auch mit den neuesten Forschungen nicht nur der eigenen, sondern aller relevanten Disziplinen vertraut sein. Und schließlich sollte auch die Institution des betreffenden Forschungslabors gegenüber unkonventionellen Ansätzen und den besonderen Anforderungen solcher Forschungsprojekte aufgeschlossen sein und diese unterstützen.

8. Statistik

Als sich Isaac Newtons legendärer Apfel seinerzeit vom Ast löste, wurde seine Flugbahn zum Boden – oder auf Newtons Kopf, je nach Version – vor allem durch die Schwerkraft (Gravitation) und, in sehr geringem Maße, durch Luftbewegungen bestimmt. Eine solche Flugbahn hätte mit den klassischen Gesetzen der Dynamik, die unser Held Newton aber gerade zu erfinden im Begriff war, ziemlich exakt berechnet werden können. Der genaue Zeitpunkt des Herabfallens jenes Apfels hing jedoch von einer komplexen Kombination biomechanischer Prozesse im Ast ab, außerdem von zahlreichen äußeren Faktoren wie Wind, Feuchtigkeit und Temperatur; daher wäre der Zeitpunkt des Loslösens mit einer kausalen Theorie äußerst schwierig vorauszusagen. Demnach wäre es vernünftiger, eine Art probabilistisches Modell zu entwickeln, das etwas über die Wahrscheinlichkeit aussagt, mit welcher der Apfel innerhalb einer gewissen Zeitspanne vom Ast fällt. Es kann auch der Anteil aller Äpfel des besagten Baums betrachtet werden, die in der betreffenden Zeitspanne zu fallen beginnen.

Die Unterscheidung, die wir hier vorgenommen haben, ist die zwischen einer *deterministischen Wissenschaft*, bei der das Verhalten eines einzelnen Objekts oder Prozesses mit beträchtlicher Genauigkeit berechnet werden kann, wenn zumindest die Anfangsbedingungen und die physikalischen Einflüsse bekannt sind, und einer *statistischen Wissenschaft:* Hier geht es nicht um das individuelle Verhalten der einzelnen Objekte eines großen Systems, sondern um eine charakteristische Verteilung des Verhaltens des Systems als Ganzes. Offensichtlich kann keines der beiden Verfahren eine reale physikalische Situation perfekt darstellen. Die Genauigkeit, mit der die Flugbahn eines einzelnen Apfels berechnet werden kann, hängt von einer Reihe unsicherer Faktoren ab: von der Richtung und Stärke des Windes, der Luftzusammensetzung, der Form und Oberfläche des Apfels, der Sonnenstrahlung, auch von Gravitationseinflüssen benachbarter Gebäude usw. Das heißt, man muß sich für einen vernünftigen Grad der Annäherung entscheiden, die den Vorgang möglichst präzise umschreibt. Entsprechend müssen auch die probabilistischen Modelle für die Ablösung des Apfels modifiziert werden, indem zunächst bestimmte Parameter festgelegt oder eliminiert werden, bevor andere Parameter in die statistische Berechnung einbezogen werden. Beispielsweise könnten wir berichten, daß »im Finger Lakes District die Stayman-Winesap-Äpfel von ordentlich beschnittenen Bäumen mit reifen Äpfeln am 27. September mit einer Fallrate von 0,074 Äpfeln pro Baum und Stunde herabfallen«. Zu beachten ist, daß sogar bei dieser detaillierten Angabe alle örtlichen meteorologischen, topologischen und biologischen Variationen sozusagen in der statistischen Aussage schon »eingepackt« sind.

In jeder Darstellung ist der Grad der Variation gegenüber dem Durchschnitt – oder Mittelwert – der berechneten Eigenschaft ein wichtiges sekundäres Merkmal. Bei der deterministischen Berechnung der Flugbahn des Apfels würden wir gerne die, wenn auch geringe, Unsicherheit oder Ungenauigkeit kennen, mit der sich Fehler in unsere Ergebnisse schleichen (Fehlertoleranz), weil wir ja die erwähnten feinen Einflüsse dynamischer Art außer acht lassen. Jedes tatsächliche Verhalten, das über diesen Toleranzbereich hinausgeht, würde dann als eine Anomalie gelten. Analog dazu sollte bei der statistischen Darstellung der Fallrate die Theorie auch angeben, welche Breite der Fallraten-Verteilung um den Mittelwert zu erwarten ist: Das wäre in der Sprache der Statistik die »Varianz«, gleichbedeutend mit der quadrierten »Standardabweichung« der Verteilung. Die Behauptung, daß eine bestimmte Anzahl oder Stichprobe von Beobachtungen eine »anomal« große oder kleine Fallrate zeigt, kann dann mit der Abweichung des gemessenen Durchschnittswerts vom Mittelwert angegeben werden, ausgedrückt durch die Varianz der Verteilung. Oft können auch andere Details der Form der statistischen Verteilung wichtig sein, so ihre Asymmetrie relativ zum Mittelwert (»Schiefe«), der Grad der Neigung (»Häufungsgrad«) oder noch detailliertere Aspekte.

Es ist oft hilfreich, statistische Ereignisse in ihrem zeitlichen Verlauf zu beschreiben und zu untersuchen, um damit die sukzessiven Veränderungen des Prozesses zu illustrieren oder die Abfolge von Ereignissen oder Beobachtungen deutlich zu machen. Hätte Newton lang genug unter seinem Apfelbaum gesessen, so hätte er im Spätsommer oder Herbst die stark zunehmende Fallrate pro Baum registrieren können. Er hätte aber keineswegs eine glatte Kurve erhalten, sondern es hätten sich systematische, schwingungsähnliche Veränderungen im Kurvenverlauf gezeigt, die auf täglich wiederkehrende

Effekte zurückgehen (etwa auf Schwankungen von Temperatur und Sonneneinstrahlung) sowie zahlreiche weniger gut faßbare Variationen infolge von Wetteränderungen und anderen unregelmäßigen Störungen (Abbildung 8.1a). Bei einem benachbarten Baum hätte Newton ein etwas abweichendes Muster erhalten, jedoch mit ähnlichen Merkmalen. Und hätte er schließlich eine größere Anzahl von Bäumen im selben Garten beobachtet (eine wohldefinierte »Population«) und alle entsprechenden Werte gemittelt, dann wäre aus seinen Diagrammen ein allgemeines Verhalten abzulesen gewesen, das alle Eigenheiten der einzelnen Bäume und auch die meisten lokalen Wetteränderungen umfaßt hätte (Abbildung 8.1b). Newton hätte dann seine Kurve glätten können und als Bezugssystem eine »Baseline« (Basiskurve) erhalten, an der er die individuellen Fallraten hätte messen können.

Aus den Diagrammen der Abbildung 8.1 geht hervor, daß Newtons Baum im Vergleich zum Nachbarbaum – und zur »Baseline« – seine Äpfel früher verlor und eine etwas höhere Ausbeute lieferte. Man kann auch die Differenz zwischen seiner Fallrate und der durch-

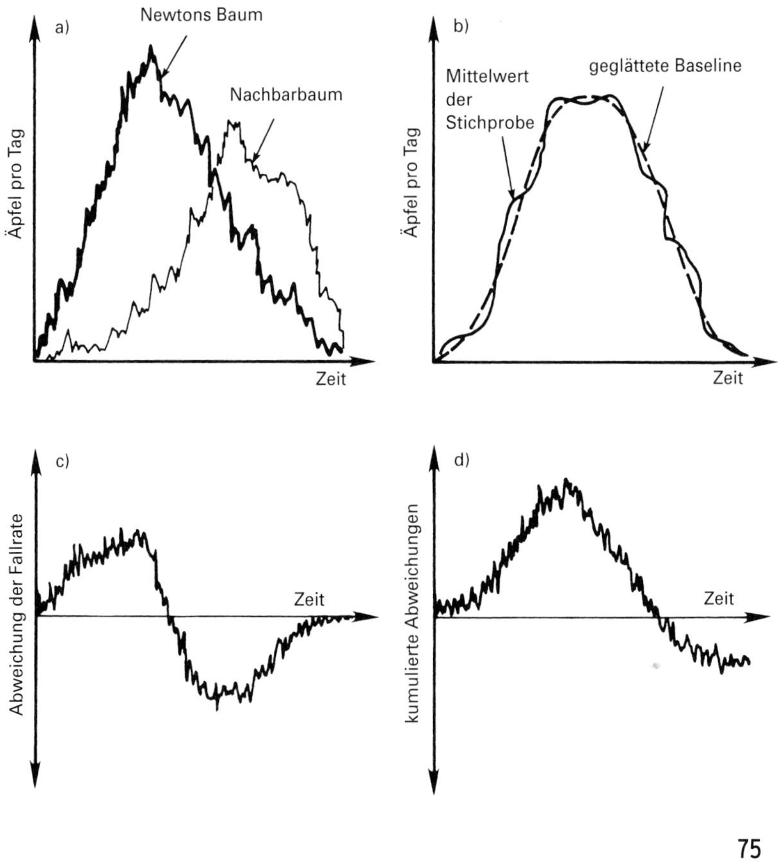

Abb. 8.1:
Kurven der Fallrate von Äpfeln über die Zeit

schnittlichen Fallrate aller Bäume (die »Baseline Group«) gegen die Zeit auftragen (Abbildung 8.1c), oder – noch aufschlußreicher – den kumulierten Überschuß der in der Saison gefallenen Äpfel heranziehen (Abbildung 8.1d). Ob diese Abweichung, wie immer dargestellt, statistisch betrachtet unwahrscheinlich genug ist, um als eine Anomalie zu gelten, hängt von der Varianz des Verhaltens aller einzelnen Bäume um den Mittelwert ab, ferner vom Ausmaß der systematischen und zufälligen Schwankungen im jeweiligen System, im jeweiligen Baum also. Wenn diese Schwankungen relativ klein sind, ist eine Abweichung vom hier gezeigten Ausmaß als Anomalie anzusehen; wenn viele andere Bäume Abweichungen ähnlicher Größe zeigen oder die Schwankungen im System ohnedies vergleichsweise stark sind, so würde diese Abweichung der Varianz der Verteilung entsprechen, also keine Anomalie darstellen.

Jeder Baum in unserem hypothetischen Obstgarten würde natürlich sein eigenes, charakteristisches Muster der Abweichung vom durchschnittlichen Verhalten zeigen. Einige hätten eine über dem Mittelwert liegende Gesamtausbeute, andere eine geringere. Bei einigen läge der größte Ernteertrag früher, bei anderen später. In jedem Fall stellt die Kurve der kumulierten Abweichungen eine »Signatur« (Unterschrift) des betreffenden Baumes dar, die die charakteristischen Merkmale seines Äpfelabwerfens in Form einer informativen Grafik zeigt.

Physik, Biologie und Sozialwissenschaften arbeiten schon lange mit solchen statistischen Begriffen. Es ist völlig unmöglich, die Bahn (Trajektorie) eines einzelnen Moleküls in einer bestimmten Gasmenge vorherzusagen; ebenso kann man nicht wissen, zu welchem Zeitpunkt ein Photon von einem bestimmten angeregten Atom eines heißen Objekts emittiert wird; und auch die Lebensdauer eines instabilen Atomkerns in einer radioaktiven Substanz kann nicht angegeben werden. Allerdings kann man das statistische Verhalten einer sehr großen Zahl von Ereignissen in diesen Systemen mit internen Wechselwirkungen oft mit hoher Genauigkeit vorhersagen. Statistische Überlegungen sind auch nötig, wenn man das Verhalten anderer kollektiver Systeme beschreiben will. Beispiele dafür sind die Wachstumsmuster oder die Anfälligkeiten von Bakterien, Pflanzenzellen oder Laubwäldern sowie die Reaktionen bestimmter Populationen (Tiere oder Menschen) gegenüber externen Einflüssen.

Bei solchen statistischen Systemen muß die wissenschaftliche Forderung nach Reproduzierbarkeit der Beobachtungen allgemeiner gefaßt und, verglichen mit den deterministischen Systemen, großzügiger gehandhabt werden. Beobachtet man die Loslösung einzelner Äpfel vom Ast, ist es vernünftig zu fordern, daß jede Flugbahn möglichst genau den Vorhersagen der dynamischen Theorie folge. Aber bei der Beobachtung vieler sich loslösender Äpfel dürfen wir nur verlangen, daß die Daten für den Baum als Ganzes oder für die angegebene Gruppe von Bäumen der Verteilung entsprechen, die eben für Stichproben aus Populationen, für die das statistische Modell gilt, vorhergesagt wurde. Man sollte nicht erwarten, daß eine kurze Folge sich ablösender Äpfel einer anderen aufs Haar gleicht, und Stichproben (oder *Samples*) von außerhalb der angegebenen Gruppe würden die Daten durcheinanderbringen. Daher zeichnet sich gutes statistisches Vorgehen durch eine adäquate Stichprobengröße und eine begrenzte Anzahl der in Frage kommenden Parameter aus und ist so die angemessene Grundlage für statistische Reproduzierbarkeit.

Jegliche Experimente über bewußtseinsbezogene Phänomene müssen ohne Frage aus statistischer Perspektive heraus konzipiert, ausgeführt und interpretiert werden. Es besteht keine Hoffnung, a priori eine ausreichende Kenntnis aller relevanten physikalischen, psychologischen und physiologischen Parameter zu erlangen, mit denen man deterministische empirische Experimente vornehmen oder theoretische Modelle aufstellen könnte. Vielmehr muß man bestimmte Gruppen von Einschränkungen formulieren und dann – innerhalb dieser Gruppen – das durchschnittliche Verhalten sowie die charakteristischen Verteilungen um den Durchschnitt (den Mittelwert) herum finden. Von anomalen Effekten kann man dann nur sprechen, wenn die beobachteten Mittelwerte von einigen Flugbahnen hintereinander von der theoretischen oder der empirischen Baseline abweichen, und das Maß dafür gibt die theoretische Varianz oder die Varianz der Baseline-Daten an. In den meisten Fällen liegen zahlreiche Wahlmöglichkeiten vor, welche Parameter fixiert und welche gemessen werden sollen, aber jede Entscheidung wirkt sich stark auf die Gewinnung verwertbarer Daten aus. Eine Reproduzierbarkeit kann nur für wirkungsvoll eingegrenzte Experimente gefordert werden. Das häufige Scheitern der Reproduktion, unter dem lange Zeit das systematische Experimentieren der Parapsychologen gelitten hat und das oft Grund für die kategorische Ablehnung der Behauptungen war, ist wohl eher ein Indiz für die große statistische Bandbreite und Komplexität der Phänomene, aber auch für eine unzureichende Eingrenzung bei der Konzeption der Experimente.

Angesichts der Anzahl und Vielfalt der zu berücksichtigenden Parameter – vor allem was den Menschen in dieser Wechselwirkung betrifft – wäre man gut beraten, wenn man in der Bewußtseinsforschung alle experimentellen Vorrichtungen und Systeme auf jene Parameter beschränken würde, die das statistische Verhalten möglichst einfach generieren. Aus den genannten Gründen wären also Bäume denkbar ungeeignet für solche Experimente; ihre zahlreichen zeitlichen und räumlichen Variablen würden es schwer machen, etwaige mit dem Bewußtsein verknüpfte Anomalien aufzuzeigen und zu interpretieren, und eine verläßliche Baseline als Referenz für die Zufallsabweichungen wäre sehr schwierig aufzustellen. Für diese Aufgabe würde sich viel eher ein einfacher Mechanismus anbieten, der lediglich auf einer Binärstatistik fußt und in welchem jedes Element des statistischen Ensembles (der Grundgesamtheit) nur zwei Möglichkeiten besitzt: ja/nein, ein/aus oder los/stop. Die A-priori-Wahrscheinlichkeit jeder Alternative betrüge dann genau 50 Prozent (oder einen anderen genau festgelegten Prozentsatz). Das zu erwartende zufällige Verhalten solcher Systeme kann statistisch mit hoher Genauigkeit berechnet werden, so daß die Signifikanz eines anomalen Effekts leicht festzuhalten ist. Wiederum hängt das Ausmaß der Abweichung, das für eine echte Anomalie nötig ist, von der Gesamtgröße des Systems ab. Wenn man eine Münze einmal wirft, ist es gewiß nicht anomal, wenn Wappen erscheint, denn die Wahrscheinlichkeit hierfür beträgt exakt 0,5 (wenn die Münze keine Unwucht hat). Wirft man sie zehnmal, und es erscheint jedesmal Wappen, dann beginnen wir zu vermuten, daß die Münze eine ungleichmäßige Dichteverteilung hat oder daß derjenige schummelt, der sie wirft, da die Wahrscheinlichkeit für einen solchen Verlauf $(0{,}5)^{10}$ beträgt oder weniger als 1 zu 1000. Sollte 100mal hintereinander Wappen erscheinen, dann wird die Münze äußerst suspekt; wenn sie sich indessen als ein einwandfreies Geldstück herausstellt und wenn auch der Werfer ehrlich war, dann sehen wir uns einer überwältigenden Anomalie gegenüber, denn die Wahrscheinlichkeit für eine solche Folge beträgt 1 zu 10^{30}.

Ein nützlicheres Kriterium für viele Zwecke ist die Wahrscheinlichkeit, daß ein bestimmter Schwellenwert erreicht wird: beispielsweise beim 100maligen Werfen einer Münze über 90mal oder über 55mal Wappen. Die statistischen Methoden erlauben die Berechnung solcher zusammengesetzter Wahrscheinlichkeiten mit Hilfe von Binomialformeln. Für eine sehr hohe Anzahl von Münzwürfen (oder anderen Ereignissen mit zwei gleich wahrscheinlichen Möglichkeiten) ist es günstiger, die allgemeine Gleichung für die Wahrscheinlichkeitsverteilung zu integrieren. Diese Gaußsche Verteilung gehorcht folgender Gleichung:

$$f(x) = \frac{1}{\sqrt{2\pi}\,\sigma}\, e^{-\frac{1}{2}\left\{\frac{x-\mu}{\sigma}\right\}^2}$$

Darin ist $f(x)$ die Wahrscheinlichkeit, x-mal Wappen zu erhalten. Trägt man diese Funktion gegen x auf, so ergibt sich eine Glockenform: Abbildung 8.2a. Für insgesamt ν Würfe ist diese Verteilung vollständig charakterisiert durch den Mittelwert

$$\mu = \nu/2$$

und durch die Standardabweichung

$$\sigma = \sqrt{\nu/4}$$

Also ist für 100 Münzwürfe der Gaußsche Mittelwert 50, und die Standardabweichung beträgt 5.

Ob eine bestimmte experimentelle Zählung als anomal anzusehen ist, hängt demnach von drei Faktoren ab: wie weit das Ergebnis vom Mittelwert des Zufallsergebnisses abweicht, wie groß die Standardabweichung der Verteilung ist und woraus das Kriterium für eine signifikante Anomalie besteht. Wenn unser Münzenwerfen beispielsweise m-mal Wappen erbringt, können wir zuerst berechnen, um wieviele Standardabweichungen das Ergebnis vom zufälligen Mittelwert μ abweicht:

$$z = \frac{m - \mu}{\sigma}$$

Dann integrieren wir die entsprechende Wahrscheinlichkeitsverteilung und erhalten dadurch die Wahrscheinlichkeit dafür, daß dieser Wert z oder ein größerer Wert rein zufällig auftritt (siehe Abbildung 8.2b):

$$p_z = \int_z^\infty f(z)\, dz$$

Solche »einseitigen« Verteilungen sind in den meisten Handbüchern der Statistik präzise tabelliert. Angenommen, unser Schwellenkriterium für eine Anomalie beträgt 0,05, dann ist jeder Wert von z »signifikant«, der größer als 1,65 ist. Bei 100 Münzwürfen bedeutet dies, daß Wappen öfter als 58mal erscheint. Bei einem Schwellenkriterium von 0,01 betrüge diese Anzahl 62. Wenn wir das Auftreten von zu *wenigen* Wappen ebenfalls als eine Anomalie ansehen wollten, müßten wir eine »zweiseitige« Verteilung ansetzen, die die Zufallswahrscheinlichkeit ermitteln würde, entweder einen positiven oder einen negativen z-Wert mit einem bestimmten Mindestbetrag zu erhalten.

Mögliche Anomalien in binären Experimenten kann man umfassender bewerten, wenn man eine vollständige experimentelle Verteilung von Zählungen mit den Werten vergleicht, die die Theorie

Abb. 8.2:

a) Gaußsche Verteilung

b) *z*-Verteilung

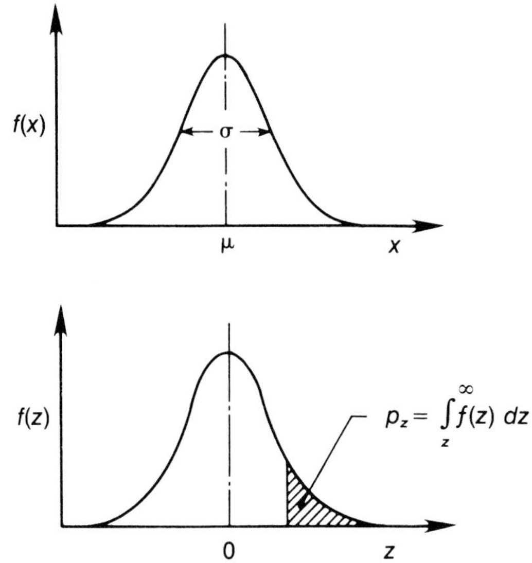

vorhersagt, und indem man nicht nur nach signifikanten Verschiebungen vom Mittelwert Ausschau hält, sondern auch nach Veränderungen der Standardabweichung oder der Kurvenverläufe. Abbildung 8.3 zeigt einige Beispiele experimenteller Verteilungen im Vergleich zur Gaußschen Zufallsverteilung; eine signifikante Anomalie könnte in jedem Fall vorliegen, aber nur in einem liegt eine Verschiebung des Mittelwerts vor. Kriterien für die Signifikanz der hier dargestellten Veränderungen der Kurvengestalt können mit trickreicheren statistischen Überlegungen entwickelt werden.

Abb. 8.3:
experimentelle Verteilungen (durchgezogene Linie) im Vergleich zur jeweiligen Gaußschen Verteilung (gestrichelte Linie)

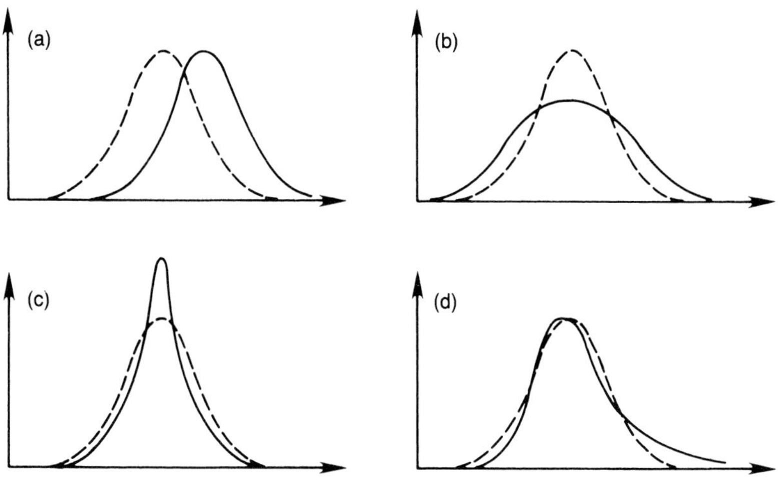

Aber auch wenn man nur der Verschiebung der Mittelwerte sein Augenmerk schenkt: andere Formen der Datendarstellung können ebenfalls aufschlußreich sein. Zum Beispiel kann eine Darstellung der kumulierten Abweichungen (wie bei den fallenden Äpfeln gezeigt) auch bei einfachen binären Systemen Licht ins Dunkel bringen, weil sie die zeitliche oder die Schritt-für-Schritt-Entwicklung des Effekts überliefert. Abbildung 8.4 enthält einige Beispiele solcher Kurven für hypothetische Experimente, bei denen a) kein Effekt auftritt, der von der Zufallserwartung abweichen würde, b) eine durchgehende Abweichung von der Zufallsverteilung und c) eine unregelmäßige Abweichung dieser Art vorliegt. In Fällen wie b) zeigen solche Darstellungen besonders deutlich, daß relativ geringe Abweichungen von der Zufallsverteilung bei kleinen Datenmengen

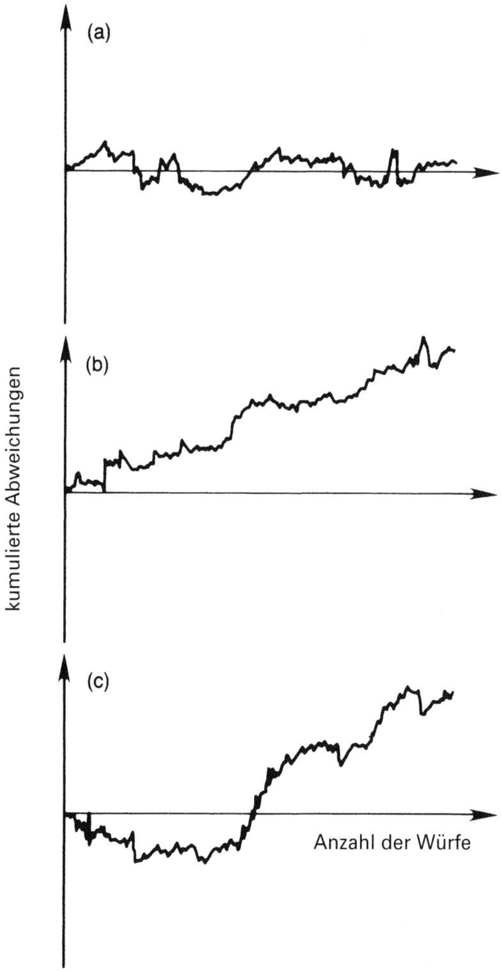

Abb. 8.4:
kumulierte Abweichungen bei binären statistischen Systemen

Wenn Wellen brechen, entsteht Chaos.

sich zu immer signifikanteren Effekten aufbauen können, wenn die Datenmenge wächst. Wir werden auf solche Darstellungen und ihre genauere Interpretation im Rahmen der Experimente noch zurückkommen, die in den Teilen II und III behandelt werden.

Wie zuvor bemerkt, ist der Hauptzweck jeder statistischen Analyse, nützliche kollektive Eigenschaften von Systemen aus interaktiven Elementen oder von Prozessen zu ermitteln, die zu ausgedehnt, zu komplex oder auf andere Weise einfach »unberechenbar« sind, weswegen man nicht vom Verhalten des einzelnen Elements ausgehen kann. Für eine breite Spanne physikalischer, chemischer, biologischer, psychologischer und sozialer Systeme erwies sich dieses Vorgehen als sehr leistungsfähig und produktiv, aber alles kann es nicht leisten. Mindestens ebenso breit ist die Spanne hoch interaktiver Systeme, deren einzelne Elemente in ihrem Verhalten und ihren Wechselwirkungen miteinander die Statistik vor unlösbare Probleme stellen. Darum müssen noch raffiniertere und leistungsfähigere Methoden entwickelt werden. Beispiele für solche Systeme sind einige fluiddynamische Instabilitäten, darunter Übergänge von der laminaren zur turbulenten Strömung und die Wirbelbildung beim Ausströmen, ferner das Brechen von Wellen, manche reversible chemische Reaktionen sowie einige Instabilitäten biologischer Populationen. Drastischere Fälle treten bei geophysikalischen und meteorologischen Katastrophen auf, bei chemischen oder nuklearen Explosionen oder bei Epidemien. Die zeitgenössischen theoretischen Arbeiten über Themen wie Fraktale, Chaos- und Katastrophentheorie, die Thermodynamik irreversibler Prozesse und die

nicht-klassische Statistik stehen für ein wachsendes Interesse an der Entwicklung von Berechnungsverfahren für derartig exzentrische Systeme.
Für die Erforschung der Anomalien könnten Systeme interessant sein, bei denen winzige Störungen unverhältnismäßig starke Veränderungen herbeiführen. Sie scheinen interne Mechanismen zu bieten, mit denen möglicherweise auch bewußtseinsinduzierte Effekte verstärkt werden können. Interessieren sollten uns auch Systeme mit außergewöhnlich hohen Zahlen von »Ausreißern« oder Extremwerten ihrer meßbaren Eigenschaften, ferner Systeme mit der Fähigkeit zur Selbstorganisation und Systeme, die Information sowohl aufnehmen als auch abgeben können. Für solche Untersuchungen eignen sich besonders Systeme, die aufgrund ihrer Struktur Informationen erzeugen, verarbeiten und darstellen können, und zwar in »Formaten«, die der Funktionsweise des menschlichen Gehirns (sowenig wir darüber auch wissen) entsprechen. Diese Systeme ermöglichen vielleicht eine Resonanz zwischen ihnen selbst und den mentalen Prozessen, die eine anomale Wechselwirkung zwischen beiden begünstigen. In dieser Kategorie sind die »neuronalen Netzwerke« der Computerarchitektur ohne Zweifel die ersten Kandidaten.
Wie man sich diesen Fragen auch immer nähert, der Kern dieses Kapitels bleibt doch, daß jede Anomalie laut Definition eine signifikante Abweichung von einem bestimmten etablierten Verhaltensmuster darstellt. Weil der größte Teil festgelegten Verhaltens im Bereich des Bewußtseins quantitativ nur mit Hilfe der Statistik beschrieben werden kann und alle statistischen Darstellungen ihrerseits vom Bewußtsein konstruiert sind, folgt daraus, daß die Gültigkeit und die Grenzen der statistischen Darstellungen selbst wohldefiniert und gut verstanden sein müssen, bevor eine Anomalie behauptet werden darf. Weiterhin folgt daraus, daß eine Forschung, die solche Anomalien aufzuzeigen und zu erklären versucht, im Experiment Systeme verwenden muß, die sich ihrem Zweck gut fügen: entweder durch ihre statistische Einfachheit und die Eindeutigkeit der Interpretation, oder – ganz entgegengesetzt – durch die ihnen innewohnende Sensibilität für schwache Störungen sowie durch ihr Potential, in Resonanz mit der menschlichen Psyche zu treten, oder durch beides.

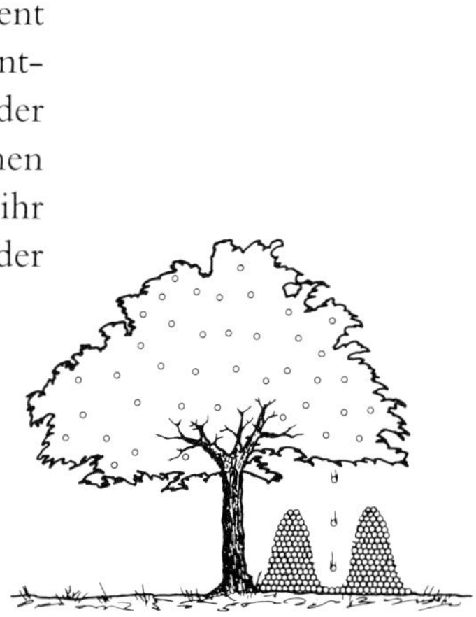

9. Zusammenführung

Viele andere thematische Linien könnten verfolgt werden, aber diejenigen, die wir in diesem Teil des Buches skizziert haben, hängen ganz unmittelbar und geradezu dramatisch mit unseren Projekten zusammen:

1) die Rolle der Anomalien im unentbehrlichen wissenschaftlichen Dialog zwischen Experiment und Theorie;
2) die jahrtausendealte Neigung der Menschen zu Mystifizierung und Manipulation der Realität;
3) die traditionelle wissenschaftliche Aufmerksamkeit für den Einfluß von Geist und Seele auf die physikalischen Vorgänge der Welt;
4) die Grundlagen der Psi-Forschung von ihren Anfängen bis heute;
5) die korrigierende Wirkung kritischer Kommentierung bei der Wertung von Beweisen;
6) die begrifflichen Annahmen und die Paradoxien der Quantenphysik;
7) die rapide Ausweitung der Wechselwirkung zwischen Mensch und »intelligenter« Mikroelektronik und der Nutzen solcher Apparate für das moderne Experimentieren;
8) die Implikationen und Beschränkungen der Statistik bei der Beschreibung bestimmter Erfahrungen.

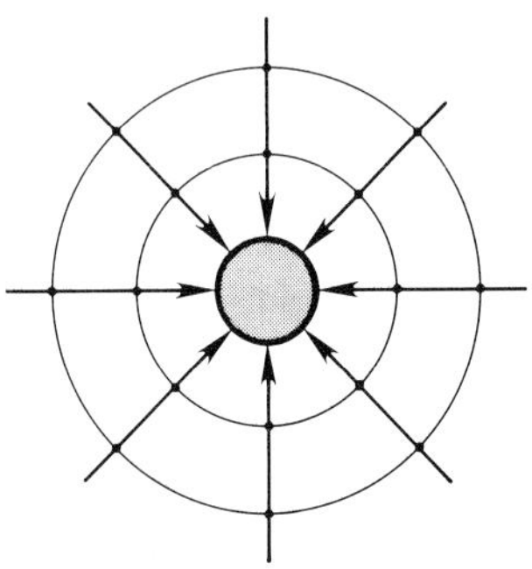

Diese Linien wurden bisher ziemlich separat verfolgt, als würden sie sich unabhängig voneinander dem Punkt nähern, wo sie sich mit unserem speziellen Projekt überschneiden. Tatsächlich aber wird der Verlauf einer jeden Linie von allen anderen nicht unerheblich beeinflußt; die Linien laufen nicht einfach auf das Zentrum zu, sondern bilden schließlich ein Netz oder Gewebe, das unserem Unternehmen eine erkenntnistheoretische Hilfestellung bietet.

Alle Versuche, die Charakteristika und Implikationen von bewußtseinsbezogenen Anomalien zu bewerten, hingen bislang – wie jedes andere Thema von großem öffentlichen Interesse – zwangsläufig von der kulturellen Umgebung ab. Ob die Untersuchung dieser Fragen

»Amphitheater der Ewigen Weisheit«. 17. Jahrhundert

im mystischen Pragmatismus der Steinzeit angegangen wurde, in der Aura der kontemplativen Wißbegierde der frühen Akademiker, in den magischen Denkmustern des Mittelalters oder in der wiederauflebenden Strenge der Reformation – die Glaubwürdigkeitskriterien und das soziale Wertesystem der jeweiligen Zeit wurden stets anerkannt, und das ist auch in unserem Zeitalter des technologischen Determinismus der Fall. Um im Rahmen des heutigen kulturellen Paradigmas die Rolle des Bewußtseins in der physikalischen Realität noch besser verstehen zu können, ist es zunächst unabdingbar, einen imponierenden Korpus experimenteller Beweise vorzulegen, der zu keinen Kontroversen mehr Anlaß gibt, und sodann muß ein theoretisches Modell erstellt werden, das es erlaubt, auf einem recht strengen Weg den wissenschaftlichen Twostep Theorie/Experiment auszuführen. Nur wenn beides vereint ist und harmonisch zusammenwirkt, können die Anwendungen und Implikationen – persönlicher oder soziologischer Art – glaubwürdig untersucht werden. Dies sind die Themen der nächsten vier Abschnitte dieses Buches. Folgen wir dieser wissenschaftlichen Hauptstraße, dann dürfen wir den beständigen und allgegenwärtigen Einfluß »weicher« Dimensionen nicht vergessen – nennen wir sie mystisch, ästhetisch, intuitiv, religiös, spirituell oder wie auch immer –, die das strenge analytische Denken und die strikten Experimente aller kreativer Wissenschaftler in vielen Epochen gekennzeichnet haben; und so auch in unserer Zeit. In einigen Fällen ist dieser Einfluß ausdrücklich anerkannt worden, in anderen war er subtiler und nicht gleich zu entdecken; jedenfalls kann seine übergreifende Rolle für das schöpferische wissenschaftliche Denken nicht abgestritten werden. Einstein stellte fest:

> Das tiefste und erhabenste Gefühl, dessen wir fähig sind, ist das Erlebnis des Mystischen. Aus ihm allein keimt wahre Wissenschaft. Wem dieses Gefühl fremd ist, wer sich nicht mehr wundern und in Ehrfurcht verlieren kann, der ist seelisch bereits tot. Das Wissen darum, daß das Unerforschliche wirklich existiert und daß es sich als höchste Wahrheit und strahlendste Schönheit offenbart, von denen wir nur eine dumpfe Ahnung haben können – dieses Wissen und diese Ahnung sind der Kern aller wahren Religiosität. ...
> Das kosmische Erlebnis der Religion ist das stärkste und edelste Motiv naturwissenschaftlicher Forschung.[50]

Nur wenige der wirklich großen Wissenschaftler unserer Zeit oder früherer Epochen würden so weit gehen, die Bedeutung dieser mystischen Komponente in ihrer eigenen Kreativität zu leugnen. Viel problematischer und umstrittener ist die Frage, ob die moderne Wissenschaft die technischen, erkenntnistheoretischen und intuitiven Fähigkeiten hat, unangreifbar und systematisch derlei flüchtige Dinge zu beweisen, zu verstehen und sie in ihr eigenes analytisches Paradigma einzugliedern.

II. Kontakt Mensch/Maschine

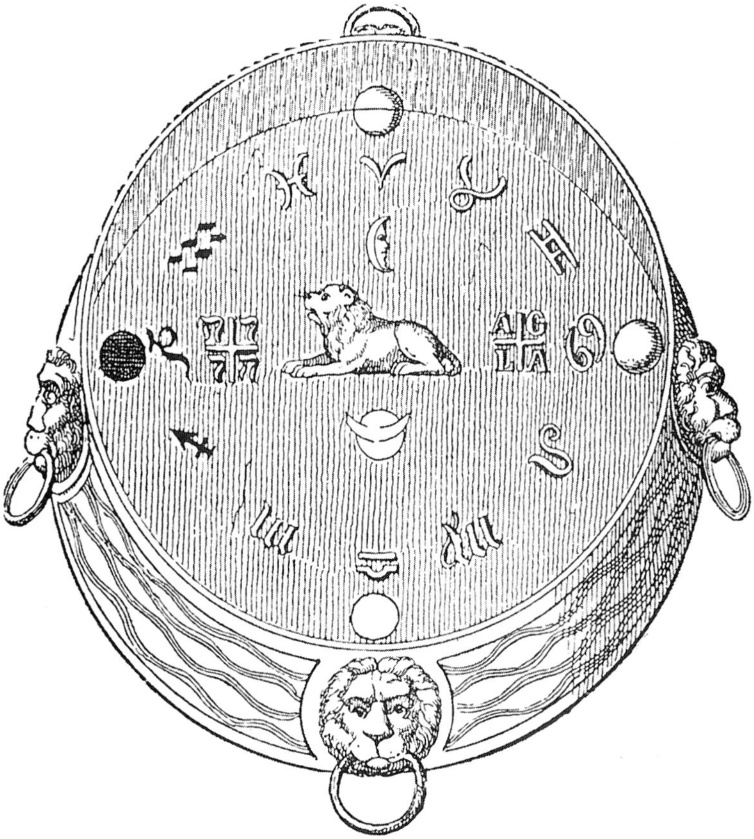

Wallensteins Amulett
mit Horoskop

Es gibt keinen Zufall; und was uns blindes Ungefähr nur dünkt,

gerade das steigt aus den tiefsten Quellen.

FRIEDRICH SCHILLER[51]

In Teil II und III werden Experimente und deren Resultate beschrieben, die im Rahmen des Forschungsprogramms des *Princeton Engineering Anomalies Research (PEAR) Laboratory* seit Ende der 70er Jahre durchgeführt wurden. Diese Resultate sind der harte Kern des vorliegenden Buches, und hier liegt das wesentliche Verdienst der Princetoner Forschergruppe. Ohne ihr umfangreiches empirisches Material, das sich in den Jahren seit der Publikation des Buches (1987) noch deutlich erweitert hat, wäre die Evidenz für Anomalien heute um wichtige Bereiche von Phänomenen ärmer. Der Nachweis, den Jahn, Dunne und ihre Mitarbeiter führen, bezieht sich auf Anomalien in kontrollierten Laborexperimenten. Einmalig auftretende Spontanfälle außerhalb des Labors, die sich der Wiederholbarkeit und damit der statistischen Behandlung entziehen, bleiben ungeachtet ihrer anderweitigen Bedeutung unberücksichtigt.

Die statistische Analyse kontrollierter Laborexperimente wurde von Anbeginn, seit den Arbeiten von Charles Richet Ende des letzten Jahrhunderts (vgl. Hacking 1988), kontrovers diskutiert. Namhafte Experten der mathematischen Statistik wie Bridgman, Diaconis, Feller, Fisher, Good, Krengel, Spencer-Brown oder Tornier haben sich dazu in verschiedener Weise, oft kritisch, geäußert. Es ist hochinteressant, wie die Geschichte dieser Kritik die grundlegenden Probleme reflektiert, die sowohl Statistik als auch Wahrscheinlichkeitstheorie durchziehen. An wesentlicher Stelle steht dabei die Spannung zwischen der maßtheoretischen Definition von Wahrscheinlichkeiten (nach Kolmogorov), die auf dem Grenzfall unendlich vieler Realisierungen eines Ereignisses beruht, und deren empirischer Definition als Häufigkeit (nach von Mises), die immer an endlich viele Realisierungen gebunden ist.

Teil II beschäftigt sich mit der systematischen Untersuchung von solchen Anomalien, die in der Literatur traditionell als »Psychokinese« (PK) bezeichnet werden. Dieser Begriff spiegelt die Frage, ob materielle Systeme durch intentionale Einstellungen des (menschlichen) Bewußtsein »beeinflußt« werden können. Alternativ dazu spricht man von »außersinnlicher Wahrnehmung« (ASW), wobei der »Einfluß« umgekehrt gedacht wird (Teil III). Typische PK-Versuchsanordnungen (vgl. den Prototyp von Schmidt 1970) bestehen im wesentlichen aus einem physikalischen Zufallszahlengenerator (oder Rauschgenerator) und einem Versuchsteilnehmer. Letzterer hat die Aufgabe, bestimmte Instruktionen auszuführen, die in der einen oder anderen Weise darauf hinauslaufen, daß der physikalische Zufallsprozeß »gestört« wird. Gegenstand der Untersuchung sind demnach Abweichungen von der erwarteten Zufallsverteilung und deren eventuelle Korrelation mit denjenigen intentionalen Einstellungen, die jeweils an die Instruktionen geknüpft sind. Die empirischen Befunde derartiger Untersuchungen von Zufallsfolgen liefern Abweichungen von theoretischen Erwartungswerten, die durchweg winzig sind und deutlich innerhalb des statistischen Fehlers der Erwartungswerte liegen. Im speziellen Fall der PEAR-Studie betragen sie etwa ein halbes Hundertstel des statistischen Fehlers. Wenn man allein diese Werte zugrunde legt, so kann man keinesfalls von signifikanten Effekten sprechen. In der modernen Statistik gibt es indessen Entwicklungen, die nahelegen, daß bestimmte Typen von Studien unzureichend bewertet werden, wenn man ihre Signifikanz nur in bezug auf gewöhnliche Standardfehler bestimmt. Insbesondere geht es dabei darum, den Umfang einer Stichprobe, also die Anzahl von Teilstudien in einer Gesamtstudie, zusätzlich zu deren statistischen Momenten explizit mit zu berücksichtigen. Die Probleme, die damit zusammenhängen, haben vor allem mit der Reproduzierbarkeit (Replikation) von Experimenten und deren adäquater Auswertung in Form von Metaanalysen zu tun (Rosenthal 1984, Utts 1991.) Obwohl derartige Metaanalysen sehr plausibel sind und in vielen Bereichen der Sozialwissenschaften und der Psychologie seit geraumer Zeit verwendet werden (Beelmann und Bliesener 1994), bleibt bezüglich einer formalen Einbettung in die mathematische Statistik und einer entsprechenden präzisen Formulierung allerdings noch einiges zu tun.

Bewertet man die PEAR-Resultate in entsprechender Weise, so ergeben sich trotz der extrem kleinen und auf den ersten Blick unsignifikanten Abweichungen Effektstärken, für die es äußerst unwahrscheinlich ist, daß sie als zufällige Resultate entstehen. (Dies gilt nicht nur für Verschiebungen der Mittelwerte der beobachteten Verteilungen, sondern auch für andere Charakteristika; siehe Jahn et al. 1991.) Zum Beispiel ist die typische Effektstärke von PK-Effekten größer als die Effektstärke in den Doppelblindstudien, nach denen die Wirksamkeit von Aspirin gegen Herzinfarkt als nachgewiesen gilt – ein Befund, der als Durchbruch bei medizinischen Doppelblindanalysen gefeiert wurde (vgl. Utts 1991). Eine Auswertung des gesamten PEAR-Datenmaterials auf dem Stand von 1996 wurde kürzlich veröffentlicht (Jahn et al. 1997). Weitere Aktualisierungen werden in regelmäßigen Abständen durchgeführt. Diese sind unter der Web-Adresse *http://www.princeton.edu/~rdnelson/pear.html* in der PEAR-Homepage zugänglich.

Über die PEAR-Studie hinaus wurden seit Erscheinen des Originals des vorliegenden Buches eine ganze Reihe weiterer entsprechender Untersuchungen durchgeführt. Insbesondere sind darunter die Metaanalysen von Radin und Nelson (1989) und Radin und Ferrari (1991) zu nennen, in welchen ebenfalls Abweichungen von physikalischen Zufallsprozessen analysiert wurden. Die Effektstärken, die sich bei diesen (und anderen) Metaanalysen ergaben, sind bei Utts (1991) und Delanoy (1996) ausführlicher diskutiert. Im letzteren Artikel werden zusätzlich zu physikalischen PK-Studien auch sogenannte Bio-PK-Studien erwähnt, bei denen »Einflüsse« auf lebende Systeme zur Debatte stehen: »Direct Mental Interactions with Living Systems« (DMILS; vgl. die Metaanalyse entsprechender Resultate bei Schlitz und Braud, 1997). Einen guten, aktuellen Überblick über den derzeitigen Stand der empirischen Forschung insgesamt gibt Radin (1997).

Bezüglich der Frage, ob es bei PK-Experimenten signifikante Abweichungen von zufälligen Erwartungswerten gibt, werden mit ausgefeilteren statistischen Methoden in Zukunft detailliertere Analysen solcher Abweichungen vorzunehmen sein. Zeitliche Korrelationen zum Beispiel sind dabei ein wichtiger Kandidat, auch im Hinblick auf ein besseres Verständnis der Effekte. Zudem ist es natürlich wesentlich festzustellen, inwieweit Abweichungen von Zufallshypothesen mit intentionalen Einstellungen oder anderen, spezifischeren psychologischen (oder auch physiologischen) Variablen korreliert sind. Korrelationen mit psychologischen Variablen wurden im Detail erstmals von Lucadou (1986) systematisch untersucht (siehe auch Lucadou 1989). Die Arbeiten von PEAR liefern dazu weitere Resultate, zum Beispiel im Hinblick darauf, daß die Abweichungen bei Frauen im Schnitt höher als bei Männern sind (Dunne 1998) und daß bestimmte gruppendynamische Prozesse sogar ohne direkte experimentorientierte Intentionalität zu Abweichungen führen können (Nelson et al. 1996). Ein anderer wichtiger Befund besteht in der oft beobachteten Abhängigkeit der Resultate von ihrer Vorgeschichte (Positionseffekte, z. B. »Decline«- oder »Lerneffekte«; Dunne et al. 1994). Weitere Studien zu Korrelationen mit psychologischen Variablen gibt es vor allem bei Experimenten aus dem Bereich »außersinnliche Wahrnehmung« (siehe dazu Delanoy 1996 sowie dort angegebene weitere Referenzen).

H. A. & E. B.

Beelmann, A., und Bliesener, T. (1994). Aktuelle Probleme und Strategien der Metaanalyse. *Psych. Rundschau 45*, 211–233.

Delanoy, D. L. (1996). Experimental evidence suggestive of anomalous consciousness interactions. In *Biomedical and Life Physics*, hg. von N. Ghista. Braunschweig: Vieweg, 397–410.

Dunne, B. (1998). Gender differences in human/machine interactions. *J. Sci. Explor. 12*, 3–55.

Dunne, B. J., Dobyns, Y. H., Jahn, R. G., Nelson, R. D., und Thompson, A. M. (1996). Series position effects in random event generator experiments. *J. Sci. Explor. 8*, 197–215.

Hacking, I. (1988). Telepathy: origins of randomization in experimental design. *Isis 79*, 427–451.

Jahn, R. G., Dobyns, Y. H., und Dunne, B. J. (1991): Count population profiles in engineering anomalies experiments. *J. Sci. Explor. 5*, 205–232.

–, –, Dunne, B. J., Nelson, R. D., Dobyns, Y. H., und Bradish, G. J. (1997): Correlations of random binary sequences with pre-stated operator intention: a review of a 12-year program. *J. Sci. Explor. 11*, 345–367.

Lucadou, W. von (1986). *Experimentelle Untersuchungen zur Beeinflußbarkeit von stochastischen quantenphysikalischen Systemen durch den Beobachter.* Frankfurt: Herchen. Siehe auch W. von Lucadou (1986). Keine Spur von Psi. *Z. Parapsych. Grenzgeb. Psych. 28*, 169–197.

–, – (1989). *Psyche und Chaos.* Freiburg: Aurum. Aktualisierte zweite Auflage unter dem Titel *Psi-Phänomene.* Frankfurt: Insel 1997.

Nelson, R. D., Bradish, G. J., Dobyns, Y. H., Dunne, B. J., und Jahn, R. G. (1996). FieldREG: Random event generator response to group dynamics. *J. Sci. Explor. 10*, 111–141.

Radin, D. I. (1997). *The Conscious Universe.* New York: Harper Edge.

–, –, Ferrari, D. C. (1991). Effects of consciousness on the fall of dice: a meta-analysis. In *J. Sci. Explor. 5*, 61–83.

–, –, Nelson, R. D. (1989). Evidence for consciousness-related anomalies in random physical systems. *Found. Phys. 19*, 1499–1514.

Rosenthal, R. (1984). *Meta-Analytic Procedures for Social Research.* Beverly Hills: Sage.

Schlitz, M., und Braud, W. (1997). Distant intentionality and healing: assessing the evidence. In *Alternative Therapies 3(6),* 62–73.

Schmidt, H. (1970): A PK test with electronic equipment. *J. Parapsych. 34*, 175–181.

Utts, J. (1991): Replication and meta-analysis in parapsychology. Statistical Science 6, 363–378. Kommentare von M. J. Bayarri und J. Berger, R. Dawson, P. Diaconis, J. B. Greenhouse, R. Hyman, R. L. Morris, F. Mosteller (S. 379–396), und Erwiderungen von J. Utts (S. 396–403).

10. Das PEAR-Programm

Die begrifflichen und strategischen Linien, die im Teil I dieses Buches skizziert wurden, laufen auf eine gemeinsame Notwendigkeit hinaus: ein modernes Forschungsprogramm, das sich direkt mit der Rolle des Bewußtseins bei der Bestimmung der physikalischen Realität befaßt. Wo sie sich überschneiden, bilden diese verschiedenen Perspektiven einen unaufgelösten Akkord rätselhafter Erfahrungen und unvollständig begründeter Spekulationen, die definitive Beweise und prägnante Erklärungen erfordern, wenn das, was dahinter steckt, verdeutlicht und bestätigt werden soll. Eine solche Bestätigung mag jetzt tatsächlich in wissenschaftlicher Manier erbracht werden können, und zwar durch geschickte Anwendung derselben modernen Technik, die für Effekte, die mit dem Bewußtsein verknüpft sind, womöglich am anfälligsten ist. Aber dazu sind nicht nur raffinierte Instrumente nötig. Um in unseren Augen als glaubwürdig zu gelten, müssen alle Experimente oder Theorien zu diesen Fragen wissenschaftlich einwandfrei sein und ihre pragmatische Relevanz beweisen; jedoch müssen sie auch, um die fraglichen Phänomene umgreifen zu können, eine Vielfalt von nicht dingfest zu machenden und subjektiven Faktoren einbeziehen, die in wissenschaftlichen oder praktischen Begriffen nur mit Mühe zu beschreiben sind.

Die nächsten drei Teile dieses Buches geben einen Überblick über eine Art von Antwort auf diese Herausforderung sowie eine Interpretation, und zwar anhand von Arbeiten, die seit Ende der siebziger Jahre in der School of Engineering and Applied Science an der Princeton University durchgeführt wurden. Die technischen und analytischen Details dieser Forschungen sind ausführlicher in mehreren technischen Berichten und Zeitschriftenpublikationen beschrieben worden, aus denen viele im Anhang zitiert werden. An dieser Stelle sollen nur in allgemeinen Worten die prinzipiellen Experimente und ihre Ausgestaltung beschrieben werden, ohne das Ambiente des Labors, in dem die Arbeiten erfolgten, zu vernachlässigen.

Das Forschungsprogramm PEAR (*Princeton Engineering Anomalies Research*) wurde formell im Frühjahr 1979 eingerichtet, aber die Grundlagen waren schon zwei Jahre zuvor zusammengetragen worden. Eine Studentin der Elektrotechnik und Computerwissenschaften, die an einem unabhängigen Projekt arbeitete, hatte einen der Autoren (R.G.J.) um die Überprüfung des Entwurfs und des Einsatzes einer elektronischen Vorrichtung gebeten, mit der psychokinetische Effekte schwacher Intensität untersucht werden sollten, ähnlich jenen, die in der neueren parapsychologischen Literatur beschrieben werden.[52] Teils skeptisch, teils vom möglichen pädagogischen Nutzen eines solchen Projekts überzeugt, sagte der Betreuer zunächst zu, sich mit der Literatur zu diesem Thema zu befassen und erst später mit dem geplanten Experiment. Als die Studentin zwei Jahre später ihr Examen machte, war der Berater noch keineswegs von der Stichhaltigkeit der behaupteten Phänomene überzeugt, interessierte sich aber zunehmend für die potentielle Anfälligkeit bestimmter technischer Systeme für Effekte, die aufgrund dieser Vorversuche zu vermuten waren. Um solche Möglichkeiten syste-

matischer bewerten zu können, machte er es sich zur Aufgabe, ein umfangreicheres Forschungsprogramm – »Mensch/Maschine-Anomalien« – aufzustellen und zu organisieren.
Die Einzelheiten der Entstehung und Entwicklung dieses Programms und seiner Beziehung zu akademischen, industriellen und staatlichen Einrichtungen böten Material für ein weiteres Buch, würden hier aber den Rahmen sprengen. Begnügen wir uns mit der Feststellung, daß Inhalt und Vorgehensweise dieser Arbeit die sakrosankten Grundsätze von der Freiheit der Forschung und der Gültigkeit experimenteller Beweise, die wissenschaftliche und akademische Zirkel stets hochgehalten haben, ernsthaft auf den Prüfstand stellten. Und weil es hier um besonders sensible Aspekte geht, war bei der öffentlichen Präsentation dieses Programms besonders auf absolute Sorgfalt und technische Exaktheit zu achten. Der akademische Betrieb ist kaum mehr in Beschlag genommen worden, als daß gelegentlich noch die eine oder andere diesbezügliche Examensarbeit vergeben wurde. Das Geld kam aus privaten Quellen; weder öffentliche Hand noch Universitäten trugen zur Unterstützung bei. Die Forschungsergebnisse sind bislang nur in Fachzeitschriften und technischen Berichten zugänglich gemacht worden, ferner in Vorträgen auf Tagungen und in daraus hervorgegangenen Sitzungsberichten. Zu einer Berichterstattung in den Medien, gleich in welcher Form, ist es nie gekommen. Daher bietet dieses Buch die erste umfassendere Darstellung unserer Arbeiten für das breite Publikum.
Wie schon der Name des PEAR-Programms andeutet, lag sein taktischer Ansatz darin, bei der systematischen Untersuchung ausgewählter Aspekte von bewußtseinsinduzierten Anomalien neueste Technologie einzusetzen. In Übereinstimmung mit diesem Ziel und im Unterschied zur herrschenden Praxis der heutigen Anomalienforschung lag das Schwergewicht der Experimente auf den physikalischen und technischen Parametern der verwendeten Apparaturen, Prozesse und Vorschriften. Die Betrachtung psychologischer oder physiologischer Beziehungen ist der Generierung von sehr großen Datenmengen untergeordnet worden, die von einer relativ kleinen Anzahl regelmäßig mitarbeitender Teilnehmer (Operatoren) geliefert wurden. Insgesamt rund 50 Männer und Frauen verschiedenen Alters und unterschiedlicher Vorbildung trugen zu den Daten bei, darunter die Autoren und andere Mitarbeiter des Labors. Niemand behauptete, außergewöhnliche oder Psi-Fähigkeiten zu besitzen. Grundsätzlich sollte die Anonymität aller Teilnehmer gewahrt und ihnen auch keine Entschädigung geboten werden – abgesehen von

der Erstattung der Reisekosten und der Befriedigung, teilnehmen zu dürfen. Niemand ist überprüft, trainiert oder psychologischen Tests unterzogen worden, und wir haben keine Anstrengung gescheut, eine möglichst angenehme und entspannte Atmosphäre zu schaffen. Wir bezogen die Teilnehmer in die technischen Diskussionen mit ein und sahen in ihnen vollgültige Mitarbeiter des Forschungsprojekts.

Das Programm besteht derzeit aus drei Segmenten, die sich gegenseitig ergänzen. Das erste, mit dem sich dieser Teil des Buches befaßt, ist eine Phalanx von Experimenten zur Erforschung von Mensch/Maschine-Anomalien, die mit den Teilnehmern zusammenhängen. Hier geht es also um Wechselwirkungen des menschlichen Bewußtseins mit physikalischen Vorrichtungen, Systemen oder Prozessen, wobei die Ergebnisse statistisch signifikant von jenen abweichen, die man aufgrund bekannter wissenschaftlicher Denkart erwarten würde. Das zweite Segment, in Teil III dieses Buches beschrieben, deckt die präkognitive Fernwahrnehmung ab, das heißt die Aufnahme von Informationen über räumlich oder zeitlich entfernte Orte, die über keinen der uns bekannten Sinneskanäle erreichbar sind. Das dritte Segment, in Teil IV behandelt, widmet sich der Entwicklung eines theoretischen Modells, das zu einer Korrelation beider Klassen experimenteller Daten beitragen könnte, um auf dieser Basis die Experimente noch besser konzipieren und die allgemeinen Phänomene grundsätzlich erklären zu können.

11. Binäres Beeinflussen

Die erste Kategorie der Experimente betrifft die Wechselwirkung der Versuchsteilnehmer mit einem »verwundbaren« physikalischen Mechanismus. Die hierfür nötigen Charakteristika lassen sich von den Aspekten der Erfahrung und der statistischen Logik ableiten, die schon zuvor angedeutet worden waren:

1) Die Vorrichtung oder das System, mit dem der Teilnehmer in Wechselwirkung zu treten versucht, sollte mit einem zufallsbedingten physikalischen Prozeß ausgestattet sein, der zu einer leicht erkennbaren Datenverteilung führt, deren Form die direkte quantitative Aufzeichnung und dem Teilnehmer ein motivierendes Feedback ermöglicht.
2) Das statistische Merkmal dieser (Output-)Verteilung sollte einfach, direkt und im Idealfall theoretisch berechenbar sein.
3) Die Ausrüstung des Experiments sollte ein Signal vom Rauschen sehr gut unterscheiden können und gegen technische Fehlfunktionen, Artefakte (aufgrund von Einwirkungen aus der Umgebung) und andere verfälschende Einflüsse abgesichert sein.
4) Das gesamte experimentelle System sollte für die schnelle Aufnahme sehr großer Datenmengen geeignet sein.
5) Gründliche und regelmäßige Kalibrierungen (Eichungen) sollten die Stabilität des Systems und dessen Übereinstimmung mit theoretischen Erwartungen sicherstellen.
6) Die experimentellen Protokolle (Vorschriften) sollten den Anreiz für die Teilnehmer und die leichte Durchführbarkeit erhöhen sowie die primär interessierenden Parameter hervorheben und die Möglichkeit bieten, fälschlich ermittelte Resultate zu erkennen.
7) Die Einrichtungen zur Aufnahme, Speicherung und Auswertung der Daten sollten auf eine Redundanz der Aufzeichnungen vorbereitet sein und die Daten schnell und genau in aufschlußreiche quantitative Darstellungen der Resultate umwandeln.
8) Das Ambiente des Experiments, dessen technische Ausstattung dem neuesten Stand entspricht, sollte die Teilnehmer in der Ausführung und der Interpretation der Experimente nicht behindern.

Bei jeder praktischen Durchführung sind zwangsläufig Verbesserungen und Kompromisse zwischen diesen wünschenswerten Charakteristika möglich. Jedoch muß für ein effizientes und glaubwürdiges Experimentieren bei diesem Typus von Versuchen das gesamte System in jeder dieser Kategorien sehr leistungsfähig sein.
Von allen statistischen Prozessen, die den Experimenten dieser Klasse zugrunde liegen können, ist die binäre Kombinatorik, die in Kapitel 8 erwähnt wurde, am einfachsten zu begreifen und zu berechnen. Ein Beispiel: Ein Versuchsteilnehmer möchte in einem einfachen Experiment, in dem er wiederholt eine Münze wirft, öfter Wappen als Zahl erzielen. Die sich ergebende Verteilung kann man anschließend mit der theoretischen Gaußschen Kurve (Normalverteilung) vergleichen und so die Wahrscheinlichkeit berechnen, mit der sich die erzielte Verteilung rein zufällig hätte ergeben können, oder umgekehrt die Wahrscheinlichkeit, daß eine beabsichtigte Verschiebung (oder Abweichung) das zugrundeliegende binäre Ereignis beeinflußt hat. Solch ein Experiment wäre jedoch fehlerbehaftet, und zwar zumindest in vierfacher Hinsicht: 1) Keine echte Münze ist absolut gleichmäßig. 2) Die Art und Weise, wie der Teilnehmer die Münze wirft, wird fraglos von Mal zu Mal unterschiedlich sein. 3) Zufällige Störungen aus der Umgebung können auf den Prozeß einwirken. 4) Die Geschwindigkeit der Datenaufnahme wäre enttäuschend gering.
Alle diese Beschränkungen können weitgehend aufgehoben werden, wenn man einen mikroelektronischen Schaltkreis verwendet, der die wesentlichen Funktionen »Werfen«, Zählen, Anzeigen und Verarbeiten übernimmt. Für derartige Experimente sind inzwischen Zufallszahlengeneratoren (*Random Event Generator*, REG) üblich. Ein Zufallsgenerator erzeugt »weißes Rauschen«, und dahinter steckt ein zufallsabhängiger mikroskopischer physikalischer Prozeß, etwa der thermisch hervorgerufene Elektronenstrom in einer Festkörperdiode oder eine Gasentladung, zuweilen auch ein radioaktiver Zerfall. Ein elektronischer Logikschaltkreis überführt dann dieses Rauschen in eine zeitlich regelmäßige Folge zufällig wechselnder binärer Pulse oder »Bits« (z. B. +, –, +, –, –, +, –, +, +, +, –, – usw.), die in nachfolgenden Schaltkreisen gezählt, angezeigt und aufgezeichnet werden. All das geschieht sehr schnell, mit großer Genauigkeit und geschützt gegen Artefakte. Damit verfügt man über eine funktionssichere Vorrichtung zum elektronischen »Münzenwerfen«, auf die der Teilnehmer* seine Aufmerksamkeit richten kann.
Unser spezieller Zufallsgenerator ist eine Weiterentwicklung der Apparatur, die für die erwähnte Examensarbeit verwendet wurde.

* In diesem Buch ist immer von »Teilnehmern« die Rede, ungeachtet ihres jeweiligen Geschlechts. Daraus darf also keine Rangfolge nach Anzahl, Effizienz oder nach dem Beitrag zum Programm abgeleitet werden. Vielmehr war in unserem Programm eine gute Mischung der Teilnehmer bezüglich Perspektiven und Vorgehensweisen ein wichtiger Faktor. Bei der Formulierung des theoretischen Modells wird das implizit berücksichtigt.

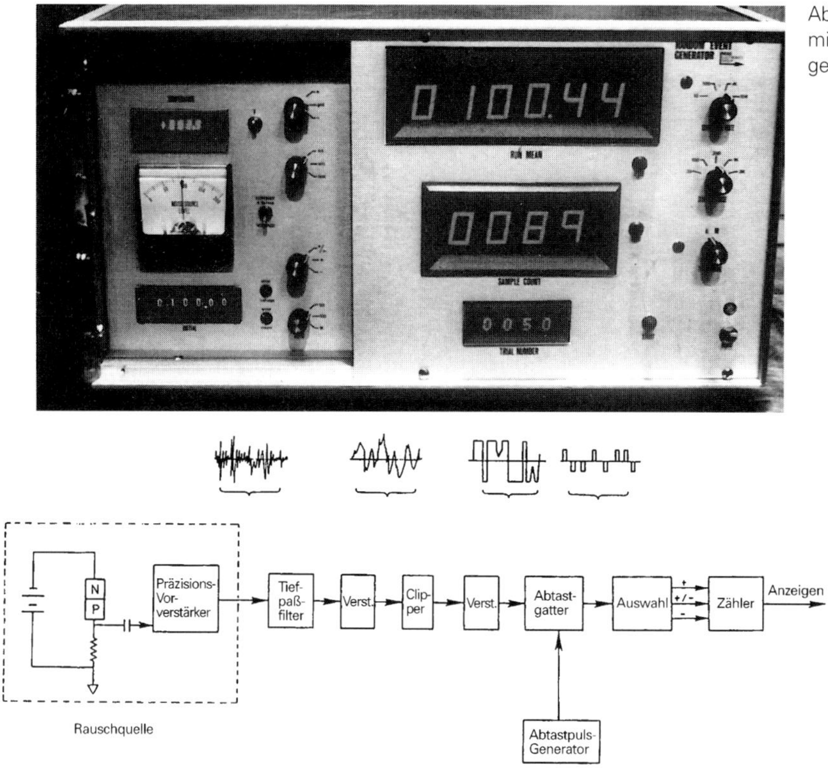

Abb. 11.1: mikroelektronischer Zufallsgenerator, Logikschaltkreis

Als »Quelle des Zufalls« dient das mikroelektronische Rauschen einer handelsüblichen Diode, wie sie in vielen Geräten zur Kommunikation, Steuerung oder Datenverarbeitung eingesetzt wird. Das Rauschen wird über den Schaltkreis, der filtert, Samples erstellt, zählt und anzeigt, in eine Verteilung von Binärzahlen umgesetzt; außerdem enthält das System störungssichere Komponenten sowie Kalibrierungsschaltungen, die es vor technischen Fehlfunktionen und äußeren Einflüssen schützen. Abbildung 11.1 zeigt die Apparatur, wie sie der Teilnehmer vor sich hat, und ein Blockdiagramm des Logikschaltkreises.

Der Zufallsgenerator erzeugt die Binärfolge an seinem Ausgang durch eine zeitlich regelmäßige Erstellung von Samples aus dem elektronischen Rauschmuster. Wenn das Signal im Moment des Zugriffs gerade positiv ist (also größer als sein Mittelwert), so wird ein positiver Puls – ein positives Bit – erzeugt. Ist das Signal zufällig negativ, entsteht ein negatives Bit. Die elementare Datengruppe, die wir ein *Intervall (Trial)* nennen, besteht aus einer bestimmten Anzahl dieser elektronischen Bits. Das Gerät kann so eingestellt werden, daß 20, 100, 200, 1000 oder 2000 Bits für jedes Intervall erzeugt werden.

Auf die gleiche Weise kann festgelegt werden, wie oft pro Sekunde (10-, 100-, 1000- oder 10000mal) »gesampelt« wird, ebenso, ob nur positive, negative oder nur solche Bits gezählt werden, die eine regelmäßig alternierende Folge (+, –, +, –, +, – usw.) ergeben. Dieser alternierende Modus dient dazu, alle Effekte zu eliminieren, die auf der anhaltenden Verschiebung des Rauschmusters beruhen. Er wurde auf alle im folgenden beschriebenen Daten angewandt.
Für jede Kombination dieser Optionen werden die einzelnen Intervallergebnisse direkt in Form aufleuchtender Ziffern an der Vorderseite des Zufallsgenerators angezeigt und gleichzeitig auf einem kontinuierlich durchlaufenden Papierband ausgedruckt sowie zur späteren Verarbeitung gespeichert. Angezeigt werden auch der sukzessiv errechnete Mittelwert aller bis dahin erzeugten Intervalle und die Nummer des gegenwärtig laufenden Intervalls. Diese drei Ziffernanzeigen liefern dem Teilnehmer die wichtigste Rückkopplung, denn sie informieren – wie bei einer typischen Biofeedback-Anzeige – den Betreffenden von seinem Fortschritt während der gestellten Aufgabe.
Gründliches und wiederholtes Kalibrieren stellt sicher, daß das Gerät auch ohne Beaufsichtigung eine Verteilung der Intervalle produziert, die mit den theoretischen statistischen Werten ausgezeichnet übereinstimmt. Abbildung 11.2 zeigt eine Häufigkeitsverteilung der Zählungen, die aus rund 55000 Kalibrierungsvorgängen mit je 200 Bits ermittelt und hier mit der ebenfalls eingezeichneten theoretischen Kurve der Gaußschen Verteilung verglichen werden kann. Der Mittelwert der Kalibrierungsverteilung, die Standardabweichung, die Häufigkeit in den Extrembereichen und einige subtilere Merkmale liegen alle deutlich innerhalb der statistischen Variationen, die bei einer solchen Datenbasis aufgrund zufälliger Prozesse zu erwarten sind. Vielfältige, besonders ausgesuchte statistische Tests und elektronische Kalibrierungen haben gleichfalls die Eignung dieser Apparatur für den geplanten Zweck bestätigt.
Wie beim elementaren Münzenwerfen ist das Ziel des Experiments mit dem Zufallsgenerator vor allem zu erforschen, wie statistische Verschiebungen der Verteilung der Zählungen mit den vorgefaßten Intentionen der Teilnehmer zusammenhängen. Damit man derartige Verschiebungen eindeutig identifizieren kann, muß die Versuchsvorschrift erlauben, große Datenblöcke, in denen alle steuerbaren sekundären Parameter konstant gehalten werden, aufzunehmen und »aufeinander zu stapeln«. Dadurch gerät die primäre Variable – die Intention des Teilnehmers – ins Blickfeld, weil eben jeglicher unvorhergesehene oder unkontrollierbare verfälschende Einfluß selek-

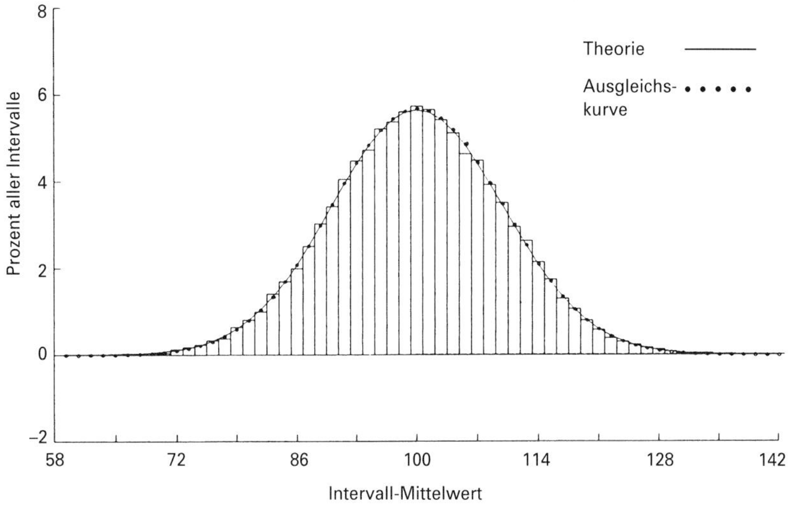

Abb. 11.2:
Verteilung der Zählungen aus 55 000 Kalibrierungsvorgängen am Zufallsgenerator

tiv ausgeschaltet wird. Nun gehen wir folgendermaßen vor: Solche Daten, die mit der Intention des Teilnehmers gewonnen wurden, höhere Ergebnisse als die Zufallserwartung erzielen zu wollen, bezeichnen wir mit PK^+, und solche Daten, bei denen niedrigere Ergebnisse als die Zufallserwartung intendiert waren, mit PK^-. Und Daten, die ohne besondere Intention entstanden, nennen wir einfach die »Baseline« (PK^0). Bei dieser Prozedur werden nun die drei genannten Datentypen miteinander kombiniert, wobei alle anderen Versuchsbedingungen einschließlich der physikalischen Position des Teilnehmers dieselben bleiben. Nur dann, wenn innerhalb der drei aufeinanderfolgenden Datenströme systematische Abweichungen größeren statistischen Ausmaßes beobachtet werden, können Korrelationen der Ergebnisse mit der Intention des Teilnehmers behauptet werden. Daher kann irgendein Artefakt in der Vorrichtung oder in der Umgebung die Resultate über große Datenmengen hinweg nur dann beeinflussen, wenn es selbst irgendwie mit der Intention des Teilnehmers zusammenhängt.

Eine wichtige strategische Option bei diesem Vorgehen ist die Anzahl der Intervalle, die während der Erhebung und der Verarbeitung der Daten zu Blöcken zusammengefaßt werden. Die Größe der Blöcke ist im wesentlichen ein Kompromiß zwischen klaren Datentrends einerseits und der Ausdauer und Aufmerksamkeit der Teilnehmer andererseits. Aufgrund der Erfahrung mit diesen letzten beiden Faktoren sind drei Stufen der Datensammlung üblich. Das kleinste Datenensemble wird ein *Durchgang (Run)* genannt; er entspricht der Anzahl von Intervallen, die durch eine einzige anhaltende

Anstrengung eines Teilnehmers aneinandergereiht werden, ohne eine Pause zur Datenaufzeichnung oder eine andere Unterbrechung der Aufmerksamkeit. Ein Großteil der Daten unseres Zufallsgenerators ist in Durchgängen zu je 50 Intervallen ermittelt worden, obschon ein beträchtlicher Teil davon in Durchgängen zu je 1000 Intervallen erzielt wurde. Wenn die Länge eines Durchgangs einmal festgelegt ist, bleibt sie während des Experiments konstant. Eine zweite, flexiblere Gruppierung von Intervallen ist eine sogenannte *Sitzung*. Sie besteht aus allen Durchgängen, die der Teilnehmer während eines bestimmten Zeitraums vor dem Gerät absolviert. Die Wahl der Länge einer Sitzung bleibt weitgehend dem Teilnehmer überlassen, jedoch müssen, abhängig von den jeweiligen sekundären Parametern, bestimmte minimale Anforderungen an die Datenblöcke erfüllt werden, damit mögliche Hemmungseffekte durch Verfälschung der Daten ausgeschlossen werden.

Die größte und wichtigste Einheit der Datenverkettung ist die *Serie*. Sie besteht gewöhnlich aus 2500 oder 5000 Intervallen in Blöcken zu je 50 oder 100 Durchgängen oder aus 3000 Intervallen in Blöcken zu je 3 Durchgängen, unter jeder der drei Intentionen: PK^+, PK^- und PK^0 (Null-Intention). Die Länge der Serie wird stets zu Beginn eines Experiments festgelegt. Die Teilnehmer benötigen normalerweise zwei bis sechs Wochen, um eine Serie mit allen Intentionen zu erarbeiten, wenn es auch einige an nur einem Tag schafften, andere dafür ein ganzes Jahr brauchten. Obwohl das Erarbeiten einer ganzen Serie dem Teilnehmer eine größere Verpflichtung auferlegt, kamen wir zu der Überzeugung, daß die Serie die kleinstmögliche Datenbasis ist, aus deren statistischen Variationen aussagekräftige systematische Trends zuverlässig abgeleitet werden können; daher bauen unsere statistischen Urteile auf der Serie auf.

Außer der primären Variablen der Teilnehmerintention bieten sich eine Anzahl sekundärer Parameter für eine systematische experimentelle Überprüfung an. Die technischen Einstellungen, die das Gerät für die Sample-Raten und -Größen oder für die Zählung nur positiver oder nur negativer Bits bereithält, könnten durchaus psychische Auswirkungen auf die Ausführung der primären Aufgabe durch den Teilnehmer haben oder noch fundamentalere Bedeutung für das Wesen der anomalen Wechselwirkung selbst aufweisen; sie sollten uns daher einen intensiven Blick wert sein. Unter Umständen noch aufschlußreicher könnten Unterschiede in der Leistung des Teilnehmers sein, wenn ihm freigestellt ist, die Richtung seiner Intention selbst zu wählen – verglichen damit, daß die Richtung durch eine andere Person oder den Zufall bestimmt wird. Um

diesen Zusammenhang zu klären, werden zwei Versionen der Versuchsvorschrift angewandt. Beim *selbstbestimmten* Modus wählt der Teilnehmer zuvor, wie seine PK^+-, PK^-- und Null-Intention-Durchgänge aufeinander folgen sollen, wobei ihm nur die Einschränkung aufgegeben ist, daß in jedem Modus mindestens fünf aufeinanderfolgende Durchgänge auszuführen sind. Die jeweiligen Intentionen werden natürlich anfangs in der Datenbasis vermerkt. Beim *instruierten* Modus aktiviert der Teilnehmer vor jedem Durchgang im Zufallsgenerator ein zusätzliches Zufallskriterium, das die Richtung angibt, die er dann befolgen soll; und diese wird automatisch aufgezeichnet. (Daher kann es bei diesem Modus vorkommen, daß die jeweilige Anzahl der mit den einzelnen Intentionen ausgeführten Durchgänge in einer bestimmten Serie differiert.)
In ähnlicher Weise ist eine Teilvorschrift erstellt worden, nach der der Einfluß des Teilnehmers zu ermitteln ist, wenn er die Anfangszeit jedes Intervalls bestimmt. Im *manuellen* Modus startet der Teilnehmer jedes Intervall, wenn ihm danach ist. Im *automatischen* Modus leitet er das erste Intervall nach Belieben ein, und die restlichen Intervalle in diesem Durchgang folgen automatisch nach gleichen Zeitabständen.
In Tabelle 11.1 ist die Hierarchie der experimentellen Optionen und Vorschriften zusammengestellt, die für diese Experimente mit dem mikroelektronischen Zufallsgenerator gelten.

Tabelle 11.1: experimentelle Optionen des Zufallsgenerators

experimentelle Einheiten	
Intervall	kleinste experimentelle Einheit, besteht aus 20, 100, 200, 1000 oder 2000 Bits
Durchgang	besteht aus 50, 100 oder 1000 Intervallen, während denen die Intention des Teilnehmers gleich bleibt
Sitzung	besteht aus mehreren Durchgängen, evtl. mit verschiedenen Intentionen
Serie	besteht aus 2500, 3000 oder 5000 Intervallen pro Intention und wird als Datenblock für die statistische Auswertung verwendet
primäre Variable	
	Intention des Teilnehmers (PK^+, PK^-, PK^0)
sekundäre Parameter	
	instruierter/selbstbestimmter Modus; Zuweisung der Intention
	automatische/manuelle Abfolge der Intervalle
	Bits pro Intervall (20, 100, 200, 1000, 2000)
	Sample-Rate (10, 100, 1000, 10000 Bits pro Sekunde)
	Zählmodus (+, –, +/–)

Bei einem Experiment wählt der Teilnehmer zuerst die Optionen aus der Tabelle aus, vermerkt seine Auswahl im Logbuch, speichert sie im Computer und stellt danach Zufallsgenerator und Computer entsprechend ein. Wenn das Experiment nach dem selbstbestimmten Modus durchgeführt werden soll, legt er die Richtung seiner Intention fest und vermerkt sie. Beim instruierten Modus aktiviert er das Zufalls-Instruktionsprogramm und bestätigt dessen Resultat. Dann startet er, gut zwei Meter vom Gerät entfernt sitzend, mit der Fernbedienung die Operation und bemüht sich, die Datenausgabe durch die zuvor festgelegte Intention zu beeinflussen, wobei er die ihm am günstigsten erscheinende Strategie wählt. Es werden entsprechend viele Baseline-Durchgänge kombiniert, um die Anzahl der PK-Intervalle auszugleichen.

Das Experiment findet in einem Raum mit angenehmer Atmosphäre, mit getäfelten Wänden, Teppichen und bequemem Mobiliar statt. Das Licht kann variabel eingestellt werden, es gibt Hintergrundmusik, Kleinigkeiten zum Verzehr stehen bereit. Die Labormitarbeiter halten sich während der Versuche möglichst im Hintergrund, stehen aber den Teilnehmern zur Verfügung, um Ziele, Ausrüstung und Vorschrift der Experimente vor oder nach der Sitzung so detailliert wie gewünscht zu besprechen. Das Personal verhält sich freundlich und professionell; es ist offen für alle erzielten Ergebnisse, auch wenn solche ausbleiben. Das ermutigt die Teilnehmer, die Aufgabenstellung spielerisch anzugehen und nicht zwanghaft Ergebnisse zu produzieren. Die Computersoftware zum Spezifizieren, Initiieren und Aufnehmen der Experimentdurchgänge ist benutzerfreundlich, so daß die Teilnehmer so wenig wie möglich mit analytischen Aufgaben belastet werden.

Die Teilnehmer werden darin bestärkt, die Experimente durchzuführen, wann immer sie dazu aufgelegt sind oder wenn sie die Korrelation ihrer Leistung mit bestimmten Haltungen oder emotionalen Zuständen herausfinden wollen. Die Länge einer Sitzung ist, wie gesagt, ganz dem Teilnehmer überlassen und kann sehr unterschiedlich ausfallen. Beim automatischen Modus mit einer Zählrate von 1000 Bits pro Sekunde können die meisten Teilnehmer eine gesamte Sitzung mit 500 Intervallen in weniger als einer Stunde abschließen. Experimente mit geringeren Zählraten, höheren Intervallgrößen, größeren Durchgangslängen oder mit manueller Durchführung dauern entsprechend länger.

Die quantitative Auswertung experimenteller Daten, die auf solche Weise erzeugt wurden, muß mit der qualitativen Beschaffenheit der Resultate konsistent sein. Die zuverlässigsten Indikatoren des statistischen Charakters der Daten sind die Verteilungen der Intervallergebnisse ganzer experimenteller Serien. Wenn diese Verteilungen jenen der Kalibrierungen und der theoretischen Berechnungen stark ähneln, dann können bei ihrer Analyse sehr einfache statistische Indikatoren angewandt werden. Wenn die Verteilungskurve aber größere Verzerrungen aufweist, ist eine gründlichere Untersuchung nötig. Die Kurven in Abbildung 11.3a und 11.3b zeigen Verteilungen von Intervallergebnissen für eine Sequenz von 5000 PK^0-, PK^+- und PK^--Versuchen eines bestimmten Teilnehmers; zum Vergleich sind jeweils die theoretischen Gaußschen Kurven eingezeichnet. In jedem Fall blieb der Charakter der Gaußschen Verteilung erhalten, wobei die Varianz und höhere Werte von den theoretischen Werten statistisch nicht unterscheidbar waren. Während aber der Mittelwert der Baseline-Daten mit der Zufallserwartung gut übereinstimmt, zeigen die PK^+- und PK^--Daten geringe, jedoch gegenüber der theoretischen Vorhersage merkliche Verschiebungen der Mittelwerte in die beabsichtigten Richtungen. Abbildung 11.3c zeigt für dieselben PK^+- und PK^--Daten analytische Anpassungen an die Gaußschen Kurven, woraus das Ausmaß dieser anomalen Mittelwertverschiebungen deutlicher hervorgeht. So klein diese auch erscheinen mögen, ist die Wahrscheinlichkeit für ihr rein zufälliges Auftreten angesichts der Datenbasis extrem gering.

Weil die Kalibrierungsdaten mit den theoretischen Gaußschen Kurven so präzise übereinstimmen und weil die experimentellen Verteilungen für die PK^+-, PK^-- bzw. Null-Intentionen ebenfalls (leicht verschobenen) Gaußschen Kurven entsprechen, kann mit einfachsten statistischen Methoden die Signifikanz festgelegt werden, die die beobachteten Mittelwertverschiebungen dieser Intervallergebnis-Verteilungen aufweisen. Das ist ein Glücksfall, denn angesichts der Implikationen der betreffenden Phänomene sollte sich ein systematisches anomales Verhalten stets eindeutig vom immanenten Zufallsrauschen des Hintergrunds abheben – ein »robuster Effekt«, wie der Statistiker sagt –, und zwar so deutlich, daß es nicht von zu komplizierten statistischen Operationen abhängt. Zum Beispiel könnten wir jetzt das in Kapitel 8 erwähnte »*z*-Wert«-Kriterium anwenden, wozu wir die Anzahl der theoretischen Standardabweichungen σ berechnen, um die die Mittelwerte jeder experimentellen Intervallergebnis-Verteilung von der theoretischen Erwartung μ für den Mittelwert abweicht. Der erhaltene Wert wird entsprechend modifiziert, und zwar durch die Quadratwurzel aus der Anzahl n der Intervalle, die die Verteilung bilden:

$$z = \sqrt{n}\,\frac{m-\mu}{\sigma}$$

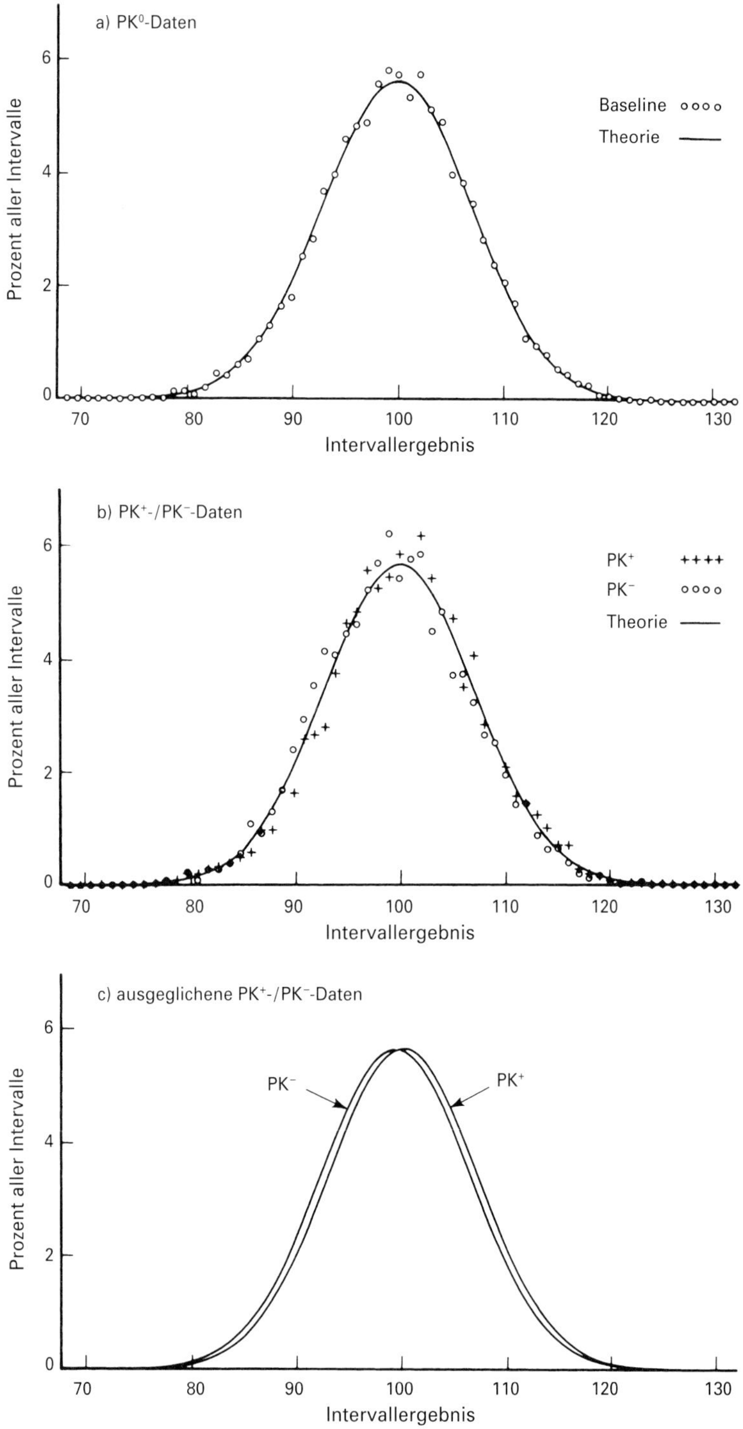

Abb. 11.3: Zählungsverteilung am Zufallsgenerator. Teilnehmer 10, erste 5000 Intervalle: PK^0, PK^+ und PK^-

Die statistische Signifikanz dieser Mittelwertverschiebung kann dann aus tabellierten Werten der entsprechenden Wahrscheinlichkeitsintegrale abgeleitet werden. Für die in Abbildung 11.3 dargestellten mittleren Intervallergebnisse für PK^+, PK^- und die Null-Intention sind die korrespondierenden z-Werte und Wahrscheinlichkeiten p_z ihres zufälligen Auftretens in Tabelle 11.2 aufgeführt, zusammen mit der jeweiligen Anzahl der Intervalle und ihrer Zählungen in den beabsichtigten Richtungen. In diesem Fall weichen die über alles errechneten Mittelwerte der PK^+- und der PK^--Daten vom theoretischen Mittelwert weitaus stärker ab, als man es nach dem reinen Zufall bei einer Datenbasis dieser Größe erwarten würde. Dagegen ergeben die Daten, die mit der Null-Intention – also gemäß der Baseline – erzielt wurden, einen Mittelwert, der gut mit der Zufallserwartung übereinstimmt, genauso wie die nicht überwachten Kalibrierungsdaten. Besonders interessant ist die gesamte Abweichung der Mittelwerte der PK^+- und der PK^--Daten voneinander (ΔPK). Daß diese Abweichung rein zufällig erzielt wurde, bewegt sich in der Wahrscheinlichkeit von weniger als eins zu einer Million.

Tabelle 11.2: Zufallsgenerator-Daten der Abbildung 11.3. Teilnehmer 10, erste 5000 Intervalle: PK^0, PK^+ und PK^-

Intention	Anzahl der Intervalle	Mittelwert	Standard-abweichung	z-Werte	Wahrschein-lichkeit	Verhältnis* von +/–
PK^0	5000	99,898	7,053	–1,020	0,154	2327/2386
PK^+	5000	100,279	7,043	2,790	0,003	2453/2257
PK^-	5000	99,571	7,036	–4,290	9×10^{-6}	2231/2500
ΔPK**	10000			5,006	3×10^{-7}	

* Anzahl der Versuche mit Zählungen größer als der Zufallsmittelwert im Verhältnis zur Anzahl kleiner als der Zufallsmittelwert. ** ΔPK bezieht sich auf PK^+ und PK^-.

Bei diesen speziellen Daten aus dem Experiment scheint es, als habe der Teilnehmer die 0,50/0,50-Wahrscheinlichkeit des Auftretens grundlegender Binäreinheiten sehr wenig, aber dennoch äußerst signifikant geändert, und zwar in Übereinstimmung mit seinen vorgefaßten Intentionen. Vor allem die Verschiebung der PK^+-Daten nimmt die Größenordnung 0,501/0,499 an, was der Umkehrung von ungefähr 2 pro 1000 Bits gegenüber der Zufallserwartung bei der sehr großen Anzahl verarbeiteter Bits entspräche. Die PK^--Verschiebung ist etwa doppelt so groß.

Daraus folgt eine Reihe von Fragen:

1) Mit welcher Gleichmäßigkeit kann dieser Teilnehmer seine Leistung wiederholen?
2) Wie gleichförmig ist die Verschiebung innerhalb einer ganzen experimentellen Serie?

3) Können andere Teilnehmer vergleichbare Resultate erzielen?
4) In welchem Ausmaß hängen die Resultate von den verschiedenen Ausführungsparametern ab?
5) In welchem Ausmaß hängen die Resultate von der jeweiligen Rauschquelle oder vom Logikschaltkreis ab?
6) Wie verstärken oder widersprechen kombinierte Bemühungen mehrerer Teilnehmer einander?
7) In welchem Ausmaß hängen die Resultate davon ab, wie weit der Teilnehmer vom Gerät entfernt ist?
8) In welchem Ausmaß hängen die Resultate von psychischen oder physiologischen Merkmalen des Teilnehmers ab?

Solche Fragen haben den Ablauf unseres experimentellen Programms auf diesem Gebiet weitgehend bestimmt. Einigen Fragen sind wir so intensiv nachgegangen, daß inzwischen Antworten gegeben werden können, die von den Daten gestützt werden; andere Fragen werden derzeit noch untersucht oder wurden noch nicht in Angriff genommen.

12. Die »Signatur« des Teilnehmers

Eine weitere Möglichkeit, die Daten anschaulicher darzustellen, ist die Auftragung der »kumulierten Abweichungen«, wie sie in Kapitel 8 beschrieben wurde. Die Kurve zeigt die mit steigender Anzahl der Intervalle nach und nach wachsende Abweichung der Binärzählungen von der theoretischen Erwartung in den positiven beziehungsweise negativen Bereich. In Abbildung 12.1 ist eine solche Grafik für die PK^+-, PK^-- und Null-Intention-Daten (PK^0) dargestellt, die der Abbildung 11.3 und der Tabelle 11.2 zugrunde liegen. In diesem Diagramm weisen alle drei experimentellen Kurven die stochastischen Variationen auf, die man bei dieser Art von Zufallsprozeß erwartet; doch während sich die Baseline (PK^0) eng an der theoretisch zu erwartenden Kurve entlangschlängelt, zeigen die PK^+- und die PK^--Daten mit zunehmender Intervallanzahl wachsende systematische Abweichungen vom Zufallsmittelwert. In Abbildung 12.1 entsprechen die gepunkteten Kurven den Kriterien einer fünfprozentigen Wahrscheinlichkeit als Funktion der Intervallanzahl, wogegen die Skala an der rechten Achse einem vollständigeren Bereich der bei zufälligen Vorgängen zu erwartenden Endwahrscheinlichkeiten entspricht. In Übereinstimmung mit Tabelle 11.2 erreichen die PK^+- und die PK^--Daten kumulierte Abweichun-

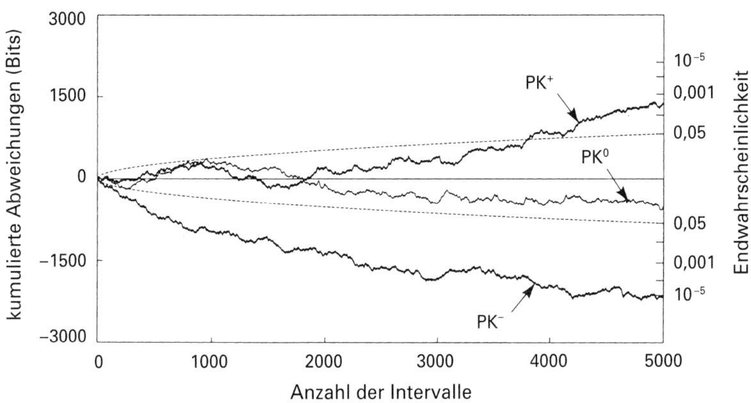

Abb. 12.1: mit dem Zufallsgenerator erzeugte kumulierte Abweichungen, Teilnehmer 10, erste 5000 Intervalle: PK^0, PK^+ und PK^-

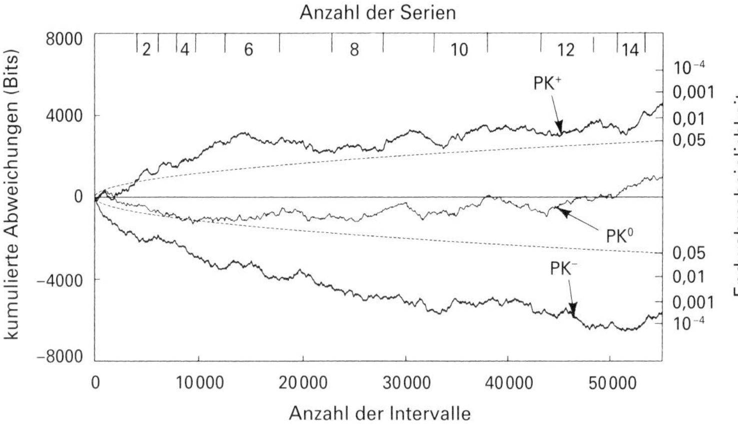

Abb. 12.2: mit dem Zufallsgenerator erzeugte kumulierte Abweichungen, Teilnehmer 10, alle Daten

gen, die bei ähnlichen Experimenten rein zufällig mit einer Wahrscheinlichkeit von unter eins zu einer Million auftreten würden.
Aus dieser Auftragung der kumulierten Abweichungen ersieht man auch die auffallende Konstanz der Leistung dieses Teilnehmers im Verlauf aller dieser Intervalle. Offensichtlich wurden die Gesamtresultate nicht durch eine kurze Aufeinanderfolge außergewöhnlich großer Anomalien erzielt, sondern durch relativ beständige geringe Verschiebungen der Ausgangswerte von PK^+ und PK^-, welche sich im Kurvenverlauf einem einfachen linearen Anstieg gut annähern. Zu beachten ist auch das leichte Ungleichgewicht zugunsten der PK^--Werte, was eine wesentlich geringere theoretische Wahrscheinlichkeit dieses Endergebnisses bedeutet.
Unsere Frage nach einer Reproduzierbarkeit des erreichten Ergebnisses können wir jetzt neu stellen, indem wir solche Kurven der kumulierten Abweichungen aneinanderfügen, und zwar für eine Abfolge experimenteller Serien, die von diesem Teilnehmer über lange Zeiträume ausgeführt wurden. Abbildung 12.2 zeigt die Daten dieses Teilnehmers für alle 15 vergleichbaren Serien, die innerhalb von sechs Jahren durchgeführt wurden. In Anbetracht des immanenten statistischen Rauschens im Zusammenhang mit diesen Daten ist es offensichtlich, daß der Gesamtcharakter der Leistungen dieses Teilnehmers sowohl von Serie zu Serie als auch innerhalb jeder Serie normalerweise erhalten bleibt, trotz der immensen Variationsbreite der psychischen und äußeren Bedingungen über einen so langen Zeitraum und eine so ungeheuer große Datenbasis hinweg.
Freilich muß auch ermittelt werden, ob andere Teilnehmer vergleichbare Effekte erzielen können und, wenn ja, wie konsistent und mit welchen individuellen Merkmalen. Zur Zeit der Abfassung

dieses Buches hatten 47 Teilnehmer 290 vollständige Serien mit dem Zufallsgenerator erzeugt, wobei insgesamt über 2,5 Millionen Intervalle, gleichbedeutend mit rund 670 Millionen Bits, verarbeitet wurden. Im allgemeinen ergab sich, daß die Kurven der kumulierten Abweichungen bei den meisten Teilnehmern eine für den jeweiligen Teilnehmer charakteristische Form annahmen, die über viele aufeinanderfolgende Serien hinweg relativ gleich blieben. Deshalb nennen wir solche Kurven die »Signatur« des Teilnehmers. Vier typische Beispiele solcher Teilnehmersignaturen sind in Abbildung 12.3 wiedergegeben; sie zeigen: Einige Teilnehmer – wie in unserem ersten Beispiel (a) – erreichten Korrelationen von Resultaten in beiden Richtungen der Intention; andere hatten mit ihren Bemühungen nur bezüglich einer Richtung Erfolg, während ihre Bemühung in entgegengesetzter Richtung zu Ergebnissen führte, die im Bereich der Zufallserwartung lagen; wieder andere schafften in keiner Richtung Ergebnisse, die sich von der Zufallserwartung unterschieden; und einige Teilnehmer erzielten eine Verschiebung der Ergebnisse in eine Richtung, die derjenigen ihrer Intention zuwiderlief, und zwar bei PK^-- und/oder PK^+-Anstrengungen. Das erreichbare Ausmaß der Reproduzierbarkeit ist in Abbildung 12.4 dargestellt. Die ersten drei Diagramme (a–c) zeigen die Resultate von drei separaten Serien eines Teilnehmers, die innerhalb von zwei Jahren zustande kamen; im vierten Diagramm (d) ist die gesamte Datenbasis berücksichtigt.
Zur einfacheren Darstellung der Sachverhalte wenden wir uns nun der größten Teilmenge von Daten zu, für die die technischen Parameter, Intervallgröße und Durchgangslänge, konstant gehalten wurden: 200 Bits pro Intervall und 50 Intervalle pro Durchgang. Enthalten sind die Bemühungen von 33 Teilnehmern, die 87 Serien erarbeiteten, also insgesamt über 250000 Intervalle pro Intention oder ungefähr 155 Millionen Bits. Die Resultate dieser Daten sind in Tabelle A (Anhang) zusammengefaßt. Bevor man sich an die Interpretation macht, sollte man berücksichtigen, daß bei jedem willkürlichen Kriterium für statistische Signifikanz eine bestimmte Anzahl von Resultaten zu erwarten ist, die dieses Kriterium rein zufällig überschreiten werden. Zum Beispiel ist zu erwarten, daß 5 Prozent der 87 Serien (also ungefähr 4) das 0,05-Kriterium für jede Richtung der Intention überschreiten und sich zwischen den PK^+- und den PK^--Resultaten eine ähnliche Abweichung ergibt. Tatsächlich erzielte diese Gruppe von Teilnehmern 10 signifikante Serien für PK^+, 8 für PK^- und keine für die Null-Intention.
Nach dem ΔPK-Kriterium überschritten 10 Serien die Zufallserwartung. Eine nähere Überprüfung der Datenbasen der einzelnen Teil-

Abb. 12.3, a–d: mit dem Zufallsgenerator erzeugte kumulierte Abweichungen, die »Signaturen« von vier Teilnehmern

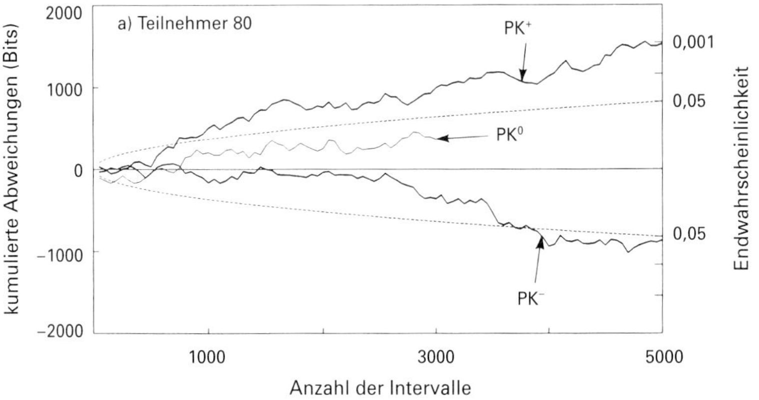

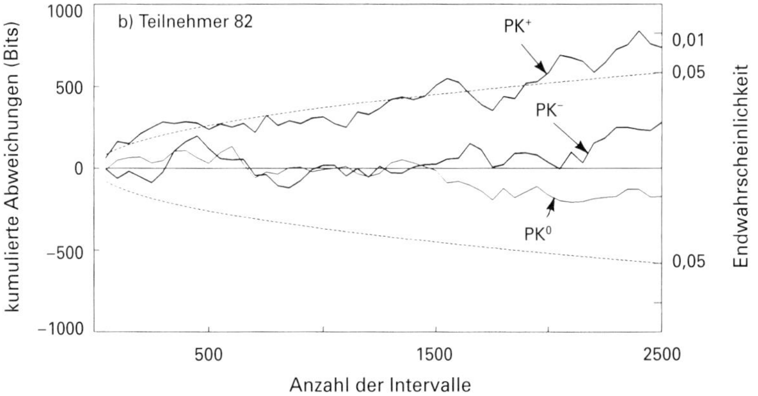

nehmer ergibt, daß 3 der 33 eine signifikante Gesamt-PK$^+$-Leistung erzielten, 3 eine signifikante Gesamt-PK$^-$-Leistung, 5 eine signifikante ΔPK-Leistung; nach dem Zufall waren lediglich für 1 oder 2 Teilnehmer signifikante Ergebnisse zu erwarten. Nach einem hiervon etwas abweichenden Kriterium – der Anzahl der Serien, deren Resultate in einem bestimmten Grad mit der Intention korrelierten – waren in jeder Richtung der Intention oder bei ΔPK nach dem Zufall 50 Prozent (bzw. 43,5) zu erwarten gewesen. Wie aus Tabelle A im Anhang hervorgeht, stimmten mit den Intentionen der Teilnehmer überein: 61 Prozent oder 53 der PK$^+$-Serien, 64 Prozent (56) der PK$^-$-Serien und 64 Prozent (56) der ΔPK-Abweichungen. Alle diese Resultate stehen daher für statistische Anomalien, die näher zu überprüfen sind. (Eine vollständige tabellarische und grafische Zusammenstellung der Leistungen aller einzelnen Teilnehmer sowie eine gründlichere statistische Analyse finden sich in einem technischen Bericht.[53])

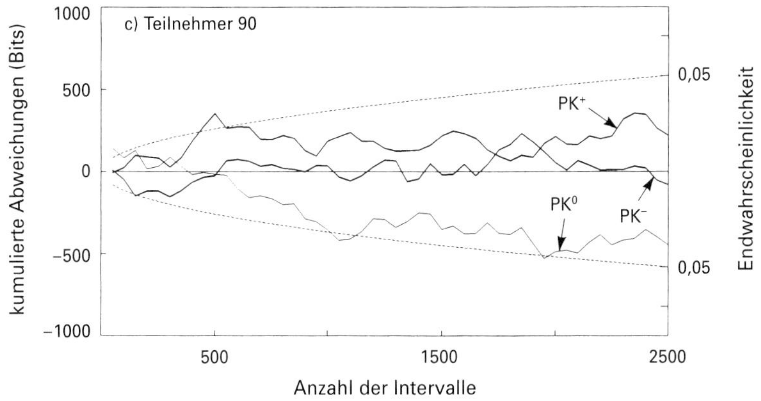

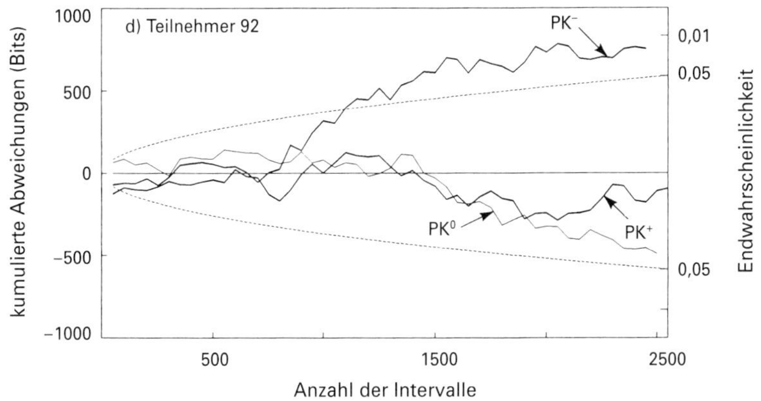

Trotz der großen Unterschiede in den Teilnehmerleistungen und eingedenk der Tatsache, daß die Mehrheit dieser Gruppe keine im einzelnen signifikanten Resultate lieferte, zeigt eine Kombination der kumulierten Abweichungen (Abbildung 12.5a) aussagekräftige Merkmale eigener Art. Abgesehen von gelegentlichen Umkehrungen und flachen Bereichen, die auf die weniger erfolgreichen Bemühungen zurückgehen, akkumulieren sich die Verschiebungen des aus allen Daten berechneten Mittelwerts für die PK$^+$- und die PK$^-$-Intentionen dennoch auf signifikante Weise gegenüber den Zufallserwartungen, während die Baseline sich dicht am theoretischen Mittelwert hält. Abbildung 12.5b gibt eine ähnliche kombinierte Kurve für alle diese Teilnehmer wieder, wobei nur die ersten 2500 Intervalle mit den drei Intentionen eines jeden Teilnehmers herangezogen wurden, um eine gleichmäßig gewichtete Kombination ihrer individuellen Bemühungen zu erhalten.

Diese Hinweise auf teilnehmerspezifische kumulierte Abweichungs-

Abb. 12.4, a–d: Signaturen des Teilnehmers 16 am Zufallsgenerator: drei Serien und kombinierte Daten

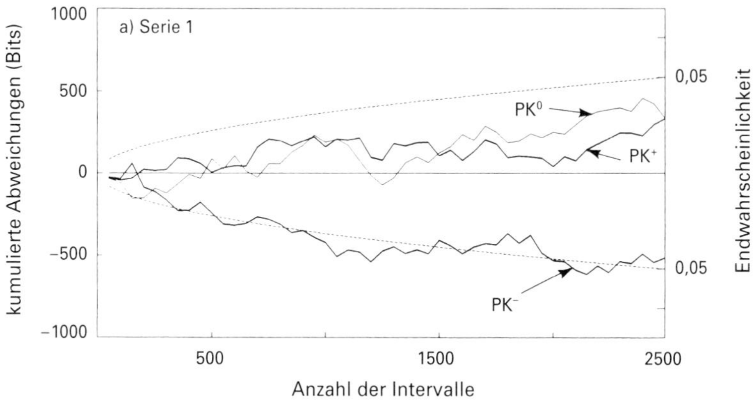

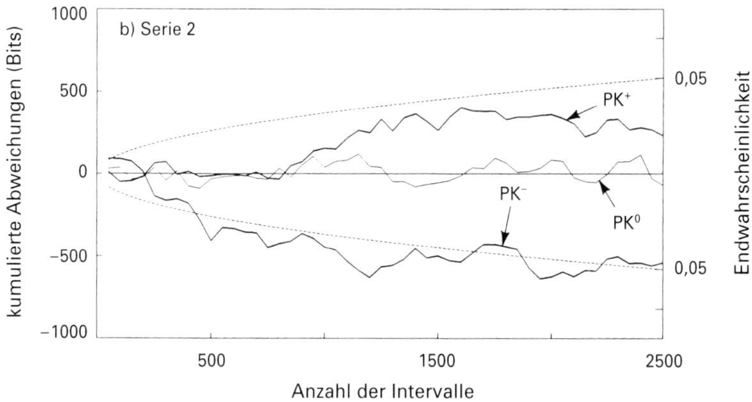

signaturen führen entsprechend unseres stufenweisen Vorgehens zur nächsten Frage: Wie steht es um die Empfindlichkeit der individuellen Teilnehmerleistung gegenüber verschiedenen Parametern des Ablaufs des Experiments, zum Beispiel die selbstbestimmten und die instruierten Optionen sowie die Option automatisch versus manuell? Man hätte hoffen können, daß wegen der Beschränktheit der experimentellen Matrix und der Einfachheit der theoretischen Modelle derlei sekundäre Variablen die Resultate nicht stark prägen würden oder ihr Einfluß wenigstens für alle gleich wäre. Leider ist das nicht der Fall; vielmehr scheint die Bedeutung solcher Aspekte von Teilnehmer zu Teilnehmer deutlich zu variieren.

Betrachten wir einmal die Empfindlichkeit gegenüber der Option selbstbestimmt/instruiert. Die Diagramme (a) und (b) der Abbildung 12.6 vergleichen die Signatur eines bestimmten Teilnehmers, der im instruierten Modus arbeitet, sich also die Richtung der Intention durch einen Zufallsprozeß vorgeben läßt, mit einer vergleichbaren

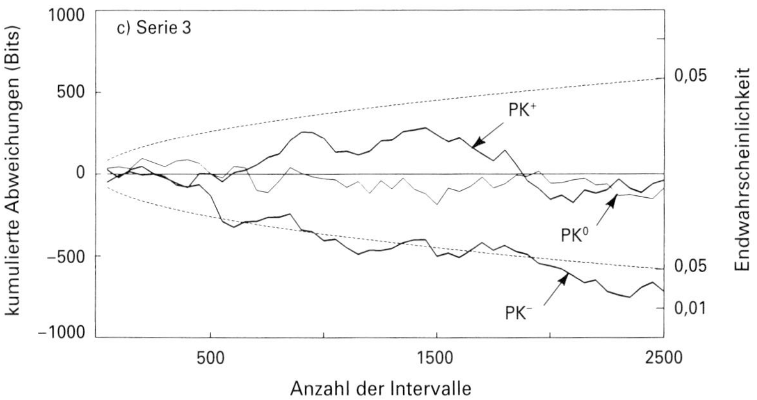

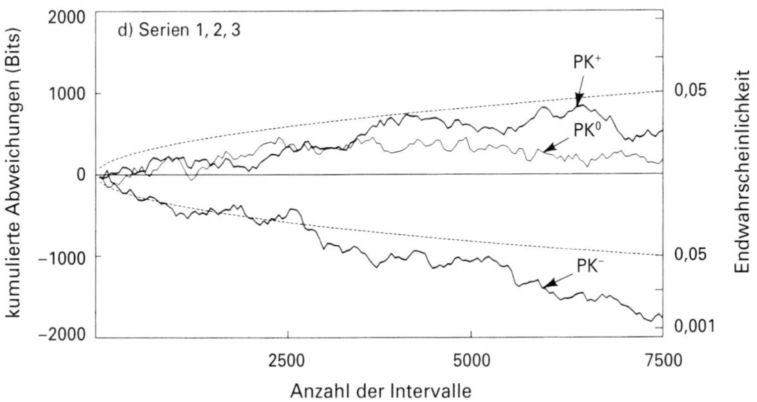

Datenmenge, die im selbstbestimmten Modus erhoben wurde, wobei für jeden Block zu je fünf Durchgängen die Richtung der Intention frei zu wählen war. Beim instruierten Modus (a) zeigt dieser Teilnehmer ein konsistentes Muster von »Psi-Missing« (Verfehlen von Psi), denn die Leistung erreicht genau das Gegenteil der Intention. Beim selbstbestimmten Modus (b) ist seine Leistung jedoch in beiden Richtungen stark mit der Intention verknüpft, was zu einer sehr deutlichen Aufspaltung der Endergebnisse führt. Nicht uninteressant ist, daß das Ausmaß der Leistung und die allgemeinen Muster der zwei Signaturen nahezu antisymmetrisch sind, so daß aus den kombinierten Gesamtdaten (Abb. 12.6c) offensichtlich kein Effekt resultiert.

Abbildung 12.7 zeigt einen ähnlich starken Unterschied in der Leistung eines anderen Teilnehmers, der erst im manuellen Modus (b) arbeitet, bei dem der Startschalter betätigt werden muß, um jedes Intervall zu beginnen, und dann im automatischen Modus (a), bei

Abb. 12.5, a und b: kombinierte kumulierte Abweichungen, alle Teilnehmer

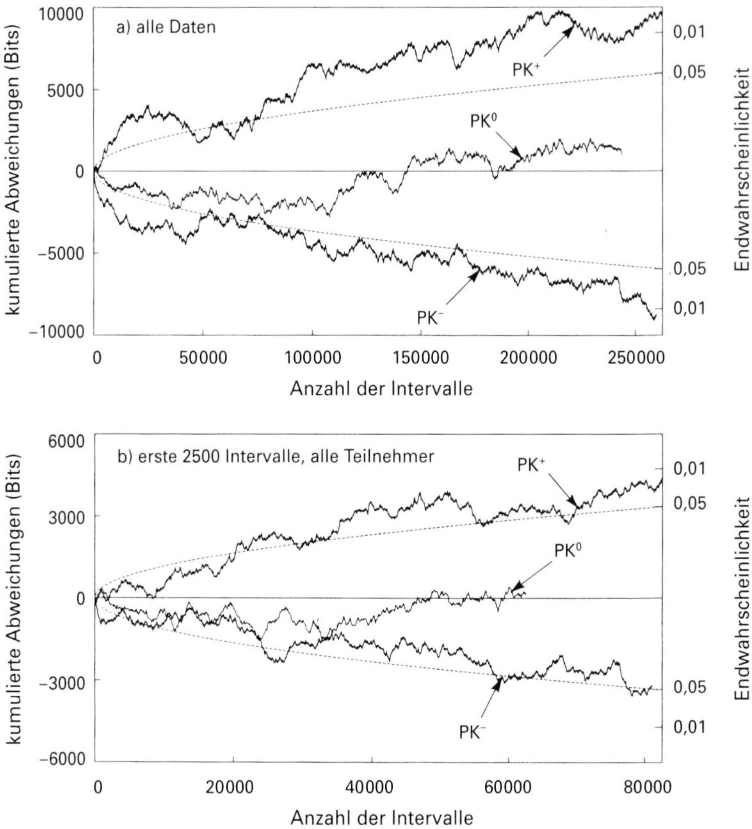

dem auf Knopfdruck eine zeitlich regelmäßige Abfolge von 50 Intervallen beginnt.

Bei der Interpretation dieser beiden Beispiele könnte man annehmen, daß sich etwas in der Psyche des Teilnehmers gegen die herrschenden Einschränkungen sperrt, besonders gegen die festgelegte Richtung der Intention oder die unerbittliche Präsentation neuer Intervalle bei der automatischen Abfolge. Bei anderen Teilnehmern werden jedoch gegensätzliche Muster beobachtet: eine starke Abhängigkeit vom instruierten oder automatischen Modus, das Fehlen einer Korrelation im selbstbestimmten oder manuellen Modus. Daher könnte man versucht sein zu folgern, daß jene Teilnehmer die Richtung oder den Zeitpunkt eines jeden Intervallbeginns nicht selbst wählen wollten. Außer diesen Verschiedenheiten gibt es noch Belege dafür, daß solche Optionen anscheinend kaum einen Effekt auf die Signaturen der Teilnehmerleistungen haben. Dies trifft für den Teilnehmer zu, dessen Resultate in den Abbildungen 12.1 und 12.2 dargestellt sind. Insgesamt scheint es, als sei der Einfluß dieser Parameter auf die Leistung des Teilnehmers weder qualitativ noch quantitativ gleichförmig. Bei manchen Teilnehmern sind diese Parameter irrelevant; bei anderen haben sie Folgen, aber in verschiedener Weise und in unterschiedlicher Ausprägung.

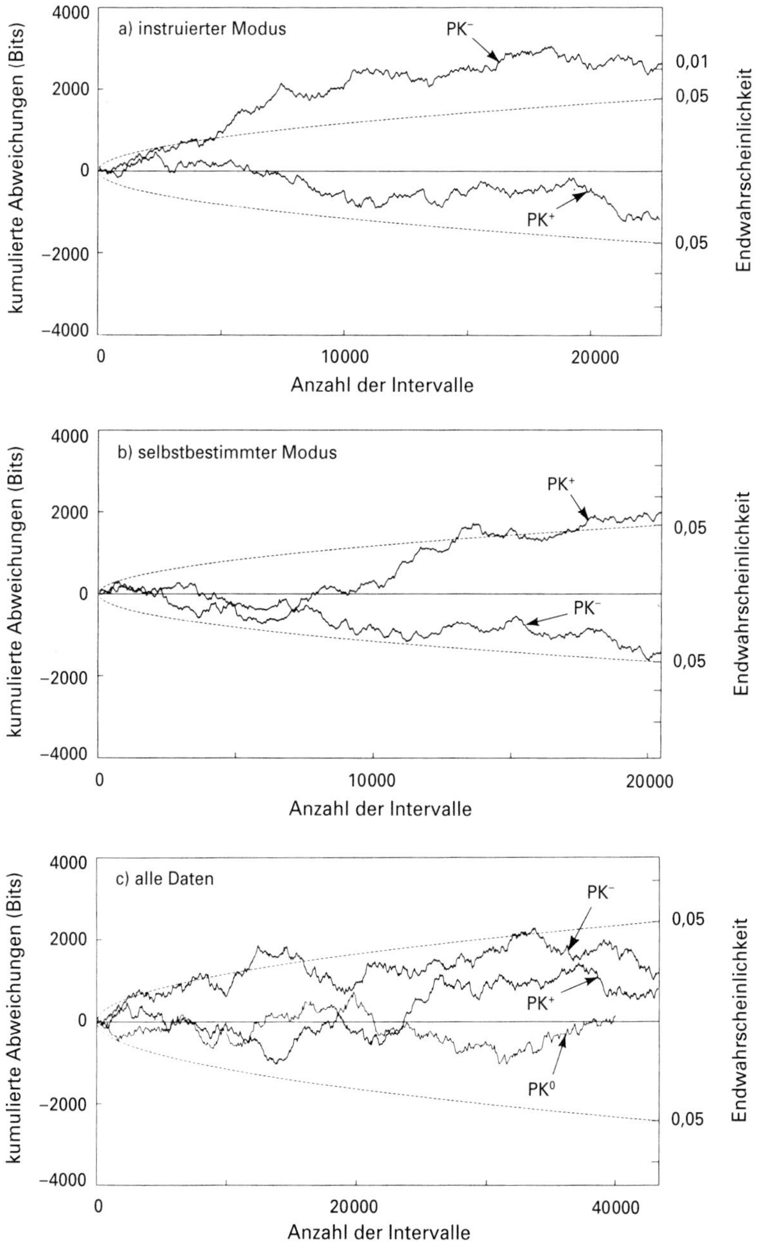

Abb. 12.6, a–c: Signatur der Zufallsgenerator-Empfindlichkeit gegenüber der selbstbestimmten bzw. instruierten Option, Teilnehmer 55

Abb. 12.7, a–c:
Signatur der Zufallsgenerator-Empfindlichkeit gegenüber der automatischen bzw. manuellen Option, Teilnehmer 14

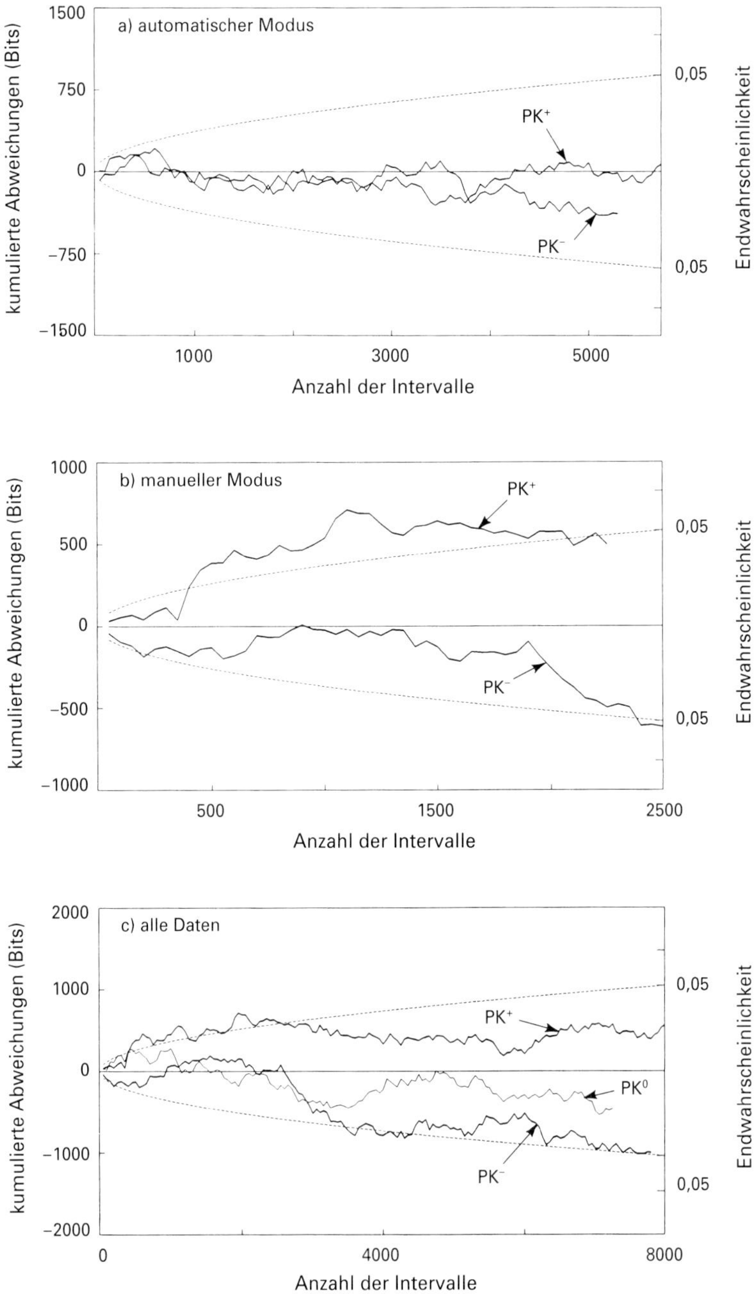

Ein ähnliches Muster einer individuellen Abhängigkeit scheint bei technischen Parametern vorzuherrschen, beispielsweise bei der Anzahl von Bits je Intervall, der Sample-Rate oder der Anzahl von Intervallen je Durchgang. Obwohl die vielfältigen Optionen für jede von diesen eine vollständige Übersicht über alle möglichen Permutationen ausschließen, ergeben ausgewählte Untersuchungen durch einige unserer Teilnehmer wieder einmal, daß irgendein vorgegebener Parameter eine individuelle Signatur gleichbleibend beeinflussen kann oder nicht. Es konnte kein allgemeines Muster für alle gefunden werden.

Einerseits erschwert dieses Fehlen einer allgemeinen Beziehung der technischen Parameter zu den beobachteten Anomalien erheblich die feinere Ausgestaltung der Experimente und die Suche nach einer umfassenden Erklärung, andererseits aber erhöht das demonstrierte Spezifische des Einflusses dieser Parameter auf die individuelle Teilnehmerleistung die Glaubwürdigkeit der Phänomene und eröffnet faszinierende Möglichkeiten hinsichtlich ihrer elementaren Beziehung mit einigen psychischen oder physiologischen Charakteristika des Teilnehmers. In gewissem Sinne können die individuellen Teilnehmersignaturen und ihre Abhängigkeit von solchen Parametern eine Art komplexen und subtilen parapsychologischen Rorschach-Test ermöglichen, der Merkmale des Teilnehmerbewußtseins enthüllen kann, die anders nicht zugänglich sind.

13. Eine »gute« Baseline als Ziel

Bei oberflächlicher Betrachtung könnte man erwarten, daß die von den Teilnehmern erzeugten Baseline-Daten, bei denen also keine Intention vorliegt, einfach die Kalibrierungsdaten reproduzieren, die so gut mit den theoretischen Verteilungen der Zählung übereinstimmen. Und wirklich bleiben bei diesem Experiment die Mittelwerte aller Daten der Null-Intention-Kurven-Serien ausnahmslos innerhalb der Zufallserwartung. Doch sogar hier kann eine etwas subtilere, aber fast ebenso ansprechende Anomalie beobachtet werden: Speziell bei den 76 ausgeführten Baseline-Serien erwartet man nach dem Zufall bei sieben oder acht der Mittelwerte ein Überschreiten des 0,05-Kriteriums der Endwahrscheinlichkeit in der einen oder der anderen Richtung, eben aus Gründen des Zufalls. Das tritt aber kein einziges Mal ein. Trägt man die am Ende erzielten z-Werte bei allen diesen Baselines als sogenanntes Histogramm auf und bettet sie in die Gaußsche Kurve ein, so ergibt sich eine Verteilung mit einem Mittelwert, der nahezu exakt dem Zufallswert entspricht, aber mit einer Varianz, die deutlich *kleiner* (enger) ist, als man nach der Theorie erwartet; siehe Abbildung 13.1a. So erstaunlich dieses Resultat erscheinen mag, über ähnliche Effekte wurde auch an anderen Stellen berichtet.[54,55]

Hingegen sind bei ähnlichen Auftragungen der Ergebnisse aller PK^+- und PK^--Serien bei den optimalen Ausgleichskurven die Mittelwerte zu den Endwerten hin verschoben, die man den Gesamtkurven der Teilnehmer entnimmt (Abbildung 12.4a), doch die Varianzen sind signifikant *größer* (breiter), als theoretisch zu erwarten wäre: siehe Abbildung 13.1b. Wenn wir uns daran erinnern, daß alle diese Daten unter identischen Bedingungen erzeugt wurden, abgesehen von der festgelegten Richtung der Teilnehmerintention, dann wird unabhängig von dem die PK^+- und PK^--Mittelwertverschiebungen beeinflussenden Mechanismus die Verteilung der Baseline-Ergebnisse umgekehrt und daher komprimiert, so daß diese extrem dicht am theoretischen Mittelwert liegen. Mit anderen

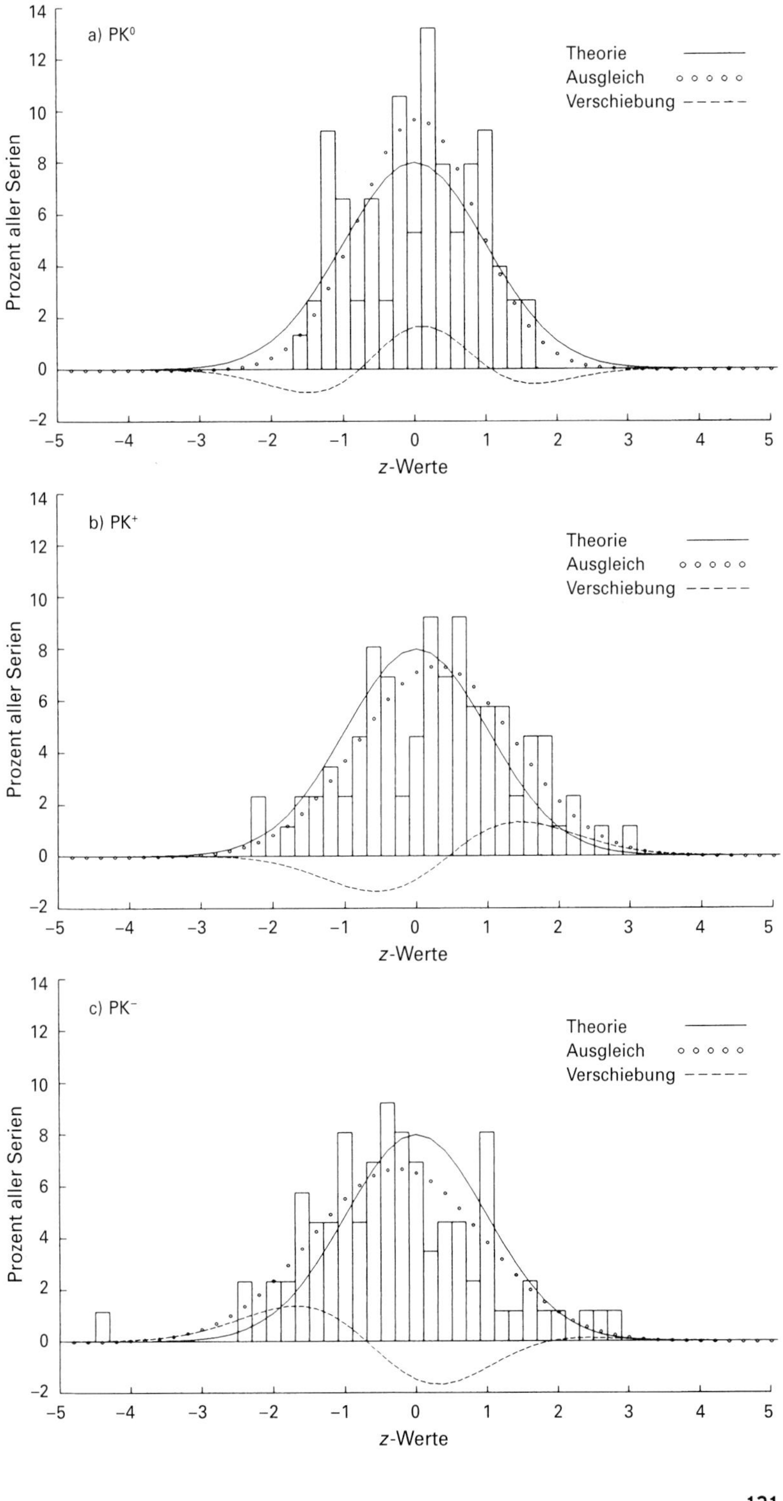

Abb. 13.1, a–c: Histogramme der *z*-Werte der Zufallsgenerator-Serien: PK^0, PK^+ und PK^-

Abb. 13.2:
Histogramme der *z*-Werte der Zufallsgenerator-Serien: gewichtete Rekombination von PK^0, PK^+ und PK^-

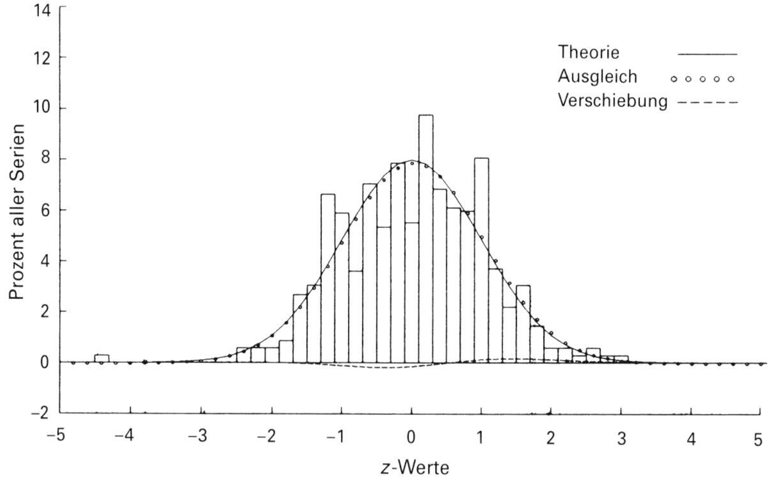

Worten: Eine bewußte oder unbewußte Motivation seitens der Teilnehmer, eine »gute« Baseline zu erhalten, scheint sich in einer Unterdrückung besonders hoher oder niedriger Werte der Serienergebnisse zu manifestieren. Dieser Effekt ist so durchgängig, daß er sogar bei den Baseline-Daten von Teilnehmern auftritt, die ansonsten zufällige oder sogar gegenläufige PK-Resultate liefern. Interessanterweise wird der Effekt nicht bei den individuellen Intervallergebnissen selbst oder bei den Kalibrierungsdaten aufgespürt, die unabhängig von den experimentellen Serien des Teilnehmers ermittelt wurden, was vermuten läßt, daß die abschließende Bewertung der Serien mit drei Intentionen ein angemessener Faktor sein kann.

Solche Histogramme können auch ein anderes faszinierendes und aufschlußreiches Merkmal der Daten reflektieren: Wenn alle Ergebnisse der PK^+-, PK^-- und Null-Intention-Serien gewichtet kombiniert werden, dann zeigt das resultierende Gesamthistogramm wieder die reguläre Gaußsche Kurve, die am Zufallsmittelwert zentriert ist und die vorhergesagte Varianz aufweist: siehe Abbildung 13.2. Eine naheliegende Interpretation dessen ist, daß die ganze Familie anomaler Effekte – einschließlich PK^+, PK^- und Null-Intention, die für alle Teilnehmer und Bedingungen *in toto* zusammengefaßt sind – einfach als eine selektive Aufspaltung einer bestimmten kombinierten Gaußschen Verteilung möglicher Serienergebnisse in Teilmengen anzusehen ist, deren Schwerpunkt vorzugsweise bei höheren Werten (PK^+), niedrigeren Werten (PK^-) und bei Werten liegt, die nahe dem Zufallsmittelwert konzentriert sind (Null-Intention). Man kann auch sagen, und zwar ohne das allgemein gültige Zufallsverhalten des Gesamtergebnisses zu manipulieren, daß die Teilnehmer das System auf irgendeine Weise dazu veranlaßten, Teilmengen der gelieferten Ergebnisse mit ihren Intentionen zu korrelieren. Dieser Prozeß ähnelt in gewisser Weise dem Paradoxon des »Maxwellschen Dämons« in der kinetischen Gastheorie, der nach dem 2. Hauptsatz der Thermodynamik ausgeschlossen ist. Nach der klassischen Physik kann kein vollständig isoliertes System spontan seine eigene Unordnung oder Entropie verringern. Daher wird ein bevorzugtes Anordnen von Ergebnissen eine Anomalie darstellen. Über die mögliche Rolle des Bewußtseins beim Verringern der Entropie wurde auch in anderen Zusammenhängen spekuliert; darauf wird im Teil V dieses Buches näher eingegangen.

14. Der Pseudozufall

Experimente wie diese werfen unweigerlich die Frage nach der Wechselwirkung zwischen Teilnehmerbewußtsein und Gerät auf: Wird das physikalische Verhalten der elektronischen Rauschquelle beeinflußt und, wenn ja, wie? Oder ist der Effekt vielleicht eher systemisch und manifestiert sich von selbst in den gelieferten Daten in Form eines anomalen statistischen Verhaltens, ohne daß irgendein bestimmter physikalischer Prozeß geändert wird? Das naheliegende Vorgehen zur Klärung dieser Frage ist, die Rauschquelle durch andere Vorrichtungen zu ersetzen und dann die Resultate zu vergleichen. Es wurden statt des ursprünglichen Generators mehrere ähnliche mikroelektronische Geräte zum Erzeugen des Rauschens eingesetzt; dabei ergaben sich keine spürbaren Auswirkungen auf das Gesamtmuster der Resultate.

Um sich dieser Kernfrage noch offensiver zu nähern, ist eine völlig andersartige Rauschquelle entwickelt worden, in der ein mikroelektronischer Schaltkreis Signale von vollständig determiniertem Charakter erzeugt, die aber eine beliebig gute Annäherung an eine theoretische Zufallsverteilung erlauben. Solche Quellen nennt man »pseudozufällig«. Unser Gerät weist eine Anordnung von 31 mikroelektronischen Schieberegistern auf, die miteinander interagieren und dabei eine Sequenz von zwei Milliarden pseudozufälligen Bits liefern, die sich auch nach 60stündigem kontinuierlichem Betrieb nicht wiederholt. Diese Quelle kann als Standardzufallsgenerator betrieben werden, der die Rauschdiode und deren Steuerschaltkreis ersetzt; alle übrigen Vorrichtungen zur Verarbeitung und zur Anzeige bleiben dabei unverändert.

Aus der Perspektive des Teilnehmers sind die beiden Systeme in ihrer Arbeitsweise sowie hinsichtlich Ambiente und Verfahrensweise nicht zu unterscheiden, auch wenn das eine System letztlich determiniert ist und das andere »wirklich« nach dem Zufallsprinzip arbeitet.

Die mit dieser Vorrichtung erzielten Resultate ähneln auf bemerkenswerte Weise jenen, die mit der Zufallsquelle zustande kamen. Bis zur Niederschrift dieser Zeilen haben 10 Teilnehmer 20 experimentelle Serien aufgenommen. Die aus deren Verknüpfung resultierende Kurve der kumulierten Abweichungen ist in Abbildung 14.1 dargestellt und zeigt die gegenüber dem reinen Zufall erreichten Wahrscheinlichkeiten von 0,081 bei PK^+ und 0,005 bei PK^- und 0,003 bei ΔPK. 5 Serien waren in PK^+ statistisch signifikant, 5 in PK^- und 6 in ΔPK. Dagegen wären nach dem Zufall 1 oder 2 zu erwarten gewesen. 5 der 10 Teilnehmer erzielten eine Signifikanz über ihre gesamten Daten.

In der Tabelle D im Anhang sind die Leistungen der einzelnen Teilnehmer zusammengefaßt. Auch hier geht das Muster der Resultate (nach den Kriterien für die Sitzungsergebnisse, die Richtungskorrelationen, die Gesamtleistungen der Teilnehmer) wesentlich über die Zufallserwartung hinaus, was darauf hindeutet, daß das zugrundeliegende Phänomen nicht unbedingt mit explizit zufälligen physikalischen Prozessen verknüpft ist.

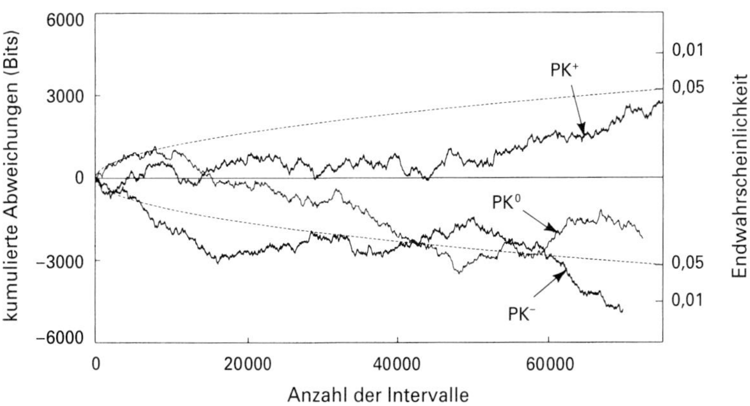

Abb. 14.1:
mit dem Pseudozufallsgenerator erzeugte kumulierte Abweichungen: alle Teilnehmer

Vermutlich gleichermaßen anschaulich ist die offensichtliche Gleichartigkeit einiger individueller Teilnehmersignaturen mit denen, die am Standardzufallsgenerator mit denselben technischen Parametern erzeugt wurden. Und in der Tat übertragen sich die individuellen Sensibilitäten der Teilnehmer gegenüber jenen Parametern häufig auf die Durchführung mit dem Pseudozufallsgenerator. Abbildung 14.2 zeigt zwei Vergleiche von Teilnehmersignaturen, die an den beiden Geräten ermittelt wurden. Diese Ähnlichkeiten deuten außerdem auf die zweite der beiden angeführten Hypothesen über den Mechanismus der anomalen Wechselwirkung hin. Demnach wirkt der Effekt auf der systemischen Informationsebene und

Abb. 14.2, a–d:
Vergleich der Signaturen, die mit dem Pseudozufallsgenerator und mit dem Zufallsgenerator erzeugt wurden: Teilnehmer 70 und 14

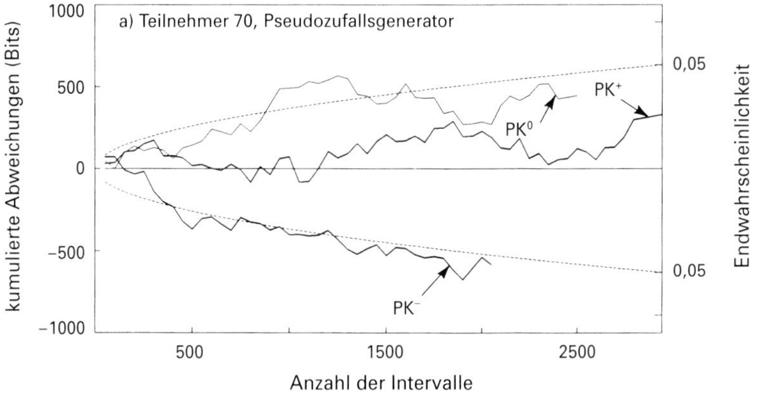

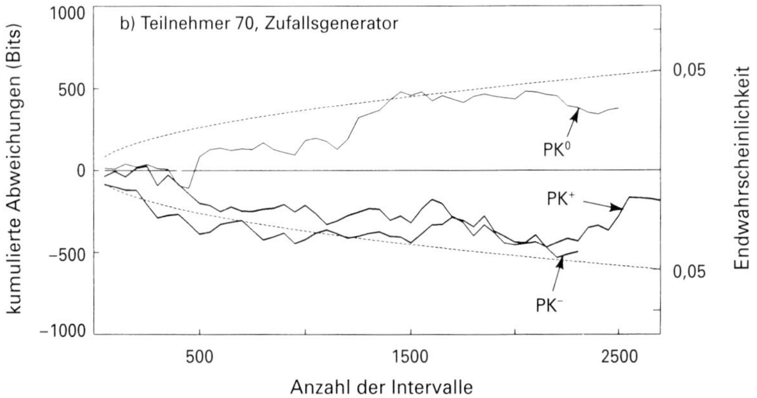

beeinflußt nicht die physikalischen Prozesse einer bestimmten Komponente. Dies würde auch das Modell der Aufspaltung der Serienergebnisse erklären, welches das Histogramm von Abbildung 13.2 nahelegt. Hier blieb die Zufallsbestimmtheit der gesamten Datenbasis erhalten.

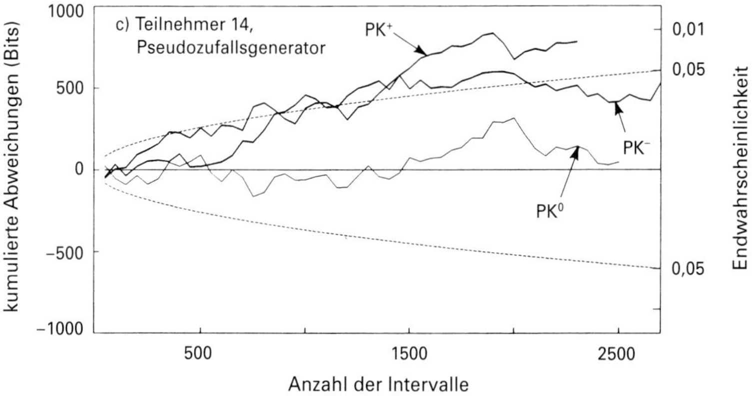
c) Teilnehmer 14,
Pseudozufallsgenerator
PK+
PK−
PK0
kumulierte Abweichungen (Bits)
1000
500
0
-500
-1000
500
1500
2500
Anzahl der Intervalle
Endwahrscheinlichkeit
0,01
0,05
0,05

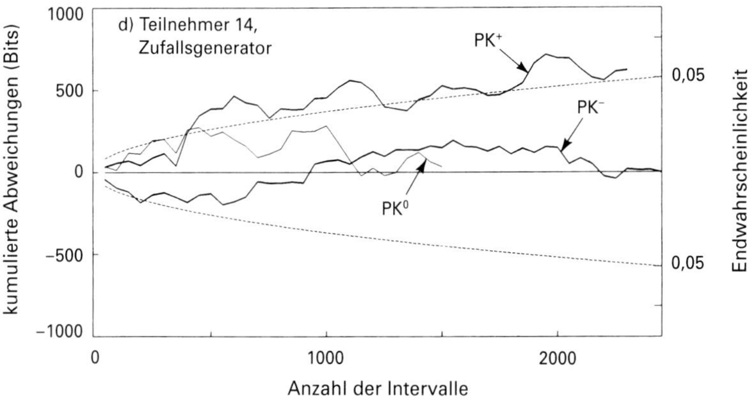
d) Teilnehmer 14,
Zufallsgenerator
PK+
PK−
PK0
kumulierte Abweichungen (Bits)
1000
500
0
-500
-1000
0
1000
2000
Anzahl der Intervalle
Endwahrscheinlichkeit
0,05
0,05

15. Die Ball-Fall-Maschine

Die ausgeprägte Ähnlichkeit der anomalen Effekte, die bei der Arbeit mit dem echten Zufallsgenerator und mit dem digital programmierten Pseudozufallsgenerator auftraten, ruft nach einer näheren Untersuchung dieser Unabhängigkeit der Teilnehmersignaturen von der Art des physikalischen Prozesses, der dem Zufallsgenerator zugrunde liegt. Trotz des prinzipiellen Unterschieds der Zufallsquellen ähneln sich Zufallsgenerator und Pseudozufallsgenerator in ihrer mikroelektronischen Funktion, in ihrer Binärlogik und in der extrem geringen Energie, die sie zur Informationsverarbeitung benötigen. Daher ist es vernünftig zu fragen, ob solche Anomalien auch mit anderen Systemen als mit elektronischen oder binärstatistischen demonstriert werden können, etwa mit Systemen makroskopischen Ausmaßes.

Im Jahre 1894 beschrieb der englische Eugeniker Francis Galton eine mechanische Apparatur, mit der die zufallsbestimmte Gaußsche Verteilung durch Kombination vieler binärer Ereignisse illustriert werden kann:

> Das Gerät hat vorn ein Glasfenster, hinter dem sich ein Hohlraum mit einer Tiefe von rund einem viertel Zoll befindet. Im oberen Teil sind zwei schräge Bänder angebracht, die einen Trichter bilden. Unter seinem Ausgang sind in mehreren aufeinanderfolgenden waagrechten Reihen zahlreiche Stifte senkrecht auf der Hinterwand befestigt. Unter den Stiftreihen steht eine Reihe vertikaler Behälter. Eine Ladung feinen Schrots wird unten eingefüllt. Wenn der Rahmen dann auf den Kopf gestellt wird, fallen die Schrotkugeln in das obere Ende. Dann wird der Rahmen wieder in die Arbeitsposition zurückgekippt, und die gewünschte Aktion beginnt. ... Die Schrotkugeln durchqueren den Trichter, gelangen dabei durch dessen enge Öffnung und treffen dann auf die Stifte, zwischen denen sie in einer merkwürdigen und interessanten Weise hindurchirren. Bei jedem Aufprall auf einen Stift macht eine Kugel einen kleinen Satz nach rechts oder nach links. Die Stifte bilden jeweils eine Anordnung wie die fünf Augen auf einem Würfel; mit anderen Worten, die aufeinanderfolgenden Stiftreihen sind jeweils um einen halben

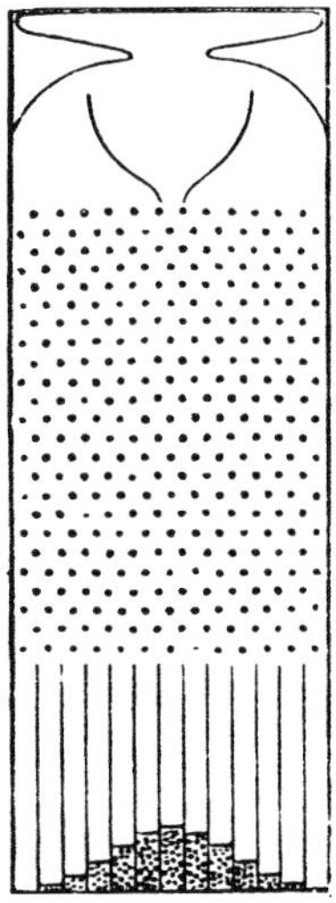

Stiftabstand gegeneinander verschoben, so daß jede fallende Kugel in jeder Reihe gegen einen Stift prallt. Die Kaskade der aus dem Trichter fallenden Kugeln wird nach unten immer breiter, und wenn eine Kugel die letzte Stiftreihe durchlaufen hat, liegt sie schon in einem Behälter. Die Konturlinie der »Schrotsäulen«, die sich schließlich in den nebeneinanderliegenden Behältern angehäuft haben, ähnelt der Häufigkeitskurve und wird immer nahezu dieselbe Form haben, gleichgültig, wie oft das Experiment wiederholt wird.
Das Prinzip, nach dem diese Apparatur funktioniert, ist so zusammenzufassen, daß jede Kugel auf ihrem Weg nach unten mehreren kleinen und voneinander unabhängigen Unfällen unterworfen ist. In wenigen Fällen wird eine Glückssträhne eine Kugel so begünstigen, daß sie bei jedem Aufprall auf einen Stift in derselben Richtung abrutscht, doch in den allermeisten Fällen werden sich die Ablenkungen nach rechts und links mehr oder weniger ausgleichen. Somit werden die meisten Kugeln in Behälter gelangen, die sich ungefähr senkrecht unter dem Trichterausgang befinden, und die Häufigkeit, mit der die Kugeln in weiter außen liegende Behälter gelangen, wird sehr schnell um so kleiner, je weiter diese von der Mitte entfernt sind. Dies illustriert und erklärt, warum hier das Mittelmaß so häufig ist.[56]

Diese Vorrichtung wird meist »Galtonsches Brett« genannt, und in Wissenschaftsmuseen und physikalischen Ausbildungslabors auf der ganzen Welt kann man verschiedene Ausführungen dieses Prinzips finden.

mechanische Zufallskaskade

Eine Variante des Galtonschen Bretts haben wir in unserem Labor auf unsere speziellen Zwecke zugeschnitten. Der Apparat, den wir »mechanische Zufallskaskade« nennen (RMC, *Random Mechanical Cascade*), ist gut drei Meter hoch und zwei Meter breit und hängt an einer Wand, der ein bequemes Sofa gegenübersteht. Bei jedem Experiment fallen 9000 Polystyrolkugeln von jeweils knapp zwei Zentimeter Durchmesser aus dem Eingangstrichter in eine Anordnung mit der Fünfzahl als Prinzip – die Reihen sind um den halben horizontalen Abstand verschoben – mit insgesamt 330 Kunststoffstiften von ebenfalls jeweils knapp zwei Zentimeter Länge. Die Kugeln dringen auf komplizierten, zufallsbestimmten Wegen durch die Stiftanordnung und stoßen dabei elastisch mit den Stiften sowie mit anderen Kugeln zusammen und sammeln sich schließlich in 19 nebeneinanderstehenden Behältern am Boden. Die Vorderfront der Kammer mit den Stiften und die Sammelbehälter sind durchsichtig, so daß die Kaskade der Kugeln und das Zustandekommen ihrer Verteilung auf die Behälter vom Teilnehmer beobachtet werden kann; das ist sein Feedback. Durch geeignete Wahl der Stiftabstände, der Kugelzuführung und der Materialien kann man erreichen, daß die Verteilung der Kugeln auf die Behälter eine gute Annäherung an die Gaußsche Kurve darstellt; siehe Abbildung 15.1.

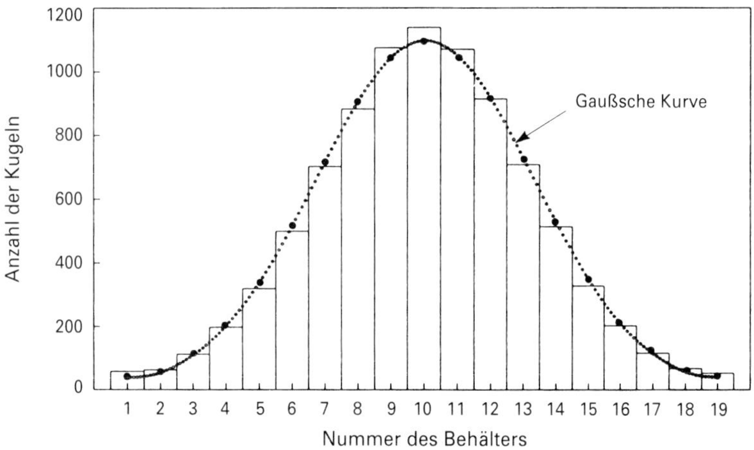

Abb. 15.1: durchschnittliche Verteilung der Kugeln im mechanischen Zufallsgenerator: 952 Baseline-Durchgänge

Die Öffnung eines jeden Behälters ist mit einem fotoelektrischen Sensor ausgestattet, der bei jeder hier eintreffenden Kugel ein Signal abgibt, das aufgezeichnet wird. Die während des Experiments in den einzelnen Behältern zunehmende Kugelanzahl wird unter jedem Behälter elektronisch angezeigt und auf einem Computerbildschirm grafisch dargestellt. Die Ankunft einer jeden der 9000 Kugeln in einem Behälter wird bei jedem experimentellen Durchgang in einer entsprechend codierten Computerdatei simultan *(online)* festgehalten, so daß alle Durchgänge später vollständig reproduziert und näher untersucht werden können, etwa hinsichtlich der statistischen Merkmale der schließlich erzielten Verteilung der Kugeln. Am Ende jedes Durchgangs wird ein Polaroidfoto der Verteilung sowie der an den Behältern angezeigten Zahlen aufgenommen. Wie bei den Zufallsgeneratoren werden ausgedehnte Kalibrierungen vorgenommen, um für die statistischen Hintergrunddaten zu sorgen, mit deren Hilfe mögliche Abhängigkeiten von der Temperatur und der Luftfeuchtigkeit überprüft werden können. Diese Werte werden zu Beginn jedes Durchgangs gemessen und aufgezeichnet.

Die Versuchsvorschrift für die mechanische Zufallskaskade sieht vor, daß sich der aufgerufene Teilnehmer auf das Sofa setzt, gut zwei Meter vor dem Gerät entfernt, und dann versucht, die Verteilung der Kugeln auf die Behälter zu beeinflussen: entweder nach rechts, zu den Behältern mit den höheren Nummern (PK^+), oder nach links, zu den Behältern mit den niedrigeren Nummern (PK^-); doch er kann auch versuchen, Baselines zu erzeugen. Diese Bemühungen werden in Gruppen zu je drei Durchgängen aufgeteilt, die jeweils rund 12 Minuten dauern und die uns bekannten Datensätze für die drei Intentionen hervorbringen. Anders als beim Zufallsgenerator, bei dem eine (durch Kalibrierung bestätigte) theoretische Baseline den Vergleich mit den vom Teilnehmer erzeugten Daten erlaubt, ist der interne Mechanismus der Zufallskaskade für eine detaillierte theoretische Vorhersage zu komplex. Die statistische Behandlung der Daten beruht deswegen auf dem Vergleich der Mittelwerte der PK^+- und der PK^--Verteilungen mit der lokalen Baseline derselben Experimentgruppe. Dieses Vorgehen hat den zusätzlichen Vorteil, daß diejenigen Effekte gering gehalten werden, die von einer langfristigen Veränderung der Geräteeigenschaften herrühren, etwa vom Verschleiß der Kugeln oder Stifte sowie von anderen mechanischen oder äußeren Einflüssen.

Die Resultate dieser Experimente mit der mechanischen Zufallskaskade weisen wie jene mit dem Zufallsgenerator deutliche Anomalien und stark teilnehmerabhängige Muster in den Leistungen auf. Die vier Diagramme in Abbildung 15.2 zeigen einige typische kumulierte Abweichungssignaturen. Alle Leistungen der einzelnen Teilnehmer sind im Anhang in Tabelle B zusammengestellt. Bis 1987 hatten 22 Teilnehmer insgesamt 76 experimentelle Serien durchgeführt, von denen jede aus 10 (oder 20) Durchgängen mit jeder der drei Intentionen bestand. Von diesen haben 36 Prozent oder 8 Teil-

Abb. 15.2, a–c:
mit der mechanischen Zufallskaskade erzielte kumulierte Abweichungen: vier Teilnehmer

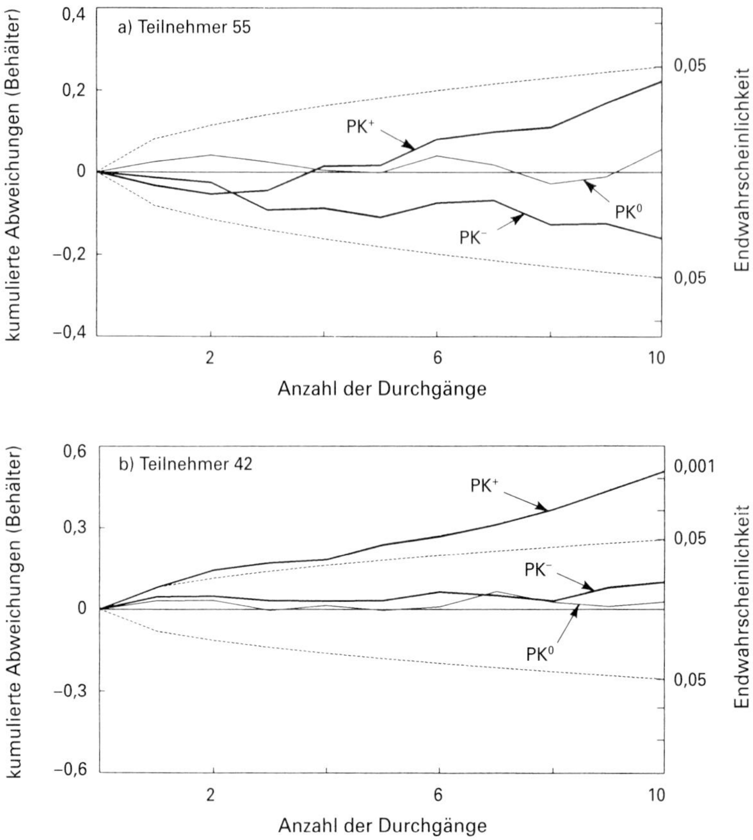

nehmer charakteristische Gesamtdatenbasen erzeugt: 2 mit signifikanten PK^+-Effekten, 3 mit signifikanten PK^--Effekten und 3 mit signifikanter Aufteilung in PK^+ und PK^-. 4 der 76 Serien sind signifikant in der PK^+-Richtung, 14 in der PK^--Richtung, und 13 (anstatt der nach dem Zufall zu erwartenden 3 oder 4) weisen signifikante ΔPK-Aufspaltungen auf.

Die gesamte Datenbasis ist ebenfalls statistisch signifikant, weist aber eine seltsame Asymmetrie in der PK^--Richtung auf. Dies ist vor allem auf einen großen Beitrag eines Teilnehmers zurückzuführen, bei dem ein sehr starker PK^--Effekt und kein PK^+-Effekt auftraten. Abbildung 15.3a gibt die gesamte Datenbasis wieder, und in Abbildung 15.3b ist die Datenbasis ohne diesen Teilnehmer dargestellt. Schließlich sind in Abbildung 15.3c die ersten 10 Durchgänge aller Teilnehmer miteinander verknüpft.

Wie bei den Experimenten am Zufallsgenerator und am Pseudozufallsgenerator ist die gesamte Anzahl von Serien, die die beabsich-

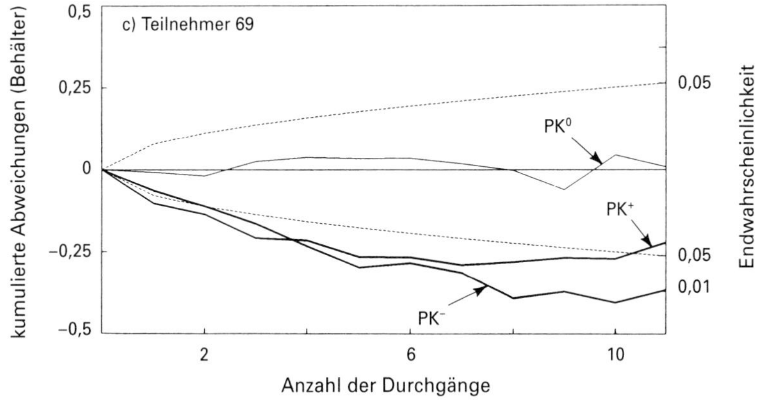

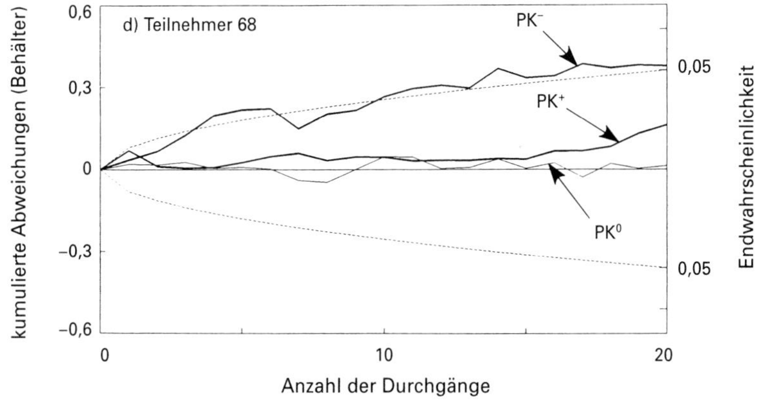

tigte Richtung in einem gewissen Ausmaß bestätigen, beträchtlich größer, als nach dem reinen Zufall zu erwarten wäre. Verglichen mit den 38, mit denen man nach dem Zufall zu rechnen hätte, stimmen 44 (das entspricht 58 Prozent) der PK^+-Bemühungen sowie 47 (62 Prozent) der PK^--Bemühungen und 53 (70 Prozent) der ΔPK-Separationen mit den von den Teilnehmern angegebenen Intentionen überein. Also finden wir wieder ein Muster geringer, aber zahlreicher Mittelwertverschiebungen, die sich zu einer signifikanten Anomalie akkumulieren. Dennoch finden wir von neuem teilnehmerspezifische Abhängigkeiten der Resultate von den sekundären Experimentparametern, ähnlich jenen, die für den Zufallsgenerator beschrieben wurden.[57]

Vielleicht am allerwichtigsten ist jedoch die durchgehende Ähnlichkeit einiger individueller Teilnehmersignaturen mit jenen, die in Experimenten mit mikroskopischen Zufallsgeneratoren demonstriert wurden. In Abbildung 15.4 werden die Signaturen zweier

Abb. 15.3, a–c:
mit der mechanischen Zufallskaskade erzielte große kumulierte Abweichungen: alle Teilnehmer

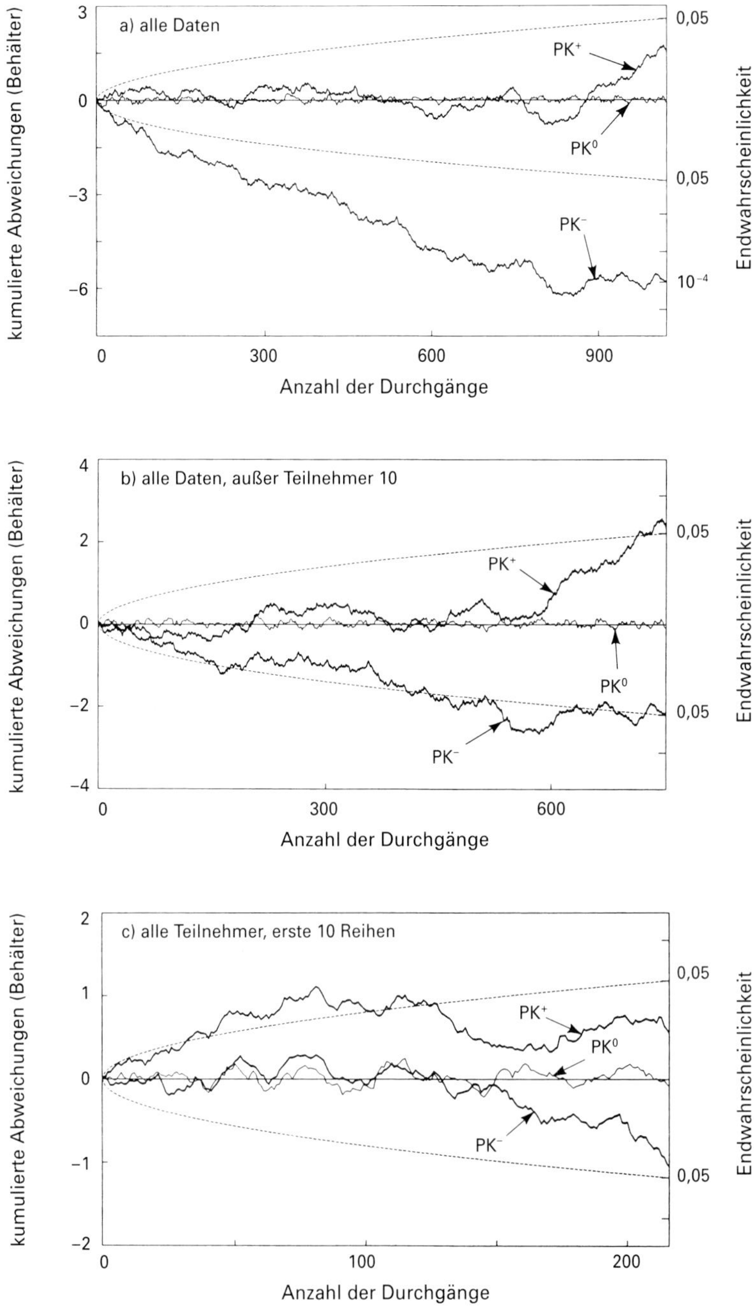

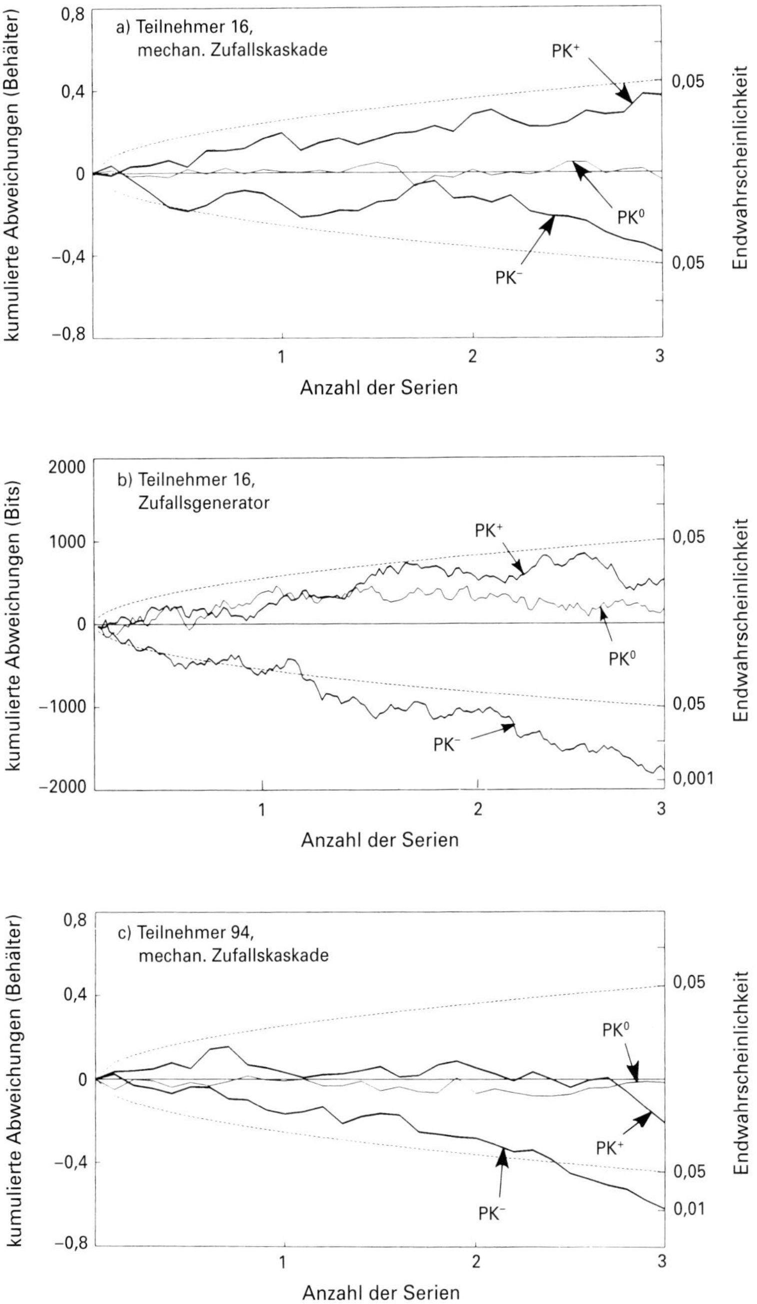

Abb. 15.4, a–d:
Vergleich der Signaturen bei Experimenten mit der mechanischen Zufallskaskade und mit dem Zufallsgenerator: Teilnehmer 16 und 94

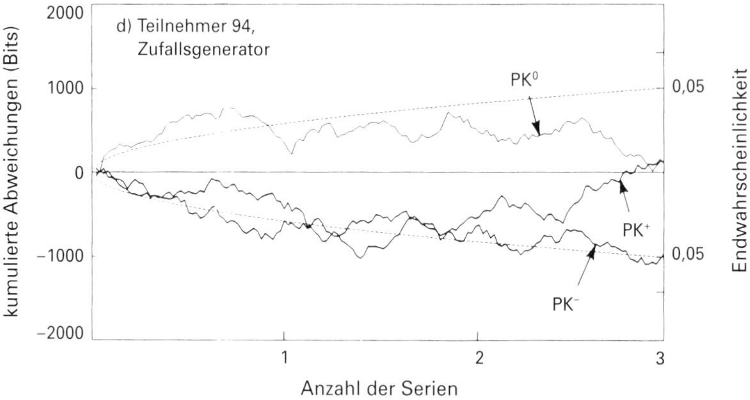

Teilnehmer verglichen, die mit der mechanischen Zufallskaskade und mit dem Zufallsgenerator jeweils drei Serien durchgeführt hatten. Abbildung 15.5 vergleicht die Signatur eines anderen Teilnehmers mit den substantiellen Daten der Experimente am Zufallsgenerator, am Pseudozufallsgenerator und an der mechanischen Zufallskaskade. Trotz ihres inhärenten stochastischen Charakters sind die auffallend starken Ähnlichkeiten der Konfiguration dieser Spuren von größter Wichtigkeit für den experimentellen Entwurf und die Ausbildung theoretischer Modelle: Obwohl ja die beobachteten anomalen Effekte offensichtlich teilnehmerspezifisch und häufig bedingungsspezifisch sind, erscheinen sie nicht annähernd so apparaturspezifisch, und zwar über eine große Spannweite physikalischer Prozesse, Größenordnungen und Energien. Daher scheint jeder direkte Einfluß des Bewußtseins des Teilnehmers auf bestimmte physikalische Prozesse – wie einen Elektronenfluß, eine Erzeugung einer Bitfolge oder einen Fall von Kugeln – weniger wahrscheinlich als eine eher holistische Wechselwirkung mit statistischer Information, die allen diesen drei Systemen eigen ist.

Obwohl sich die mechanische Zufallskaskade vom Zufallsgenerator in Größe und in bezug auf den physikalischen Vorgang wesentlich unterscheidet, besitzt sie doch einen quasidigitalen Charakter in der Art und Weise, wie sie Information erzeugt. Jede fallende Kugel kann beim Aufprall auf einen Stift nach rechts oder nach links abgelenkt werden, und es ist die Abfolge dieser binären Rechts-links-Entscheidungen, die über die resultierende Verteilung der Kugeln auf die Behälter entscheidet. Es muß betont werden, daß in diesem Gerät die binären Rechts-links-Wahrscheinlichkeiten nicht einfach 0,50/0,50 betragen und daß die aufeinanderfolgenden Bahnen nicht einheitlich sind, daß aber dennoch eine synthetische Binärquanti-

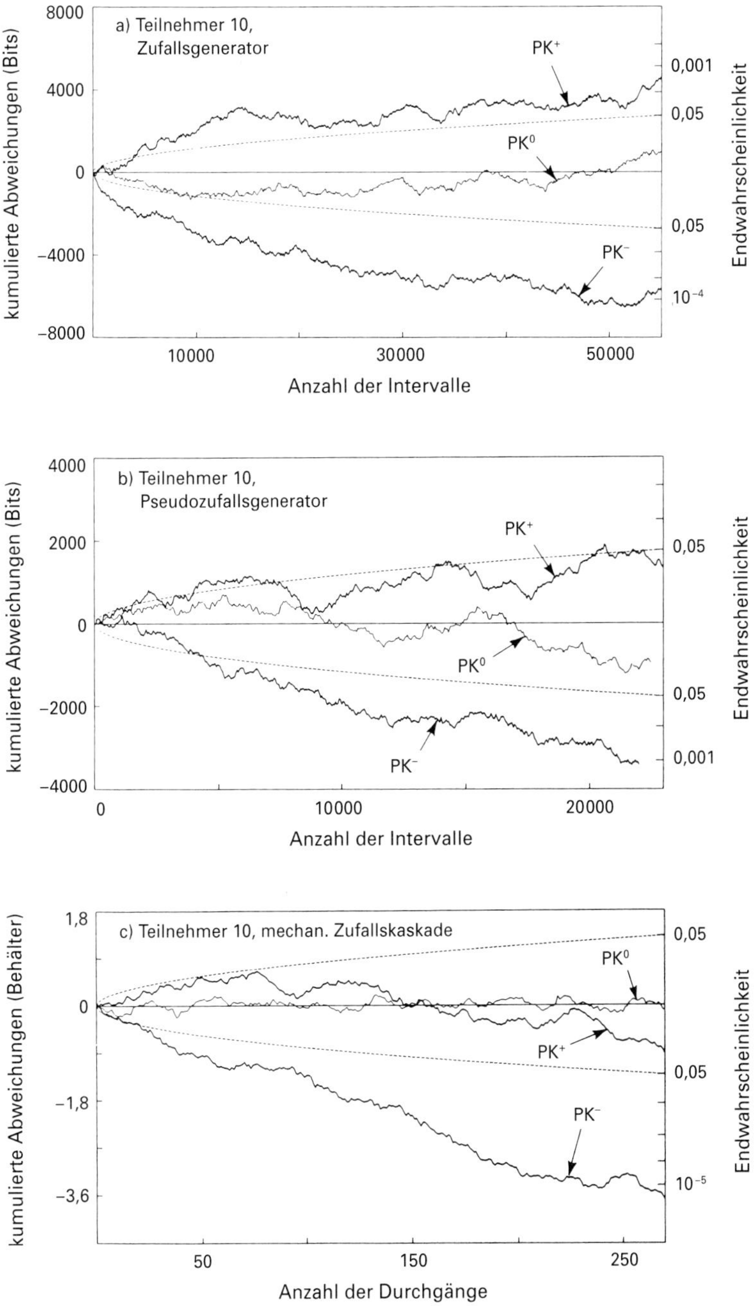

Abb. 15.5, a–c: Vergleich der Signaturen bei Experimenten mit Zufallsgenerator, Pseudozufallsgenerator und mechanischer Zufallskaskade: Teilnehmer 10

fizierung auf die Analyse angewandt werden kann. Ein weiterer Schritt bei der Erforschung der mit dem Teilnehmer verknüpften Anomalien bestünde also darin, auf ein bestimmtes physikalisches System überzugehen, das eher analogen Charakter hat, und zwar in dem Sinne, daß sich sein zentraler Zufallsprozeß und sein Ergebnis für eine kontinuierliche Darstellung eignen.

In unserem Labor werden mehrere solcher analoger Experimente verfolgt. Einige davon sind optisch aufgebaut, andere thermisch, mechanisch, fluiddynamisch oder elektrisch. Jedes Experiment bietet dem Teilnehmer ein kontinuierliches Feedback, wobei die Veränderung einer kontinuierlich variierenden physikalischen Eigenschaft der Apparatur oder des Systems verfolgt wird, beispielsweise der Abstand zwischen zwei Interferometerspiegeln, die Temperatur eines kleinen gasgefüllten Hohlraums, die mechanische Spannung in einem festen Kunststoffstab, die Schwingungsperiode eines Pendels, die Amplitude einer hydrodynamischen Welle oder der Ort der Streifenbildung in einer Glimmentladung. Alle diese Experimente folgen derselben Vorschrift (mit drei möglichen Intentionen) wie ihre digitalen Gegenstücke, aber die Reduktion ihrer analogen Daten zu quantitativ statistischen Ausdrücken ist komplexer. Obwohl nachdrückliche Effekte auch bei diesen Experimenten beobachtet wurden, sind unsere Resultate bisher zu vorläufig, um eine Diskussion zu rechtfertigen.

16. Gegenseitige Auslöschung?

Die sechste Frage (Kapitel 11, S. 108) betreffend die mit den Teilnehmern verknüpften Anomalien bezog sich auf die Kombination der Bemühungen mehrerer Teilnehmer an einer bestimmten Maschine und Aufgabe. Naheliegend ist zunächst die Frage, ob zwei Teilnehmer mit vergleichbaren Signaturen in einer gemeinsamen Bemühung sich gegenseitig verstärken können, so daß noch deutlichere Effekte resultieren, oder ob die unähnlichen Tendenzen von Teilnehmern dazu führen, sich gegenseitig aufzuheben. Ein einfaches Experimentalprogramm, das diese Überlagerung zur Diskussion stellt, ist für den Zufallsgenerator und die mechanische Zufallskaskade erdacht worden. Obschon die angehäuften Daten viel weniger umfassend sind als für einzelne Teilnehmer, sind bereits einige allgemeine Charakteristika zu erkennen: Vor allen Dingen scheint es, als könnten hierbei anomale Resultate mit ähnlicher Häufigkeit auftreten wie bei den individuellen Bemühungen, allerdings in Mustern, die nicht einfache Linearkombinationen der separaten Signaturen sind. In Abbildung 16.1 sind zwei Sätze individueller Signaturen den entsprechenden kombinierten Bemühungen gegenübergestellt. Obwohl sich Verlauf und Deutung dieser Experimente mit zusammenwirkenden Teilnehmern komplexer darstellen, sind solche Überlagerungseigenschaften bedeutsam für die Entwicklung und die Anwendung des theoretischen Modells, das wir in Teil IV dieses Buches vorstellen.

Die Abhängigkeit der Signaturen vom Abstand des Teilnehmers von der Apparatur ist ebenfalls aus experimentellem und theoretischem Blickwinkel von vorrangigem Interesse. In Teil III dieses Buches beschreiben wir eine experimentelle und analytische Untersuchung der anomalen Gewinnung von Informationen über geographische Ziele, die in Raum und Zeit von uns entfernt liegen. Der Erfolg dieser Experimente erhöht die Chance, daß Mensch/Maschine-Anomalien zustande gebracht werden können, ohne daß sich der Teilnehmer in unmittelbarer Nähe der Apparatur befindet. Um dies zu untersuchen, wurde ein eigenes Programm eingerichtet, bei dem

Abb. 16.1, a–f:
Vergleich einzelner und zusammengesetzter Signaturen beim Zufallsgenerator: Teilnehmer 10 und 16 (a–c); Teilnehmer 55 und 41 (d–f)

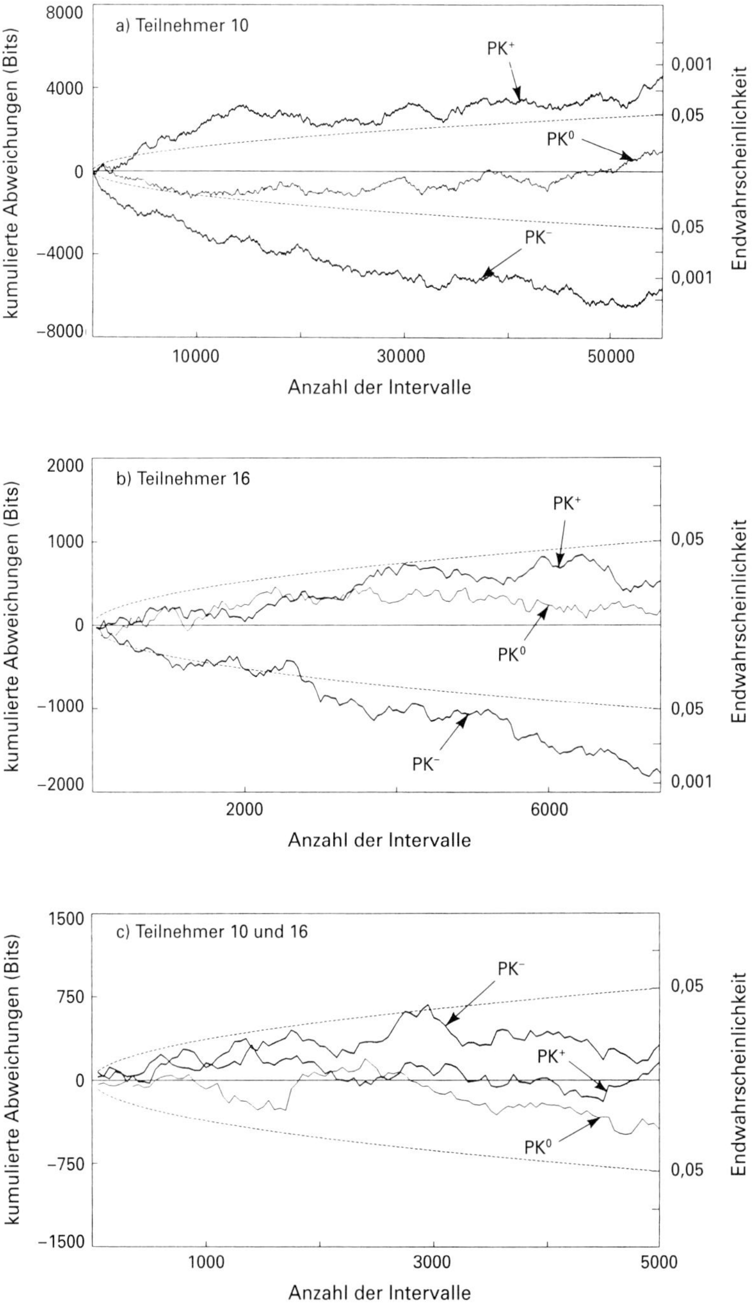

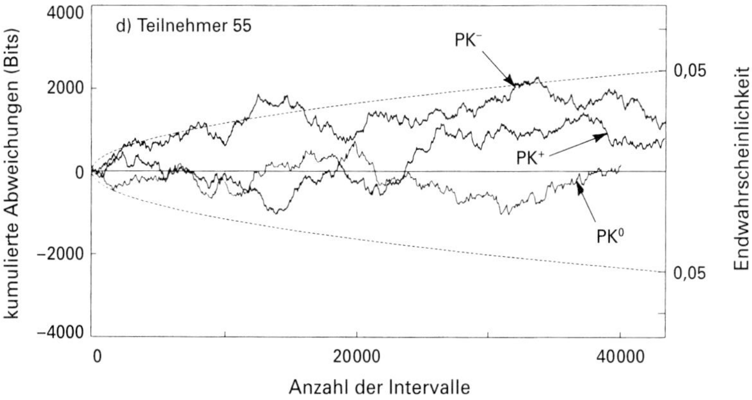
d) Teilnehmer 55
PK⁻
PK⁺
PK⁰
4000
2000
0
-2000
-4000
0,05
0,05
0
20000
40000
Anzahl der Intervalle
kumulierte Abweichungen (Bits)
Endwahrscheinlichkeit

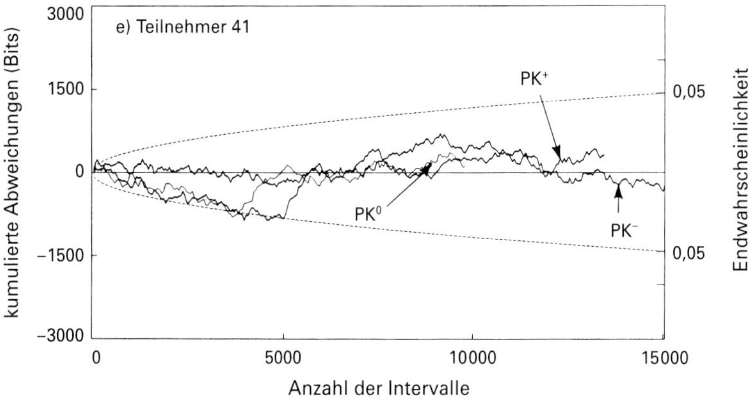
e) Teilnehmer 41
PK⁺
PK⁰
PK⁻
3000
1500
0
-1500
-3000
0,05
0,05
0
5000
10000
15000
Anzahl der Intervalle
kumulierte Abweichungen (Bits)
Endwahrscheinlichkeit

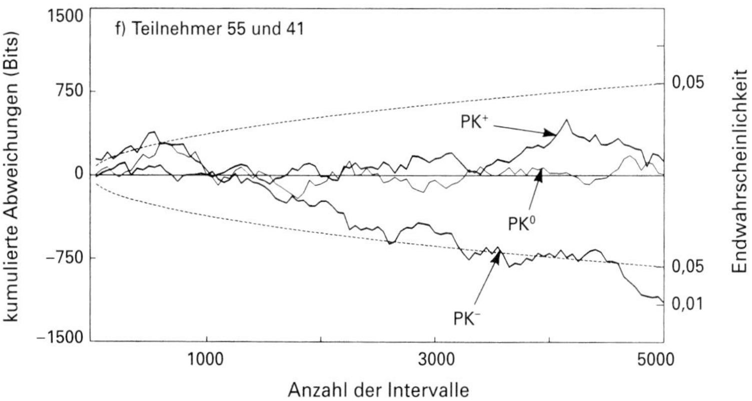
f) Teilnehmer 55 und 41
PK⁺
PK⁰
PK⁻
1500
750
0
-750
-1500
0,05
0,05
0,01
1000
3000
5000
Anzahl der Intervalle
kumulierte Abweichungen (Bits)
Endwahrscheinlichkeit

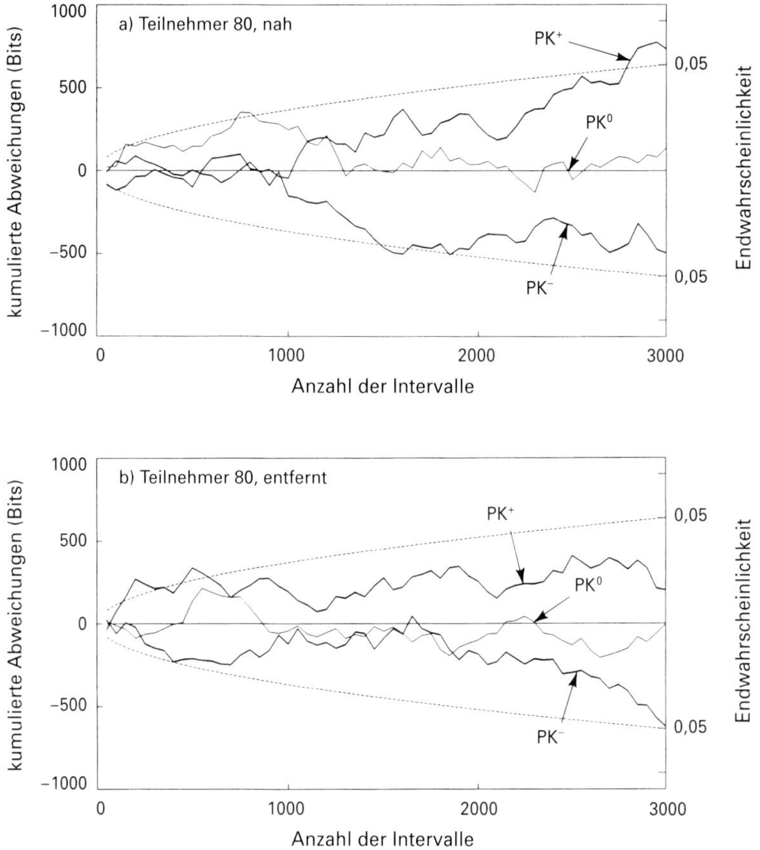

Abb. 16.2, a–d:
Vergleich von Signaturen beim Zufallsgenerator: Teilnehmer 80 (a, b) und Teilnehmer 93 (c, d), jeweils nah bzw. entfernt

Teilnehmer die Aufgaben mit dem Zufallsgenerator und der Zufallskaskade von mehreren entfernten Orten aus in Angriff nahmen. Der Ort konnte hierbei durchaus auch auf der anderen Seite des Erdballs liegen. Wie bei den Experimenten mit zusammenwirkenden Teilnehmern wurden anomale Signaturen beobachtet, von denen einige mit den Bemühungen vor Ort übereinstimmen und andere charakteristische Abweichungen zeigen. In Abbildung 16.2 sind für zwei unserer besten Teilnehmer die Signaturen von entfernten und nahen Zufallsgeneratoren verglichen worden. Die Teilnehmer befanden sich im Staat New York und in Texas. Wir können derzeit nicht behaupten, die Faktoren einigermaßen zu verstehen, die auf solche Leistungen einwirken, ganz zu schweigen von der Bewertung der Entfernungsvariablen. Nichtsdestoweniger hat eine qualitative Beobachtung solcher Effekte über große Entfernungen hinweg tiefgreifende Auswirkungen auf die grundlegende Darstellung, das Verständnis und die Nutzung des beteiligten elementaren Prozesses.

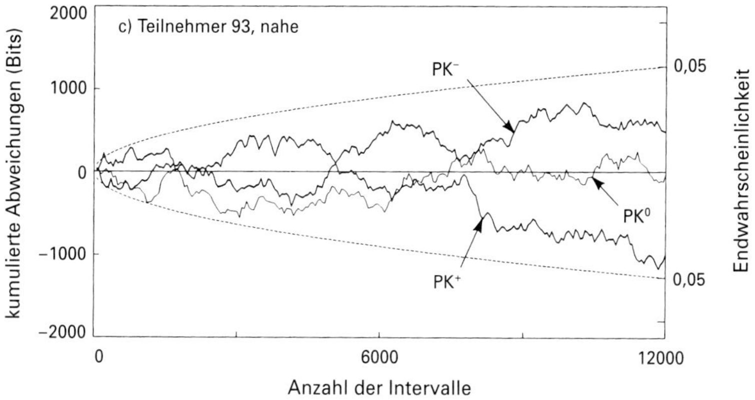
c) Teilnehmer 93, nahe
kumulierte Abweichungen (Bits)
2000
1000
0
−1000
−2000
PK⁻
PK⁰
PK⁺
0,05
0,05
Endwahrscheinlichkeit
0
6000
12000
Anzahl der Intervalle

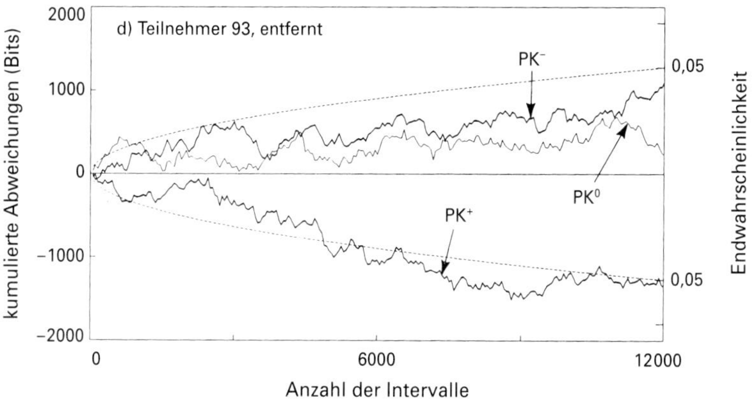
d) Teilnehmer 93, entfernt
kumulierte Abweichungen (Bits)
2000
1000
0
−1000
−2000
PK⁻
PK⁰
PK⁺
0,05
0,05
Endwahrscheinlichkeit
0
6000
12000
Anzahl der Intervalle

17. Resonanz mit der Maschine

Die letzte Frage auf unserer Liste (Kapitel 11) betraf die Beziehung der Teilnehmerleistung zu psychologischen und physiologischen Merkmalen. Dazu läßt sich im Augenblick noch am wenigsten sagen. Es gab Hinderungsgründe: das Befinden und die Spontaneität der Teilnehmer, die Gesamtkapazität des Programms, die beschränkte Anzahl der zur Datenmenge beitragenden Teilnehmer, die unklare Effizienz konventioneller Indikatoren und Tests sowie die ansehnlichen Forschungen anderer Institute an dieser Front. Wir haben bislang nicht versucht, die Charaktermerkmale der Teilnehmer, die Art und Weise ihres Herangehens oder ihre physiologischen Charakteristika zu kodifizieren, um daraus etwa eine Beziehung zu den Signaturen abzuleiten. Dies bedeutet keineswegs, daß wir diese Einflüsse gering schätzen, im Gegenteil. Unsere empirischen Daten wie auch unser theoretisches Modell machen deutlich, daß zumindest einigen dieser Faktoren Relevanz zukommt.

Aus Gesprächen und Diskussionen mit unseren Teilnehmern, aus beiläufigen Beobachtungen ihrer Arbeitsweise, Anmerkungen in ihren Logbüchern sowie unseren eigenen Erfahrungen als Teilnehmer wurde uns klar, daß die individuellen Strategien erheblich voneinander abweichen. Manche Teilnehmer machen vorher Meditationsübungen, wenden Visualisierungsverfahren an oder versuchen, sich gewissermaßen auf transpersonale Art mit der Vorrichtung oder dem Prozeß zu identifizieren. Andere verfolgen kompetitive Strategien, das heißt, sie versuchen, andere Teilnehmer oder ihre eigenen früheren Resultate zu übertreffen oder einfach die Gesetze des Zufalls zu überlisten. Manche Teilnehmer verwenden durchgängig denselben Feedback-Modus, andere wechseln regelmäßig oder unregelmäßig zwischen den Feedback-Möglichkeiten ab, und einige wenige ignorieren sie. Viele Teilnehmer kommunizieren mit den Apparaturen, als hätten diese menschenähnliche Fähigkeiten; sie ermahnen sie, reden auf sie ein, flehen sie an oder drohen ihnen. Aber eine Korrelation zwischen solchen Strategien und der erzielten

Leistung ist kaum auszumachen. Es scheint, als seien solche Taktiken auch teilnehmerspezifisch und meist sporadisch. Was bei dem einen gut funktioniert, hilft dem anderen nicht unbedingt, und was bei einer Gelegenheit gut läuft, kann bei der nächsten versagen.

Wenn es unter diesen unterschiedlichsten Strategien irgendeine Einheitlichkeit gäbe, dann müßten die effizientesten Teilnehmer ihre Erfolge mit einer Art »Resonanz« mit der Apparatur in Verbindung bringen können. Dies wurde unterschiedlich beschrieben, wie folgende Beispiele zeigen:

> Als ob man in den Prozeß eintauchte und dadurch sich selbst und die unmittelbare Umgebung nicht mehr wahrnähme, ähnlich dem Gefühl, wenn man von einem Spiel oder Buch, einer Theatervorstellung oder kreativen Beschäftigung gefesselt ist.

Oder:

> Ich spüre keine direkte Kontrolle über die Apparatur, eher einen geringfügigen Einfluß, wenn ich in Resonanz mit dem Gerät bin. Es ist, als ob man sich in einem Kanu befände: wenn es schwimmt, wohin ich will, dann schwimme ich mit. Andernfalls versuche ich den Lauf zu unterbrechen, um nach Möglichkeit die Resonanz mit mir wiederherzustellen.

Das Konzept der Resonanz ist auch für die Formulierung unseres theoretischen Modells bedeutsam, und wir werden in diesem Zusammenhang wieder darauf zurückkommen.

Einige Ergebnisse des Experiments lassen vermuten, daß unbewußte oder unterbewußte Erwartungen oder Aversionen beim Festlegen der Effekte eine zumindest ebenso wichtige Rolle spielen wie die bewußte Intention; wir meinen Ergebnisse, die eine Abhängigkeit vom selbstbestimmten und instruierten Modus oder von der manuellen und automatischen Option erkennen lassen, oder solche, die auf Baseline-Serien-Ergebnisse beschränkt sind. Ein Großteil der Literatur der Anomalienforschung stützt die Aussage, daß nicht bloß oberflächliche psychische Prozesse beteiligt sind. Leider eignen sich nur wenige der bekannten psychologischen Tests dazu, Korrelationen mit derlei subtilen Aspekten herstellen zu helfen, und erst recht helfen sie nicht beim Verständnis und beim Einbeziehen in ein phänomenologisches Modell. Unser eigenes zwangloses Erforschen der offenkundigen psychologischen Korrelationen – wie Geschlecht, Rechts- oder Linkshändigkeit, analytische oder ästhetische Persönlichkeit, bestimmender oder verhaltener Stil sowie systematisches oder impulsives Herangehen an die Aufgabe – hat nur eine schwache Korrelation zu bewiesenem oder vorausgesagtem Erfolg ergeben.

Eine physiologische Aufzeichnung ist auch bei diesem Programm vermieden worden, und zwar aus ähnlichen Gründen: Keiner der leicht zugänglichen physiologischen Parameter verspricht ausreichend relevant zu sein, und ein solches Testen versetzt den Teilnehmer unausweichlich in die Rolle einer »Versuchsperson« oder eines »Objekts« der Studie. Das wiederum kann ihn unter Umständen ungünstig beeinflussen, zum Beispiel seine Betrachtungsweise des Versuchszwecks, oder seine Freiheit, seinen Stil auszuleben, ferner seine Beziehungen zum Laborpersonal und zu den Zielen des Programms. Ohne die Möglichkeit zu diskutieren, daß Beziehungen zwischen physiologischen Indikatoren und der Teilnehmerleistung bestehen könnten, hielten wir es insgesamt für besser, unsere Teilnehmer als dazugehörige Mitglieder des Forschungsteams anzusehen und nicht als Objekte einer klinischen Studie.

18. Eine Neubewertung wird nötig

Die vollständige Datenmenge, die in diesem Laboratorium in acht Jahren bei den genannten Experimenten mit dem Zufallsgenerator und der mechanischen Zufallskaskade ermittelt wurde, ergibt insgesamt einen klaren Beweis für eine wissenschaftliche Anomalie. Die Resultate mögen in Teilbereichen wertlos erscheinen, weil sie zu dicht am zufälligen Verhalten liegen oder weil ihre Aussagekraft eine Überprüfung geltender technischer oder wissenschaftlicher Lehrsätze nicht rechtfertigt. Die Gesamtheit der Daten zeigt aber eine unbestreitbare Abweichung von ansehnlicher Proportion. Diese Abweichung läßt sich gleicherweise aus den gesamten Daten einzelner Teilnehmer ersehen. Als Beispiel sind in Abbildung 18.1 und in der Tabelle C im Anhang die Resultate von nahezu 100 experimentellen Serien zusammengefaßt, die im Laufe einiger Jahre von einem Teilnehmer erzeugt wurden, der mit unseren drei Geräten (Zufallsgenerator, Pseudozufallsgenerator, mechanische Zufallskaskade) in Wechselwirkung trat. Aufgrund der langen Zeit konnten eine breite Spanne von technischen Parametern und Umgebungsbedingungen sowie von persönlichen Stimmungen und Strategien erfaßt werden. Nach statistischen Kriterien, die über jeden Zweifel erhaben sind, ist die Wahrscheinlichkeit, daß diese Verkettung von Resultaten rein zufällig auftritt, verschwindend gering. Vollkommen überzeugend ist auch der Grad der internen Konsistenz vieler individueller Teilnehmerleistungen. Es ergibt sich eine starke Korrelation der spezifischen Ergebnismuster mit einzelnen Teilnehmern, gleichgültig ob man die Kurven der kumulierten Abweichungen qualitativ untersucht oder ob man gründlichere quantitative statistische Auswertungen vornimmt, etwa die Analyse der Varianz, der Regression oder bestimmter Ausgleichsparameter.

Die Glaubwürdigkeit aller dieser Behauptungen beruht auf der Größe der jeweiligen Datenbasis. Bisher wurde hier häufig auf die große Anzahl von Intervallen oder Bits beim jeweiligen Teil des experimentellen Programms hingewiesen. Dabei sollte weniger die

Abb. 18.1: Signatur der kombinierten kumulierten Abweichungen, Teilnehmer 10, alle Experimente

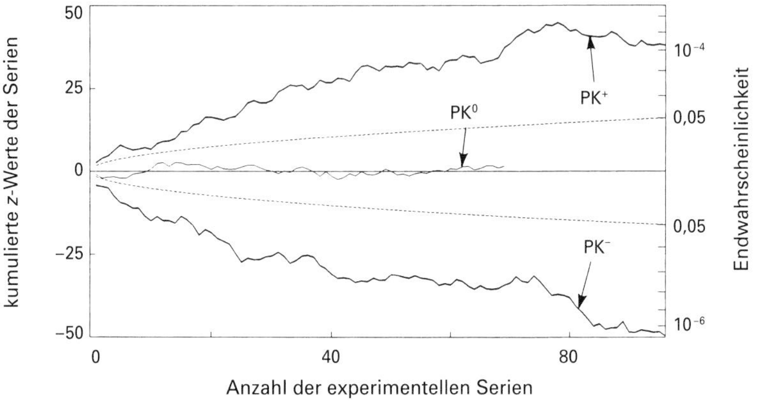

Größe der Anstrengungen hervorgehoben, sondern vielmehr betont werden, daß Schlüsse erst aus angemessen großen Blöcken von Resultaten gezogen werden dürfen. Wie jede Kurve der kumulierten Abweichungen bestens illustriert, haben Experimente dieser Art meist Daten mit sehr starkem Rauschen zur Folge, wobei ein Spektrum zufälliger Fluktuationen systematische Trends überdecken kann. Nur wenn solche Trends sich zu Verschiebungen zusammengefügt haben, die gegenüber der Amplitude der Schwankungen des Rauschens groß genug sind, können begründete Aussagen über die Stichhaltigkeit und über die Korrelation mit den experimentellen Parametern getroffen werden. Nur ein Beispiel: In Abbildung 18.2 wird die Kurve der kumulierten Abweichungen einer bestimmten Serie am Zufallsgenerator für die ersten Durchgänge zu je 50 Intervallen verglichen mit einer ähnlichen Darstellung der Daten von 2500 Intervallen. Auf der Basis dieses kleineren Datensatzes könnten wir versucht sein zu folgern, daß kein signifikanter PK-Effekt vorliegt und, wenn überhaupt etwas vorliegt, daß es die Baseline ist, die sich anomal verhält. Wenn jedoch der gesamte Datensatz untersucht wird, erweisen sich diese offensichtlichen Trends als Übergangseigenschaften, die sich schließlich zu einer deutlichen und anhaltenden Verschiebung in Richtung signifikanter PK-Resultate umkehren, wobei eine normale Baseline eingefaßt wird. Umgekehrt könnten auch Beispiele genannt werden, bei denen anfangs verheißungsvolle Trends im Fortgang der Sitzung verschwinden und später das Zufallsverhalten zurückkehren. Leider enthält die Literatur zu diesem Gebiet zahlreiche, möglicherweise irreführende Darstellungen, bei denen in eben dieser Weise aus ungeeigneten Datenmengen voreilig unzutreffende Schlußfolgerungen genau dieser Art gezogen wurden. Das bedeutet, daß die behaupteten Effekte eher lokalen Variationen im immanenten Rauschmuster der Daten zuzuschreiben sind als irgendeiner langfristigen systematischen Verschiebung.

Die Notwendigkeit, einen ausreichend großen Datenblock zu erarbeiten, damit sich systematische Trends deutlich vom Zufallsrauschen abheben, schreibt uns die Mindestgröße der Datensätze vor und damit auch die Geschwindigkeit, mit der Daten bei den jeweiligen Geräten und Vorschriften aufzunehmen sind. Daraus wiederum resultieren die nötige technische Ausrüstung und die Dauer des Projekts sowie die erforderlichen Investitionen an Zeit und Geld. Die entsprechende Technologie ist unabdingbar für ein produktives Experimentieren auf diesem Gebiet. Dieser Sachverhalt liegt auch unserer früher getroffenen Aussage zugrunde, daß erst in jüngster Zeit derartige Experimente zu diesen Phänomenen technisch machbar wurden.

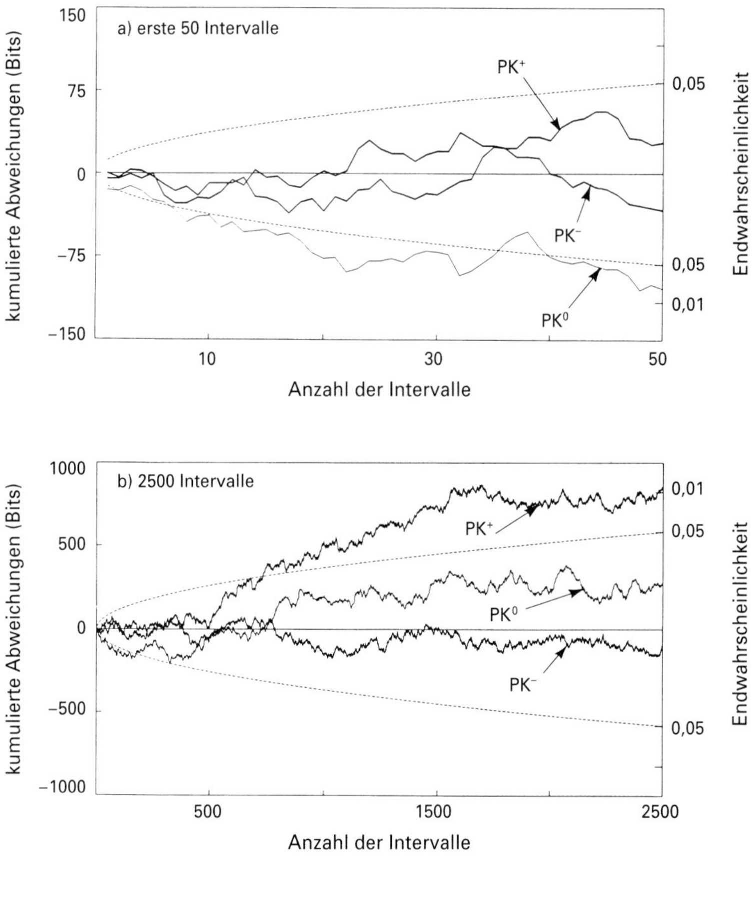

Abb. 18.2, a–b: kumulierte Abweichungen: nur die ersten 50 Intervalle, verglichen mit allen 2500 Intervallen

Angesichts des Gesamtumfangs der vorliegenden individuellen und kollektiven Datenmengen, ihrer expliziten und impliziten Reproduzierbarkeit, der Größe der statistischen Verschiebungen sowie ihrer unleugbaren Korrelationen mit Intentionen und den einzelnen Teilnehmern scheint es inzwischen so, als müsse das klassische Paradigma, das physikalische Prozesse von bewußten und unterbewußten Wünschen der menschlichen Psyche trennt, einige pragmatische und philosophische Probleme eingestehen. Praktisch gesehen wäre es nicht unvernünftig zu fragen, ob Systeme wie unsere Rauschdioden, Sampling-Vorrichtungen, Zähler und Anzeigeeinheiten völlig immun gegen Abweichungen bei Leistungen sind, wenn diese mit dem menschlichen Bewußtsein in Verbindung gebracht werden. Natürlich haben wir unsere Resultate in sehr spezifischen Zusammenhängen ermittelt, ferner mit Hilfe sehr empfindlicher Geräte, und wir haben es vermieden, besondere technische Komponenten einzubeziehen. Deswegen können bis hierher keine sicheren Schlußfolgerungen über Anfälligkeiten der mikroelektronischen Vorrichtungen gezogen werden. Aber wegen der zunehmenden Abhängigkeit von integrierten Rechenschaltkreisen und von fein aufeinander abgestimmten Mikroprozessor-Steuersystemen können irgendwann durchaus ernste technische Probleme auftreten, denn einige Bauteile reagieren schon beim Einwirken weniger Energiequanten und tolerieren weit weniger Binärfehler als die Abweichungen um mehrere tausend Bits, wie wir sie beobachtet haben. Beispielsweise wird die routinemäßige Abhängigkeit von der vollständigen Zufallsbestimmtheit der mikroelektronischen Rauschquelle in Steuerungs-, Referenz- und Kalibrierungssystemen jetzt wirklich bedenklich, denn unsere Resultate wurden mit sehr ähnlichen Rauschkomponenten erzielt. Längerfristig und positiv betrachtet, kann man auch technische Möglichkeiten ins Auge fassen, um die Effizienz und die Anwendungsbreite mikroelektronischer Systeme zu erhöhen, indem man ihre Charakteristika und Funktionen besser auf das Bewußtsein der Teilnehmer abstimmt. Wir sind noch weit davon entfernt, die Kenntnisse zu besitzen, die nötig sind, um Konzeption, Erforschung und Entwicklung solcher Mensch/Maschine-Komplementaritäten voranzutreiben, aber die Vision nimmt Gestalt an, und die Möglichkeiten erscheinen gewaltig.

Aus einer eher philosophischen Perspektive ähneln Daten wie die oben zusammengestellten vielen Anomalien größeren Umfangs, die in der Vergangenheit eine Neuausrichtung der Wissenschaft erzwungen haben. Gemäß unserer Analogie des wissenschaftlichen Twostep (Theorie/Experiment) trifft sozusagen der experimentelle

Fuß der Wissenschaft hier auf ein Hindernis, das mit der derzeitigen theoretischen Haltung nicht zu überwinden ist, so daß ein neuer Schritt nötig wird. Gewiß werden noch viel mehr Experimente erforderlich sein, um Ausmaß und Art dieser Anomalie zu erfassen. Einige davon werden im folgenden Teil dieses Buches beschrieben. Außerdem werden weitere Daten und Perspektiven von anderen Instituten hinzukommen. Doch die empirischen Aspekte sind bereits evident genug, um eine Neubewertung der vorherrschenden Haltung zu rechtfertigen, die die Wissenschaft gegenüber der Rolle des Bewußtseins bei der Bestimmung physikalischer Realität einnimmt. Das Ziel wird die Verallgemeinerung der theoretischen Konzepte und Formalismen sein, die dann solche bewußtseinsbezogenen Effekte als normal einbeziehen und sie nicht als anomale Phänomene abtun.

III. Präkognitive Fernwahrnehmung

Ruinen von Urquardt Castle, Loch Ness, Schottland

Der Mensch besitzt auch eine Fähigkeit,

durch die er seine Freunde und die momentanen

Gegebenheiten, denen diese gerade unterliegen,

erkennen kann, obwohl sie zum betreffenden

Zeitpunkt tausend Meilen entfernt sein können.

PARACELSUS[58]

Neben den in Teil II dargestellten Psychokineseexperimenten (PK) liegt der zweite experimentelle Schwerpunkt der Arbeiten der PEAR-Gruppe im Bereich der sogenannten präkognitiven Fernwahrnehmung. Im Rahmen der traditionellen Kategorisierung (siehe Bender 1971) der Phänomenologie des psychophysischen Problems zählt dieser Bereich zum Thema »außersinnliche Wahrnehmung« (ASW). Aus der Sicht von Jahn und Dunne sollte diese Kategorisierung nicht zu scharf aufgefaßt werden. Legt man – so der Vorschlag der Autoren – die Vorstellung zugrunde, daß es bei beiden Gruppen von Phänomenen im weitesten Sinne um den Austausch von Information zwischen einem »sendenden« und einem »empfangenden« System geht, so würde eine Klassifizierung in PK und ASW allenfalls die Extremfälle fassen. Im allgemeinen wäre davon auszugehen, daß Information in beide Richtungen ausgetauscht wird. Bislang ist kein Verfahren bekannt, mit dessen Hilfe eindeutig zwischen PK und ASW unterschieden werden kann.

Selbst in einer derart verallgemeinerten Konzeption bleibt allerdings zu klären, über welche Art von Information man zu sprechen und wie man sie zu definieren hat, bevor man sinnvoll damit arbeiten kann. Bekanntlich gibt es eine Vielzahl solcher Definitionen, die sich teils in Nuancen, teils sehr deutlich unterscheiden. Auch der Austausch oder die Ausbreitung von Information wären erst im Detail zu diskutieren, etwa im Hinblick auf ihren Zusammenhang mit kausalen Ursache-Wirkung-Beziehungen (»Einflüssen«), bevor damit wirkliches Verständnis erreichbar ist. Dazu findet der Leser einige Anregungen in Teil IV. Bis auf weiteres mag es nützlich sein, Konzepte wie die des Informationsflusses als Platzhalter dafür zu betrachten, was vielleicht eines Tages als substantielle Erklärung für Wechselbeziehungen (oder Korrelationen) zwischen Geist und Materie in Frage kommt.

Mit dem Begriff der präkognitiven Fernwahrnehmung ist eine Art von Wahrnehmung gemeint, mit deren Hilfe Ereignisse außerhalb der bekannten Sinnesmodalitäten über räumliche Entfernungen und/oder über zeitliche Distanzen (Hellsehen) zugänglich werden. Reichhaltiges anekdotisches Material hierzu ist in großer Menge vorhanden (vgl. etwa Bender 1980). Die systematische Forschung zur Fernwahrnehmung begann in den frühen 70er Jahren (siehe Targ und Puthoff 1977), im wesentlichen im Rahmen von Projekten, die vom US-Verteidigungsministerium und der CIA initiiert und finanziert wurden (May 1996, Puthoff 1996). Erst 1995 wurden viele der dabei erzielten Resultate öffentlich zugänglich und lösten eine kontroverse Beurteilung aus (Hyman 1996, Utts 1996). Im Jahr 1979 beendete Dunne ihre Diplomarbeit mit dem Titel *Precognitive Remote Perception* an der Universität Chicago (Dunne und Bisaha 1979).

Die Studien, die Jahn und Dunne vorstellen, belegen an einer Reihe von Beispielen, daß menschliche »Empfänger« Informationen über Ereignisse oder Zielobjekte haben können, die auf Wegen gewöhnlicher Informationsübertragung nicht erhältlich sind. Die Effektstärke der entsprechenden Befunde ist etwas höher, als es für PK-Experimente typisch ist. Die gefundenen Korrelationen beziehen sich auf räumliche Distanzen bis hin zu erdumspannenden Entfernungen und auf zeitliche Distanzen bis hin zu einigen Tagen. Es bedarf kaum der Betonung, daß insbesondere der zeitliche Aspekt der Fernwahrnehmung eine Herausforderung an unsere Alltagsvorstellungen bzw. den darin enthaltenen Realitätsbegriff darstellt. Eine vertiefte Diskussion methodischer und statistischer Aspekte der Fernwahrnehmungsexperimente kann bei Hansen et al. (1992) und Dobyns et al. (1992) nachgelesen werden. Einen jüngeren Überblick über die PEAR-Studien zum Thema Fernwahrnehmung geben Dunne und Jahn (1992).

Ein spezielles experimentelles Verfahren, das sich mit Vorbehalten in die Kategorie der Fernwahrnehmungsexperimente einordnen läßt, wurde in den 70er Jahren von Honorton entwickelt und ist heute unter der Bezeichnung Ganzfeld-Technik bekannt. Die zentrale Frage dabei zielt darauf, ob und wie ein Informationsaustausch außerhalb der gewöhnlichen Sinnesmodalitäten zwischen zwei Versuchspersonen stattfinden bzw. optimiert werden kann. Die typische experimentelle Anordnung sieht einen »Sender« und einen »Empfänger« vor, die sich in zwei getrennten, isolierten Räumen befinden. Der Empfänger wird durch geeignete Maßnahmen in einen Zustand sensorischer Deprivation versetzt. In diesem Zustand versucht er, Eindrücke von ihm unbekannten Zielobjekten zu bekommen, die ihm der Sender zu übermitteln trachtet. Die Erlebnisberichte, welche Bilder, Gefühle und sonstige Assoziationen des Empfängers umfassen, werden kontinuierlich protokolliert. Nach Abschluß der Experimentalsitzung ist es die Aufgabe des Empfängers, aus einer Gruppe von Kontrollbildern das tatsächlich »übermittelte« zu identifizieren.

Die Ganzfeld-Technik und die damit gewonnenen Resultate sind in den 80er Jahren Gegenstand einer detaillierten und aufschlußreichen Diskussion zwischen einem skeptisch eingestellten Psychologen (Hyman 1985) und Honorton (1985) geworden. Im Anschluß daran formulierten Hyman und Honorton (1986) gemeinsam Richtlinien für zukünftige aussagekräftige Experimente, die dann auch durchgeführt wurden (Bem und Honorton 1994). Derartige Beispiele für wissenschaftlich fruchtbare Arbeit als direkte Folge konstruktiver Skepsis sind in der Geschichte der Anomalienforschung höchst selten. Jahn und Dunne gehen auf die Ganzfeld-Debatte, die zur Zeit der Entstehung ihres Buches noch auf wenige Beteiligte beschränkt war, nicht ein. Heute besteht Einigkeit darüber, daß der Ganzfeld-Effekt eine tatsächliche »Kommunikationsanomalie« darstellt. Neuere Entwicklungen werden von Dalton et al. (1996) und Milton und Wiseman (1997) resümiert.

H. A. & E. B.

Bem, D. J., und Honorton, C. (1994). Does psi exist? Replicable evidence for an anomalous process of information transfer. *Psychol. Bull. 115*, 4–18; mit Kommentaren von Hyman (pp. 19–24) und Bem (pp. 25–27).

Bender, H. (1971). *Unser sechster Sinn*. Stuttgart, Deutsche Verlagsanstalt.

–, –, Hrsg. (1980). *Parapsychologie: Entwicklung, Ergebnisse, Probleme*. Darmstadt: Wissenschaftliche Buchgesellschaft.

Dalton, K. S., Morris, R. L., Delanoy., D. L., Radin, D. I., Taylor, R., und Wiseman, R. (1996). Security measures in an automated Ganzfeld system. *J. Parapsych. 60*, 129–147.

Dobyns, Y. H., Dunne, B. J., Jahn, R. G., und Nelson, R. D. (1992). Response to Hansen, Utts, and Markwick. *J. Parapsych. 56*, 115–146.

Dunne, B. J., Bisaha, J. P. (1979). Precognitive remote viewing in the Chicago area. *J. Parapsych. 43*, 17–30.

–, –, Jahn, R. G. (1992). Experiments in remote human/machine interaction. *J. Sci. Explor. 6*, 311–332.

Hansen, G., Utts, J., und Markwick, B. (1992). Critique of

the PEAR remote-viewing experiments. *J. Parapsych. 56*, 97–113.

Honorton, C. (1985). Meta-analysis of psi ganzfeld research: a response to Hyman. *J. Parapsych. 49*, 51–91.

Hyman, R. (1985). The ganzfeld psi experiment: a critical appraisal. *J. Parapsych. 49*, 3–50.

–, – (1996). Evaluation of a program on anomalous mental phenomena. *J. Sci. Explor. 10*, 31–58. Siehe auch Utts, J., Response to Hyman. *J. Sci. Explor. 10*, 59–61.

–, –, Honorton, C. (1986). A joint communiqué: the psi ganzfeld controversy. *J. Parapsych. 50*, 350–364.

May, E. C. (1996). The American Institutes for Research review of the Department of Defense's star gate program: a commentary. *J. Parapsych. 60*, 3–23.

Milton, J., und Wiseman, R. (1997). Ganzfeld at the crossroads: a meta-analysis of the new generation of studies. In *Proceedings of the 40th Annual Convention of the Parapsychological Association*, hg. von R. Wiseman. Parapsych. Ass., pp. 267–279.

Puthoff, H. E. (1996). CIA-initiated remote viewing program at Stanford Research Institute. *J. Sci. Explor. 10*, 63–76.

Targ, R., Puthoff, H. E. (1977). *Mind Reach*. New York: Delacorte. Deutsch: *Jeder hat den sechsten Sinn*. Köln: Kiepenheuer & Witsch 1977.

Utts, J. (1996): An assessment of the evidence for psychic functioning. *J. Sci. Explor. 10*, 3–30.

19. Fern-Sehen ohne Kamera

An einem Sommermorgen im Jahr 1977 besuchte ein Fernsehteam von *CBS News Magazine* am Mundelein College in Chicago eine kleine Forschergruppe, die seit einiger Zeit mit einem parapsychologischen Forschungsansatz experimentiert hatte, der als »Fernwahrnehmung«* bekannt ist. Nach einem kurzen Überblick über die zuvor festgelegten Schritte, die man unternehmen würde, fuhr einer der Experimentatoren, den wir hier »Agent« nennen wollen, gemeinsam mit einigen Mitgliedern des Fernsehteams in die Innenstadt. Eine zweite Experimentatorin, die »Perzipientin«, blieb mit dem Rest der Gruppe zurück.** Sie versuchte nun zu beschreiben, wo sich der Agent eineinviertel Stunden später aufhalten würde. Die Perzipientin saß während ihres ganzen Einsatzes bequem in einer Art Lounge und teilte dem Fernsehteam in aller Ruhe ihre Eindrücke mit.

Nachdem der Agent mit seinem Teil des Fernsehteams die Innenstadt erreicht hatte, blieb er im Auto sitzen, das in der Nähe des Bürohauses der Zeitung *Chicago Tribune* geparkt wurde. Zum geplanten Zeitpunkt startete ein Mitglied des CBS-Teams auf seinem Taschenrechner ein Programm zum Erzeugen von Zufallszahlen; das Ergebnis wurde auf einen von zehn Umschlägen bezogen, die zuvor von anderen Angehörigen des CBS-Teams vorbereitet worden waren. Jeder Umschlag enthielt die Wegbeschreibung zu einem von zehn Zielorten, die innerhalb von 30 Minuten vom gegenwärtigen Standort aus zu erreichen waren. Das auf diese Art ausgewählte Ziel war, wie sich nach Öffnung des Umschlags zeigte, die Rockefeller-Kapelle auf dem Campus der Universität Chicago. Das Team fuhr dorthin.

Bei der Kapelle verließen der Agent und das Fernsehteam das Auto und gingen ohne besonderes Ziel über die Treppen und den Platz vor dem Gebäude und um dieses herum. Sie nahmen die Szene auf Video auf und sprachen über die Einzelheiten. Das Innere konnten

* Remote Viewing: im Deutschen wegen des Doppelsinns von Fern-Sehen meist mit Fernwahrnehmung übersetzt; A. d. R.

** Im angelsächsischen Sprachgebrauch nennt man die Teilnehmer *agent* (Handelnder) und *percipient* (Wahrnehmender). Wir berufen uns hier auf die lateinische Herkunft der Worte – *Agent* für »Abgesandter« und *Perzipient* für »Empfänger« –, um nicht durch ein Begriffspaar wie Sender/Empfänger eine direkte Beziehung zwischen beiden Experimentatoren zu unterstellen (siehe Kap. 25), A. d. R.

sie wegen eines gerade stattfindenden Gottesdienstes nicht filmen, aber einen Teil der Vorhalle konnten sie aufnehmen. Die drei Fotos in Abbildung 19.1 zeigen das Äußere und das Innere dieser Kapelle, später unter günstigeren Bedingungen aufgenommen.

Ein Videoband dieses Experiments mit dem Verhalten von Agent und Perzipientin sowie mit ihren Kommentaren, ferner mit Aufnahmen vom Ziel (der Kapelle) und einigen Diskussionen anderer interessierter Forscher über das Vorgehen und die Konsequenzen der Resultate wurde in einer Folge des *CBS News Magazine* im Januar 1978 in den USA landesweit ausgestrahlt. Die Eindrücke der Perzipientin von der Zielszene, in der Sendung auszugsweise wiedergegeben, waren im vollen Wortlaut die folgenden:

CBS-Interviewer:
[Perzipientin], es ist jetzt genau 13 Uhr. Bitte stellen Sie sich vor, wo sich [Agent] heute nachmittag um 14.15 Uhr aufhalten wird. Das kann irgendwo im Stadtgebiet von Chicago sein. Entspannen Sie sich und versuchen Sie genau zu erkennen, wo er sein wird. Hier sind Papier und Bleistift für den Fall, daß Sie irgendwelche Skizzen anfertigen wollen.

Abb. 19.1a: Rockefeller-Kapelle, Universität Chicago

Perzipientin:

(Pause) Ich versuche, den Kopf frei zu bekommen und mich darauf zu konzentrieren oder daran zu denken, wo [Agent] um 14.15 Uhr sein wird. (Pause) Es kommen einige Bilder herein, und ich – ich kann nicht unterscheiden, ob das reale Bilder von dort, wo er sich aufhält, wissen Sie, oder ob das frühere sind. (Pause) Ich sehe die – die Arkaden, ich glaube, so heißt das, in der Nähe der – des Tribune-Hauses, des Chicago-Tribune-Hauses, und ich kann nicht – kann nicht genau erkennen, was das ist – ob das ein Teil des Bildes von dem Ort ist, wo er sich befindet, oder – oder von etwas, das mir gerade von früher in den Sinn kommt. Ich sehe Leute vorbeigehen. Da ist ein – ein Springbrunnen. Ich bin nicht sicher, ob es einer ist, aber da steht so etwas wie eine Statue, die aber nicht besonders hoch ist. Ich – ich kriege ein Gesicht an der Statue, an einer Statue oder – das liegt hoch, ziemlich hoch, ich kann keinen Sockel sehen, aber ich sehe das Gesicht der – an der Statue. Ah, ich bekomme die kleinen Türmchen um das Gebäude herum, und ich kann den – Platz erkennen oder das – das, ah, Gelände am Gebäude. Es ist nicht sehr breit, aber es hat eine rechteckige Form. Ich kann sehen, wie einige Leute aus einem Taxi steigen. Da ist einiges an Bewegung, Leute gehen herum oder, wissen Sie, spazieren herum. Ah – ich glaube, da müssen einige Fenster sein, schmale, hohe Fenster, aber in einer Reihe, die

Abb. 19.1b

ziemlich hoch reicht. (Pause) Ich sehe ein – eine schwere Holztür mit – mit einem schwarzen Riegel darauf, der – der nach oben geht – sie ist oben rund, wie ein Torbogen; so nennt man das wohl. Ich habe das Gefühl, daß sich die Türen öffnen, daß ich hineinschaue und es drinnen dunkel ist. (Pause) Mein Gefühl sagt mir im Moment, daß es eine Kirche ist, ein Gebäude wie eine Kirche. Und ich kann die – die Kirchenbänke sehen. Ich spüre vor allem Dunkelheit in – da sind einige Lichter, doch ich spüre im Grunde eine Art Dunkelheit darin und Stille. (Pause) Ich sehe wieder die kleinen Türmchen, sehr fein ausgearbeitet, Türmchen, eine ganze Reihe davon auf dem Oberteil des Gebäudes, und sie – sie – da ist eine gerade Linie und dann oben eine dreieckige – ein Dreieck. Ich habe das deutliche Bild einer engelartigen Statue vor mir, Marmor, fließende Gewänder. Ich kann nicht – vielleicht sollte ich es nicht Engel nennen, aber ich kann – eine Statue mit wallenden Gewändern. Trotzdem sehe ich – einen Heiligenschein, ja, das ist es.

(Pause) Ich sehe die Tür wieder, und ich sehe einige Stufen. (Pause) Da ist – da ist ein Außengeländer, glaube ich, an den Stufen. Und ich glaube nicht, daß das ein besonders – ich glaube nicht – da sind eine ganze Menge Stufen. Ich denke, das ist ganz schön hoch. (Pause) Ich sehe einige bunte Glasfenster, bogenförmig, und sie erscheinen dunkelblau. Ich weiß nicht, ob

Abb. 19.1c

irgendwelche Muster auf ihnen sind, aber ich – ich habe den Eindruck von Dunkelblau. (Pause) Ich möchte sagen, daß ich einen Altar sehe, aber – ich – ich kann nur mit Mühe entscheiden, ob ich den Altar sehe oder ob ich nur daran denke, weil ich mir vorstelle, daß das eine Kirche ist. Welcher Stil das auch sein mag – die Verzierungen am Gebäude sind – das ist ziemlich sorgfältig gearbeitet, und es schaut aus, als hätte sie oben einen Abschnitt mit den Türmchen und daß darunter einige andere Formen wären, aber eher gerade Formen. Vielleicht sind Schnörkel an den geraden Ornamenten. Ich fühle etwas wie einen harten Fußboden, wie aus Marmor. (Pause) Und dann ist da ein Bild von etwas, was ich gerade nicht – ich kann nicht herausfinden, ob das so ist, verstehen Sie, weil ich daran denke, daß, wissen Sie, weil ich das für eine Kirche halte, daß ich deshalb einen Marmorfußboden mit rosa Färbung sehe, und da sind – ich denke, da sind Quadrate, recht große Quadrate. Und ich sehe einen Gang durch die Mitte. Es – ich glaube, da sind andere Türen, nicht – ich kann nicht sagen, ob sie genau vorn sind oder ob sie an den Seiten sind. Ich glaube eher, daß da Türen an den Seiten sind, aber man sieht sie nicht unbedingt, wenn man von vorn auf das Gebäude schaut. Ich sehe die Türen ab und zu wieder auftauchen, dann wieder die Türen mit den Bögen und diesen schwarzen Riegeln daran, oder mit der schwarzen Verzierung. Ich sehe ein paar Bäume, eine sehr kleine Fläche mit Bäumen oder vielleicht nur wenigen einzelnen Bäumen, ah, entweder davor oder an der Seite oder so ähnlich. Kein Park oder so etwas, aber ein Eindruck von einigen Bäumen. (Pause) Ich sehe einen Hydranten. (Pause) Ich meine, ich sehe wieder – sehe die Türen und dann eine vielleicht vorstehende Fläche oder eine Gebäudewand, die herausragt und einige Ornamente hat, und da könnten sogar einige von denen sein, bevor man den oberen Teil erreicht, der entweder dreieckig oder aber abgerundet ist, aber es ist – filigrane Arbeit, da sind kleine filigran gearbeitete Türmchen oder so etwas Ähnliches. Im Inneren sehe ich – ich denke, es ist innen, es sieht so aus – wie der Innenraum oder ein überwölbter Raum. Und im Gebäude setzen sich die Bögen irgendwie fort, aber vielleicht treffen sie auf Säulen oder so etwas, aber wie die Verzierung auch ist, wo die Wände aufeinandertreffen oder irgend etwas auseinandergeht oder etwas anderes da ist – es sieht wie überwölbt aus.

Interviewer:
Okay, [Perzipientin], das war's.

Perzipientin:
Okay.

Das experimentelle Vorgehen bei dieser speziellen Demonstration ähnelte jenem, das von der Mundelein-Gruppe routinemäßig angewandt wurde, als einer der Autoren (B.J.D.) von 1976 bis 1979 an der Leitung der Versuche beteiligt war. In dieser Zeit führte die Gruppe mehrere solcher Tests durch, die die Resultate bestätigten, die zwei Physiker von *SRI International* (Stanford Research Institute) einige Jahre zuvor über ähnliche Fernwahrnehmungsversuche publiziert hatten.[59] Diese zwei Datensätze und auch etliche andere Versuche in der parapsychologischen Forschergemeinschaft regten weitere Studien an und lösten eine heftige Kontroverse mit der Gruppe der üblichen Kritiker aus.

Trotz der neuartigen Verfahrensvorschrift für diese Experimente sind die betrachteten Phänomene kaum neu. *Telepathie* (die Wahrnehmung von Gedanken und Empfindungen anderer Personen), *Hellsehen* (das Empfangen von Information von Orten, die mit Hilfe der normalen Sinne unzugänglich sind) und *Präkognition* (das Empfangen von Informationen im voraus) wurden schon seit Urzeiten von Schamanen und Okkultisten praktiziert und machen seit hundert Jahren den Kern der traditionellen Psi-Forschung aus. Für den persönlichen und den sozialen Gebrauch steht die bekannte Metapher von der »Kristallkugel« als Symbol für das dem Menschen eigene Verlangen, in die Gedanken anderer eindringen, Geheimnisse enthüllen, die Zukunft vorhersagen oder auf andere Weise der Zufälligkeit seiner Welt abhelfen zu wollen.

Seit den ersten SRI-Arbeiten und den Mundelein-Experimenten haben zahlreiche andere Institute ähnliche *Free-Response*-Untersuchungen (der Perzipient darf sich in eigenen Worten und ohne Einschränkungen äußern; A.d.R.) gestartet, und die gesammelte Datenmenge, die diese Art Phänomene betrifft, ist bereits aussagekräftig. Obwohl sich die Vorschriften in einigen Details unterschieden, war der grundlegende Ansatz im allgemeinen ähnlich dem gerade beschriebenen: Ein Perzipient versucht, Information über einen physikalisch entfernten Ort oder ein entlegenes Objekt durch gewisse anomale Mittel zu erlangen, und er versucht, durch Niederschreiben, Sprechen auf Tonband oder eine Skizze eine Beschreibung des Ziels zu liefern. Diese Eindrücke werden dann mit der tatsächlichen Zielszenerie durch subjektive oder analytische Tests verglichen, und auf dieser Grundlage wird dann eine Bewertungszahl vergeben. Auch die Methoden zur Auswahl und Definition der Ziele variieren; einige umfassen ausgeklügelte Zufallsverfahren, andere beruhen auf einer eher spontanen Auswahl bestimmter Szenen oder Objekte.

In den meisten Fällen – wie im vorherigen Beispiel – besucht ein zweiter Teilnehmer, der Agent, zu einem vorherbestimmten Zeitpunkt das Ziel. Er wirkt dabei vermutlich wie eine Art Leuchtfeuer für die Bemühungen des Perzipienten oder wie ein Mittler für die Übertragung der Information. Die maßgebende Rolle dieses Agenten, die Effizienz seiner möglichen Strategien und die Bedeutung seiner Beziehung zum Perzipienten sind bei dieser Forschung auch von Interesse. An einigen dieser Untersuchungen war überhaupt kein Mensch als Agent beteiligt; hier wurde das Ziel nur durch die Angabe von Koordinaten auf einer Karte oder mit anderen technischen Mitteln spezifiziert.

Ungeachtet der differierenden Einzelheiten wurde dieser Typus von Experimenten in der heutigen Anomalienforschung recht populär, und zwar wegen des relativ guten Ertrags, der geringen Kosten und des sich anbietenden Bereichs möglicher praktischer Anwendungen. Allerdings wurden solche Experimente auch sehr kritisch kommentiert, weil sie sehr anfällig waren gegenüber nachlässiger Handhabung der Vorschriften und wegen unsauberer Verarbeitung der Daten. Als häufigste Kritikpunkte wurden genannt, daß ungewollt oder absichtlich beide Teilnehmer Hinweise erhalten könnten, daß eine echte Zufallsauswahl des Ziels nicht gegeben sei, daß gemeinsame bewußte oder unterbewußte Vorlieben von Perzipient und Agent vorlägen oder daß die Daten statistisch fehlerhaft ausgewertet würden. Weil die ermittelten Daten auf Eindrücken beruhen, können derartige Bedenken durchaus berechtigt sein.

Wenn solche Experimente als seriöse Forschung und nicht bloß als interessante Gesellschaftsspiele gelten wollen, müssen die zugrundeliegenden einfachen Vorschriften von ausgefeilten technischen Verfahren begleitet werden. Neben der Einhaltung einer adäquaten Zufallsauswahl der Ziele – ihrer »Randomisierung« – und der experimentellen Sicherheit ist die wichtigste Forderung diejenige nach einer standardisierten quantitativen Bewertung der Akkuratesse der Antworten des Perzipienten. Bei fast allen der vorher zitierten Experimente wurde eine Art Testung durch den Menschen vorgenommen: Eine oder mehrere Personen, die am Experiment nicht beteiligt waren, verglichen die Eindrücke des Perzipienten mit anderen Zielen (darunter das tatsächliche Ziel) und stellten danach eine Rangordnung dieser Ziele nach dem Grad der Übereinstimmung mit der »Wahrnehmung« auf. Alternativ dazu wurden den Perzipienten etliche Bilder von Zielen gezeigt, und sie wurden aufgefordert, sie gemäß der Übereinstimmung mit ihren vorherigen Eindrücken in eine Rangfolge zu bringen. Die Rangfolgen wurden dann einfachen statistischen Tests unterzogen. Diese Methoden haben alle einige methodologische Schwächen: Ungleichmäßigkeiten der technischen oder der wahrnehmerischen Fähigkeiten der Beurteiler; ihre subjektiven Vorurteile gegenüber einzelnen Experimenten oder der Ausgangsfrage im allgemeinen; ihre Unfähigkeit, mehr als einige wenige Möglichkeiten in jedem gegebenen Fall zu vergleichen; und sogar mögliche Psi-»Zugaben« von ihnen selbst.

Abgesehen von diesen Problemen sind die Methoden statistisch sehr ineffizient, da der gesamte Inhalt von vorliegenden Eindrücken auf einen einzigen Wert reduziert wird, ungeachtet ihres potentiellen Reichtums an Information.
Aus diesen Gründen befaßten wir uns in dem Teil des PEAR-Programms, der die Fernwahrnehmung behandelt, ebenso mit der Entwicklung und der Anwendung von Methoden zur detaillierten analytischen Auswertung experimenteller Resultate wie mit der Sammlung der Daten an sich; und den analytischen Überlegungen gilt dieser Teil des Buches. Wir wollen indessen mit einer knappen Darstellung unseres eigenen Verfahrens beginnen, ferner mit einer repräsentativen Auswahl von Wahrnehmungsresultaten und einer kurzen Zusammenfassung ihrer charakteristischen Merkmale. Auf deren Grundlage kann das analytische Vorgehen faßbarer beschrieben werden.

20. PEAR-Bilder aus der Ferne

In seiner gegenwärtigen Form erfordert unsere formale Fernwahrnehmungsvorschrift oder unser Protokoll, daß der Perzipient schriftlich ein ihm unbekanntes geographisches Ziel beschreibt, an dem sich der Agent aufhält oder aufhielt oder sich zu einem vorher festgelegten Zeitpunkt aufhalten wird. Dann muß der Perzipient einen Kontrollfragebogen ausfüllen, der Grundlage für die anschließende analytische Auswertung ist. Die Perzipienten wählen selbst Zeitpunkt und Ort, an dem sie ihre Eindrücke vom Ziel entstehen lassen und aufzeichnen, und sie wenden ihre eigenen Strategien an, um diese Aufgabe zu lösen. Der Stil ihrer Niederschrift variiert gleichermaßen beträchtlich und reicht von rätselhaften, analytischen Aussagen bis zu ausführlichen, detaillierten Beschreibungen.
Der Agent verbringt vom festgelegten Zeitpunkt an üblicherweise zehn bis fünfzehn Minuten am Ziel und hält seine Eindrücke vom Ziel in Prosa und auf dem erwähnten Fragebogen fest. Wenn irgend möglich, werden auch Fotos von der Szene aufgenommen, um die Beschreibung zu ergänzen und für später einen Beleg zu haben. Wiederum sind dem subjektiven Vorgehen des Agenten keine Grenzen gesetzt. Er kann sich unbeteiligt geben, sich intensiv auf die Szenerie konzentrieren, auf den Perzipienten oder auf beide.
Die Zielorte werden entweder im instruierten oder im selbstbestimmten Modus bestimmt. Im instruierten Modus wird das Ziel vor jedem Versuch nach dem Zufallsprinzip ausgewählt, und zwar aus einer großen Menge von Zielen, die zuvor von einer Person vorbereitet wurden, die am Experiment nicht beteiligt ist, so daß kein potentieller Perzipient oder Agent Zugang dazu hat. Beim selbstbestimmten Modus wird das Ziel vom Agenten spontan zu dem Zeitpunkt gewählt, der für den Versuch bestimmt wurde. Das letztgenannte Verfahren wird meist dann angewandt, wenn der Agent auf einer Route reist, die dem Perzipienten unbekannt ist, also in einem Gebiet, für das keine vorbereitete Menge (oder *Pool*; A.d.R.) von Zielen existiert.

Wie das Ziel auch ausgewählt wird, die meisten Eindrücke entstehen präkognitiv: Das bedeutet, sie werden erzeugt und aufgezeichnet, bevor das Ziel vom Agenten aufgesucht wird, ja, sogar bevor das Ziel überhaupt ausgewählt wurde, so daß keine Absprache und Kommunikation zwischen Perzipient und Agent möglich sind, bis alle Beschreibungen, Fotos und Fragebögen vorliegen. Eine kleinere Anzahl von Durchgängen wurde »retrokognitiv« ausgeführt, das heißt, die Wahrnehmungen wurden erst nach dem Aufsuchen des Ziels aufgezeichnet, aber noch bevor der Perzipient irgendeine Möglichkeit hatte, mit gewöhnlichen Mitteln Informationen über das Ziel zu erhalten. Da bei jeder einzelnen dieser Verfahrensweisen mehr als das visuelle Vorstellungsvermögen aktiviert zu sein scheint, bevorzugen wir die allgemeinere Bezeichnung »Remote Perception« (Fernwahrnehmung) statt der ursprünglichen Benennung »Remote Viewing« (Fern-Sehen); und da die meisten unserer Daten auf präkognitive Weise ermittelt wurden, heißt das Akronym unseres Forschungsprogramms zur präkognitiven Fernwahrnehmung *PRP* (für *Precognitive Remote Perception*).

Die PEAR-Daten (Stand 1987) beruhen auf 334 formellen Versuchen zur präkognitiven Fernwahrnehmung mit etwa 40 Perzipienten, die die vorher skizzierten Regeln einhielten. Außerdem bewahren wir die Daten aller informellen oder probeweisen Versuche auf, die aus bestimmten Gründen nicht allen Erfordernissen der formellen Vorschriften entsprachen; auch diese Daten können aufschlußreiche Informationen enthalten. Ein technischer Bericht[60] enthält eine komplette Zusammenstellung aller Versuche mit zahlreichen Fotos der Ziele, mit den beigefügten Niederschriften der jeweiligen Eindrücke und den Fragebögen sowie ausführlichen Tabellen der Ergebnisse, die aus den analytischen Beurteilungen gewonnen wurden. Hier werden wir nun an ausgewählten Beispielen einige der hervorstechenden Merkmale derartiger Daten sowie ihre Auswertung präsentieren.

Die Abbildungen 20.1 bis 20.6 zeigen Fotos von PRP-Zielen. Ihnen sind jeweils Ort und Zeitpunkt des Besuchs durch den Agenten zugeordnet, außerdem Zeitpunkt und Ort des Versuchs, Eindrücke zu erhalten, sowie die wörtliche Niederschrift der Aussage des Perzipienten. Das Augenmerk bei all diesen Eindrücken ist auf die Variationen in Stil, Detailreichtum und Präzision zu richten sowie auf die Akzentuierungen, die auf geschickte Weise quantitativ zu erfassen waren. Nach der Untersuchung unserer gesamten Datenbasis können mehrere allgemeine Charakteristika angegeben werden, die uns möglicherweise Hinweise auf die Natur des Prozesses geben. So reicht die Genauigkeit der Eindrücke von nahezu fotografischer Präzision über verschiedene Grade der Übereinstimmung mit den Bestandteilen und der Einbettung der Szenerie bis hin zum völligen Verfehlen. In manchen Fällen wurden einige Bestandteile korrekt identifiziert, aber zueinander oder in der Umgebung falsch plaziert; in anderen Fällen wurde die gesamte Umgebung gut wahrgenommen, aber einige Bestandteile passen nicht. Manche Details, die für die Szene oder für das Gefühl des Agenten über sie entscheidend sind, wurden vom Perzipienten zuweilen völlig ignoriert, während unwichtigere Aspekte zu bedeutsamen aufgewertet wurden. Größere geometrische Verzerrungen sind normal, und die ästhetischen Aspekte scheinen genauer wahrgenommen zu werden als die Einzelheiten. Zuweilen zeigt sich in der Niederschrift ein Fortschreiten vom Genauen zum Ungenauen oder umgekehrt. Selbst diese Verallgemeinerungen sind von der individuellen Deutung abhängig und daher zu unsicher, um hier von Anomalien sprechen zu können bzw. Korrelationen oder die Phänomene überhaupt feststellen zu können. Die Schlüsselfrage ist also, ob ein systematischeres quantitatives Bewertungsverfahren entwickelt werden kann, mit dem die »impressionistischen« Daten in eine passendere Form überführt werden können.

Abb. 20.1:
Nordwest-Bahnhof, Glencoe, Illinois

Wahrnehmung (auszugsweise): Ich sehe gerade eine Überführung, wahrscheinlich eine Überführung über die Schnellstraße. Ich sehe sie im Gras zu den Seiten verankert, ansteigend. Ich sehe einen Bahnhof. Ich sehe den Bahnhof, einen der Vorortbahnhöfe, die an der Schnellstraße liegen – den weißen Beton und die silbernen Schienen. Ich sehe, wie ein Zug einfährt ... In der Nähe stehen viele Gebäude, ich glaube, es sind Wohnhäuser. ... Ich sehe immer noch den schnell vorbeiströmenden Verkehr, sehr schnell, viele Autos. ... Sehe gerade die Vorderfront des Bahnhofs, kann ein bißchen hineinschauen. ... Ich denke, da sind Holzdielen auf dem Boden. ... Ich sehe oder höre das Auftreten von Füßen oder Schuhen auf dem Holzboden. ... Oben an der Wand im Bahnhof hängen Plakate oder Poster, eine Art Reklame. Ich sehe die Sitzbänke. Bekomme das Bild eines Schildes, aber ich meine, es ist möglicherweise das Schild mit dem Namen des Bahnhofs drauf. Er hat acht oder zehn Buchstaben, vielleicht Clydeburn oder Clayburn. Ich habe den Eindruck, daß auf dem Holzfußboden einiges herumliegt, vermutlich Abfälle. Ich sehe die Schienen. Es ist gerade kein Zug auf den Schienen, leere Schienen. ...

Entfernung: 5 Meilen
Zeit: 35 Minuten, präkognitiv
normalisiertes Ergebnis: 0,850
z-Wert: 2,862
Wahrscheinlichkeit: 0,002

Abb. 20.2:
Radioteleskop, Kitt Peak, Arizona

Wahrnehmung (vollständig): Etwas seltsames, aber hartnäckiges Bild von [Agent] in einer großen Schüssel – eine halbkugelförmige Vertiefung im Boden, aus einem glatten, künstlichen Material wie Beton oder Zement. Keine Farbe. Vielleicht von einer Glaskuppel überwölbt. Eine ungewöhnliche Empfindung, gleichzeitig innen und außen zu sein. Das ist alles. Es ist eine große Schüssel. (Wäre es eine Suppenschüssel, dann hätte [Agent] die Größe eines Knödels!)

Entfernung: 2200 Meilen
Zeit: 45 Minuten, präkognitiv
normalisiertes Ergebnis: 0,731
z-Wert: 1,883
Wahrscheinlichkeit: 0,030

Abb. 20.3:
Terrasse, Mailand

Wahrnehmung (vollständig): [Agent] sitzt auf einem kleinen Vorbau oder einem Balkon, der von einer Stein- oder Ziegelmauer umgeben ist, vielleicht hüfthoch; er spricht mit jemandem. Die Füße hoch, körperlich sehr entspannt, eine Menge Energie. Blick vom Balkon (vielleicht ein Stockwerk hoch) geht nach unten auf eine recht schmale Straße, die ein bißchen kurvig oder gewunden ist, gesäumt von Gebäuden. Farbige Szenerie, Straßengeräusche, etwas Autoverkehr – nicht viel –, Fußgänger. Ein paar Bäume, nicht unbedingt an der Straße – vielleicht auf einem Balkon – Blumen in Töpfen. Sonniger, warmer Tag.

Entfernung: 4000 Meilen
Zeit: 132,5 Stunden, präkognitiv
normalisiertes Ergebnis: 0,706
z-Wert: 1,673
Wahrscheinlichkeit: 0,047

Abb. 20.4:
Ruinen von Urquardt Castle, Loch Ness, Schottland

Wahrnehmung (vollständig):
Felsen; mit unregelmäßigen Löchern; auch Glätte
Höhe
Ozean – dunkel, dunkelblau
Schaumkämme
Wellen, die gegen Felsen schlagen?
auf Berg oder hohen Felsen, die über Wasser stehen
dunkles Grün in der Ferne
fliegende Möwen?
ein Pelikan auf einem Pfahl
Sand
ein Leuchtturm? – hohe Konstruktion – rund mit konischem Dach
hohe Fenster oder Fensteröffnungen mit Pfad, der hinaufführt
oder größere Struktur, ähnlich einer Burg
[Hier folgt in der Niederschrift die Skizze des Torbogens einer Burg.]
ein schwarzer Hund?
mit gelocktem Fell
Gefühl von Altem, Unbenutztem; auseinandergefallen?
modrig oder naßkalt
Moos oder Gras wächst an den Wänden
Zugbrücke? – Holz
Geruch von Meerwasser
[Hier folgen zwei Skizzen mit den Felsen und der Burg, durch Wasser vom Dunkelgrün der Ferne getrennt.]
Blumen?
Schnee, Eis – auf einer Bergspitze?
große, höhlenartige Halle – Burg.

Entfernung: 3500 Meilen
Zeit: 14,5 Stunden, retrokognitiv
normalisiertes Ergebnis: 0,769
z-Wert: 2,194
Wahrscheinlichkeit: 0,014

Abb. 20.5:
Tretjakow-Galerie, Moskau

Wahrnehmung (auszugsweise): Habe das Gefühl, in einer irgendwie stillen, düsteren, gedämpften Atmosphäre zu sein. Ungefähr das Gefühl, das man in einer alten Kathedrale oder auf einem Friedhof bekommt. Wahrscheinlich ein altes Schloß oder etwas Ähnliches. Vielleicht eine Festung. ... Alle Farbeindrücke, die ich empfange, sind gleich – graue, braune, dunkle gedämpfte Farbtöne. Ich spüre etwas wie Alter. ... Ich denke an eine große Kirche oder so etwas, oder an ein Schloß. Eine Art Gebäude. Es scheint ziemlich groß zu sein. Empfindung von Echos, gedämpfte Farben. ... Ich sehe einige, vielleicht zwei bis vier runde Bälle, die auf etwas zu liegen scheinen. Das ist vielleicht eine Art Dekoration. Wie auf etwas, das viereckig ist. Fast wie eine quadratische Säule mit einer Kugel darauf. Ich sehe plötzlich das sehr klare Bild eines alten Gebäudes. Es ist ziemlich groß. Da gibt es Fenster mit Bögen. Sie mögen nicht perfekt rund sein, die Bögen laufen aber oben fast zusammen. Sehr eindrucksvoll. Die Farbe ist hellgrau, mit reichen Verzierungen. Es läuft zu einer Art Spitze zusammen, aber keiner richtigen Spitze. ... So daß es, wo es oben rund sein sollte, eine Spitze bildet. Ich bin nicht sicher, ob es Fenster sind oder die Form des Gebäudes selbst. ... Große, mächtige Doppeltüren. ... Gerade sehe ich sie wieder, diese viereckigen Pfeiler mit den Kugeln darauf. Sie scheinen fast einen Eingang zu bilden, mit je einem Pfeiler auf jeder Seite. ...

Entfernung: 6000 Meilen
Zeit: 21,5 Stunden, präkognitiv
normalisiertes Ergebnis: 0,664
z-Wert: 1,323
Wahrscheinlichkeit: 0,093

Abb. 20.6:
Donau, Preßburg, Tschechien

Wahrnehmung (auszugsweise): Ich spüre, daß [Agent] irgendwo nahe am Wasser ist. Ich fühle, daß die Wasserfläche sehr ausgedehnt ist. Da könnte es Schiffe geben. Einige senkrechte Linien, wie von Pfosten. Sie sind schmal, nicht schwer. Vielleicht Lampenmasten oder Fahnenstangen. Etwas von runder Form. Fast wie ein Karussell oder eine Aussichtsplattform. Ein großes rundes Gebilde. Es ist an der Seite rund, wie eine Scheibe; es ist wie ein rundes Ding, unten flach; es scheint aber auch eine gewisse Höhe zu haben. Vielleicht mit Stangen. Möglich, daß sie oben zusammentreffen. Sehe wieder vertikale Linien. Das ist ein starker Eindruck, diese vertikalen Linien. Keine Ahnung, was das sein kann. ... Eine deutliche Empfindung, eher draußen zu sein als drinnen. Wieder Wasser. ... Auf einer Seite des Standorts von [Agent] sehe ich eine Art kleines Gebäude. Könnte ein Schuppen sein. ... Vorherrschende Farben scheinen blau und grün zu sein. ... Wieder Wasser. Ein sehr flüchtiger Eindruck von einem Zaun, einem niedrigen Zaun. ... Treppenstufen. Ich weiß nicht, wohin sie führen. ... Diese Stufen führen irgendwie hinauf wie ein Pfad oder Steg. Wie ein Holzsteg. An diesen läuft ein Zaun entlang. Da gehen Leute, und am Steg längs sind vertikale Linien. ...

Entfernung: 5600 Meilen
Zeit: 23,5 Stunden, präkognitiv
normalisiertes Ergebnis: 0,884
z-Wert: 3,145
Wahrscheinlichkeit: 0,001

21. Analytische Auswertung

In den vergangenen Jahren sind auf dem Gebiet der künstlichen Intelligenz (KI) und für die Mustererkennung computergestützte Verfahren entwickelt worden, mit denen spezifische quantitative Details aus unterschiedlich komplexen Informationsmustern herausgezogen werden können. Die Anwendung ähnlicher Strategien könnte sich auch bei der Auswertung von Fernwahrnehmungsaufzeichnungen als nützlich erweisen, doch angesichts der sehr subjektiven und holistischen Beschaffenheit dieser Daten und des noch wenig verstandenen Prozesses erscheint derzeit ein eher elementarer Ansatz vorteilhaft. Unsere Taktik ist es, einen Code oder ein »Alphabet« von beschreibenden Fragen (Deskriptoren) zu formulieren, die für alle Ziele und Eindrücke gelten können. In ihrer einfachsten Version sind diese insgesamt 30 Deskriptoren binär, also mit ja oder nein zu beantworten, und reichen von sachlichen Unterscheidungen (ob sich beispielsweise die Zielszene im Freien oder in Gebäuden befindet, ob es Bäume oder Autos gibt) bis zu eher subjektiven Aspekten (ob die Umgebung laut oder leise, beengt oder weitläufig, hektisch oder ruhig ist). Die binären Deskriptoren werden den Teilnehmern in nachstehender Reihenfolge vorgelegt:

1) Befindet sich ein wesentlicher Teil der wahrgenommenen Szene im Inneren von Gebäuden?
2) Ist die Szene überwiegend dunkel (wie beispielsweise in schlecht beleuchteten Innenräumen oder draußen zur Nachtzeit)?
3) Umfaßt ein wesentlicher Teil der Szene die Wahrnehmung von Höhe oder Tiefe; muß man hinaufschauen (etwa zu einem Turm, Gebäude, Berg, Gewölbe oder ungewöhnlich hohen Bäumen) oder sieht man hinunter (in ein Tal oder von einem erhöhten Standpunkt)?
4) Ist die Szene aus der Perspektive des Agenten gesehen deutlich eingegrenzt (wie das Innere eines Zimmers, Stadions oder Hofs)?
5) Ist ein wesentlicher Teil der Szene bedrückend eingeengt?

6) Ist ein wesentlicher Teil der Szene hektisch, chaotisch, überfüllt oder ungeordnet?
7) Ist die Szene vorwiegend farbig, gekennzeichnet durch eine Überfülle an Farben, oder stechen besonders helle farbige Objekte (wie Blumen oder bunte Glasfenster) hervor?
8) Fallen in der Szene Schilder, Reklametafeln, Plakate oder bildliche Darstellungen auf?
9) Gibt es eine eindeutige Bewegung oder beherrscht eine Bewegung die Szene (z. B. Verkehrsstrom, Passanten oder bewegte Gegenstände)?
10) Gibt es deutliche und vorherrschende Geräusche (Autohupe, Stimmen, Vögel oder Brandung)?
11) Wird die Szene von Menschen oder von abgebildeten Menschen beherrscht (abgesehen von dem Agenten oder jenen, die sich in Gebäuden oder Fahrzeugen befinden)?
12) Fallen in der Szene Tiere, Vögel, Fische oder größere Insekten oder Abbildungen von diesen auf?
13) Beherrscht ein einzelnes größeres Objekt oder eine Struktur die Szene?
14) Ist der Hauptteil der Szene natürlich, also nicht von Menschenhand geschaffen?
15) Ist die unmittelbare Umgebung der Szene vorwiegend natürlich, also nicht von Menschenhand geschaffen?
16) Fallen in der Szene irgendwelche Monumente, Skulpturen oder größere Ornamente auf?
17) Fallen in der Szene bestimmte geometrische Figuren auf, beispielsweise Dreiecke, Kreise, Kreisabschnitte (wie Bögen) oder Kugelformen (ausgenommen rechteckige Gebäude, Türen, Fenster und so weiter)?
18) Sind irgendwelche Pfosten, Masten oder ähnliche dünne Objekte vorhanden wie Säulen, Laternenpfähle oder Schornsteine (ausgenommen Bäume)?
19) Fallen in der Szene Türen, Tore oder Eingänge auf (ausgenommen Fahrzeugtüren)?
20) Fallen in der Szene Fenster oder andere Objekte aus Glas auf (außer von Fahrzeugen)?
21) Treten in der Szene Zäune, Tore, Geländer, Trennwände oder Gerüste hervor?
22) Fallen Stufen oder Treppen auf (ausgenommen Bordsteine)?
23) Wiederholen sich einige Objekte oder Strukturen regelmäßig (wie bei einem voll besetzten Parkplatz, einer Reede mit Booten, einer Bogenreihe)?

24) Erscheinen in der Szene Flugzeuge, Schiffe, Züge oder Abbildungen von diesen, seien sie in Bewegung oder nicht?
25) Sind in der Szene größere Maschinen oder Geräte vorhanden (Traktoren, Autos oder Zapfsäulen)?
26) Sind in der Szene Autos, Busse, Lastwagen, Fahrräder oder Motorräder oder Abbildungen von solchen vorhanden, seien sie in Bewegung oder nicht (ausgenommen das Verkehrsmittel des Agenten)?
27) Macht Moos, Gras oder Ähnliches, das den Boden bedeckt, einen Großteil der Oberfläche der Szene aus?
28) Ist im zentralen Teil der Szene eine Straße, ein Weg, eine Brücke, ein Tunnel, ein Gleis oder ein Hohlweg erkennbar?
29) Macht Wasser einen wesentlichen Teil der Szene aus?
30) Erscheinen in der Szene Bäume, Büsche oder größere Kübelpflanzen?

Bei ausgefeilteren Verfahren werden die Deskriptoren in Tripel- oder Quadrupelform aufgeschlüsselt, so daß Perzipient und Agent drei oder vier Antworten auswählen können, was ihnen erlaubt, gewisse Fragen zu übergehen, wenn sie meinen, daß sie unbedeutend oder unklar gestellt sind. Ebenso können sie die relative Bedeutung oder die zentrale Rolle eines bestimmten Grundzugs angeben. Um dies näher zu illustrieren, kann die Frage Nr. 9 über die Bewegung in der Szene folgendermaßen in Tripelform gestellt werden:

Ist Bewegung irgendeiner Art a) vorhanden; b) unklar oder unsicher zu beurteilen; c) nicht vorhanden? In Quadrupelform lautet derselbe Deskriptor: Ist Bewegung irgendeiner Art a) vorherrschend; b) eindeutig vorhanden, aber nicht vorherrschend; c) unklar oder unsicher zu beurteilen oder irrelevant; d) eindeutig nicht vorhanden?

Welche Form die Deskriptoren auch haben, sie liefern die Ziele und Wahrnehmungen via Felder von »Digits« (Binärziffern). Auf diese können computergestützte Auswertungsalgorithmen angewandt werden, die eine vollständig objektive, sehr schnelle sowie sehr ergiebige Auswertung ermöglichen. Ein Mensch kann bei einer derartigen Auswertung nur wenige Ziele sinnvoll einordnen, da soll man sich nichts vormachen. Aber der Computer vermag jede digitalisierte Wahrnehmung auszuwerten und sie relativ zu allen anderen (vielleicht zu hundert oder mehr) Zielen einzuordnen. In der Tat ist das gewichtigste Kennzeichen dieser Technik, daß sie – indem sie die Eindrücke an jedem anderen Ziel mißt, außer an dem aktuellen – einen weiten Bereich von »unpassenden« Ergebnissen schafft. Dieses Feld kann als empirische Zufallsverteilung dienen, und zwar in dem Sinne, daß sie als Referenzverteilung für die stati-

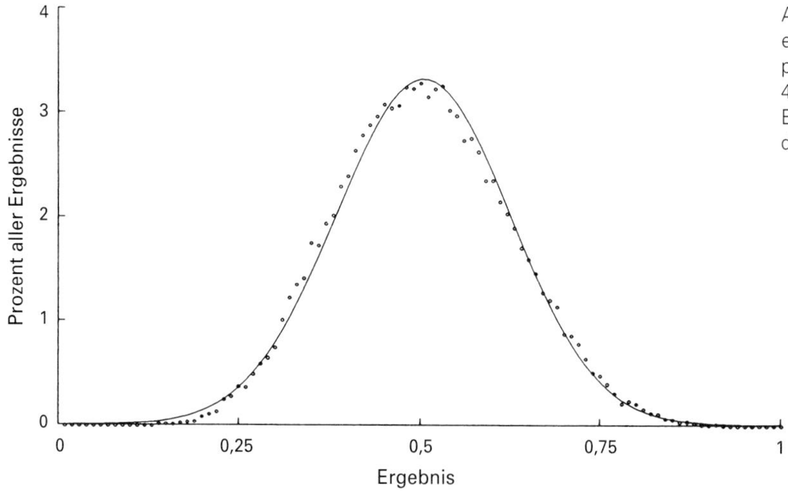

Abb. 21.1:
empirische Zufallsverteilung bei präkognitiver Fernwahrnehmung: 42 000 nicht zusammenpassende Ergebnisse. Die Kurve entspricht der Gaußschen Verteilung.

stische Analyse jeder einzelnen Wahrnehmung oder Gruppe von Wahrnehmungen dient, die im Verhältnis zum betreffenden Ziel ausgewertet wurden; siehe Abbildung 21.1.

Die von Perzipient und Agent gegebenen Felder von Deskriptorantworten sind mit einer Anzahl von Bewertungsverfahren behandelt worden. Die einfachste der binären Methoden zählt lediglich die Anzahl der Deskriptoren, bei denen Perzipient und Agent übereinstimmen, jedoch hat dieser Ansatz einen gravierenden Nachteil: Die Wahrscheinlichkeit, daß ein Deskriptor über die gesamte Menge der Ziele ja/nein ergibt, beträgt selten genau 0,50/0,50. Beispielsweise liegen mehr Szenen draußen als drinnen vor, oder in mehr Szenen kommen Personen vor, dagegen in weniger Szenen Tiere und anderes. Wenn nun ein Perzipient einen weniger wahrscheinlichen Deskriptor korrekt identifiziert, dann sollte das höher bewertet werden, als wenn er auf einen wahrscheinlicheren Deskriptor korrekt antwortet. Dieser Mangel kann behoben werden, indem man jedem Deskriptor einen Gewichtungsfaktor zuordnet, der auf seiner *A-priori*-Wahrscheinlichkeit in der gesamten Zielmenge beruht, die der Computer ermittelt hat. Berücksichtigt man diese Gewichtungsfaktoren, dann kann man die Ergebnisse mit Formeln beschreiben, die denen für Glücksspielgewinne ähneln. Wenn etwa die *A-priori*-Wahrscheinlichkeit einer Ja-Antwort α ist, dann ist das Ergebnis bei einer korrekten Ja-Antwort $1/\alpha$, und bei einer korrekten Nein-Antwort ist es $1/(1-\alpha)$.

Um diese Methode der analytischen Auswertung zu illustrieren, zeigt Tabelle 21.1 die Ergebnisse aus den binären Angaben über Eindrücke und Ziel bei dem Versuch an der Rockefeller-Kapelle,

Tabelle 21.1:
Beiträge der Deskriptoren, Versuch an der Rockefeller-Kapelle

	Deskriptor	A-priori-Wahrscheinlichkeit α	Ziel	Wahrnehmung	Ergebniszuwachs
1	drinnen	0,397	1	1	2,519
2	Dunkelheit	0,215	1	1	4,651
3	Höhe	0,486	1	1	2,058
4	begrenzt	0,589	1	1	1,698
5	eng	0,154	0	0	1,182
6	hektisch	0,229	0	0	1,297
7	Farbe	0,537	1	1	1,862
8	Schilder	0,458	1	0	0
9	Bewegung	0,621	1	1	1,610
10	Geräusche	0,715	1	0	0
11	Personen	0,710	1	1	1,408
12	Tiere	0,248	0	0	1,330
13	einzelnes Objekt	0,439	1	1	2,278
14	natürlicher Mittelpunkt	0,154	0	0	1,182
15	natürliche Umgebung	0,360	0	0	1,563
16	Denkmäler	0,290	1	1	3,448
17	Formen	0,743	1	1	1,346
18	Masten	0,650	1	0	0
19	Türen	0,547	1	1	1,828
20	Glas/Fenster	0,706	1	1	1,416
21	Zäune	0,495	0	1	0
22	Treppen	0,304	1	1	3,289
23	Wiederholungen	0,621	1	1	1,610
24	Flugzeuge	0,206	0	0	1,259
25	Geräte	0,266	0	0	1,362
26	Fahrzeuge	0,477	1	1	2,096
27	Gras	0,421	1	0	0
28	Straßen	0,612	1	1	1,634
29	Wasser	0,257	0	0	1,346
30	Bäume	0,645	1	1	1,550
				Gesamtergebnis:	46,822

maximal mögliches Ergebnis pro Ziel: 56,297
normalisiertes Ergebnis pro Wahrnehmung: 46,822/56,297 = 0,832
z-Wert pro Versuch: 2,716
Wahrscheinlichkeit nach dem Zufall: 0,003

der zu Beginn dieses Teils des Buches beschrieben ist. Außerdem sind die *A-priori*-Wahrscheinlichkeiten der Deskriptoren für die entsprechende Zielmenge aufgeführt. Die letzte Spalte gibt die von allen Deskriptoren beigesteuerten Ergebniszunahmen an; deren Summe liefert das absolute Ergebnis des Versuchs, in diesem Fall 46,822. Dieses absolute Ergebnis wird dann durch das maximale Ergebnis (56,297) dividiert, das man erhielte, wenn alle Antworten übereinstimmten. So erhält man das normalisierte Ergebnis 0,832. Das statistische Verdienst dieses normalisierten Werts ergibt sich aus seinem Vergleich mit dem ähnlich normalisierten und oben beschriebenen Feld der empirischen Zufallsverteilung, gewonnen durch die gesamten Nichtübereinstimmungen von Eindrücken und Ziel. Für diese Zielmenge und diese binäre Auswertungsmethode hat die empirische Zufallsverteilung einen normalisierten Mittelwert von 0,504 und eine Standardabweichung von 0,121. Daher weicht das Ergebnis des Versuchs an der Kapelle um 2,7 Standardabweichungen nach oben vom Mittelwert ab. Dieses Resultat ist durch reinen Zufall nur mit einer Wahrscheinlichkeit von der Größenordnung 0,003 zu erwarten. Die in den Abbildungen 19.1 sowie 20.1 bis 20.6 wiedergegebenen Ergebnisse wurden nach derselben Methode berechnet und sind in Abbildung 21.2 ebenfalls eingetragen.

Die analytischen Resultate aus unserer gesamten Datenmenge zur präkognitiven Fernwahrnehmung sind in Abbildung 21.3 aufgeführt, wo die Verteilung der 334 Wahrnehmungsergebnisse (durchgezogene Kurve) verglichen wird mit der empirischen Zufallsverteilung aufgrund von 42 000 Nichtübereinstimmungen (gestrichelte

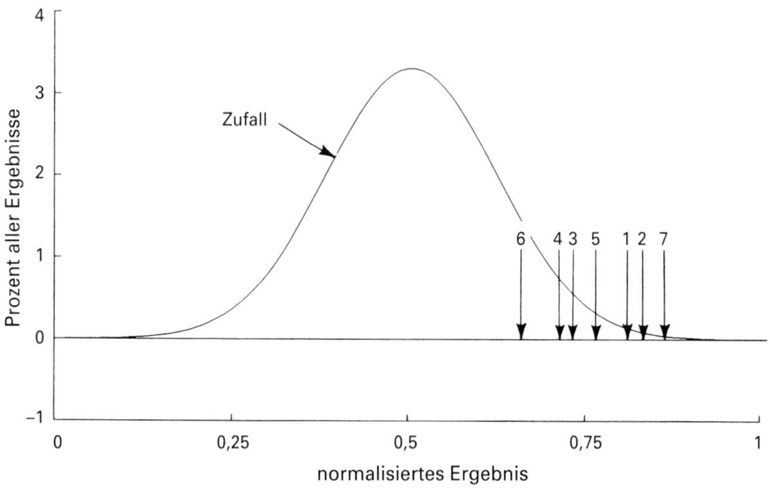

Abb. 21.2: präkognitive Fernwahrnehmung; Ergebnisse der zuvor beschriebenen Versuche (Abb. 19.1 und 20.1 bis 20.6, hier mit den Ziffern 1 bis 7 bezeichnet), verglichen mit der empirischen Zufallsverteilung

Abb. 21.3:
präkognitive Fernwahrnehmung, Ergebnisverteilungen

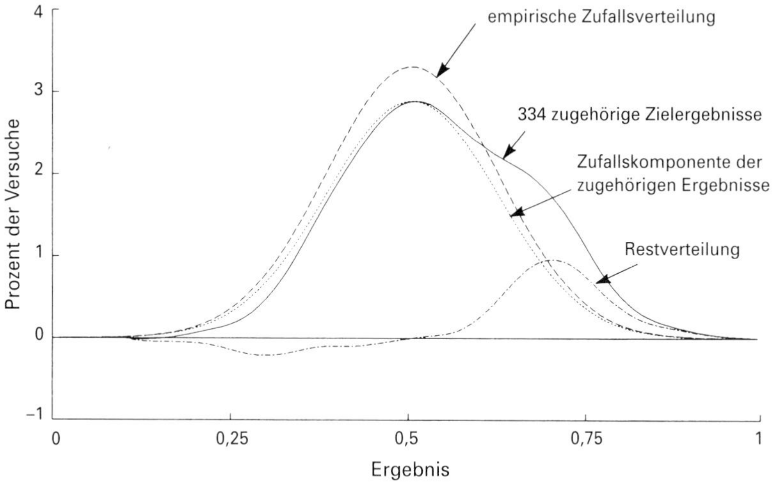

Kurve). Die Verzerrung der zugehörigen Ergebnisverteilung bei den höheren Werten deutet darauf hin, daß in der gesamten Datenbasis mehr Information gewonnen wurde, als nach dem Zufall zu erwarten wäre. Das kann auf mehrere Arten quantitativ ausgewertet werden. Wenn wir beispielsweise aus der zugehörigen Ergebnisverteilung die größte Komponente, die dem Zufall zuzuschreiben ist, herausziehen – also die größte Teilmenge, die den Parametern der empirischen Zufallsverteilung (gepunktete Kurve) entspricht –, dann sollte die Restverteilung (strichpunktierte Kurve) die über den Zufall hinausgehende Informationskomponente repräsentieren. Bei den vorliegenden Daten bewegen sich rund 15 Prozent der integrierten Resultate in diesem Restbereich, der die Zufallserwartung übersteigt. Eine detailliertere statistische Berechnung ergibt, daß diese Informationen bei reinem Zufall nur mit einer Wahrscheinlichkeit von 2 zu 10^{11} zu erwarten sind. In Tabelle 21.2 sind die gleichen Daten numerisch zusammengefaßt.

Alles in allem wurden rund 20 binäre, auf Tripeln und Quadrupeln basierende Auswertungsmethoden entwickelt, die auf unsere Datenmenge zur präkognitiven Fernwahrnehmung anzuwenden sind. Jede von ihnen hat bestimmte Stärken und Schwächen, wenn es darum geht, die Information aus den Eindrücken in eine quantitativ-analytische Form zu gießen, und jede erfordert gewisse Kompromisse, was die Bandbreite und die Details im Vergleich zur Leichtigkeit der Antwort und der Berechnung angeht. Dennoch sind die mit diesen verschiedenartigen Methoden erzielten Resultate beruhigend konsistent in ihrer gesamten Wiedergabe der Quantität und des Charakters der Information, die beim Prozeß der präkognitiven

Fernwahrnehmung aufgenommen wurde. Insbesondere lassen sie wenig Zweifel daran, daß wesentliche pragmatische Information von vielen Perzipienten erhalten wurde, die eine Fülle an persönlichen Strategien verfolgten, um ein breites Spektrum an Zielen »auszuleuchten«. Wir dürfen uns daher der Frage zuwenden, wie solche Phänomene von den technischen, physikalischen und persönlichen Parametern der Experimente abhängen, die wir kontrollieren können.

	alle Daten	instruierter Modus	selbstbest. Modus
Anzahl der Intervalle	334	125	209
Mittleres Ergebnis	0,5480	0,5662	0,5371
Zufallsmittelwert	0,5042	0,5042	0,5042
Zufallsstandardabweichung	0,1207	0,1207	0,1207
z-Wert	6,622	5,738	3,934
Wahrscheinlichkeit	$1{,}8 \times 10^{-11}$	$4{,}8 \times 10^{-9}$	$4{,}2 \times 10^{-5}$
Anzahl der Versuche, $p < 0{,}05$	47 (8)	20 (4)	27 (4)
Anzahl der Versuche, $p < 0{,}5$ [%]	208 [62%]	85 [68%]	123 [59%]

Tabelle 21.2: präkognitive Fernwahrnehmung, Zusammenfassung der Daten. Werte in runden Klammern entsprechen Versuchen mit negativem z-Wert, $p < 0{,}05$

22. Präzis auch über tausend Meilen

Die Anomalie »Fernwahrnehmung« läßt sich leichter verstehen, wenn man ihre Abhängigkeit von bestimmten physikalischen oder psychologischen Parametern, die über eine größere Anzahl von Versuchen hinweg systematisch variiert werden, empirisch demonstriert. Wir haben ausreichend Daten, um über drei solcher Variablen etwas sagen zu können: die Entfernung zwischen Perzipient und Ziel, die Zeitspanne zwischen der Wiedergabe der Eindrücke und dem tatsächlichen Auftauchen des Agenten am Ziel sowie die recht gute Wirksamkeit von selbstbestimmtem und instruiertem Modus. Über andere potentielle Beziehungen liegen uns nur »anekdotische« Hinweise vor.

Die Entfernung zwischen Perzipient und Ziel bietet sich unter den vorstellbaren Methoden zum Erwerb derartiger Informationen als ein primärer Diskriminator an. Wären physikalische Wellen elektromagnetischer oder geophysikalischer Art beteiligt – wie es zuweilen postuliert wird –, so würde man erwarten, daß die Wirklichkeitstreue der Information mit zunehmender Entfernung abnimmt. Jedoch kann innerhalb der statistischen Varianz dieser Daten keine signifikante Abhängigkeit dieser Art festgestellt werden; siehe Abbildung 22.1. Bis hin zu interkontinentalen Entfernungen (mehrere tausend Kilometer) ergibt sich keine erkennbare Verschlechterung des Signal-Rausch-Verhältnisses.

Gegen solche physikalische Wellenmodelle spricht auch, daß die Stichhaltigkeit der Eindrücke keineswegs leidet, wenn die Zeitspanne zwischen Wahrnehmungsbemühung und dem Aufsuchen des Ziels zunimmt. Abbildung 22.2 zeigt dieselben Ergebnisse als Funktion dieses Zeitunterschieds. Positive Zeitspannen bezeichnen Eindrücke, die präkognitiv festgehalten wurden, und zwar um die angegebene Anzahl von Stunden vorher; negative Zeitspannen entsprechen Daten, die retrokognitiv aufgenommen wurden, das heißt, der Perzipient diktierte seine Eindrücke, nachdem das Ziel aufgesucht worden war. Wiederum ergibt sich für den gesamten Zeitraum

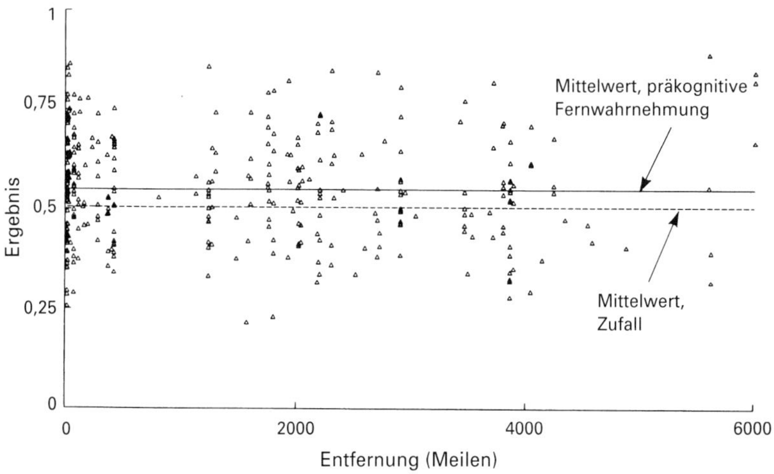

Abb. 22.1: präkognitive Fernwahrnehmung, Ergebnisse als Funktion der Entfernung

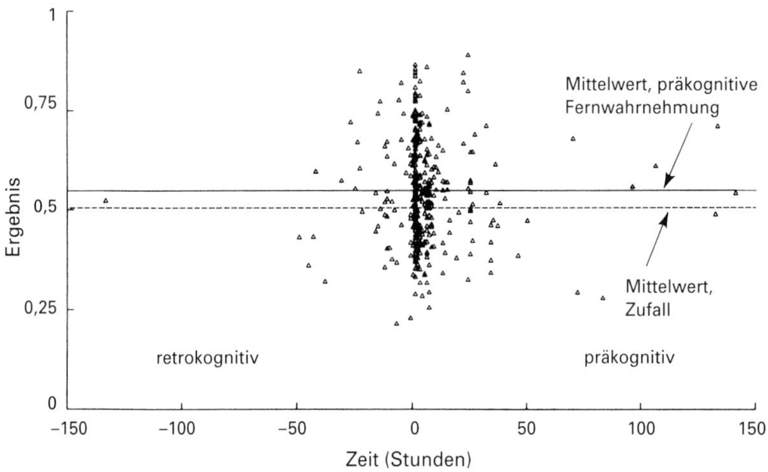

Abb. 22.2: präkognitive Fernwahrnehmung, Ergebnisse als Funktion der Zeitspanne

von mehreren Tagen, den diese Experimente dauerten, keine signifikante Abhängigkeit von diesen Zeitspannen.

Die beteiligten Mechanismen lassen sich folgendermaßen leichter unterscheiden: Man vergleicht die Resultate der nach dem selbstbestimmten Modus erzielten Daten (wobei der Agent das Ziel zum vorgesehenen Zeitpunkt des Aufsuchens spontan auswählt) mit jenen Ergebnissen, die nach dem instruierten Modus gewonnen wurden (wobei der Agent von einer dritten Person zu einem zuvor nach dem Zufallsprinzip ausgewählten Ziel geführt wird). Beim selbstbestimmten Modus könnte man spekulieren, daß die Zielauswahl des Agenten durch eine bestimmte Vorliebe des Perzipienten beeinflußt werden kann – geschehe das nun telepathisch oder nur, weil letzterer eine Vorliebe für gewisse Szenen oder Objekte hat. Im instruierten Modus dagegen ist eine derartige Beeinflussung der Zielauswahl weitgehend ausgeschlossen. Wenn sich also eine einfühlsame Zielauswahl auswirken soll, würde man beim selbstbestimmten Modus bessere Ergebnisse erwarten. Wie aus Tabelle 21.2 hervorgeht, ist das aber nicht der Fall. Statistisch gesehen gibt es kaum einen Unterschied zwischen den Ergebnismustern von selbstbestimmtem und instruiertem Modus.

Daraus sollte man nicht folgern, daß die psychologische Resonanz zwischen Perzipient und Agent ein unwichtiger Parameter des Experiments sei. Im Gegenteil: Aus unseren Arbeiten und denen anderer Autoren ergaben sich wesentliche anekdotische Hinweise darauf, daß emotionale Bindungen oder Blutsverwandtschaft zwischen den Teilnehmern den Prozeß erleichtern können. Andererseits erlebten wir gelegentlich erfolgreiche Versuche mit einander fremden Teilnehmern und – in wenigen Fällen – mit Personen, die dem Vorgang äußerst skeptisch gegenüberstanden. Andere Laboratorien berichteten über Erfolge, an denen überhaupt kein Agent mitwirkte. Leider werden diese Fragen nicht leicht zu klären sein, denn für jedes Paar Perzipient/Agent benötigt man große Datenmengen, um eine fundierte statistische Auswertung erstellen zu können; und ausreichend prägnante psychologische Indikatoren, mit denen man solche Beziehungen quantifizieren könnte, sind noch nicht geläufig.

Eine ähnliche Zurückhaltung ist angesichts der Rolle der individuellen Strategien, Einstellungen und Persönlichkeiten von Perzipient und Agent geboten. Diese Bandbreite ist so immens – und das gilt schon für jeden einzelnen Teilnehmer von Versuch zu Versuch –, daß selbst die Datenerhebung Probleme aufwirft. Eine vielleicht entscheidende Beobachtung am Rande ist, daß die gesamte Fernwahrnehmung nicht so sehr auf ein paar besonders exakten Wahrnehmungen in einem Meer zufälliger Resultate beruht; vielmehr hat sich der Gesamterfolg nach und nach anhand vieler Versuche aufgebaut, die individuelle kleinere Beiträge liefern. Beispielsweise sind rund 14 Prozent der 334 Versuche nach dem 0,05-Kriterium individuell signifikant, aber mehr als 62 Prozent liegen über dem Zufallsmittelwert. In diesem Sinne ähnelt das Phänomen den vorher beschriebenen Effekten am Zufallsgenerator und an der mechanischen Zufallskaskade. Die Auftragung der kumulierten Abweichungen (Abbildung 22.3) aus allen formellen Ergebnissen zur präkognitiven Fernwahrnehmung gibt uns recht: Sie kommt den individuellen und kollektiven Teilnehmersignaturen der Mensch/Maschine-Experimente nahe.

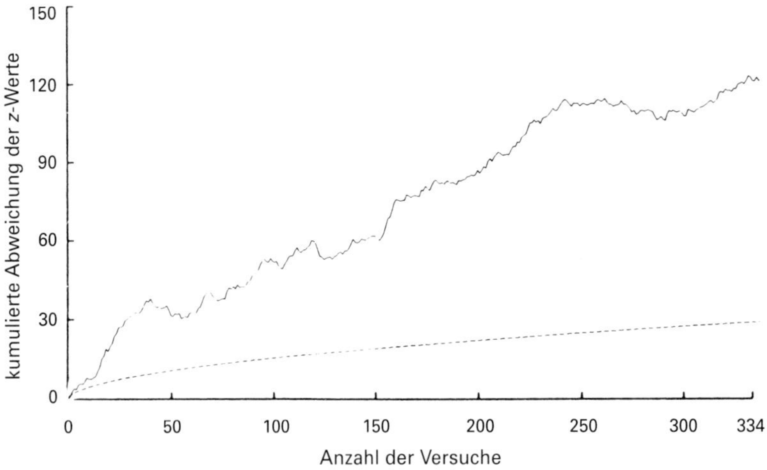

Abb. 22.3: präkognitive Fernwahrnehmung, kumulierte Abweichungen der *z*-Werte

Schließlich mag man sich den Merkmalen der Ziele selbst zuwenden, um Korrelationsmustern zwischen der erfolgreichen Beschreibung der Szene und deren Details und Umgebung selbst nachzuspüren. Auch hier wiegt die Bürde der Datenermittlung, die der umfassenden Bewertung vorausgeht, schwer, aber wir haben gewisse indirekte Hinweise. Wie bereits erwähnt, wurden die Deskriptoren so ausgewählt, daß sie eine ausgewogene, trennscharfe Liste von Unterscheidungen bilden, die von objektiven und detaillierten Aspekten bis zu recht subjektiven und holistischen reicht. Die Effizienz dieser Deskriptoren bei der Ermittlung der Versuchsergebnisse wird durch Subroutinen der Auswertungsalgorithmen bewertet. Bei solchen Tests ergab sich, daß die gesamte Gruppe einen bemerkenswert gleichförmigen Satz darstellt, wenn man ihre Effizienz beim Quantifizieren der Information über alle Arten von Zielen betrachtet. Die Effizienz individueller Deskriptoren, integriert über die gesamte Zielmenge, weicht nur wenig von der Zufallserwartung ab. Kein Deskriptor ist besonders effizient, und keiner ist sehr ineffizient. Nur in ihren systematischen Kombinationen über viele Versuche vermitteln sie die anomale Information. Das bedeutet, spezifische Zieleigenschaften, wie sie von diesen Deskriptoren bewertet werden, sind keine primär wichtigen Parameter.

23. Anekdoten

Bei der Erforschung von Anomalien im allgemeinen und der präkognitiven Fernwahrnehmung im besonderen kommt es darauf an, nicht aus Resultaten falsche Schlüsse zu ziehen, die vielleicht aus dem Rahmen fallen, und sich nicht vor »zufälligen« Ergebnisse zu schützen. Aus diesem Grunde arbeitet das PEAR-Programm nur mit sehr großen Datenmengen, die unter systematischen und strengen Bedingungen ermittelt werden. Diese Vorsicht muß aber nicht ausschließen, daß man gewisse anekdotisch vorliegende Effekte als mögliche Wegweiser zu näheren experimentellen Nachforschungen oder zu Hypothesen ansieht, die systematisch überprüft werden können. Die Experimente zur präkognitiven Fernwahrnehmung sind eine besonders ergiebige Quelle für faszinierende Geschichten, aus denen weitere Einsichten in den zugrundeliegenden Prozeß gewonnen wurden.

Zum Beispiel lieferte ein Perzipient bei einem Versuch in Princeton, New Jersey, eine recht genaue präkognitive Beschreibung einer Straßenszene in Paris, wo der Agent sich in einer typischen Umgebung mit Gedränge, starkem Autoverkehr und Schaufenstern befand. Der Perzipient sah auch ein Bild von einem Ritter in vollständiger Rüstung, der irgendwie in dieses Muster eingewoben war, und er bestätigte dieses fremdartige Element in der Niederschrift seiner frei formulierten Antwort (*free-response*). Der Agent hatte kein derartiges Merkmal beschrieben, aber nach der Lektüre der Wahrnehmung erinnerte er sich daran, daß er vor einem Regierungsgebäude gestanden hatte, dessen Front Skulpturen von militärgeschichtlichen Gestalten in ihren historischen Uniformen zierten. Eine dieser Figuren entsprach exakt der Schilderung des Perzipienten.

Ein anderes Beispiel: Ein Agent wählte als Ziel die Teile der Saturn-Mondrakete im *NASA Space Center* in Houston, Texas. Der Perzipient in Princeton beschrieb eine Szene im Inneren, bei der der Agent auf dem Fußboden mit mehreren kleinen Hunden spielte.

Völlig danebengegangene Eindrücke. Der Agent besuchte später an jenem Abend – noch bevor er von den Details der Wahrnehmung erfuhr – einen Freund, in dessen Haus er mit jungen Welpen spielte; er kaufte am Ende sogar einen.

In einem ähnlichen Fall hielt ein Agent, der zu seinem Ziel, einem Spielcasino in Nevada, unterwegs war, an einer Tankstelle und fuhr ein Weilchen auf einem Klappfahrrad herum. Die in Chicago diktierte Niederschrift der Eindrücke enthielt nichts von einem Casino, wohl aber eine akkurate Beschreibung der unbeholfenen Versuche des Agenten auf dem Fahrrad.

Die hier beschriebenen und noch weitere vorliegende Beispiele könnten als eine gewisse räumliche oder zeitliche Verschiebung bei der Identifikation des Ziels durch den Perzipienten interpretiert werden. Die Verschiebung führte zu zutreffenden Informationen über ein Ereignis oder einen Ort am Rande, die aber nach dem formalen Protokoll bei der Analyse eigentlich zurückgewiesen werden mußten. Wir erinnern uns, daß der Perzipient bei der weitschweifigen Wahrnehmung der Kapelle in Chicago zunächst das Tribune-Gebäude richtig identifizierte, obwohl dieses eigentlich nicht Teil des räumlich oder zeitlich begrenzten Ziels war. In anderen Fällen treffen wir auf verschiedene Arten von Verschiebungseffekten, die die Ergebnisse sogar verbessern können: Ein Agent auf einer Farm in Idaho konzentrierte sich auf eine Kuhherde, als seine Aufmerksamkeit auf einen Bewässerungsgraben gelenkt wurde, der einige Meter von der Straße entfernt verlief. Dieser Impuls war stark genug, daß der Agent den Graben in eine Fotografie des Ziels einbezog und ihn in der Deskriptorantwort berücksichtigte. Die Wahrnehmung, präkognitiv in New Jersey erlangt, erwähnte keine Kühe, beschrieb aber Farmgebäude, Felder und einen Bewässerungsgraben. In einem anderen Beispiel hatte der Agent als Ziel einen Tagungsraum in einem Hotel in Montana gewählt. Ungefähr zur Hälfte der festgesetzten Zeitspanne schweifte er ungewollt ab, und sein Blick wandte sich einer Szenerie außerhalb des Gebäudes zu. Sie umfaßte eine niedrige Steinmauer, etliche Bäume und einen Picknicktisch; all das schilderte er in seiner Zielbeschreibung. Die in New Jersey aufgenommenen Eindrücke ignorierten die Szene im Inneren, waren aber fast fotografisch exakt bei der Schilderung der Umgebung im Freien.

Aus den gesammelten anekdotischen Indizien leiten wir eine Botschaft ab, die einmal mehr auf das grundlegende Dilemma dieser Forschung verweist: Der Fernwahrnehmungsprozeß ist wesentlich »impressionistisch«. Um ihn wissenschaftlich glaubwürdig und kalkulierbar untersuchen zu können, muß er auf analytische und quantitative Begriffe reduziert werden. Wir fischen sozusagen in einem metaphysischen Meer mit einem wissenschaftlichen Netz, das für andere Zwecke viel besser geeignet ist. Zwangsläufig schlüpft ein großer Teil der anomalen Information, die wir suchen, durch die Maschen dieses Netzes, und wir können nur eine skelettartige Evidenz erlangen. Aber nur diese ist ausreichend, um daran eine systematische Analyse und wissenschaftliche Behauptungen zu knüpfen.

24. Praktische Möglichkeiten

Wenn wir alle Indizien überdenken, die wir zur Hand haben, dann können wir folgende hervortretende Züge der präkognitiven Fernwahrnehmung feststellen:

1) Mit Hilfe der oben beschriebenen experimentellen Vorschriften und analytischen Auswertungsverfahren können einzelne Perzipienten statistisch signifikante Informationen über räumlich und zeitlich entfernte Zielorte erlangen, und zwar mittels Mechanismen, die derzeit physikalisch nicht erklärbar sind.
2) Dieser Erwerb anomaler Information führt nach und nach – wie bei einem Mosaik – durch das Anfügen weiterer Versuche, die ein weniges über der Zufallserwartung liegen, zu einer großen Datenmenge, die durch eine geringere Anzahl höchst erfolgreicher Bemühungen ergänzt wird.
3) Bei jedem Versuch können die Hauptbestandteile der Information durch einige bestimmte Deskriptoren lokalisiert werden, doch über die gesamte Datenmenge hinweg trägt jeder einzelne Deskriptor vergleichbar viel zur Information bei.
4) Bei dieser Datenbasis und diesen Analysemethoden ergibt sich kein Beweis dafür, daß die aufgenommene Information mit wachsender Entfernung zwischen Perzipient und Ziel schlechter wird. Das gilt auch bei Entfernungen von mehreren tausend Kilometern.
5) Analog dazu ergibt sich kein Beweis dafür, daß die Information an Genauigkeit einbüßt, wenn die Zeit zwischen dem Eindruck und dem Besuch des Ziels zunimmt. Das gilt auch für eine Zeitspanne von mehreren Tagen.
6) Es existieren noch unzureichende Daten und Indikatoren, mit denen man die Beziehung zwischen Perzipient und Agent oder ihre individuellen Strategien, ihre Persönlichkeit oder Einstellungen kritisch und detailliert bewerten kann. Jedoch läßt die anekdotische Erfahrung vermuten, daß der Prozeß naturgemäß unscharf und wechselweise verläuft, daß er Störungen und Verschiebungseffekten ausgesetzt ist.

Selbst in diesem begrenzten Zusammenhang bildet die Datenmenge der präkognitiven Fernwahrnehmung eine andere wesentliche Anomalie und damit ein Hindernis auf dem Weg der etablierten physikalischen Wissenschaft – und zwar zusätzlich und möglicherweise ergänzend zu den Mensch/Maschine-Anomalien, die in Teil II dieses Buches beschrieben sind. Beim Fortschritt der Wissenschaft kommt es häufig vor, daß zahlreiche empirische Anwendungen und viele theoretische Seitenwege dem strengen Beweis und dem theoretischen Verständnis vorausgingen; in unserem Fall sieht es ähnlich aus. Zu allen Zeiten manifestierte sich der Wunsch des Menschen nach Zugang zu verborgener Information oder Vorhersagen künftiger Ereignisse in vielfältigen pragmatischen Anwendungen ähnlicher Psi-Prozesse, und diese Strategien blieben bis heute die gleichen. Selbst in Gesellschaften mit hochentwickelter Technik wird heute erforscht, inwieweit spezifische Verfahren zur Fernwahrnehmung für die anomale Gewinnung von Information nützlich sein können. Das gilt für die nationale Sicherheit, das Durchsetzen von Gesetzen, das Auffinden vermißter Personen oder von Rohstofflagerstätten, für archäologische Grabungen, die medizinische Praxis, für Wirtschaftsprognosen oder das persönliche »Wachstum«. Zudem werden Ausbildungsprogramme angeboten, um diese Fähigkeiten verfeinern zu können.

Auf solche potentiellen Anwendungen werden wir noch zurückkommen; hier geht es vor allem um die Einbeziehung der Ergebnisse kontrollierter Versuche in ein umfassendes Modell, das die Rolle des Bewußtseins bei der Bestimmung und Wahrnehmung der physikalischen Realität hervorhebt. Dafür soll die oben zusammengefaßte spezifische Charakteristik der Phänomene wertvolle Hinweise geben. Wenn ein solches Modell das zu Beginn des dritten Teils zitierte Versprechen von Paracelsus glaubwürdiger machen oder dabei helfen kann, den theoretischen Fuß der Wissenschaft auf einen festeren Grund zu stellen, um auch in dieses metaphysische Gebiet eindringen zu können, dann werden die weitreichenden Folgen für die persönliche und die kollektive menschliche Erfahrung bedeutend sein.

IV. Modelle des Bewußtseins

Moby Dick,
von Rockwell Kent

O Natur, o Seele des Menschen!
Wie weit über aller Ausdruckskraft stehen
eure Analogien! Nicht das kleinste Atom
bewegt sich oder lebt in Materie, ohne ein
kluges Gegenstück im Geist zu haben.

HERMAN MELVILLE[61]

Dieser Teil beschäftigt sich mit theoretischen Perspektiven und enthält die wohl spekulativsten Gedanken des Buches. Die Kernfrage, die ihm zugrunde liegt, lautet: Wie lassen sich Anomalien der Art, wie sie in den Teilen II und III beschrieben wurden, verstehen? Insofern es sich um Anomalien im Rahmen der Physik handelt, wird diese Frage von den Autoren zunächst als Frage an die Physik aufgefaßt – und zwar geraume Zeit *bevor* »Physik und Bewußtsein« zum Modethema wurde. Derjenige Bereich der Physik, der nach Meinung von Jahn und Dunne dabei vor allem angesprochen wird, ist die Quantentheorie. Allerdings geht es den Autoren *nicht* um die Skizze detaillierter und formaler theoretischer Ansätze, sondern ihre Vorschläge bewegen sich auf einer eher analogiebetonten oder metaphorischen Ebene, von der sie erhoffen, daß sie sich als fruchtbar für konkrete theoretische Modelle erweisen kann. Es wäre ein Mißverständnis, den Inhalt dieses vierten Teils allein streng formal und auf der Basis des derzeitig gesicherten Wissensstandes der Physik zu bewerten.

Dabei ist allerdings klar, daß sich an die Phase der metaphorischen Orientierung eine Phase der formalen (und mühsamen) Detailarbeit in der Theoriebildung anzuschließen hat. Das setzt eine genaue Kenntnis des Standes der Dinge des jeweils betroffenen Wissensgebietes voraus, an den eine vernünftige Weiterentwicklung systematisch anknüpfen muß. Theoretische Perspektiven machen kaum Sinn, wenn nicht geklärt wird, wie sie mit dem jeweils aktuellen Kenntnisstand zusammenhängen. Wenn auch noch bei weitem nicht klar ist, wie eine Theorie des psychophysischen Problems aussehen könnte und ob eine entsprechende Entwicklung langfristig noch als Physik im traditionellen Sinne einer akademischen Disziplin gelten kann, ist dieses Forschungsgebiet jedenfalls interessant und bedeutsam genug, um ihm gezielt nachzugehen. Eine ziemlich umfassende Zusammenstellung theoretischer Ansätze, die zum Teil über die Physik hinausgehen, stammt von Stokes (1987).

Physikalische Ansätze bieten in diesem Rahmen den Vorteil, zugleich *systematisch und formal* vorgehen zu können. Systematisch soll hier heißen, daß Spekulationen, ohne die es in einem so weitgehenden Neuland wie dem psychophysischen Problem nicht geht, zumindest durch Vorwissen geleitet sind und nicht *nur* von genialen Einfällen und freien Assoziationen abhängen. Die Option formalen Vorgehens ist deswegen wichtig, weil es ohne sie sehr unwahrscheinlich wäre, daß Ideen entstehen bzw. verfolgt werden, deren Gehalt kontraintuitiv ist. Die theoretischen Arbeiten, die zum Konzept von nichtlokalen Korrelationen in der Quantenphysik führten, sind ein Paradebeispiel hierfür. Wenn man sie einmal verstanden hat, sind diese Korrelationen so absurd, daß ohne Formalismus niemand auf die Idee gekommen wäre, so etwas ernsthaft zu erwägen. Unter diesem Aspekt ist das von Niels Bohr überlieferte Bonmot – es sei nicht die Frage, ob eine

Theorie zu verrückt sei, sondern ob sie verrückt genug sei – durchaus nicht mit einem Aufruf zu überbordenden Phantastereien oder wilden Spekulationen gleichzusetzen.

Innerhalb der Physik gibt es mehrere theoretische Schlüsselkonzepte, die bei Ansätzen zur Modellbildung im Bereich des psychophysischen Problems eine Rolle spielen. Wesentliche Themen wie Nichtlokalität, Komplexität, Information, Instabilität und Zufälligkeit stammen aus der Quantenphysik und der statistischen Physik, insbesondere der Theorie komplexer Systeme. Im Hinblick auf den letzteren Bereich, der bei Jahn und Dunne nicht im Mittelpunkt steht, sei auf Lucadou (1989) und Atmanspacher (1993) verwiesen. Formal etwas anspruchsvoller sind die Sammelbände von Zurek (1990) sowie Atmanspacher und Scheingraber (1991). In puncto Quantenphysik, deren Begriffe und Konzepte von Jahn und Dunne – wie gesagt – vor allem metaphorisch gemeint sind, gibt es seit dem Erscheinen des amerikanischen Originals *Margins of Reality* einige neuere Entwicklungen, die zum Teil den Anspruch erheben, über die Ebene der Metapher hinauszugehen. Eine lesenswerte Sammlung von Aufsätzen zur Verwendung spezieller quantenphysikalischer Konzepte im Zusammenhang mit dem psychophysischen Problem ist im Heft 1/2 (1996) der *Zeitschrift für Parapsychologie und Grenzgebiete der Psychologie* zu finden. Ein grundsätzliches Problem, das sich in diesem Zusammenhang stellt, besteht darin, daß populäre Literatur zu derartigen Themen oft nicht sehr zuverlässig, manchmal auch irreführend oder schlicht falsch ist. Aber selbst in vielen verfügbaren Lehrbüchern der Quantentheorie werden diejenigen Punkte, welche ihr ihren wirklich revolutionären Charakter verleihen, nicht klar herausgearbeitet. Darüber hinaus sind verschiedene Einschränkungen, die für die Pionierzeit der Quantentheorie in den 20er und frühen 30er Jahren charakteristisch waren, heute antiquiert und überholt. Zur allgemeinverständlichen Einführung können etwa Primas (1993) oder, ausführlicher, Herbert (1985) dienen. Zur thematischen Vertiefung und Ergänzung sei das Buch von Squires (1990) empfohlen, das weniger bekannt ist und durch seine Offenheit und zugleich Umsicht bei der Behandlung kontroverser Themen angenehm auffällt. Interessenten für eine konsistente formale (mathematische) Durchformulierung seien auf den Klassiker von Primas (1981) hingewiesen.

Ansätze wie die von Walker (1975) sind, in diesem Lichte besehen, heute allenfalls noch von historischem Interesse. Doch auch besser ausgearbeitete Vorschläge (siehe etwa Stapp 1993), die in der Tradition von Neumanns und vor allem Wigners davon ausgehen, daß die existierende Quantentheorie bereits den formalen Apparat zur Behandlung einer Welt zur Verfügung stellt, in der Geist und Materie ungetrennt voneinander sind, weisen in mancher Hinsicht Schwachpunkte auf und fallen darüber hinaus gelegentlich in Probleme der Pionier-Quantentheorie zurück. Versuche, quantenmechanische Effekte in der Physiologie des Gehirns anzunehmen wie etwa Beck/Eccles (1992) oder Hameroff/Penrose (1996), verlassen den materiellen Bereich der Realität *de facto* nicht. Eine Reihe von weiteren Autoren, die sich auf dem Spielplatz einer voreiligen »Quantentheorie des Bewußtseins« tummeln, hat Amorim (1994) einer brauchbaren Kritik unterzogen; siehe auch Stenger (1995).

Fragen, die im Zusammenhang mit der Diskussion des psychophysischen Problems aus der Sicht der Physik unvermeidlich sind, haben mit den Konzepten von Realität zu tun, die der Physik (mehr oder weniger implizit) zugrunde liegen. Das schließt, insbesondere für die Quantenphysik, Probleme der Interpretation ein. Die sogenannte Kopenhagener Deutung der Quantentheorie, ein sehr früher und einflußreicher Interpretationsansatz, auf den sich Jahn und Dunne hauptsächlich beziehen, ist aus heutiger Sicht zwar nicht falsch, aber zu eng. Zusätzlich zu der statistischen Kopenhagener Deutung ist es unter dem Druck der modernen Entwicklung in der Quantenphysik notwendig geworden, andere (deterministische) Interpretationen mit zu berücksichtigen. Dies spiegelt sich darin, daß ein modernes Verständnis der Quantenphysik mehr als nur einen einzigen Realitätsbegriff erfordert. Wir müssen heute davon ausgehen, daß verschiedene Konzepte von Realität je nach Kontext zutreffen, statt sich in einem absoluten Sinn auszuschließen.

Die diesbezügliche Diskussion, die von Jahn und Dunne im ersten Teil angedeutet wird, hat in den letzten Jahren in der Philosophie der Physik zunehmende Beachtung erfahren. Sie wird dort zusammen mit anderen kontroversen Themen geführt, etwa unter den Stichworten Lokalität und Holismus (Redhead 1987). In diesem Zusammenhang sind die Ansätze von Bohm (1980) zu nennen, eines der Protagonisten des Holismus in der Quantentheorie. Direkter auf verschiedene Realitätsvorstellungen gehen, allerdings nicht ohne Formalismus, etwa Primas (1981) und d'Espagnat (1995) ein. Als weiterführende Literatur, die auch den Zusammenhang zwischen der materiellen Welt der Physik und deren nichtmateriellem Gegenstück mitbehandelt, sind Lockwood (1989) sowie ein jüngerer Artikel von Butterfield (1995) zu empfehlen.

H. A. & E. B.

Amorim, M.-A. (1994). Do quantum mechanical concepts help to understand psi phenomena? In *Proceedings of the 37th Convention of the Parapsychological Association*, hg. von D. J. Bierman. Parapsych. Ass., pp. 18–34.

Atmanspacher, H. (1993). *Die Vernunft der Metis*. Stuttgart: Metzler. Siehe auch Atmanspacher, H. (1997). Cartesian cut, Heisenberg cut, and the concept of complexity. *World Futures 49*, 333–355.

–, – (1994), Complexity and meaning as a bridge across the Cartesian cut. *Journal of Consciousness Studies 1*, 168–181.

–, –, Scheingraber, H., Hg. (1991). *Information Dynamics*. New York: Plenum.

Beck, F., Eccles, J. (1992). Quantum aspects of brain activity and the role of consciousness. *Proc. Natl. Acad. Sci. USA 89*, 11357–11361.

Bohm, D. (1980). *Wholeness and the Implicate Order*. London: Routledge and Kegan Paul. Deutsch: *Die implizite Ordnung*, München: Dianus-Trikont, 1985.

Butterfield, J. (1995). Worlds, minds, and quanta. *Proceedings of the Aristotelian Society 69*, 113–158.

d'Espagnat, B. (1995). *Veiled Reality*. Reading: Addison-Wesley.

Hameroff, S. A., und Penrose, R. (1996). Conscious events as orchestrated space-time selections. *Journal of Consciousness Studies 3*, 36–53. Siehe auch R. Penrose (1994). *Shadows of the Mind*. Oxford: University Press.

Herbert, N. (1985). *Quantum Reality*. New York: Doubleday. Deutsch: *Quanten-Realität*. München: Goldmann, 1990.

Lockwood, M. (1989). *Mind, Brain, and the Quantum*. Oxford: Blackwell.

Lucadou, W. von (1989). *Psyche und Chaos*. Freiburg: Aurum. Aktualisierte zweite Auflage unter dem Titel *Psi-Phänomene*. Frankfurt: Insel 1997.

Primas, H. (1981). *Chemistry, Quantum Mechanics, and Reductionism*. Berlin: Springer (zweite, durchgesehene Auflage Berlin: Springer 1983).

–, – (1993). Ein Ganzes, das nicht aus Teilen besteht. In *Neue Horizonte 92/93*. München: Piper, S. 81–111.

Redhead, M. (1987). *Incompleteness, Nonlocality, and Realism*. Oxford: Clarendon.

Squires, E. (1990). *Conscious Mind in the Physical World*. Bristol: Adam Hilger.

Stapp, H. P. (1993). *Mind, Matter, and Quantum Mechanics*. Berlin: Springer.

Stenger, V. J. (1995). *The Unconscious Quantum: Metaphysics in Modern Physics and Cosmology*. Amherst: Prometheus.

Stokes, D. M. (1987). Theoretical parapsychology. In *Advances in Parapsychological Research*, hg. von S. Krippner. London: McFarland, S. 77–189, Referenzen S. 259–285.

Walker, E. H. (1975). Foundations of paraphysical and parapsychological phenomena. In *Quantum physics and parapsychology*, hg. von L. Oteri. New York: Parapsychology Foundation, pp. 1–53.

Zurek, W., Hg. (1990). *Complexity, Entropy, and the Physics of Information*. Reading: Addison-Wesley.

25. Das Labyrinth der Modelle

Bei unseren experimentellen Ausflügen in das Reich der bewußtseinsbezogenen Phänomene haben wir bisher zwei Arten von Anomalien enthüllt, die zu den etablierten physikalischen Theorien deutlich im Widerspruch stehen. Zum einen erwies sich, daß anhand vielfältiger mit datenverarbeitenden Apparaten erzielter Ergebnisse statistisch reproduzierbar und individuell charakteristisch mit den dahingehenden Teilnehmerintentionen korreliert waren. Zum anderen erwarben Perzipienten sinnvolle Informationen über weit entfernte geographische Ziele – Informationen, die nicht über einen uns bekannten Sinneskanal zu erhalten waren und deren Wirklichkeitstreue statistisch gesichert nicht von Raum und Zeit abhing. Obwohl noch viel mehr Daten erforderlich sind, um diese und ähnliche Anomalien einigermaßen vollständig zu beschreiben, kann man doch schon damit beginnen, ernsthaft über ihre theoretische Einordnung nachzudenken, damit der wissenschaftliche Two-step Theorie/Experiment eingehalten werden kann.

> **Der erste Schritt bei der Intuition ist das Verstehen der symbolischen Bedeutung verschiedener Dinge; im nächsten Schritt werden diese symbolisch ausgedrückt.**
>
> Hazrat Inayat Khan

Dazu müssen zuerst ein Begriffssystem und eine Nomenklatur erarbeitet werden, die sich zur Darstellung und Diskussion der beobachteten Effekte eignen. Danach ist ein mathematischer Formalismus aufzustellen, mit dem die postulierten Mechanismen und die relevanten Parameter zu quantifizieren sind. Die Begriffe und der Formalismus müssen anschließend in ein Schema logischer Folgerungen und analytischer Berechnungen eingefügt werden, das die erarbeiteten Indizien stützt, neue Experimente nahelegt und überprüfbare Vorhersagen ihrer Resultate erlaubt. Dadurch, daß man immer wieder die theoretischen Modelle mit zunehmend beweiskräftigen Experimenten flankiert, kann ein gründliches Verständnis der Phänomene erreicht werden.

Das sind keine revolutionären Träume. Die Literatur der Psi-Forschung der vergangenen hundert Jahre hat wie im Supermarkt Modelle für alle Arten paranormaler Effekte aufgestellt – mit sehr begrenztem Erfolg. Wir begnügen uns hier damit, die Modelle vier Kategorien zuzuordnen:

1) einem skeptischen Genre, das die Effekte für reine Illusion hält und nachzuweisen versucht, daß sie Artefakte ungeeigneter Experimente oder unzureichender Datenverarbeitung oder einfach zufällige Resultate komplexer Zufallsprozesse seien;
2) den Erweiterungen bestehender psychologischer Modelle des Gedächtnisses, des Lernens oder der Motivation oder auch jener Modelle, mit denen man versucht, Teilnehmerleistungen mit deren Persönlichkeit, Einstellung oder Strategie zu korrelieren;
3) den Theorien, die bekannte physikalische Mechanismen verwenden, etwa elektromagnetische Wellen oder geophysikalische Prozesse, durch die man Informationen vom neurophysiologischen System des Menschen beziehen oder auf dieses übertragen kann;
4) den Modellen, die zu größeren Modifikationen, Erweiterungen oder Verallgemeinerungen etablierter wissenschaftlicher Konzepte und Formalismen führen, mit denen die betreffenden Effekte eingeordnet werden können.

Die skeptischen Erklärungen enthalten interessante und aufschlußreiche Überlegungen, von denen einige sich als zutreffend und hilfreich erwiesen, so daß irreführende Indizien eliminiert werden konnten; ein anderer Teil dieser Deutungen enthüllte Schwächen der Skeptiker selbst. Die Interpretationen lieferten uns dennoch wertvolle Hinweise zu Entwurf und Ausführung unserer Experimente. Wir sind aber überzeugt, daß die Weiterentwicklung der Vorrichtungen, die drei Intentionen, die großen Datenmengen und die automatisierte Datenverarbeitung dazu geeignet sind, technische und statistische Artefakte oder Betrug durch die Teilnehmer auszuschließen. Außerdem sprechen die Einzigartigkeit und Reproduzierbarkeit individueller Teilnehmersignaturen und der Grad der statistischen Signifikanz klar gegen ein zufälliges Auftreten.

Die psychologischen Modelle waren auch hilfreich beim Entwickeln unserer Experimente und des Ambientes im Labor, ferner beim Auswerten einiger empirischer Resultate. Darüber hinaus sind sie von begrenztem Wert, und zwar aus zwei Gründen. Erstens konzentrieren sich alle diese Modelle vor allem auf den Teilnehmer als

»Versuchsperson«, während es in unserer experimentellen Arbeit vorwiegend um physikalische und technische Parameter der Wechselwirkung ging. Zweitens lassen sich die subjektiven Konzepte schlecht quantifizieren, und auch dann nur hinsichtlich psychologischer Parameter, die schwierig zu bewerten sind.

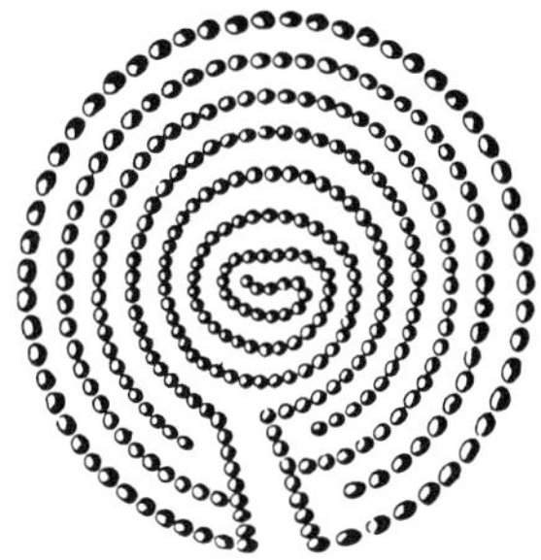

Die Modelle, mit denen die Phänomene durch physikalische und neurophysiologische Prozesse erklärt werden sollen, liefern ein begrifflich und mathematisch leichteres Vokabular zur Diskussion unserer Resultate und sollten selbstverständlich sorgfältig geprüft werden, bevor man wesentliche Modifikationen der theoretischen Struktur erwägt. Der bekannteste Ansatz dieser Art, der auch als erster systematisch ausformuliert wurde, geht von der Annahme einer elektromagnetischen Grundlage der Wechselwirkung aus. Ungefähr zu der Zeit, als man in der Psi-Forschung erstmals kontrollierten Daten aufnahm, waren Wissenschaft und Technik so weit, daß die drahtlose Kommunikation aufkam. Die enormen Möglichkeiten dieser neuartigen Informationsübertragung prägten wahrscheinlich auch die Vorstellungen von Forschern, die sich um das Verständnis von Psi-Effekten bemühten. Häufig kamen in den Publikationen daher Begriffe wie »Sender«, »Empfänger«, »Antenne«, »Abstimmung« und »Resonanz« vor.

Versuche, elektromagnetische Modelle auf quantitativ-analytische Details anzuwenden, wurden etwas später in der damaligen Sowjetunion und im Westen unternommen; es gibt sie in verschiedenen Ausprägungen auch heute noch. Viele dieser Modelle konzentrierten sich auf die Wirkungen von elektromagnetischer Strahlung mit extrem niedriger Frequenz (ELF, englisch: *extremely low frequencies*), die in der Größenordnung von 1 bis 50 Hertz (Schwingungen pro Sekunde) liegt. Dieser Frequenzbereich geriet wohl ins Blickfeld, weil er demjenigen neurophysiologischer Prozesse entspricht, die durchaus an der Aufnahme oder Aussendung von Information durch Menschen beteiligt sein können.

Solche elektromagnetischen Modelle hielt man für tragfähig genug, daß man zahlreiche Experimente vornahm, teilweise mit raffiniert abgeschirmten Räumen oder Faraday-Käfigen, in denen die Teilnehmer oder Teile der Geräte eingeschlossen wurden. Dadurch sollte die Stärke der elektromagnetischen Signale, die angeblich die anomale Information übertragen, herabgesetzt oder ihre Beschaffenheit verändert werden. Andere Studien richteten sich auf den Rückgang der »Signalstärke« mit zunehmendem Abstand, auf die »Bit-Rate« und die »Bandbreite« der auf dem »Kanal« beförderten Information oder auf Interferenzen, Beugungen, Durchdringung oder Polarisation. Leider konnte man mit diesen Studien einen derartigen Transport weder überzeugend bestätigen noch widerlegen, was an den vermuteten sehr großen Wellenlängen lag und an der Unkenntnis über die neurophysiologischen Schwellen. In verwandten Arbeiten wurde eine mögliche Beziehung zwischen Psi-Phänomenen und Formen geomagnetischer Aktivität angenommen und überprüft, wobei man auch elektromagnetische Phänomene mit einbezog; wiederum waren die Resultate nicht überzeugend.

Nach unserem Urteil leiden alle derartigen Modelle an einem grundsätzlichen Fehler: Sie können die Präkognition nicht in dem Ausmaß einbeziehen, in dem diese in der Psi-Forschung allgemein oder bei der präkognitiven Fernwahrnehmung im besonderen auftritt (vgl. hierzu die Beschreibung der Untersuchungen im Teil III). Insbesondere enthält keiner der Ansätze einen Mechanismus, der es erlaubte, daß Information über ein geographisches Ziel um einige Tage *in die Zukunft* verschoben wird, während der Perzipient Tausende von Kilometern entfernt ist. Eine Sondierung anderer deterministischer physikalischer Modelle führt zwangsläufig zum gleichen Problem: Kein Modell vermag die Präkognition als ein Element der Menge der Anomalien zu berücksichtigen.

Da keine Möglichkeit besteht, irgendwelche überkommenen physikalischen Theorien direkt anzuwenden, liegt das einzige Heil im Vorwärtsschreiten, mit großer Vorsicht, wobei man auf Modelle zurückgreift, die eine grundlegende Erweiterung des gültigen wissenschaftlichen Paradigmas erfordern. Hier können vielfältige Optionen erwogen werden. Es ist versucht worden, dem Bewußtsein eine entropieverringernde Fähigkeit zuzuschreiben, mit der es ordnend in zufällige physikalische Prozesse eingreift und dadurch ihre thermodynamische Tendenz zu minimaler Information und maximaler Unordnung einfach umdreht. Alle Resultate, die am Zufallsgenerator und an der mechanischen Zufallskaskade gewonnen wurden (siehe Teil II), stimmen in gewissem Sinne mit einem solchen ordnenden Prozeß überein; statistisch ausgedrückt: Die PK-Verteilungen weisen etwas mehr Information auf, als es dem reinen Zufall oder den Kalibrierungsdaten entspricht. Die Effekte der präkognitiven Fernwahrnehmung (siehe Teil III) können auch als schwache Ordnung der Werte der Wahrnehmungsdeskriptoren interpretiert werden, verglichen mit den zufälligen Beziehungen zu den jeweiligen Zielen. Obwohl wir nicht versucht haben, dies im einzelnen auszuarbeiten, erwies sich das diesbezügliche begriffliche Vokabular für Aspekte unserer Arbeit als nützlich. Wir werden im Teil V darauf zurückkommen.

Ein anderer Ansatz bestand in der Umformulierung physikalischer Grundgesetze in mathematische Koordinatensysteme mit mehr Dimensionen als den bekannten vier (drei Raumkomponenten, eine Zeitkomponente), mit denen menschliche Erfahrungen traditionell dargestellt werden. Mit Hilfe solcher Formalismen werden zusätzliche, nicht greifbare Dimensionen eingeführt, und dadurch erscheinen in den Resultaten verschiedene neue Terme, mit denen anomale Effekte dargestellt werden können, ohne daß physikalische Gesetze selbst geändert werden müßten. Beispielsweise kann jeder reellen räumlichen und zeitlichen Koordinate eine imaginäre hinzugefügt werden, so daß ein komplexes Raum-Zeit-Gefüge entsteht, ähnlich wie bei der Wechselstromtheorie, der komplexen Fourier-Analyse oder der exponentiellen Wellenmechanik. Diese imaginären Komponenten und ihre Wechselwirkungen mit den gewöhnlichen reellen Komponenten erlauben dann die Einordnung einer Gruppe anomaler Effekte, die nicht durch die reellen Terme allein zu beschreiben sind.

Es wurden sogar extremere Koordinatentransformationen vorgeschlagen, die auf der radikalen, jedoch faszinierenden Hypothese beruhen, daß universelle Information im Grunde überhaupt nicht nach Ort und Zeit gegliedert werden kann, sondern vielmehr nach Frequenzen und Amplituden eines abstrakten wellenmechanischen Systems beurteilt werden sollte. Demnach führt das menschliche Bewußtsein Fourier-Transformationen dieser Frequenz-Amplitude-Information durch und setzt sie damit in den gewohnten Raum-Zeit-Rahmen um, auf den sich unsere kognitiven Prozesse bisher verließen. Wenn Raum und Zeit von fundamentalen Koordinaten der Erfahrung zu bloß nützlichen Ordnungsparametern herabgestuft werden, besteht die Möglichkeit, daß das Bewußtsein durch Zusammenfügen geeigneter Frequenzen und Amplituden Informationen über *irgendeinen* Teil von Raum und Zeit erstellen kann und die Information dennoch in ihrer konventionellen Form zu interpretieren ist.

Die vielleicht am besten ausgearbeiteten radikalen Modelle versuchen, mit den Konzepten und Formalismen der Quantenmechanik Anomalien zu erklären, die in der modernen Psi-Forschung auftreten. Die Quantentheorie beruht auf einem Geflecht empirischer Postulate, die der konventionellen Logik widersprechen, und liefert ein korrespondierendes Geflecht von Vorhersagen, die nicht mit den gewöhnlichen Eindrücken von der Realität übereinstimmen. Seltsam erscheinen: der grundlegende Quantelungsprozeß, der meßbare Eigenschaften auf diskrete Werte beschränkt; der Welle-

Teilchen-Dualismus; die Rolle des Beobachters; die Unbestimmtheit, Nichtunterscheidbarkeit, Komplementarität und das Ausschließungsprinzip; schließlich die Festlegung auf ein mechanisches Verhalten, das voll und ganz den Wahrscheinlichkeitsgesetzen gehorcht. All dies überantwortet die menschliche Wahrnehmung physikalischer Prozesse in gewissem Grade dem Paradoxon und deutet darauf hin, daß eine physikalische Theorie weniger etwas über die abstrakte Realität aussagt als über unsere Fähigkeit, etwas über diese Realität aussagen zu können. Trotz der verlockenden Möglichkeit, solche physikalischen Anomalien mit Bewußtseinsphänomenen zu verknüpfen, konnte die unmittelbare Anwendung der Quantenmechanik auf Psi-Prozesse bisher keine glaubhaften oder rasch überprüfbaren Hypothesen für die psychologischen, neurophysiologischen und physikalischen Mechanismen an den Schnittstellen oder Grenzflächen liefern. Der Formalismus ist eher als umfassende Metapher für alle Formen von Wechselwirkungen mit dem Bewußtsein brauchbar, und genau das wird bei unserer eigenen Vorgehensweise die Hauptrolle spielen.

Alle diese ernstzunehmenderen Versuche, die physikalische Begriffsbildung zu erweitern, damit die bewußtseinsbezogenen Anomalien mit einbegriffen werden, besitzen das Verdienst, das Blickfeld und das Instrumentarium der gegenwärtigen wissenschaftlichen Theorie über die bisherigen Grenzen hinaus erweitert zu haben. Jedoch ermangeln ihnen ausnahmslos direkt verwendbare empirische Daten, und sie sind nicht in der Lage, subjektive oder »weiche« Eigenschaften mit einzubeziehen, die dargestellt und berechnet werden müssen, wenn die Modelle praktisch anwendbar sein sollen. Auf den folgenden Seiten werden wir noch ein anderes radikales Modell vorstellen, das Erkenntnisse von seinen Vorläufern bezieht, aus philosophischen Perspektiven und selbstverständlich aus unseren Daten, um damit eine Metapher zu präsentieren, die unserer Anomalienforschung gerecht wird und gleichzeitig neue Möglichkeiten eröffnet, die Natur und die Rolle des Bewußtseins besser zu begreifen.

26. Realitätsrezept

Unser Modell beruht auf drei grundlegenden Postulaten, die man als die *Geometrie der Realität*, die *Wellennatur des Bewußtseins* und die *Quantenmechanik der Erfahrung* bezeichnen könnte. Das erste Postulat wird in diesem Kapitel erläutert und in Abbildung 26.1 illustriert. Hier wird das Bewußtsein durch eine nicht scharf begrenzte Kugelform symbolisiert, die von einem unbegrenzten Bereich umgeben ist, der die Umgebung darstellt, in die das Bewußtsein sozusagen eingebettet ist. Unser Begriff *Bewußtsein* soll alle Kategorien menschlicher Erfahrung einbeziehen, wie Wahrnehmung, Kognition, Intuition, Instinkt und Emotion, und zwar auf allen Ebenen, einbegriffen auch jene, die man gewöhnlich, ohne nähere Definitionen anzugeben, »bewußt«, »unterbewußt«, »überbewußt« oder »unbewußt« nennt. Der Begriff *Umgebung* umfaßt alle Umstände und Einflüsse, die auf das Bewußtsein einwirken und es als etwas davon Losgelöstes wahrnehmen lassen. Dazu gehören ebenso der eigene physische Körper und sein physikalischer Lebensraum, ferner alle nicht greifbaren psychischen, sozialen und historischen Einflüsse, denen der Körper ausgesetzt ist. Daher sind Bewußtsein und Umgebung an dem »Ich/Nicht-Ich«-Dialog der klassischen Philosophie beteiligt, jedoch mit einer Schnittstelle oder Grenzfläche zwischen beiden, die als subjektiv und situationsspezifisch anzusehen ist.

Die zentrale Hypothese des Modells ist die, daß die *Realität*, die alle Ausbildungen von Erfahrung, Ausdruck und Verhalten umfaßt, nur an der Grenzfläche zwischen dem Bewußtsein und der Umgebung gebildet wird; und nur für diese Realitätsgrenze ist das Modell gültig. Des weiteren wird angenommen, daß die einzige »Währung« jeglicher Realität die *Information* ist, die in beide Richtungen fließen kann: Das bedeutet, das Bewußtsein kann Information sowohl in seine Umgebung übertragen als auch ihr Information entnehmen. In diesem funktionalen Sinne kann Information in der Anordnung von Reizen bestehen, die Bewußtsein oder Umgebung reagieren lassen.

Abb. 26.1:
Geometrie der Realität

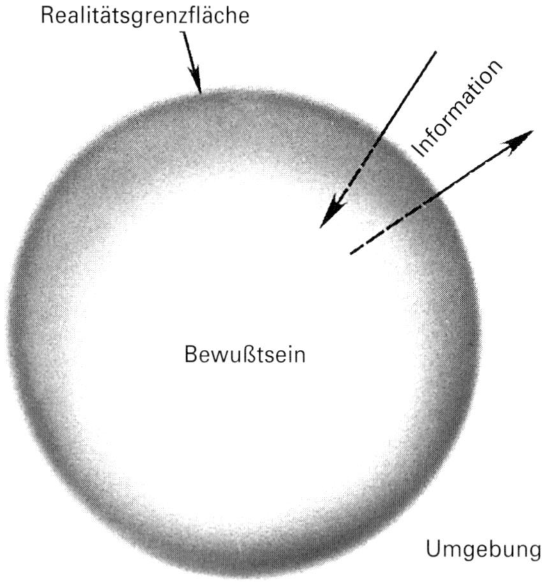

Halten wir diese Perspektive aufrecht, dann können wir weiterhin behaupten, daß *jegliche* physikalische Theorie oder ein anderes Schema begrifflicher Organisation dazu dient, die Erfahrungen des menschlichen Bewußtseins, das mit seiner Umgebung in Wechselwirkung tritt, darzustellen, zu organisieren, zu korrelieren und vorherzusagen. Um es noch einmal zu sagen: Weder Umgebung noch Bewußtsein können isoliert sinnvoll beschrieben werden; nur in der Wechselwirkung, durch den Austausch von Informationen zwischen beiden, werden spürbare Effekte erzeugt. Wenn die physikalischen oder physiologischen Mechanismen, die an der Grenzfläche Bewußtsein/Umgebung Information erzeugen, befördern und aufnehmen, identifizierbar und vorhersagbar sind, gilt der gesamte Prozeß

Indem wir die Prozesse der Natur als Metapher nehmen, um die Kräfte zu beschreiben, durch die sie auf den Menschen und in ihm wirkt, können wir die »Realität« so genau beschreiben, wie es in den Grenzen unseres Verständnisses überhaupt möglich ist. ... Dabei spielen die Vorstellungskraft und der Intellekt des Menschen eine entscheidende Rolle für sein Überleben und seine Entwicklung. Jonas Salk

als »normal«. Wenn irgendeiner dieser Mechanismen unbekannt ist, so ist der Prozeß ein »anomaler«, und die bisher anerkannte Theorie muß als unzutreffend oder unvollständig angesehen werden. Das ist die Situation, der wir uns jetzt bei den Mensch/Maschine-Anomalien und dem Informationserwerb durch präkognitive Fernwahrnehmung gegenübersehen, die in den vorangehenden Teilen beschrieben sind.

Für unseren Ansatz ist auch wichtig, daß die gewohnten Begriffe der etablierten physikalischen Theorien – Masse, Impuls und Energie, elektrische Ladung und Magnetfeld, Frequenz und Wellenlänge, Quanten und Wellenfunktion, ja sogar Entfernung und Zeit – nur noch als nützliche Kategorien zur Organisation der Information einzustufen sind, die das Bewußtsein entwickelt hat, um das Chaos von Reizen zu ordnen, denen es aus seiner Umgebung ausgesetzt ist oder die es übertragen will. Derart verstanden, verraten uns diese Begriffe ebensoviel von unserem Bewußtsein wie von der Umgebung. Genauer gesagt verraten sie uns etwas über das Bewußtsein, das mit seiner Umgebung interagiert. Daraus folgt, daß die Begriffe, Formalismen und die Vorstellungswelt physikalischer Theorien nützliche Metaphern für die Darstellung der Natur und der Prozesse des Bewußtseins selbst sein können – um es genauer zu sagen: des Bewußtseins, das sich selbst untersucht. Umgekehrt können die weniger greifbaren Aspekte subjektiver und eindrücklicher Erfahrung notwendige Bestandteile irgendeiner allgemeinen Theorie der Realität sein, einschließlich der physikalischen Realität.

Das Bewußtsein betrachtet sich selbst.

Der Blickwinkel, den diese Hypothesen vertreten, ist nicht neu; diesbezügliche Andeutungen finden sich in den Schriften vieler bedeutender Wissenschaftler und Philosophen aus heutiger und früherer Zeit. Als sich die Wissenschaft zu einer strengen Disziplin entwickelte, bemerkte Francis Bacon:

> Denn es ist unrichtig, daß der menschliche Sinn das Maß der Dinge sei; vielmehr geschehen alle Auffassungen der Sinne und des Verstandes nach der Natur des Menschen, nicht nach der Natur des Weltalls. Der menschliche Verstand gleicht einem Spiegel mit unebener Fläche für die Strahlen der Gegenstände, welcher seine Natur mit der der letzteren vermengt, sie entstellt und verunreinigt.[62]

In neuerer Zeit wiederholte der Astrophysiker James Jeans diese Einsicht auf ebenso poetische Weise:

> Und die Begriffe, die, wie sich jetzt zeigt, für unser Verständnis der Natur wesentlich sind, ... scheinen meinem Geist Gebilde reinen Denkens zu sein. ... Das Weltall sieht allmählich mehr wie ein großer Gedanke als wie eine große Maschine aus.[63]

Ähnliche Ideen wurden auch auf anderen Gebieten geäußert. Sigmund Freud, der Begründer der Psychoanalyse, definierte, daß für die Auffassung von wissenschaftlicher Arbeit entscheidend sei:

daß unsere Organisation, d. h. unser seelischer Apparat, eben im Bemühen um die Erkundung der Außenwelt entwickelt worden ist, also ein Stück Zweckmäßigkeit in seiner Struktur realisiert haben muß, daß er selbst ein Bestandteil jener Welt ist, die wir erforschen sollen ..., daß die Aufgabe der Wissenschaft voll umschrieben ist, wenn wir sie darauf einschränken zu zeigen, wie uns die Welt infolge der Eigenheit unserer Organisation erscheinen muß, daß die endlichen Resultate der Wissenschaft gerade wegen der Art ihrer Erwerbung nicht nur durch unsere Organisation bedingt sind, sondern auch durch das, was auf diese Organisation gewirkt hat.[64]

Und der Philosoph Arthur Schopenhauer erklärte:

Ein Bewußtseyn ohne Gegenstand ist kein Bewußtseyn. ... Wenn auch der Materialismus nichts weiter als diese Materie, etwa Atome, zu postuliren wähnt, so setzt er doch unbewußt nicht nur das Subjekt, sondern auch Raum, Zeit und Kausalität hinzu, die auf speciellen Bestimmungen des Subjekts beruhen. ... Der Grundfehler aller Systeme ist das Verkennen dieser Wahrheit, daß der Intellekt und die Materie Korrelata sind, d. h. Eines nur für das Andere da ist, Beide mit einander stehn und fallen, Eines nur der Reflex des Andern ist, ja, daß sie eigentlich Eines und das Selbe sind, von zwei entgegengesetzten Seiten betrachtet ...[65]

Entsprechende Überzeugungen vieler führender Vertreter der modernen Physik wurden im sechsten Kapitel erwähnt. Hierher gehört auch Albert Einsteins klassische Mahnung:

Begriffe, welche sich bei der Ordnung der Dinge als nützlich erwiesen haben, erlangen über uns leicht eine solche Autorität, daß wir ihres irdischen Ursprungs vergessen und sie als unabänderliche Gegebenheiten hinnehmen ...[66]
Das Begriffssystem ist eine Schöpfung des Menschen samt den syntaktischen Regeln, welche die Struktur der Begriffssysteme ausmachen. ... Alle Begriffe, auch die erlebnisnächsten, sind vom logischen Standpunkt aus freie Setzungen, genau wie der Begriff der Kausalität ...[67]

Dieselben organisierenden Kräfte, die die Natur in all ihren Formen gestaltet haben, sind auch für die Struktur unseres Geistes verantwortlich. Werner Heisenberg

Wenn man das Wesentliche solcher Gedanken ungeachtet ihres Ursprungs akzeptiert, dann kann durchaus jeder physikalische Formalismus mit Hilfe einer Metapher so modifiziert werden, daß er die Merkmale des Bewußtseins darzustellen vermag, das sich mit seiner Umgebung im Austausch befindet. Eine solche metaphorische Darstellung muß sich nicht einmal auf die physikalischen oder allgemeinen wissenschaftlichen Bezeichnungen oder Begriffe beschränken, sondern könnte ihre Analogien aus anderen intellektuellen Systemen beziehen. Aus Gründen, die in den folgenden zwei Kapiteln herausgearbeitet werden, verwenden wir die allgemeinen Formalismen der physikalischen Wellenmechanik und insbesondere die Teilchenvorstellung in der Quanten- und der Wellenmechanik.

27. Bewußtseinswellen

In fast allen Versuchen des menschlichen Bewußtseins, den Mechanismus seiner physikalischen Umgebung darzustellen, hat die Unterscheidung zwischen dem Verhalten »diskreter«, nahezu faßbarer Materieportionen – Teilchen – und dem ausgedehnten, oszillierenden Verhalten wellenartiger Vorgänge schon immer eine Rolle gespielt. Gewiß begegnete dem Menschen der Frühzeit ein Teil seiner pragmatischen Realität in Form von Materie: Seine Hand, seine Axt und seine Höhle, die Bäume, Tiere und Vögel, auch Sonne, Mond und Sterne – das alles waren scharf definierte Objekte, zwischen denen besondere Beziehungen hergestellt werden konnten. Zweifelsohne entgingen ihm wellenähnliche Vorgänge nicht, und er dachte über sie nach, über die Wellen eines Baches oder des Meeres, die Muster von Zirruswolken oder das vom Wind hervorgerufene Zittern von Ästen und Blättern. Häufig stellte er solche Abläufe in Kunstwerken und Ritualen dar, vielleicht um ihre Wirkungsweise besser zu erfassen (denn sie beeinflußten seine Tätigkeiten als Seemann, Fischer oder Bauer) oder um ihre ästhetischen und mystischen Qualitäten abzubilden.

Ausgehend von diesen ersten Eindrücken wurden die Begriffe Teilchen und Welle in der philosophischen und wissenschaftlichen Debatte zu äußerst komplexen Gebilden entwickelt und zu Stellvertretern für zwei Arten von physikalischen Phänomenen. Meist dominierte nur eine Anschauung längere Zeit, dann kamen neue Erkenntnisse hinzu, die unvereinbar mit ihr waren, und die andere Anschauung kam zu Ehren, um dann einem »dualistischen« Kompromiß aus beiden Anschauungen zu weichen. Die griechischen Gelehrten der Antike sahen sich veranlaßt, eine Wellentheorie des Schalls aufzustellen, um Beobachtungen zu erklären, die mit der herrschenden atomistischen Ansicht unvereinbar waren. Jahrhunderte später machte ein anwachsender Korpus von »unpassenden« Daten aus Experimenten die Entwicklung einer Wellentheorie des Lichts notwendig, die im Widerstreit zu Newtons eingeführtem

Anasazi-Felszeichnungen, östliches Arizona

»Korpuskel«-Modell stand und dieses schließlich teilweise ersetzen sollte. Gegen Ende des 19. Jahrhunderts vereinigte die Elektrodynamik der Teilchen – entstanden aus den Maxwellschen Feldgleichungen, die überprüfbare quantitative Merkmale der elektromagnetischen Wellen beschreiben – einen Großteil der physikalischen Theorie in, wie man damals glaubte, philosophisch überzeugender Manier.

Aber der Teilchencharakter von Licht, Schall und Elektrizität war damit keineswegs gestorben, und umgekehrt wurde sogar die Teilchennatur der Materie angezweifelt. Die Physik des 20. Jahrhunderts präsentierte eine Fülle neuer Erkenntnisse, die seinerzeit für paradox gehalten wurden – darunter das Photon, das Phonon und die Quanten. Am erstaunlichsten aber war die Wellennatur der Materie. Die Strahlung schwarzer Körper und der photoelektrische Effekt konnten nicht durch die Wellentheorie des Lichts erklärt werden; erst mit Hilfe des teilchenartigen Photons, dessen Frequenz gequantelt ist, war die Deutung dieser Effekte möglich. Auf der anderen Seite beruhte die Begründung der von Niels Bohr und Arnold Sommerfeld 1914 beschriebenen Energieniveaus der Atome sowie die experimentellen Ergebnisse der Elektronenbeugung auf der bahnbrechenden Idee von Louis de Broglie und Erwin Schrödinger, daß teilchenartige Objekte in gewissen Fällen wellenähnliche Merkmale aufweisen können.

Bis heute sind diese Welle-Teilchen-Paradoxa philosophisch nicht völlig überzeugend geklärt worden. Aus praktischen Gründen muß

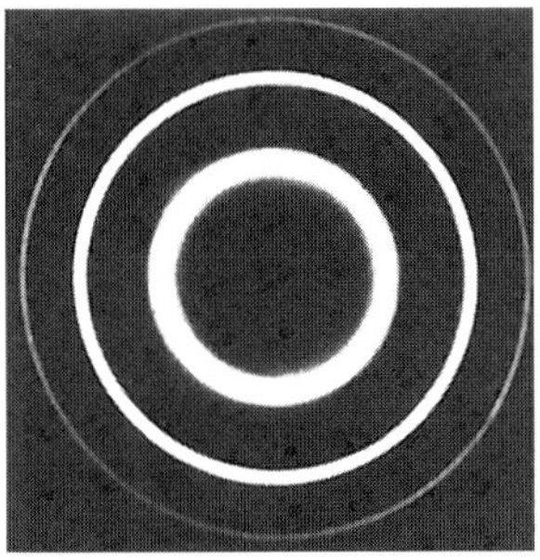

optisches Interferenzmuster

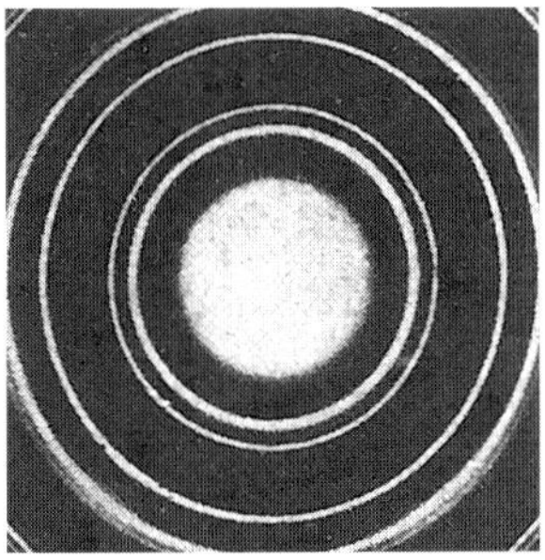

Elektronenbeugungsmuster

die Wissenschaft notgedrungen zugeben, daß sich Licht und Materie unter gewissen Umständen wie diskrete (einzelne) Teilchen verhalten, unter anderen Umständen jedoch wie Wellen. Auf analytische Weise kann man brauchbare und recht genaue Vorhersagen des jeweiligen Verhaltens ableiten, wenn man zuerst annimmt, welches Prinzip in der betreffenden Situation gilt. Bis zu einem gewissen Grad können wir diese Perspektiven sogar zusammenzwingen, indem wir teilchenähnliche »Wellenpakete« oder Wellen mit den Wahrscheinlichkeiten von Teilchen kombinieren. Doch laut Bohr müssen aus philosophischer Sicht die beiden Ausprägungen als komplementär angesehen werden. Mit anderen Worten: Wellen- und Teilchen-Denken schließen einander nicht aus; eher ist eine Mischung von beiden nötig, um die Phänomene vollständig beschreiben zu können.

Wir deuten diese nicht zu leugnende Komplementarität gemäß den Postulaten des Modells so, daß nicht die physikalische Welt *per se* uns diese Zweiteilung auferlegt; es ist unser Bewußtsein. Genauer, sie entsteht durch die Wechselwirkung des Bewußtseins mit seiner physikalischen Umgebung. Und wenn diese Deutung zutrifft, dann ist es auch zulässig, dem Bewußtsein selbst wellenartiges und auch teilchenartiges Verhalten zuzubilligen, das wiederum durch eben dieses Bewußtsein wahrgenommen wird. Man kann auch sagen: Das Bewußtsein, das sowohl Teilchen als auch Wellen eingeführt hat und es für notwendig hielt, beide Muster als komplementär zu verstehen, könnte bei der Darstellung seiner selbst eine ähnliche Komplementarität für notwendig und nützlich erachten.

Es erscheint zum mindesten nicht unvorstellbar, daß, was vom wahrgenommenen Objekt gilt, auch von den wahrnehmenden Geistern gelten könne; wie es Wellenbilder gibt für Licht und Elektrizität, könnte es auch ein entsprechendes Bild für Bewußtheit geben. James Jeans

Wenn wir diesen Gedankengang weiter verfolgen, stellen wir fest, daß im westlichen Denken das Bewußtsein schon immer als »teilchenartig« gedacht wurde. Das bedeutet, ein individuelles Bewußtsein wurde gewöhnlich als eindeutig in Raum und Zeit lokalisiert angenommen – eben in einem physischen Körper –, und es konnte eben nur mit gewissen Teilen seiner Umgebung und mit wenigen anderen ähnlich lokalisierten Bewußtseinsindividuen in Wechselwirkung treten. In dieser Hinsicht könnte man eine Gesamtheit von Bewußtseinsindividuen mit einem Ensemble von Gasmolekülen in einem Behälter vergleichen, die mit ihren unmittelbaren Nachbarn zusammenstoßen und auch auf die nächstliegenden Teile der Umgebung prallen – sozusagen in einer Art gaskinetischem Tanz.

Solange man dieses Teilchenparadigma beibehält, bleiben Effekte, wie die Beeinflussung des physikalischen Verhaltens oder der Informationserwerb aus »unmöglichen« Entfernungen, prinzipiell anomale Erscheinungen. Aber wenn das Bewußtsein sich selbst dieselbe Welle-Teilchen-Dualität zugestehen würde, wie sie inzwischen bei zahlreichen physikalischen Prozessen anerkannt wird, dann sind derartige Situationen leichter handhabbar. Insbesondere könnte ein wellenähnliches Bewußtsein Interferenzen, Beugungen und Fernwirkungen zustande bringen, so daß die meisten Anomalien des Teilchenparadigmas normal werden könnten.

Um eine solche Wellenmechanik des Bewußtseins zu entwickeln, muß man die wesentlichen Merkmale solcher Wellen präziser angeben. Das kann man sich durch einen genauen Blick auf die uns vertrauteren Wellenphänomene erleichtern.

Die in der Natur auftretenden Wellenvorgänge werden unterschieden nach ihrer physikalischen Herkunft, nach dem Medium, in dem sie sich ausbreiten, nach den Eigenschaften des schwingenden Mediums, den Faktoren, die die Schwingungen erhöhen oder dämpfen, der Form der Schwingungen, der Geschwindigkeit, mit der die Wellenfronten fortschreiten, und der Geschwindigkeit ihrer Dämpfung. Zum Beispiel schwingt eine straffe Saite periodisch senkrecht zu ihrer Länge, wenn sie durch einen Finger gezupft oder durch einen Stoß bewegt wird. Die Amplitude der Schwingung wird dabei durch die Spannung in der Saite und deren Masse begrenzt. Bei Schallwellen zieht sich das Medium, in dem sie sich ausbreiten (Gas, Flüssigkeit, Festkörper), abwechselnd zusammen und dehnt sich wieder aus. Auch diese Wellen werden durch einen von außen einwirkenden schwingenden Körper ausgelöst, und ihre Amplitude wird durch die Neigung des Mediums beschränkt, sich komprimieren zu lassen. Wellen im Wasser zeichnen sich durch eine regelmäßige Variation des Wasserspiegels aus, hervorgerufen durch Wind oder Störungen unter der Oberfläche. Sie werden in ihrer Amplitude durch die Schwerkraft und die Oberflächenspannung begrenzt. Elektromagnetische Wellen, zu denen das Licht (mit einem bestimmten Wellenlängenbereich) gehört, bestehen aus räumlich eng gekoppelten fortschreitenden Schwingungen der lokalen elektrischen und magnetischen Feldstärken. Sie breiten sich auch im leeren Raum aus. Jede dieser Wellen kann – in Abhängigkeit von der Gleichmäßigkeit der Energiequelle sowie der Geometrie und

Ausbreitung von Wasserwellen

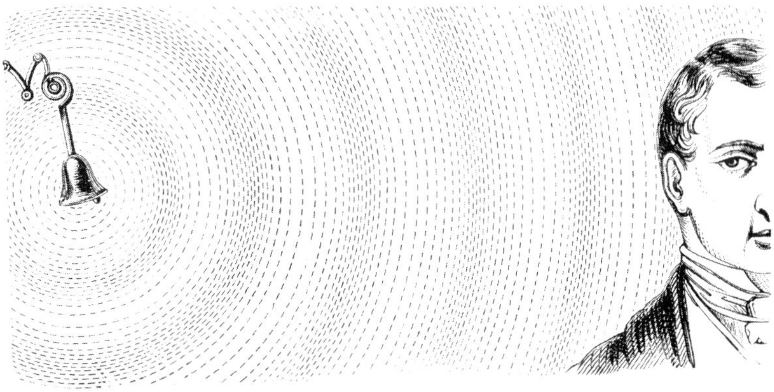
Ausbreitung von Schallwellen

Gleichförmigkeit des Mediums – meist durch einfache Sinuskurven beschrieben werden, deren Wellenlängen konstant sind und die mit gleichförmiger Geschwindigkeit fortschreiten; häufig sind jedoch die Wellenformen komplizierter und die Ausbreitungsmerkmale nicht einfach anzugeben.

Trifft irgendein Wellenzug auf eine Grenzfläche oder eine Unstetigkeit im Medium, dann wird ein Teil der Wellen reflektiert und ein anderer Teil durchgelassen. Wenn alle derartigen Grenzflächen im Medium in geeigneter Weise unverändert bleiben, so wird die Aufeinanderfolge von einfallenden, reflektierten und erneut reflektiert werdenden Wellen zu einem Muster »stehender Wellen« führen, bei denen die Auslenkungen stets an denselben Stellen regelmäßig zu- und wieder abnehmen und nicht fortschreiten. So ist eine Violinsaite an beiden Enden fest eingespannt (an einem Ende gegebenenfalls durch den Finger des Geigers) und wird gleichzeitig an einem dazwischenliegenden Punkt durch den Bogen zu Schwingungen angeregt; auf diese Weise kommt eine Konfiguration stehender Wellen zustande. Das bedeutet, an bestimmten Punkten der Saite liegen

»Knoten« vor – hier ist die Auslenkung stets null – und an anderen sogenannte (Schwingungs-)»Bäuche«, an denen die Auslenkung der schwingenden Saite maximal ist. Zwischen Knoten und Bäuchen liegen regelmäßige Abstände. Weil sich an den fest eingespannten Enden Knoten befinden müssen, sind nur bestimmte Wellenlängen möglich, die von der Länge der Saite abhängen. Das einfachste Muster, das der sogenannten Grundschwingung entspricht, hat genau einen Schwingungsbauch in der Mitte der Saite, so daß die Wellenlänge gleich der halben Saitenlänge ist. Die weiteren Schwingungen, auch Obertöne oder harmonische Schwingungen genannt, haben (mit abnehmender Wellenlänge) zwei, drei, vier oder mehr gleich weit voneinander entfernte Bäuche. Die Schwingungsfrequenz hängt vom Abstand zwischen den Knoten ab, ferner von der Masse der Saite pro Längeneinheit und von ihrer mechanischen Spannung. Die Klangfarbe eines Tones ist vom Intensitätsverhältnis aller Obertöne abhängig, die dem Grundton überlagert sind.

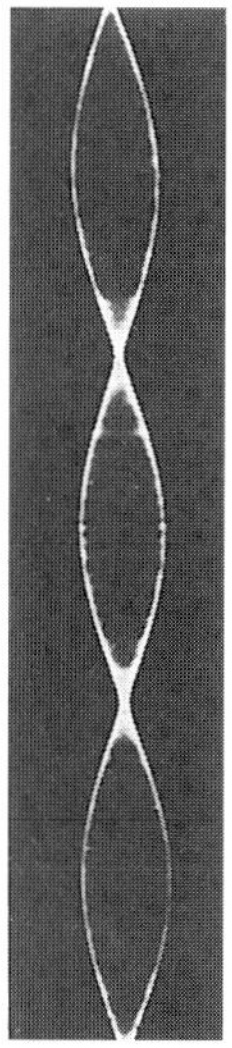

stehende Welle bei einer Saite

Nach demselben Prinzip bilden ein geschlagenes Paukenfell oder die Oberfläche der Flüssigkeit in einer zitternden Kaffeetasse kreisförmige und/oder zonenförmige Muster stehender Wellen, deren Einzelheiten von der Art der Anregung abhängen. Komplexere zwei- und dreidimensionale Muster stehender Wellen treten in Hohlräumen auf, demnach in Holz- und Blechblasinstrumenten und auch in elektromagnetischen Resonatoren wie Hohlleitern, Fernleitungen oder optischen Interferometern. In allen diesen Fällen wirken sich vier Faktoren auf die Merkmale der stehenden Welle aus: die Art der Welle, die Beschaffenheit des Mediums, die Bedingungen und Einschränkungen an den Grenzflächen sowie die Energiequelle. Wenn einer dieser Faktoren verändert wird, drückt das Muster der stehenden Wellen dies aus.

Chladni-Figuren stehender Wellen auf einer Platte

Sich ausbreitende und stehende Wellen besitzen eine Reihe von Eigenschaften, die bei Teilchen nicht zu beobachten sind. Am wichtigsten ist dabei, daß die von ihnen beförderte Information und Energie über weite Bereiche von Raum und Zeit verteilt sein können, anstatt in einem eng begrenzten Gebiet lokalisiert zu sein. So wird eine einfache Punktantenne wahllos Informationen aus dem gesamten kugelförmigen Raum, der sie umgibt, empfangen oder in ihn abstrahlen. Nur mit besonderen Antennenformen – etwa mit der »Schüssel« beim Radar oder einer Konusform beim Megaphon und Hörrohr – kann man die Abgabe oder Aufnahme von Information bündeln und diese wirksamer weitertragen.

Anders als bei Teilchenphänomenen, bei denen zusammenstoßende Objekte die Flugbahn des jeweils anderen verändern, können Wellen einander kreuzen, ohne daß eine andauernde Verzerrung zu befürchten wäre; jedoch kann sich beim gegenseitigen Durchdringen zweier Wellen ein komplexes Muster der Überlagerungen oder der »Interferenz« ausbilden. Während Teilchenstrahlen Schatten werfen, die durch die Hindernisse im Strahlengang scharf definiert sind, können Wellen um Ecken gebeugt werden und sich dadurch auch in Gebiete ausbreiten, die geradlinig nicht erreichbar sind. Beispiele dafür sind die Beugung von Meereswellen an einer Mole oder einer Hafeneinfahrt, die Echos entlang enger Passagen und die optischen Beugungseffekte an kleinen Öffnungen. Wenn Wellen auf eine Grenzfläche oder eine Unstetigkeit im Medium treffen, wird ihre Energie teilweise reflektiert und teilweise weitergeleitet: Diese Eigenschaft unterscheidet die Wellen deutlich von den Vorgängen beim Aufprall von Teilchen auf Grenzflächen. Hier wird jedes Teilchen entweder komplett reflektiert, oder es gelangt als Ganzes durch die betreffende Grenzfläche. In unserer Metapher spielen sogenannte »abklingende« Wellen eine große Rolle, deren Auswirkung in Regionen hineinreichen kann, in denen sie sich mit ihrem normalen Schwingungsmodus eigentlich gar nicht ausbreiten könnten. Ihre teilchenartigen Gegenstücke haben keine Chance, diese Regionen überhaupt zu erreichen.

Zu beachten ist, daß bei den einfacheren Arten physikalischer Wellen wie schwingenden Saiten und Membranen oder beim Schall sowie bei weniger regelmäßigen Formen wie Wasserwellen und Erdbebenwellen das Spezifische der Welleneigenschaften und ihre Beziehung zu Medium und Quelle klar sind. In anderen Fällen hingegen scheinen manche dieser Identifizierungen und Beziehungen eher verschwommen zu sein, und abstrakte Überlegungen müssen in Kauf genommen werden, wenn die Begriffswelt ihren Nutzen behalten soll. Beispielsweise wirft die Eigenschaft elektromagnetischer Wellen, sich auch im Vakuum auszubreiten, schwierige Fragen hinsichtlich der Merkmale eines völlig leeren Raumes auf, der anscheinend die oszillierenden elektrischen und magnetischen Feldstärken aufrechterhalten kann. Die Suche nach den Eigenschaften dieses »Äthers« hat die Physiker mehr als hundert Jahre beschäftigt; das Thema ist im Grunde immer noch nicht befriedigend geklärt.

Diese Art Empirie wird bei der Erarbeitung einer Wellenmechanik der Materie noch stärker strapaziert. De Broglies Hypothese hieß, daß Materie auch Merkmale von Wellen besitzen könne, etwa Interferenz, Beugung und Durchdringung von Grenzflächen. Er nahm an, daß dabei die beobachtete Wellenlänge umgekehrt proportional zum Impuls des zugehörigen Teilchens ist; je höher dessen Masse

und/oder Geschwindigkeit, desto kleiner seine effektive Wellenlänge. Erwin Schrödinger konnte in der Folgezeit mit beeindruckender Genauigkeit die Energieniveaus einfacher Atome berechnen; er ging von der Hypothese aus, daß die Elektronen auf stehende Wellen beschränkt seien, deren Formen den Bedingungen am Rand der Kugelsphäre entsprechen, die sich wiederum aus dem Profil des elektrischen Potentials des Atomkerns ergeben. Aber diese beiden eigentlich äußerst fruchtbaren Ansätze führten zu schwerwiegenden Fragen: Welche Eigenschaften hat das physikalische Objekt, das da oszilliert, und welche das Medium, das die Schwingung aufrechterhält? Obwohl inzwischen eine erfolgreiche Theorie entwickelt wurde, die auf dem Postulat von Quanten und auf der Wellenmechanik beruht, sind diese fundamentalen Fragen mit philosophischen Problemen beladen und werden auch heute noch heftig debattiert.

Eine Denkrichtung beruht auf der sogenannten »Kopenhagener Deutung«, die von Niels Bohr und seinen Kollegen vertreten wurde. Nach ihr entscheidet die Amplitude dieser Materiewellen darüber, das betreffende Teilchen in einem bestimmten Zustand sowie an einer bestimmten Position zu einem bestimmten Zeitpunkt antreffen zu können, wenn ein geeignetes Experiment durchgeführt wird, um diese Größen zu ermitteln. Der Vorgang, durch den das Teilchen diesen Zustand und diese Position erreicht, kann, wenn keinerlei direkte Beobachtung eines solches Prozesses erfolgt, durch die Quantentheorie nicht angemessen ausgedrückt werden; wenn man solche Interpretationen dennoch versucht, ergeben sich paradoxe Schlußfolgerungen. Demnach beschreibt diese Wellenmechanik der Materie nicht das physikalische Verhalten an sich, sondern nur die *Beobachtung* physikalischer Prozesse.

Werner Heisenbergs Interpretation dieser fundamentalen Veränderung der Perspektive stimmt mit der zentralen Prämisse der von uns vorgeschlagenen thematischen Linien der Realität überein:

> Es ist schon in früheren Abschnitten ausgeführt worden, daß wir in der Kopenhagener Deutung der Quantentheorie die Natur beschreiben können, ohne uns selbst als Einzelwesen in diese Beschreibung einzubeziehen, daß wir aber nicht von der Tatsache absehen können, daß die Naturwissenschaft vom Menschen gebildet ist. Die Naturwissenschaft beschreibt und erklärt die Natur nicht einfach, so wie sie »an sich« ist. Sie ist vielmehr ein Teil des Wechselspiels zwischen der Natur und uns selbst. Sie beschreibt die Natur, die unserer Fragestellung und unseren Methoden ausgesetzt ist. An diese Möglichkeit konnte Descartes noch nicht denken, aber dadurch wird eine scharfe Trennung zwischen der Welt und dem Ich unmöglich.[68]

Diese Beobachtungsannahme ist so heuristisch, daß die Quantentheorie geradezu metaphorisch wird. Das heißt, die begriffliche Vorstellung greifbarer Wellenprozesse wird hier auf eine abstrakte Ebene transportiert – die Beobachtung mikroskopischer Naturerscheinungen. Wie früher die Theorien über elektromagnetische und akustische Wellen, ist die Wellenmechanik der Materie ein Versuch, Effekte, die wir nicht direkt beobachten können, mittels der Analogie zu solchen Effekten darzustellen, die wir problemlos wahrnehmen können, etwa Wasserwellen oder stehende mechanische Wellen.

Die Möglichkeit der Erfahrung ist also das, was all unseren Erkenntnissen a priori objektive Realität gibt. Immanuel Kant

Selbst unter den Anhängern der Kopenhagener Deutung gibt es größere Differenzen über die Implikationen dieser Haltung für die Rolle des menschlichen Bewußtseins. Einige Wissenschaftler behaupten energisch, daß eine Beobachtung möglich ist, ohne daß das Bewußtsein als ein wesentliches Element des Systems beteiligt ist. Andere – zu denen auch wir uns zählen wollen – glauben, daß das Bewußtsein, angemessen allgemein definiert, der letztgültige Faktor bei jeder Beobachtung ist und daher einen wesentlichen Bestandteil bei der Begriffsbildung und Formulierung von Materiewellen darstellt.

Bei jeder Interpretation liefert die Kopenhagener Deutung praktischerweise die zentrale Voraussetzung für unser Modell des Bewußt-

seins. Wenn das Bewußtsein nämlich die Wellenmechanik bei der Beschreibung einiger physikalischer Vorgänge – wie Schall, Licht und das Verhalten von Materie im atomaren Maßstab – als nützliche Ergänzung zur Teilchenphysik ansieht und wenn es bereit ist, beim Übergang zu subtileren Phänomenen zunehmend abstrakte und metaphorische Spezifikationen der Welleneigenschaften zu akzeptieren, dann kann das Bewußtsein auch eine wellenmechanische Metapher als begrifflich und funktional nützlich ansehen, um sich selbst darzustellen. Die frühere Interpretation gibt auch Hilfestellung bei der Vorstellung vom Wesen und der Substanz dieser Bewußtseinswellen. Wenn wir den Begriff »Beobachtung« verallgemeinern, so daß jede informationsverarbeitende Fähigkeit des Bewußtseins darunter fällt – Kognition, Emotion, Verhalten und jede andere Art von Erfahrung –, dann kann dieselbe pragmatische Interpretation herauskommen. So wie die Vertreter der Kopenhagener Deutung von Wellen der »Beobachtungswahrscheinlichkeit« sprechen, postulieren wir Wellen der »Erfahrungswahrscheinlichkeit«.

28. Quantentheorie

Die Quantenphysik macht über die Abweichungen vom klassischen Teilchenverhalten hinaus – wie sie der wellenmechanische Ansatz verkörpert – einige der Empirie entspringende Grundannahmen, die der menschlichen Erfahrung zu widersprechen scheinen, die jedoch unerläßlich sind, um Theorie und Daten miteinander zu versöhnen. Wir meinen, daß diese Annahmen auch aussagekräftig sind im Hinblick auf die elementaren Mechanismen der Informationsgewinnung und -verarbeitung durch den Menschen und unsere Metaphernwelt bereichern können. Am wichtigsten ist dabei eine grundlegende Größe, nämlich die Plancksche Konstante (auch Wirkungsquantum genannt), die üblicherweise mit dem Buchstaben h bezeichnet wird und an entscheidenden Stellen ins Bild tritt. Beispielsweise verknüpft sie die De-Broglie-Wellenlänge λ einer Materiewelle mit dem Impuls p des betreffenden Teilchens:

$$\lambda = h/p \qquad (28.1)$$

Weiterhin ist über dieses Quantum die unteilbare Energiemenge E definiert, die von einer elektromagnetischen Schwingung der Frequenz ν übertragen wird:

$$E = h\,\nu \qquad (28.2)$$

In einer anderen Form weist das Plancksche Wirkungsquantum allen physikalischen Beobachtungen und daher (in unserer Metapher) allen Erfahrungen des Bewußtseins im allgemeinen eine Art »Körnigkeit« zu. Wegen seines extrem niedrigen Wertes ($6{,}626 \times 10^{-34}$ Joulesekunden in der üblichen Formulierung) können wir die Quantelung inmitten aller makroskopischer physikalischer Vorgänge nicht wahrnehmen; jedoch können ihre zahlreichen Auswirkungen in atomaren Größenordnungen wertvolle Analogien für die Darstellung subtiler Prozesse des menschlichen Bewußtseins ermöglichen. Der Wert einer etwaigen »Erfahrungseinheit« hinge aber vom gewählten Maßsystem ab.

Aus der immanenten Körnigkeit der Beobachtung lassen sich mehrere quantenmechanische Prinzipien ableiten, die die Anwendbarkeit der klassischen Mechanik auf Situationen im atomaren Maßstab weiter begrenzen und sich auch im Zusammenhang mit dem Bewußtsein als metaphorisch nützlich erweisen dürften. Eines dieser Prinzipien stammt vom klassischen Begriff der »konjugierten Koordinaten« ab. Die bekanntesten konjugierten Paare sind der Impuls und seine Ortskoordinaten, der Drehimpuls und die dazugehörige Winkelposition sowie Energie und Zeit. Im klassischen Reich der Teilchen wird angenommen, daß die Eigenschaften der Partner in diesen Paaren gleichzeitig mit (im Prinzip) beliebig hoher Genauigkeit angegeben werden können. Wird eine Komponente eines Paars der wellenmechanischen Darstellung der Materie unterworfen, so wird die simultane genaue Bestimmung konjugierter Größen eingeschränkt. Dazu formulierte Werner Heisenberg erstmals die sogenannte *Unbestimmtheitsrelation*:

$$\Delta p \, \Delta q \approx h \qquad (28.3)$$

Hierbei ist Δp die Unbestimmtheit des Impulses p und Δq die Unbestimmtheit des Ortes q, und h ist wiederum das Plancksche Wirkungsquantum. (Diese Gleichung besagt: Je genauer die Ortsbestimmung erfolgt, desto unbestimmter ist der Impuls, und umgekehrt; A. d. R.) Nachdem sich Niels Bohr mit den philosophischen Implikationen dieser Einschränkung näher befaßt hatte, erweiterte er das Konzept zu einem *Komplementaritätsprinzip*; nach diesem sind nicht nur die physikalisch meßbaren, sondern alle Begriffe, mit deren Hilfe man den Zustand eines Systems angeben kann, vergleichbaren Beschränkungen der wechselseitigen Genauigkeit unterworfen. In dieser erweiterten Form ist das Prinzip für unsere Zwecke direkt anwendbar, denn es beschreibt eine empirische Beschränkung der Fähigkeit des Bewußtseins, komplementäre Aspekte seiner Erfahrung wahrzunehmen und darzustellen.

Das von Max Planck aufgestellte und später von Bohr präzisierte *Korrespondenzprinzip* drückt aus, daß das gequantelte Verhalten von atomaren Systemen in die uns vertrauten geometrischen und dynamischen Kontinua übergehen muß, wenn sich die Abmessungen makroskopischen Größenordnungen annähern. Das bedeutet im wesentlichen: Wenn die De-Broglie-Wellenlängen im Vergleich zum Beobachtungsmaßstab sehr klein sind, dann ist die klassische Beschreibung eine völlig ausreichende Näherung für die Gesamtheit der sehr »feinkörnigen« Quanteneffekte. Demnach kann die Quantenmechanik als der grundlegendere Formalismus angesehen werden, denn er umfaßt die klassische Mechanik als einen Spezialfall, der immer dann zur Wirkung kommt, wenn große Quantenzahlen auftreten. Für unsere Zwecke lautet die Interpretation: Das Bewußtsein nimmt Informationen über die physikalische Welt in diskreten (einzelnen) Einheiten auf und verarbeitet sie, indessen sind diese Einheiten in den meisten Fällen so winzig und zahlreich, daß ein Kontinuum entsteht, vergleichbar den Sandkörnern einer Wanderdüne oder den Einzelbildern eines Films.

Wenn die Analyse zum Zerlegen dient, dann muß sie abrupt enden, sobald die letzten strukturellen Einheiten erreicht sind; denn wenn die Teile so einfach werden, daß sie nicht unterscheidbar sind, dann bringt ihre Nichtunterscheidbarkeit sie in unserer Beobachtung durcheinander, so daß in gewissem Sinne die durch die Analyse bewirkte Trennung wieder rückgängig gemacht wird. Arthur Eddington

Konsistent mit der Kopenhagener Deutung der Quantenmechanik ist das *Nichtunterscheidbarkeitsprinzip*, gemäß dem man mit keiner physikalischen Beobachtung zwischen zwei identischen, interagierenden atomaren Objekten unterscheiden kann. Beispielsweise muß man bei der theoretischen Darstellung des Wasserstoffmoleküls berücksichtigen, daß mit keiner Messung festgestellt werden kann, welches seiner zwei Elektronen sich gerade dichter an dem einen oder dem anderen der beiden Atomkerne aufhält; man kann nur erkennen, daß eines der zwei Elektronen sich im Zustand *a*, das andere sich im Zustand *b* befindet. Diese Nichtunterscheidbarkeit hat bei näherer Betrachtung größere praktische Konsequenzen für die Stabilität von Molekülstrukturen; in der Tat liegt dieses Prinzip einem – in »klassischer« Diktion – anomalen Bindungseffekt infolge der »Austauschenergie« zugrunde, die den Hauptanteil der kovalenten chemischen Bindung trägt. Für unsere Überlegungen ist dabei der Gedanke entscheidend, daß der Verlust von *Information* darüber, welches von zwei interagierenden Subsystemen welches ist, zu einer Zunahme der strukturellen *Energie* des gebundenen Systems führt.

Mit dem Begriff der Nichtunterscheidbarkeit hängt das von Wolfgang Pauli aufgestellte *Ausschließungsprinzip* eng zusammen, das nicht zuläßt, daß zwei interagierende Elektronen in exakt demselben Zustand existieren können. Dies erzwang den Einbau des sogenannten »Spins« in das System, der so etwas wie ein innerer Drehimpuls und selbst die metaphorische Übertragung eines klassischen Begriffs ist. Experimente beweisen, daß der Elektronenspin nur zwei mögliche Werte haben kann, nämlich den positiven oder negativen Wert einer halben Einheit des Betrags $h/(2\pi)$. Mit anderen Worten, das Elektron verhält sich, als würde es gleichmäßig im Uhrzeigersinn oder gegen ihn um eine feste Achse rotieren. Das Ausschließungsprinzip erlaubt damit zwei Elektronen ansonsten identische Zustände, wenn ihre Spins sich entgegengesetzt (antiparallel) verhalten; sind die Energien unterschiedlich, dann haben die Spins dieselbe Richtung. Das bedeutet wiederum, daß jedes Energieniveau in einem Atom oder Molekül höchstens von einem Paar von Elektronen mit antiparallelen Spins besetzt sein kann, was die physikalischen und chemischen Eigenschaften dieser Elemente und Verbindungen einer Erklärung näher bringt. Weiterhin hat das Ausschließungsprinzip nicht zu unterschätzende Folgen für das statistische Verhalten sehr vieler in Wechselwirkung befindlicher identischer Teilchen, etwa der leitenden Elektronen in einem Metall. Die Kombination der bereits in hohem Maße metaphorischen Spin-Eigenschaft mit den Bindungstendenzen des menschlichen Bewußtseins ist ein wichtiger Charakterzug unseres Modells.

Die Quanten- und die Wellenmechanik legten die genannten Prinzipien über die Formalismen der klassischen Wellentheorie und die Postulate von de Broglie und Einstein (Gleichungen 28.1 und 28.2) und schufen eine Wellenfunktion, mit der man die beobachtbaren (observablen) Eigenschaften von Objekten mit atomaren Abmessungen berechnen kann. Die von Schrödinger aufgestellte allgemeine Wellenfunktion lautet

$$\left[\frac{h^2}{8\pi^2 m}\right] \nabla^2\psi = (V-E)\psi \qquad (28.4)$$

Hier ist h wiederum das Plancksche Wirkungsquantum, m die Masse des betreffenden Teilchens, ψ ist eine Funktion, deren Amplitudenquadrat der Beobachtungswahrscheinlichkeit entspricht, V das Potential, dem das Teilchen ausgesetzt ist, E dessen Gesamtenergie, und ∇^2 bezeichnet die zweite räumliche Ableitung, auch Laplace-Operator genannt. Diese Gleichung ersetzt auf effektive Weise die klassische Teilchendynamik durch ein »Muster« von Beobachtungs-

Die ψ-Funktion repräsentiert in Wahrheit nichts, das sich zu einem bestimmten Zeitpunkt an einem bestimmten Ort befinden könnte; vielmehr entspricht sie in ihrer Gesamtheit zum betreffenden Zeitpunkt dem Wissensstand eines Beobachters über die physikalische Realität, die er untersucht. Es liegt also nichts Überraschendes in der Tatsache, daß die Funktion von einem Beobachter zu einem anderen variiert. Louis de Broglie wahrscheinlichkeiten, die stehenden Wellen entsprechen; ihre Formen werden durch die von der Umgebung auferlegten Beschränkungen bestimmt. Bei den meisten atomaren Systemen rühren diese Beschränkungen von den elektrostatischen Kräften zwischen Atomkernen und Elektronen her und können als dreidimensionale »Potentialmulden« dargestellt werden, die in gewisser Weise Kaffeetassen oder auch Hohlräumen ähneln, die akustische oder elektromagnetische stehende Wellen sozusagen einsperren.

Zum Beispiel unterliegt das Elektron in einem Wasserstoffatom dem elektrostatischen Feld des (einzigen) Kernprotons. Sogar bei dieser einfachsten aller atomaren Konfigurationen sind die zugelassenen Muster aller möglichen stehenden Wellen recht komplex und bestehen aus einer Menge sogenannter kugelförmiger harmonischer Wellen *(spherical harmonics)* im Verein mit radialen Variationen von ihnen, die als »Laguerre-Polynome« bekannt sind. Dieses komplizierte Knotenmuster – die *Eigenfunktionen* – sind durch drei Sätze ganzer Zahlen oder »Quantenzahlen« gekennzeichnet, die mit drei Größen des betreffenden Zustands verknüpft sind: der Energie, dem gesamten Drehimpuls und dem Drehimpuls relativ zur polaren Achse der Konfiguration (dies entspricht dem magnetischen Moment). So bringen die Quantenzahlen die mathematische Darstellung des Atomaufbaus mit dessen beobachtbaren physikalischen Eigenschaften in Kontakt. Hinzu kommt als vierte Quantenzahl die Spinquantenzahl, die die Ausrichtung des Elektronenspins angibt und daher nur zwei Werte annehmen kann.

Will man die beobachtbaren Zustände von größeren Atomen oder von Molekülen berechnen, kann man auf ähnliche Weise vorgehen: Man ermittelt zuerst die Form der Potentialmulde gemäß der Ladungen und Positionen der Kerne und setzt die entsprechende Elektronenanzahl an, wobei man deren eigene elektrostatischen Wechselwirkungen sowie die Spinrichtungen und Austauscheffekte mit iterativen Rechenverfahren einbezieht. Dann sucht man wiederum das zugehörige selbstkonsistente Muster der stehenden Wellen, das außerordentlich komplex ausfallen kann. Ein zentraler Aspekt bei dieser Methode bleibt jedoch die Ermittlung der Quantenzahlen, die das Wellenmuster mit den physikalischen Eigenschaften verbinden.

Der Übergang eines atomaren oder molekularen Zustands in einen anderen kann durch Zusammenstöße mit benachbarten Atomen oder Molekülen ausgelöst werden, aber auch durch die Emission oder Absorption eines Quantums elektromagnetischer Strahlung, das gemäß Gleichung 28.2 gerade die richtige Frequenz, die rich-

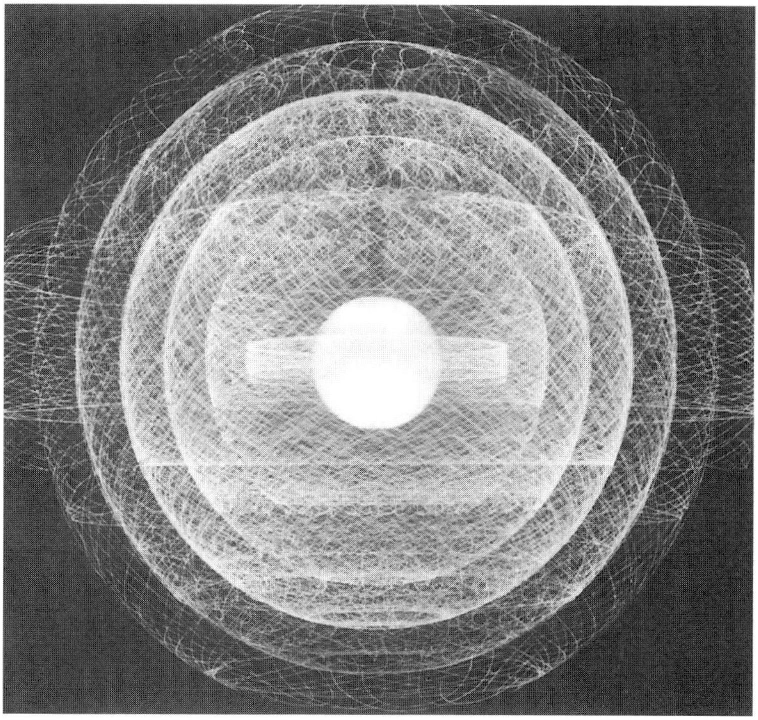

Langzeitaufnahme des bewegten Modells eines Uran-235-Atoms

tige Energiemenge hat. Solche Wechselwirkungen stellen wichtige »Kommunikations-« und Beeinflussungsinstrumente in bezug auf andere atomare oder molekulare Teilchen dar und helfen mit, die makroskopischen Eigenschaften großer Ensembles aus solchen Einheiten festzulegen.

Die Ausdehnung des quantenmechanischen Formalismus auf Gesamtheiten von mehr als nur ein paar interagierender atomarer Systeme wird ungeheuer aufwendig, wenn deren Anzahl steigt; für sehr viele Teilchen sind daher statistische Methoden nötig. Wie schon erwähnt, führen alle statistischen Vorhersagen letztlich zu den elementaren Wahrscheinlichkeitsregeln zurück, denen die einzelnen Teilchen unterliegen. Beispielsweise beruht die klassische Statistik auf einem bestimmten Satz von Annahmen über die *A-priori*-Wahrscheinlichkeiten spezifischer dynamischer Ereignisse. Im Bereich der Quanten komplizieren jedoch andere Beschränkungen, namentlich das Ausschließungsprinzip, die einzelnen Wahrscheinlichkeiten und können zu völlig anderen statistischen Resultaten führen. So bildet die klassische Statistik einen Spezialfall der Quantenstatistik und gilt nur für weitgehend makroskopische Systeme. Für unsere Zwecke ergibt sich eine weitere metaphorische Einzigartigkeit: Die menschliche Erfahrung als Wechselwirkung des Bewußtseins mit seiner Umgebung könnte mit raffinierteren Wahrscheinlichkeitsregeln einhergehen als normalerweise angenommen, was eine komplexere statistische Behandlung nötig machen könnte.

Man kann noch viele andere Aspekte der Quantenmechanik für die metaphorische Darstellung der Bewußtseinserfahrungen vorschlagen, aber in unserem Zusammenhang ist es besser, die schon angesprochenen Analogien weiterzuentwickeln. Ein entscheidender erster Schritt ist dabei die Identifikation eines Größensystems für das Bewußtsein.

29. Bewußtseinskoordinaten

Bevor wir versuchen, die Quanten- und die Wellenmechanik in eine allgemeinere Darstellung der Bewußtseinsprozesse zu überführen, müssen wir ein System von Koordinaten und Meßgrößen aufstellen, durch das solche Prozesse in Zahlen ausgedrückt werden können. Für die Konzepte und den Formelapparat unserer physikalischen Welt werden schon lange Größen wie Länge, Zeit, Masse und elektrische Ladung verwendet, von denen Geschwindigkeit, Impuls, Energie, Kraft, magnetisches Moment und Frequenz abgeleitet wurden. Diese Auswahl ist aus praktischen und ästhetischen Gründen im Lauf der Zeit erweitert worden, so daß eine allgemeine Anwendung möglich wurde. Die Auswahl eines umfassenderen Satzes von Koordinaten und Eigenschaften, innerhalb derer der gesamte Bereich der Bewußtseinserfahrung dargestellt werden kann, wird erschwert durch die Vielfalt der Effekte, die einbezogen werden müssen.

> **Größen wie Länge, Zeitdauer, Masse, Kraft usw. haben keine absolute Bedeutung. Ihre Werte hängen von dem Maschensystem ab, auf das sie bezogen sind. ... Es gibt kein fundamentales Maschensystem. ... Auf jeden Fall sind die in der üblichen Physik verwendeten Systeme willkürlich.** Arthur S. Eddington

Um einen Anfang zu finden, machen wir uns zunächst noch einmal klar, daß die Begriffe der Physik selbst Schöpfungen des Bewußtseins sind und deshalb dessen fundamentale »Vorlieben« beim Ordnen von Informationen widerspiegeln können. Unsere erprobten und verläßlichen Indikatoren der physikalischen Erfahrung könnten womöglich bloße Spezialfälle eines übergeordneten Organisationssystems sein, das dem menschlichen Bewußtsein eigen ist.

Ein Indiz dafür und Hinweise darauf kann man im gängigen Ausdrucksmodus des Bewußtseins finden: in der Sprache. Der wichtigste Wert eines Begriffs ist das Ausmaß, in welchem er vielen unterschiedlichen Individuen das Verständnis zahlreicher Situationen erleichtert. Wenn man also unser »linguistisches Lexikon« nach grundlegenden begrifflichen Assoziationen und Metaphern durchsucht, die das Bewußtsein für die Mitteilung der Essenz seiner Erfahrung als dienlich ansieht, kann man vielleicht etwas über die metrische Urstruktur des Bewußtseins erfahren. Von besonderem Interesse sind für dieses Unterfangen die physikalischen Metaphern, mit denen es seine eigenen Zustände beschreibt.

Alle unsere normalen sprachlichen Ausdrücke tragen den Stempel unserer gewohnten Formen der Wahrnehmung. Niels Bohr

Eine Betrachtung dieser historischen und linguistischen Vorläufer legt die folgende Bewußtseinsmetrik nahe.

Bewußtseinsraum

In der physikalischen Welt ist die Angabe oder Messung von Abstand, Länge oder Ortskoordinaten im wesentlichen die Antwort auf die Fragen »wo« oder »wie weit«. Vermittelt diese Antwort nur einen Eindruck von der Art »in der Nähe«, »weit weg« oder »da drüben«, so stößt eine Analyse ins Leere; ein anerkanntes Längenmaß als Grundlage einer Quantifizierung ist unerläßlich. Im Lauf der Zeit haben sich solche Standards von Näherungsangaben (etwa die Durchschnittslänge eines menschlichen Fußes oder Schrittes) zu immer exakteren Längenmaßen fortentwickelt, von denen ein Urrepräsentant in Metall ausgeführt und aufbewahrt wurde. Zur Definition der Längeneinheit Meter diente dann eine Zeitlang eine bestimmte Spektrallinie des Cäsiumatoms und heute die Lichtgeschwindigkeit im Vakuum. Aber in jedem Stadium der Entwicklung bestand die Messung physikalischer Abstände oder Längen darin, das Verhältnis zu einem festen Wert festzustellen, statt absolute Angaben zu machen.

Um dieses Konzept auf allgemeinere Aktivitäten des Bewußtseins zu erweitern, sollten wir uns klarmachen, daß vage Entfernungsangaben gewöhnlich dazu dienen, auch kognitive oder emotionale Situationen zu beschreiben. Eine Person wird als ein »enger« Freund oder als »entfernter« Verwandter bezeichnet, als »tief« in Gedanken versunken oder mit »hochfliegenden« Plänen beschäftigt; eine Idee kann »zentral« sein, aber auch »naheliegend« oder »abwegig«; schließlich erlauben wir unseren Gedanken, »abzuschweifen« und in ein

Längen- und Entfernungsmessungen. 16. Jahrhundert

Gebiet einzudringen, bevor wir eine »Position« beziehen. So einleuchtend diese Beispiele klingen, so sind sie doch qualitativer Natur; um solche Bewußtseinsdimensionen zu quantifizieren, muß ein Bezugsstandard etabliert werden – sozusagen eine begriffliche Längeneinheit oder Wellenlänge –, über den ein Bewußtseins-»Raum« präzisiert werden kann.

Angesichts unseres noch recht primitiven Verständnisses der Bewußtseinsmechanik ist noch kein solcher präziser Standard erkennbar, und wir können daher nur zu den frühesten physikalischen Ausdrucksmitteln zurückkehren, also zu der Anzahl der Bewußtseins-»Schritte«, die nötig sind, um vom Ausgangspunkt zum Ziel zu gelangen. Dies können kognitive Schritte der deduktiven Logik oder komplementäre Schritte der Emotion, der Intuition oder der Empfindung sein, jedoch bringen alle einen zunehmenden zweckdienlichen Informationsgewinn mit sich. Diese Schritte zusammen messen ein Erfahrungsgitter aus, an dem entlang das Bewußtsein vorankommt, indem es an jeder Verknüpfungsstelle Unterscheidungen oder Assoziationen bildet, ähnlich wie bei einem Fragespiel oder einer Scharade. Der Bewußtseinsraum wird dann durch die Anzahl der Schritte gemessen, die für den Übergang von einer Erfahrungsposition zu einer anderen erforderlich sind.

Das Konzept der gequantelten subjektiven Erfahrung ist nicht neu. William James postulierte schon vor vielen Jahren einen ähnlichen Mechanismus:

Endliche und wahrnehmbare Einheiten der Annäherung oder der Veränderung – Tropfen, Knospen, Schritte oder wie immer man sie nennen mag – kommen, wenn sie überhaupt auftreten, jeweils nur als Ganzes vor oder überhaupt nicht. So scheint die Natur der konkreten Erfahrung beschaffen zu sein, die sich immer um merkliche Mengen ändert oder unverändert bleibt.[69]
Wenn wir überhaupt die Existenz eines Bewußtseinsstroms annehmen können, dann ist es das einfachste, sich Aspekte, die man als gemeinsam erkennt, als einzelne Pulse dieses Stroms vorzustellen.[70]

Diese portionsweise Zunahme an Erfahrung ist selbstverständlich nicht mathematisch linear, und kein algebraisches Verfahren bietet sich an. Möglicherweise zeigt der Erfahrungszuwachs logarithmische oder exponentielle Merkmale, so wie manche Formulierungen der Informationstheorie oder in psychologischen Modellen der Wahrnehmung oder des Lernens. Auch komplexere Beziehungen, wie Verzerrungen der Raumzeit entsprechend der allgemeinen Relativitätstheorie, könnten enthalten sein. Es erscheint auch vernünftig anzunehmen, daß dieses Bewußtseins-Raumgitter – wie die frühesten physikalischen Längenmaße – von Individuum zu Individuum variiert, wodurch auch die Anzahl der Informationsbits, die für eine »Erfahrungsübertragung« nötig sind, nicht bei allen gleich ist.

Bewußtseinszeit

Die Identifizierung und Skalierung einer Analogie zur physikalischen Zeit für das Bewußtsein ist gleicherweise wichtig für die Entwicklung der Metapher und noch schwerer faßbar. Anfangs mag man versucht sein, diese Eigenschaft direkt zu transponieren (also anzunehmen, daß für alle Erfahrungen des Bewußtseins sozusagen die Uhren gleich gehen), doch dieser Ansatz führt nicht weiter, weil offenkundig zeitliche Verzerrungen in der emotionalen wie in der kognitiven Erfahrung auftreten. In Zeiten befriedigender kreativer Tätigkeit oder angenehmer Entspannung »vergeht« die Zeit »wie im Flug«, wenn man aber mit ermüdenden oder langweiligen Dingen beschäftigt ist, »kriecht« sie »dahin«, und in emotionalen Grenzsituationen »bleibt« sie schier »stehen«. Träume, Tranceerfahrungen und Nahtoderlebnisse sind häufig durch einschneidende Veränderungen oder sogar völliges Aussetzen unseres normalen Zeitablaufs gekennzeichnet. In Gesprächen benutzt man Redewendungen wie »von Zeit zu Zeit«, eine »Auszeit nehmen« oder »in der Zwischenzeit«. Aber nicht nur das Vokabular, sondern auch die Konjugationen und die Syntax der meisten heutigen Sprachen sind zeitlich geprägt. Es

Zyklus der Zeit,
antiker mexikanischer Kalender

gibt freilich auch Sprachen, die hinsichtlich der Zeitenfolge weniger streng strukturiert sind. Das deutet darauf hin, daß man sich in den betreffenden Kulturen weniger um Logik und Kausalität kümmert. Fragen nach der inneren Zeit oder nach »subjektiver« und »objektiver« Zeit faszinierten schon immer die Philosophen, Biologen, Psychologen und Physiker. Wir wollen uns hier vor allem mit der Notwendigkeit einer gewissen Verallgemeinerung des Begriffs der physikalischen Zeit für die Zwecke des Bewußtseins beschäftigen. Dadurch wird die zeitliche Qualität der Erfahrung systematischer gemessen, wenn auch auf eine intuitive Weise. Die physikalische Zeit wird traditionell durch Sonne-, Mond- oder Erdzyklen skaliert; auch regelmäßig ablaufende andere Phänomene – herunterbrennende Kerzen, fallende Wassertropfen, der Fluß von Sand durch eine enge Öffnung oder Pendelschwingungen – dienten als Zeitreferenz. In jüngster Zeit nutzt man hierfür Molekülschwingungen oder Elektronenübergänge in Atomen. Im gleichen Sinne suchen wir nun nach dem Zyklus einer Bewußtseinsschwingung oder einem Verarbeitungszyklus, durch dessen Periodendauer alle kognitiven und emotionalen Erfahrungen übereinstimmend »getaktet« sein könnten.

In Ermangelung eines tieferen Verständnisses wollen wir als empirischen Standard eine gewisse Frequenz annehmen, mit der das

Bewußtsein seine Umgebung abtastet oder mit der es pulsiert. Insbesondere wollen wir annehmen, daß das Bewußtsein ähnlich wie eine Radar- oder Sonaranlage Erfahrung aus seiner Umgebung aufnimmt, indem es diese »abfragt« (oder »scannt«), was sich mit einer gewissen Grundfrequenz vollzieht. Wie bei der Entfernungsskala variiert diese Abtastfrequenz wahrscheinlich von Individuum zu Individuum, und vielleicht auch bei jedem einzelnen Individuum. Mit einem Bild aus der Musik könnte man sagen, das Bewußtsein könne seine Erfahrungen im Marsch-, Walzer- oder gar Hardrockrhythmus verarbeiten. Um die Geschwindigkeit der Informationsaufnahme durch das Bewußtsein auszudrücken, bilden wir keine (mathematischen) Ableitungen nach der physikalischen Zeit, sondern nach der geltenden Bewußtseinszeit; wir geben also an, wie viele Informationseinheiten pro Abtastschritt vom Bewußtsein verarbeitet werden.

Ein ähnliches Konzept finden wir in einem Artikel von E. Pöppel mit dem Titel »Schwingungen als potentielle Basis der Zeitwahrnehmung«:

> Die hier vorgestellten Resultate deuten darauf hin, daß das zeitliche Kontinuum subjektiv in diskrete Einheiten gequantelt ist, die aufeinanderfolgen. ... Die Quantelung kann formal als eine Schwingung beschrieben werden. Die Dauer einer »Quantenperiode« wird vermutlich durch einige physiologische Gegebenheiten beeinflußt. ... Individuelle Abweichungen können ebenfalls beträchtlich sein. ... Die hier diskutierte mögliche Quantenperiode weist eine innige Beziehung zu dieser temporalen Organisation von Sprache auf.[71]

Trotz einer gewissen Verschwommenheit dieses Konzepts des Bewußtseinspulses können wir nun die Planck-Einstein-Relation (siehe Gleichung 28.2, S. 220) anwenden, um ein Quantum der Bewußtseins-»Energie« zu definieren, das durch diese Frequenz der Informationsverarbeitung zum Ausdruck kommt. Demnach sind Bewußtseinswechselwirkungen von höherer Energie mit höheren Frequenzen der Informationsabtastung verknüpft, vielleicht in ähnlicher Weise, wie Küchenmaschinen, Rasenmäher oder gefräßige Kaninchen ihr jeweiliges »Futter« verschlingen.

Bewußtseinsmasse

In der Physik ist der Begriff der *Masse* jeweils grundlegend definiert und kalibriert. Die »träge Masse«, wie sie in Newtons zweitem Axiom oder in der Schrödinger-Gleichung auftritt, hängt mit dem Betrag der Kraft zusammen, die nötig ist, um einen Körper auf eine

kosmische Masse: Himmelszeichnung der Tschuktschen, Sibirien

bestimmte Geschwindigkeit zu beschleunigen oder ihn zu verlangsamen. Die »schwere Masse« drückt sich in Newtons Gravitationsgesetz aus, nach dem die Kraft, die zwei Körper aufeinander ausüben, umgekehrt proportional zum Quadrat ihres Abstands und proportional zu den Massen ist. Heute weiß man, daß die schwere Masse sich durch eine Verzerrung der Raumzeit auswirkt, wie sie die allgemeine Relativitätstheorie beschreibt. In der Hochenergiephysik, also dem Bereich der Kernkräfte und der Transformation subatomarer Teilchen, macht sich die Tatsache bemerkbar, daß die »Ruhemasse« m und die betreffende Energie in Übereinstimmung mit Einsteins berühmter Beziehung $E = mc^2$ (c ist die Lichtgeschwindigkeit) ineinander umwandelbar sind. Für praktische Zwecke kann jede Art von Masse gemäß einem Standard skaliert werden, zum Beispiel nach der Masse eines Kubikzentimeters reinen Wassers oder eines Platin-Iridium-Zylinders, der im Internationalen Institut für Maße und Gewichte aufbewahrt wird.

Rhetorische Anspielungen auf ähnliche Begriffe in der Bewußtseinswelt sind uns vertraut. So bezeichnet man einen Gedanken oder eine Erfahrung als »schwerwiegend«, eine Person als »niedergedrückt«, einen Einwand als »massiv« und eine Materie als »schwierig«, wodurch wir Gewicht und Belastung hervorheben. Umgekehrt können wir ein Problem mit »Leichtigkeit« lösen oder uns »unbeschwert« benehmen. Wir erkennen also ein Merkmal der Erfahrung an, das daran erinnert, wie schwierig das Manövrieren im Bewußtseinsraum ist oder wie schwierig eine »Materie« dem Bewußtsein vorkommt. Wir bemerken, daß sich ein »flüchtiger« Gedanke oder ein »leichter« Eindruck weiter vom Zentrum unseres Bewußtseins entfernt abspielen und uns gestatten, die Perspektive leichter zu wechseln. Eine »schwierige« Materie und ein »schwerer« Fall sind problematischer in den Griff zu bekommen, so daß sie, noch unverstanden, beharrlich unsere Gedanken heimsuchen und uns bedrücken. Massive Erfahrungen können, in Anspielung auf die allgemeine Relativität, zu einer Verzerrung des Wahrnehmungsgitters und des Zusammenhangs führen, in dem wir leben; doch eine plötzliche Reduktion der Bewußtseinsmasse könnte enorme Energiemengen für andere Zwecke freisetzen.

Die Quantifizierung und die Standardisierung des Gehalts an Bewußtseinsmasse relativ zu der Einheit »ein Prozeß« sind noch schwieriger zu bewerkstelligen als beim Bewußtseinsraum und der Bewußtseinszeit. Jedoch ist die Annahme einer solchen Kenngröße – in Relation zur Menge an Information oder Energie, die zum Verschieben des Bewußtseins aus einer vorliegenden Position nötig ist – entscheidend für die metaphorische Verallgemeinerung anderer physikalischer Begriffe und Beziehungen.

Bewußtseinsladung

Alle elektrischen und magnetischen Vorgänge können auf zwei unterschiedliche elektrische Ladungen (negative und positive) zurückgeführt werden, wie sie im Elektron und im Proton vorliegen. Das Coulombsche Gesetz besagt, daß sich gleichnamige Ladungen abstoßen und ungleichnamige Ladungen anziehen, wobei die Kraft proportional zum Produkt der Beträge der Ladungen und umgekehrt proportional zum Quadrat ihres Abstands ist – ein Gesetz, das stark dem Newtonschen Gravitationsgesetz ähnelt. Die Ladungseinheit kann standardisiert werden über das Coulombsche Gesetz, durch elektrochemische Verfahren oder über das Elementarteilchen Elektron selbst.

Eine Ladung kann auf oder in einen Gegenstand gelangen durch direkte Übertragung oder Induktion von anderen geladenen Körpern, durch Reibungselektrizität von komplementären Materialien, durch Teilchenbeschuß oder elektrochemische Reaktionen. Die jeweilige geometrische Anordnung der Ladungen baut zwischen ihnen ein Kraftfeld auf, in dem elektrostatische Energie gespeichert ist. Wenn sich die Ladungen im Einfluß dieser Kräfte frei bewegen können, entstehen elektrische Ströme, die die Ursache von magnetischen Feldern sind, die ihrerseits den Strömen andere Kraftmuster aufprägen. Aus der Gesamtheit der Ladungen und Ströme, der elektrischen und magnetischen Felder sowie der relevanten Eigenschaften der Materialien, in denen die Felder zur Entfaltung kommen, gehen alle klassischen Phänomene des Elektromagnetismus hervor.

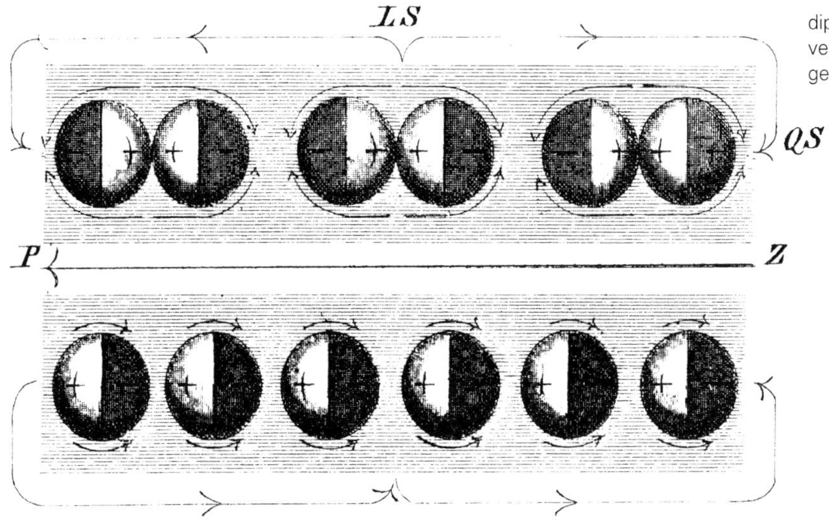

dipolare elektrische Ladungsverteilung in einem Nervengewebe, 19. Jahrhundert

Die Verallgemeinerung dieser Begriffe, um sie auf das Bewußtsein zu beziehen, wird wiederum durch umgangssprachliche Redewendungen nahegelegt: eine »geladene« Atmosphäre, »dicke Luft«, Gefühle der »Anziehung« oder »Abstoßung«, Gedanken-»Ströme«, »polarisierte« Meinungen und anderes mehr. Erfahrungen lösen »positive« oder »negative« Reaktionen aus, die Energie zur möglichen späteren Freisetzung speichern können, was dann allmählich oder plötzlich geschehen kann, auf konstruktive oder destruktive Art. In der psychoanalytischen Literatur finden sich zahlreiche Hinweise auf solche Begriffe. Sigmund Freud beschreibt etwa seine »Hilfsvorstellung«, deren er sich bei seiner Darstellung von Abwehrneurosen bedient hat, folgendermaßen:

> Es ist dies die Vorstellung, daß an den psychischen Funktionen etwas zu unterscheiden ist (Affektbetrag, Erregungssumme), das alle Eigenschaften einer Quantität hat – wenngleich wir kein Mittel besitzen, dieselbe zu messen – etwas, das der Vergrößerung, Verminderung, der Verschiebung und der Abfuhr fähig ist und sich über die Gedächtnisspuren der Vorstellungen verbreitet, etwa wie eine elektrische Ladung über die Oberflächen der Körper.[72]

Ein positives Beispiel dafür wäre eine Folge von Komplimenten oder günstigen Ereignissen, die uns in Hochstimmung versetzen; ein negatives Beispiel wäre ein Tag, an dem alles schiefgeht und sich unsere steigende Anspannung gegenüber einem unschuldigen Freund entlädt, der, sich keiner Schuld bewußt, sozusagen in unseren emotionalen Raum hineingetappt ist.

Ähnlich wie in der Elektrodynamik macht das Vorhandensein emotionaler Ladung mit der begleitenden inneren Spannung und der aufgestauten Energie das Bewußtsein empfänglich für externe Kräfte, die das weitere Verhalten bestimmen können. Dafür stehen der Sportler oder der Entertainer, die sich vor dem Spiel oder der Vorstellung wie »aufgeladen« fühlen; dazu gehört die Empfindlichkeit gegen Lob oder Tadel, das Aufrichten psychischer Schranken oder Abwehrmechanismen, die bissige Reaktion auf eine Ermahnung und – in extremen Fällen – emotionale Störungen oder psychische Krankheiten, bei denen bereits schwache Reize zu unangemessen heftigen Reaktionen führen können. Gewisse physische Leiden mit psychischer Note, darunter Epilepsie, Bluthochdruck, Migräne oder Allergien, können ebenfalls Aspekte dieser Metapher illustrieren.

Bewußtseinsmaße

Trotz unserer Annäherungen bietet keine dieser postulierten Bewußtseinsgrößen – Entfernung, Zeit, Masse oder Ladung – einen offenkundigen quantitativen Standard, der präzise Messungen erlaubte. Es kann sein, daß solche Maßstäbe schließlich in den neurophysiologischen oder neuropsychologischen Mechanismen der Erfahrungsverarbeitung gefunden werden und nur auf chemischen und elektrischen Effekten beruhen. Derzeit gehen solche Assoziationen aber weit über unser Verständnis dieser elementaren Prozesse hinaus, auch über das der Rolle des Gehirns als Übertragungs- und Steuerzentrum des Bewußtseins. Vor dem gleichen Dilemma stand der Mathematiker Hermann Weyl; er räumte die gleiche Unzulänglichkeit des Verständnisses ein und bestätigte diese Gestalt der Realität:

> Zwischen den physikalischen Prozessen, die im Endorgan der Nervenbahnen im Gehirn ausgelöst werden, und dem Bild, das dem wahrnehmenden Subjekt daraufhin erscheint, klafft eine Lücke, ein Abgrund, den keine realistische Vorstellung auf der Welt überbrücken kann. Es ist der Übergang von der Welt des Seienden zur Welt des erscheinenden Bildes oder des Bewußtseins.
>
> Hier treffen wir auf die rätselhaft doppelte Natur des Ich, nämlich daß ich beides bin: zum einen ein reales Individuum, das reale psychische Aktionen ausführt, der unwissende, strebende und irrende Mensch, der in die Welt geworfen wird und seinem individuellen Schicksal unterliegt; zum anderen Licht, das sich selbst erblickt, eine intuitive Vision, in deren Bewußtsein,

voller Bilder und mit Bedeutung versehen, sich die Welt erschließt. Nur in diesem »Zusammentreffen« von Bewußtsein und Sein existieren beide, die Welt und ich.[73]

Selbst wenn die neurophysiologischen Maßeinheiten identifiziert werden könnten, wäre es vermutlich irrig, ihnen mehr als sekundäre Funktionen zuzuschreiben. Inmitten der komplexen holistischen Prozesse, mit denen das Bewußtsein sich seiner Realität versichert, sind diese Indikatoren wohl kaum mehr als die Entsprechung des Mechanismus hinter der Rückkopplungsanzeige beim Zufallsgenerator oder der mechanischen Zufallskaskade.

Abgeleitete Eigenschaften

Die physikalische Analyse geht vom grundlegenden Maßsystem für Entfernung, Zeit, Masse und Ladung aus, um zahlreiche brauchbare sekundäre Größen zu definieren, darunter Geschwindigkeit, Impuls, kinetische Energie und elektrischen Strom; diese Größen hängen mit den primären Maßeinheiten begrifflich und algebraisch auf einfache Weise zusammen. Ähnliche Überlegungen kann man für das Bewußtsein anstellen, um ein entsprechendes Feld verallgemeinerter Eigenschaften abzustecken, das für die Diskussion und die Analyse vieler seiner Wechselwirkungen nützlich ist. Wir wollen hier nur drei Beispiele erwähnen.

> **Wir würden natürlich nicht daran zweifeln, daß sich das Gehirn wie ein physikalisch-chemischer Mechanismus verhält, wenn man es als solches behandelt. Aber für ein Verständnis der psychischen Phänomene müßte man jedenfalls von der Tatsache ausgehen, daß der menschliche Geist hier als Gegenstand und als Subjekt in den wissenschaftlichen Prozeß der Psychologie eingeht.** Werner Heisenberg

In der Physik ist die Geschwindigkeit einfach als Ortsänderung oder als zurückgelegte Strecke pro Zeiteinheit definiert. Nach unseren vorangegangenen Definitionen kann die Bewußtseins-»Geschwindigkeit« daher als die Informationsmenge beschrieben werden, die je Verarbeitungs- oder Abtastschritt aufgenommen wird. Der Impuls ist das Produkt von Masse und Geschwindigkeit – ein »Beschweren« der Geschwindigkeit durch die Masse sozusagen. Im Bewußtseinsraum können wir also die aufgenommene Information mit ihrer Schwere oder Bedeutung »belasten«, so daß der zugehörige Bewußtseins-»Impuls« sich der Änderung der aufgenommenen (nützlichen, logisch richtigen oder relevanten) Information pro Abtastschritt angleicht.

Der Bewußtseinsimpuls ist wichtig für die Etablierung eines Maßes für die Bewußtseinswellenlänge gemäß der De-Broglie-Beziehung (Gleichung 28.1, S. 220). Ein Bewußtsein, das mit hoher Geschwindigkeit nützliche oder logisch richtige Information aufnimmt, sollte durch eine kurze Wellenlänge charakterisiert sein; ein langwelliges Bewußtsein benötigt viel mehr Abtastschritte, um dieselbe Menge an spezifischer Information aufzunehmen. Das impliziert keine Trägheit des Intellekts oder emotionale Unempfindlichkeit; vielmehr gibt es eine andere Art des Informationserwerbs wieder, wie sich der Flug einer Hummel von dem eines Schmetterlings unterscheidet. Solch ein Stil stimmt mit dem eher frei fließenden und ästhetischen Typ von Bewußtsein überein, der sich weniger um die Details und die Funktionalität kümmert, sondern in Mustern und Empfindungen denkt.

Die wahre Bewegung, die allem zugrunde liegt, ist die Bewegung des Denkens. Wahre Energie ist die Energie des Bewußtseins. P. D. Ouspensky

Die kinetische Energie – das halbe Produkt von Masse und Geschwindigkeitsquadrat – ist diejenige Energie, die ein Körper aufgrund seines Bewegungszustands besitzt. Diese kinetische Energie steht bereit – zusammen mit der potentiellen Energie des Körpers aufgrund seiner Position im Gravitations- und/oder elektromagnetischen Feld –, um Änderungen seines eigenen Zustands oder des Zustands von Teilen der Umgebung zu bewirken, auf die er trifft. Eine damit vergleichbar konzipierte »kinetische Energie des Bewußtseins« kann entsprechend als die Fähigkeit interpretiert werden, Änderungen im Bewußtsein selbst oder in dessen Umgebung hervorzurufen. Je höher also die kinetische Energie der Bewußtseinswirkung ist, desto ausgeprägter ist die Fähigkeit, Barrieren in der Umgebung zu überwinden, andere Bewußtseinsindividuen zu beeinflussen oder seinen eigenen Zustand zu verändern.

Carl Gustav Jung ging in seinem Essay »Theoretische Überlegungen zum Wesen des Psychischen« spielerisch mit einem ähnlichen Satz von Analogien um:

> Die psychischen Intensitäten und ihre graduellen Unterschiede deuten auf quantitativ charakterisierte Vorgänge hin, welche aber direkter Beobachtung, respektive Messung, unzugänglich sind. Während die psychologische Feststellung im wesentlichen qualitativ ist, besitzt sie aber auch eine sozusagen *latente ›physikalische‹ Energetik*, denn die psychischen Phänomene lassen einen gewissen quantitativen Aspekt erkennen. Könnten diese Quantitäten irgend-

> wie gemessen werden, so müßte die Psyche als etwas im Raume Bewegtes, auf das die Energieformel Anwendung hat, erscheinen: da Masse und Energie gleichen Wesens sind, so müßten der Psyche, insofern diese überhaupt im Raume feststellbare Wirkungen hat, Masse und Geschwindigkeit adäquate Begriffe sein; mit anderen Worten, sie müßte einen Aspekt besitzen, unter welchem sie als *bewegte* Materie erscheint.[74]

Dieses metaphorische Spiel könnte endlos fortgesetzt werden, um zahlreiche weitere »mechanische« und »elektrische« Eigenschaften des Bewußtseins zu postulieren: Beschleunigung, Drehimpuls, elektrischer Strom, magnetische Dipole und andere. Sie alle könnten dazu dienen, einzelne Aspekte des Dialogs zwischen Bewußtsein und Umgebung darzustellen. Weiterhin könnten nützliche kollektive Eigenschaften herausgearbeitet werden: »thermodynamische« Funktionen des Bewußtseins wie Temperatur, Dichte, Druck und Entropie; »Transporteigenschaften« wie Leitfähigkeit, Viskosität oder Durchlässigkeit, schließlich auch »fluiddynamische« Charakteristika wie Schockwellen, Grenzschichten und Turbulenz. Weil aber keine dieser Größen erforderlich ist, um das Prinzip unseres Ansatzes zu illustrieren, wollen wir zum primären Maßsystem und zu den Metaphern in atomaren Größenordnungen zurückkehren, um das Modell mit Hilfe der elementarsten Begriffe zu entwickeln.

30. Bewußtseinsatome

Unser Vorschlag besteht nun darin, das Bewußtsein mit Hilfe von Wellen der Erfahrungswahrscheinlichkeit, in allgemeinen Bewußtseinskoordinaten formuliert, darzustellen – etwa so, wie die Quantenmechanik sich der Wellen der Beobachtungswahrscheinlichkeit in der Raumzeit bedient. Liegen von der Umgebung her keine Beschränkungen oder Wechselwirkungen vor, dann reichen diese Bewußtseinswellen deutlich über ihre eigenen raumzeitlichen Bereiche hinaus, wie physikalische Wellen, die sich an der Meeresoberfläche ausbreiten, oder wie Schall und Licht, die in weite Gebiete strahlen. Nehmen wir nun an, eine Bewußtseinswelle sei auf eine Art »Behälter«, das heißt auf eine »Potentialmulde« beschränkt, die die Umgebung symbolisiert, in die das Bewußtsein eingebettet ist. Dann entstehen charakteristische Muster stehender Wellen oder sogenannte Eigenfunktionen, die die Erfahrungen des Bewußtseins in dieser Situation darstellen; siehe Abbildung 30.1.

Die auffallendsten Merkmale dieses Umgebungsbehälters sollen mit dem lebendigen physischen Körper zusammenhängen, auf den für dessen Lebensspanne die betreffende Bewußtseinswelle zentriert ist. Diese grundlegende physiologische Komponente wird durch verschiedene – sowohl greifbare als auch abstrakte – Details der näheren Umgebung moduliert, also auch durch die physikalische Umgebung, den sozialen Kontext und benachbarte Bewußtseinsindividuen sowie in geringerem Ausmaß durch entferntere oder globale Faktoren. Alle diese Komponenten sind Änderungen unterworfen, während der physische Körper heranreift, sich bewegt oder mit anderen Bewußtseinsindividuen interagiert, ebenso während physische oder soziale Zusammenhänge variieren. Überdies verändert sich das Bewußtsein selbst kontinuierlich, und daher variieren auch die Eigenfunktionen der Erfahrung ständig. Dennoch repräsentieren sie an jedem Punkt dieser Entwicklung die greifbaren Konsequenzen der Wechselwirkung Bewußtsein/Umgebung, ähnlich wie in der physikalischen Theorie die Eigenfunktionen des Atoms die

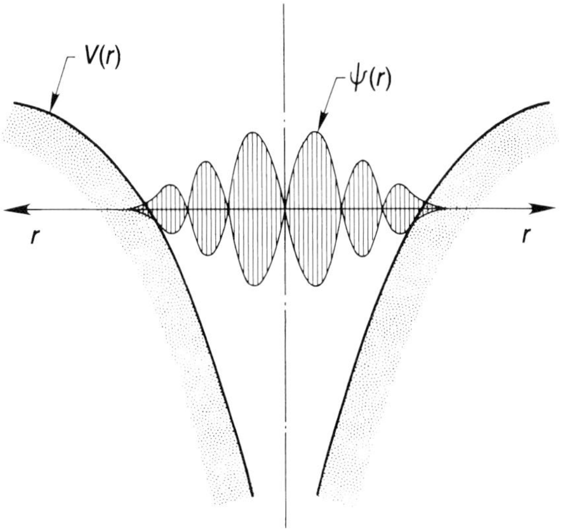

Abb. 30.1: Bewußtseinseigenfunktionen $\psi(r)$ in der umgebenden Potentialmulde $V(r)$

beobachtbaren Eigenschaften der betreffenden Systeme repräsentieren. Man kann auch sagen, die Eigenfunktionen definieren hier das Bewußtseinsatom.

In dieser Sichtweise ähnelt jede Gesellschaft aus Persönlichkeiten, die miteinander in Beziehung stehen, weniger einem gaskinetischen Ensemble scharf lokalisierter und undurchdringlicher Teilchen, sondern bildet ein komplexes Wechselspiel von Mustern stehender Bewußtseinswellen, die jeweils in einem von unzählig vielen beweglichen Umgebungsbehältern zentriert sind. Jedes dieser wellenmechanischen Bewußtseinsatome ist zur Interaktion mit seinen Nachbarn und Teilen seiner Umgebung fähig, und zwar in allen Formen, die auch für physikalische Wellensysteme gegeben sind: durch wellenmechanische Stöße, interatomare Strahlung, das »Tunneln« (Hindurchtauchen; A.d.R.) abklingender Wellen oder Entweichen in den Zustand einer »freien« Welle. Jede dieser Formen der Interaktion hat ihre metaphorische Entsprechung in einer normalen und menschlichen Kommunikationsform. In Anlehnung an die physikalische Nomenklatur können wir Bewußtseinskollisionen in eine der drei folgenden Kategorien einordnen:

a) *elastisch*, wobei zwei wechselwirkende Partner nach vorübergehenden Störungen zu ihren ursprünglichen Konfigurationen zurückkehren, so daß kein bleibender Einfluß auf den Zustand beider Teilnehmer zu beobachten ist;
b) *inelastisch*, wobei die Wechselwirkung den Zustand eines Teilnehmers oder beider auf Dauer verändert;
c) *reaktiv*, wobei die Beschaffenheit des stoßenden Systems prinzi-

piell verändert wird, so bei der Bildung eines zusammengesetzten Bewußtseins-»Moleküls«, dessen Erfahrungsmerkmale sich von denen seiner atomaren Bestandteile deutlich unterscheiden.

In gleicher Weise kann eine Metapher der Bewußtseins-»Strahlung« entwickelt werden, durch die Informations-»Photonen« von einem Individuum auf andere Individuen durch die Gemeinschaft übertragen werden, um normale oder anomale Formen der Kommunikation herbeizuführen. Der Vorgang der Durchdringung oder des »Tunnelns« abklingender Wellen kann ebenfalls verschiedenen Arten anomaler Informationsaufnahme gleichkommen, darunter die Fernwahrnehmung und PK-Effekte. Wie in Abbildung 30.2 skizziert, gehen Muster stehender Wellen in einer endlichen Potentialmulde mit gewissen Störungen der angrenzenden Regionen einher, auch wenn sich die Wellen dort nicht ausbreiten können. Diese abklingenden Wellen können dennoch begrenzt Informationen auf die Umgebung übertragen oder von ihr beziehen; das Ausmaß der Informationsübertragung hängt von den Charakteristika der jeweiligen Wellensysteme ab und davon, inwieweit die Barrieren sie trennen.

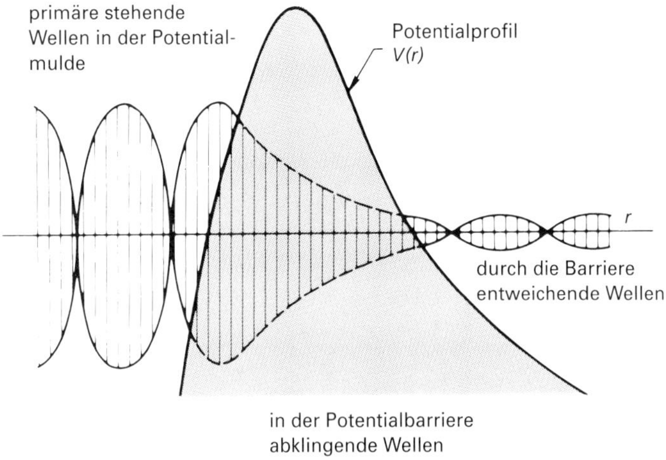

Abb. 30.2: Beim Durchdringen einer Potentialbarriere werden die Wellen abgeschwächt.

Wenn eines der Systeme stehender Wellen ausreichend Energie aufnimmt, so daß die Beschränkung stehender Wellen auf die Mulde überwunden wird und sie damit zu freien Wellen werden, kann es Zugang zum gesamten Raum-Zeit-Gefüge des Bewußtseins erlangen und derart mit einem anderen Zentrum in der Konfiguration in Austausch treten. Dies könnte Ursache vielfältiger Anomalien sein, wie Fernwahrnehmung, Mensch/Maschine-Wechselwirkungen oder extremere und umstrittene Phänomene wie die »mystische

Vereinigung«, außerkörperliche Erfahrungen, mediumistische Fähigkeiten sowie das Überleben des Todes.

Damit wir diese metaphorischen Mechanismen quantitativ beschreiben können, müssen wir die Wellenmechanik der Bewußtseinsatome etwas expliziter formulieren. Dabei folgen wir dem von Schrödinger entwickelten Formalismus; siehe Gleichung 28.4, S. 223. Wir nehmen an, daß die ihm zugrundeliegenden Erhaltungsgesetze und seine mathematischen Operationen auch für das Bewußtsein gültig sind. Erst müssen wir eine Anordnung wählen, in der die Konfigurationen der stehenden Erfahrungswellen konstruiert werden sollen. Wir wählen eine sphärische Geometrie, die sowohl analytisch als auch intuitiv als Bezugssystem geeignet erscheint. Sie ist in vielen Bereichen menschlicher Erfahrung anwendbar, von subatomaren bis zu kosmischen Größenordnungen, ihre Symbolik war zu allen Zeiten und in allen Kulturen präsent, und schließlich ist das Bewußtsein/Umgebung-Modell, das wir hier erarbeiten, von Natur aus zentrisch, das heißt kugelförmig angelegt. (Schrödinger selbst sprach in seinen philosophischen Schriften gern von »Sphären des Bewußtseins«.[75])

Es bleibt uns noch aufgegeben, die Bedeutungen zu nennen, die im kugelförmigen Bewußtseinsraum für die geometrischen Größen »Radius«, »polare Deklination« und »Azimutwinkel« gelten sollen. Obwohl die gewöhnlichen physikalischen Interpretationen zweifellos unzureichend sind, können sie uns doch als Leitlinien für die Verallgemeinerung im Rahmen eines »weicheren« Zusammenhangs dienen, der uns beim Bewußtsein begegnet. Daher definieren wir, wie in Abbildung 30.3 gezeigt, die Bewußtseinskugelkoordinaten r, θ und ϕ mit folgenden »impressionistischen« Begriffen:

r: Die radiale Koordinate; sie gibt die *Reichweite* des Bewußtseins oder die Tiefe seines Eindringens in die Umgebung an, also das Ausmaß seiner Aufmerksamkeit oder seiner Wechselwirkung mit der Umgebung.

θ: Der Winkel, der die Inklination oder Neigung des Reichweitenvektors $\vec{r}$ gegenüber der Polachse angibt; er definiert die *Einstellung* oder Haltung des Bewußtseins und damit die emotionale Komponente der Wechselwirkung. Wenn die Inklination von $\vec{r}$ relativ zur Äquatorebene nach oben weist ($0<\theta<90°$), dann ist die emotionale Einstellung positiv (Annäherung, Anziehung); weist sie nach unten ($90°<\theta<180°$), so ist die Einstellung negativ (Vermeidung, Abscheu). Die Äquatorebene ($\theta = 90°$) entspricht der unvoreingenommenen Anschauung und heißt daher »kognitive Ebene«.

ϕ: Der Winkel, der die Richtung der Komponente von $\vec{r}$ in der kognitiven Ebene angibt; er definiert die kognitive *Orientierung*, das heißt den Standpunkt oder den strategischen Blickwinkel des Bewußtseins.

Abb. 30.3: Bewußtseinskoordinatensystem

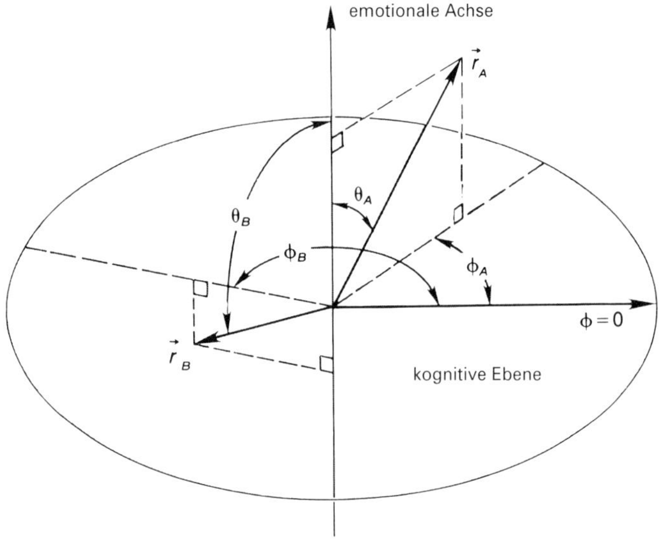

Mit diesen drei Koordinaten können wir mit wenig Aufwand alle möglichen Zustände des Bewußtseins darstellen. Beispielsweise können wir, wie in Abbildung 30.3 gezeigt, ein in hohem Maße positives Drängen oder Wirken des Bewußtseins in seine Umgebung hinein darstellen, wobei die Orientierung ϕ_A mit dem Vektor $\vec{r}_A$ verknüpft ist. Eine schwach negative Wechselwirkung hat demnach die Perspektive ϕ_B und den Vektor $\vec{r}_B$, und so weiter. Wiederum sei darauf hingewiesen, daß diese anscheinend willkürlichen, »weichen« Koordinatenangaben vertraute linguistische Assoziationen haben. Man verwendet im Alltag ähnliche geometrische Begriffe, um Bewußtseinskonfigurationen zu beschreiben. So sprechen wir von »Einflußsphären« oder »weitreichenden« Gedanken; wir erkennen die Vorteile einer »positiven Einstellung« oder die Schädlichkeit einer »negativen Haltung«, und wir fragen »hat er sich neu orientiert?« oder »was ist der zentrale Punkt?«, um die Perspektive unseres Gegenübers herauszufinden.

Die umgebende Höhlung, die die Bewußtseinswellen beherbergt und die Muster ihrer stehenden Wellen bestimmt, muß ebenfalls mit Hilfe dieser »weichen« Koordinaten dargestellt werden. Zur bequemeren Berechnung nehmen wir an, daß ihr Profil nur vom Betrag von $\vec{r}$ abhängt, aber von keiner der beiden Winkelkoordinaten.

Die energetische Aktivität, die in der Physik betrachtet wird, ist die emotionale Intensität, die in das Leben eingebettet ist. Alfred North Whitehead

Hiervon ausgehend können wir mathematische Ausdrücke ableiten, die eine Hierarchie von komplexen Mustern stehender Wellen für die jeweilige Anordnung beschreiben. Wie ihre physikalischen Entsprechungen werden die Muster durch drei Quantenzahlen gekennzeichnet, welche mathematisch die radialen und die winkelabhängigen Knotenkonfigurationen der stehenden Wellen beschreiben und die Erfahrungswahrscheinlichkeiten quantifizieren sollen. Die Hauptquantenzahl n steht für die radiale Knotenstruktur und entspricht in der Physik der Abfolge der möglichen diskreten Energieniveaus des Atoms. Für unsere Zwecke interpretieren wir n als einen Index für ähnliche diskrete Schritte, die den Grad des Einsatzes, der Beteiligung oder der Aufmerksamkeit des Bewußtseins angibt. Diese Eigenschaft hat deswegen eine gewisse Ähnlichkeit mit verschiedenen Schichtungen, die in psychologischen, soziologischen, theologischen und metaphysischen Modellen vorgeschlagen werden: »Affekt«, »Aufmerksamkeitsenergie«, »Triebenergie«, »Psi-Energie«, »Rang«, »Hierarchie«, »Unverletzlichkeit«; und immer ist versucht worden, die »flüchtige« Dimension zu »quanteln«. Einige mystische Traditionen kennen eine Hierarchie von Energiezentren oder »Chakren« im Körper, die den Motivationen oder Handlungen eines Individuums zugrunde liegen sollen oder auch die Stufen der Erleuchtung oder geistigen Entwicklung.

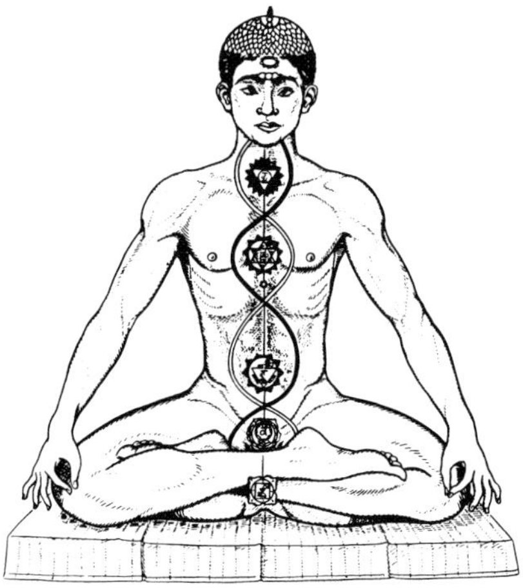

Die Chakren

Psychologische Theorien schlagen Stadien der kognitiven, emotionalen oder moralischen Entwicklung vor, außerdem eine Rangfolge von Bedürfnissen, die vom reinen Überlebenwollen und primitiver egozentrischer Befriedigung bis zum sozialen Denken reichen, bis hin zum Altruismus, der aus geistigen und religiösen Werten lebt. Sigmund Freud hat die Entwicklung des Ich auf mehrere Stufen verteilt; Carl Gustav Jung untersuchte, wie das Ich individuelle, gruppendynamische und kollektive Wechselwirkungen bewältigt, die eine immer stärkere Beteiligung von ihm erfordern; Abraham Harold Maslow teilte die psychologischen Bedürfnisse ein; Erik Erikson legte Stufen der emotionalen Entwicklung fest; Jean Piaget erstellte eine Skala kognitiver Leistungen; und Lawrence Kohlberg ordnete die Stadien der moralischen Entwicklung. Auch im sozialen Kontext leben wir mit Rangfolgen: beim Militär, in Wirtschaft, Industrie und Verwaltung, in religiösen und bruderschaftlichen Organisationen und Kulten und auch in der Wissenschaft. Damit wird versucht, auf einfache Weise das nominelle Niveau des Einsatzes oder der Leistung des Individuums in der betreffenden Umgebung zu kennzeichnen. Ohne irgendeine Vereinheitlichung dieser unvereinbaren Gliederungen zu fordern, liefert die quantenmechanische Metapher des Atoms eine symbolische Darstellung der allgemeinen menschlichen Neigung, die Grade der bewußten oder unbewußten Beteiligung oder Erkenntnis zu quanteln.

Ungeachtet ihrer psychologischen Implikationen sind diese »Energieniveaus« des Bewußtseins einer gequantelten Veränderung unterworfen, ebenso wie ihre physikalischen »Partner«, beispielsweise durch Absorption oder Emission von Information oder inelastische Zusammenstöße mit anderen Bewußtseinsatomen. Ebenfalls in Analogie zu den atomaren Strukturen dürfen wir annehmen, daß das Wellenmuster jenseits eines bestimmten Niveaus der Bewußtseinsenergie nicht mehr durch seine Potentialbarriere festgehalten werden kann und in den Status als freie Wellen übergeht.

Die Quantenzahlen l und m geben die Knotenkonfigurationen der stehenden Wellen in azimutaler und in polarer Richtung an; siehe Abbildung 30.4. In der Physik werden sie mit dem gesamten Drehimpuls des Atoms und mit dessen polarer Komponente assoziiert. (Bemerkt werden muß, daß eine solche Angabe »grober« mechanischer Eigenschaften über atomare Wahrscheinlichkeitsmuster selbst weitestgehend metaphorisch ist, denn das wellenmechanische Modell kennt keine bewegten Teilchen.) In der Bewußtseinsmetapher beziehen sich diese Quantenzahlen indessen auf die Anordnung der

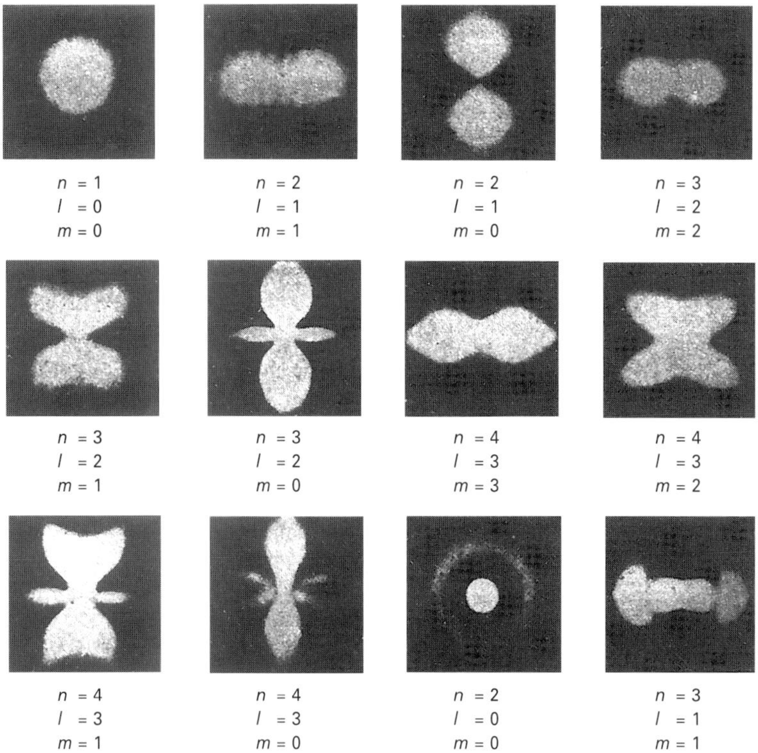

Abb. 30.4: räumliche Darstellungen der Wahrscheinlichkeitsverteilungen der Elektronen im Wasserstoffatom für verschiedene Quantenzahlen (nach Bohr)

Muster der Erfahrungswahrscheinlichkeit im kognitiv-emotionalen Raum, den unser sphärisches Koordinatensystem beschreibt. Da Wellenmuster mit einem großen Wert für m sich dicht an der kognitiven Ebene befinden und Muster mit relativ kleinem m vorwiegend entlang der polaren oder emotionalen Achse, schließen wir, daß das Verhältnis von m zu l auf die relativen Ausmaße von Kognition und Emotion hindeutet, die in einer bestimmten Erfahrungswechselwirkung herrschen.

Diese Metaphern haben auch Platz für die Komplexität der Bewußtseinserfahrung. Aus mathematischen Gründen sind die winkelabhängigen Quantenzahlen l und m für jede Hauptquantenzahl n auf die folgenden Möglichkeiten beschränkt:

$$l = 0, 1, 2, 3, \dots, (n-1) \tag{30.1}$$

$$m = 0, \pm 1, \pm 2, \dots, \pm l \tag{30.2}$$

Weil l und m die Anzahl der winkelabhängigen Knoten in den Mustern bestimmen, können die komplexeren Konfigurationen nur bei höheren Werten von n auftreten. Aufgrund der Analogie erwarten wir, daß die komplexeren Erfahrungen des Bewußtseins nur mit höherem Einsatz von Bewußtseinsenergie zu erreichen sind. Wieder

Hexenumtriebe, 19. Jahrhundert

hängt das relative Ausmaß, in dem diese Vielschichtigkeiten in den kognitiven oder emotionalen Dimensionen erscheinen, vom Verhältnis zwischen *m* und *l* ab.

Eine Einzelheit fehlt noch zur Vervollständigung dieses metaphorischen Bewußtseinsatoms – die Eigenschaft, die dem schon erwähnten Elektronenspin *s* entspricht. In physikalischen Systemen atomarer Größenordnung trägt diese Größe nicht unmittelbar zum individuellen Muster der stehenden Wellen der Elektronen bei, sondern manifestiert sich vornehmlich bei den Wechselwirkungen. Durch die binäre Natur des Spins, seine Allgegenwart in den Systemen atomarer Größenordnung und seine zentrale Rolle im Ausschließungsprinzip schlagen wir vor, diese Eigenschaft »Spin« in der Bewußtseinsmetapher mit der fundamentalen Feminin/maskulin-Dichotomie oder mit der Yin/Yang-Unterscheidung der taoistischen Philosophie zu assoziieren. Genauer gesagt nutzen wir seine zwei möglichen Zustände, um zu unterscheiden, wie das Bewußtsein Wechselwirkungen ausführt: passiv/aktiv, empfänglich/bestimmend oder umhüllend/eindringend; die Balance dieser Gegensatzpaare spielt bei persönlichen Beziehungen eine bedeutende Rolle.

Unser Bewußtseinsatom umfaßt bisher nur ein einzelnes »Elektron«, das sich in der umgebenden Potentialmulde befindet. Eine Erweiterung der Metapher auf »vielelektronige« Strukturen wäre gleichbedeutend mit der Unterteilung des Bewußtseins in identifizierbare

Komponenten, die miteinander und mit anderen Bewußtseinssystemen wechselwirken können. Dies könnte sich für die Darstellung vieler komplexerer Merkmale der Bewußtseinsaktivität als hilfreich erweisen, etwa für die Fähigkeit einzelner Individuen, ihre Muster der Aufmerksamkeit und des Verhaltens aufzuspalten oder gleichzeitig vielfältige Beziehungen mit anderen Bewußtseinsindividuen auf ganz verschiedenen Grundlagen zu unterhalten. Weil aber solche Modelle mathematisch schwieriger zu handhaben sind, wollen wir Formalismen für mehrere Elektronen hier ignorieren.

Im ganzen haben wir also ein quanten- und wellenmechanisches Modell des rudimentären Bewußtseinsatoms aufgestellt, das aus einer Anordnung kugelförmiger stehender Wellen besteht, die die Muster der Erfahrungswahrscheinlichkeit im Raum angeben. Diese sind definiert durch Intensität, Einstellung und Orientierung des Bewußtseins bei dessen Wechselwirkung mit der persönlichen Umgebung. Die Ausdehnung und die Konfiguration dieser Muster der Bewußtseinserfahrung sind gequantelt und können durch das Ausmaß an Beteiligung oder Aufmerksamkeit beschrieben werden, ferner durch die Komplexität und die Balance von emotionalen und kognitiven Komponenten sowie durch die Durchsetzungsfähigkeit oder Empfänglichkeit des Bewußtseins in der vorwaltenden Situation. Mit Hilfe dieses Modells können wir nun die einzelnen Klassen der Wechselwirkung untersuchen.

31. Bewußtseinsmoleküle

Eine im vorigen Kapitel vorgestellte Klasse von Bewußtseins-»Kollisionen« gestattet reaktive Wechselwirkungen, bei denen zwei aufeinanderstoßende »Atome« das Produkt »Molekül« bilden, dessen Erfahrungseigenschaften grundsätzlich verschieden von denen seiner Bestandteile sind. Dieser Zweig der Metapher ist in der Lage, viele Kategorien normaler und anomaler Wechselwirkungen darzustellen, und verdient daher eine Weiterentwicklung.

Die quantenmechanische Beschreibung der charakteristischen Wellenstruktur eines Moleküls geht von den Atomen aus, die es zusammensetzen, und beruht weitgehend auf dem Nichtunterscheidbarkeitsprinzip sowie auf der sogenannten Austauschenergie, die daraus folgt. Mit einer Methode, die aus der Heitler-London-Theorie hervorging, kann man die Energieniveaus E_{ab} eines zweiatomigen Moleküls aus denen seiner zwei Atome folgendermaßen berechnen:

$$E_{ab} = E_a + E_b + E_x \tag{31.1}$$

Darin sind E_a und E_b die erlaubten Energiezustände der einzelnen Atome, und E_x ist eine anomale additive Größe, die im wesentlichen vom klassisch nicht erklärbaren Austauscheffekt herrührt. Vereinfacht ausgedrückt: Wenn die Wellenmuster der bindenden Elektronen der zwei »Eltern«-Atome in engen Kontakt treten, sind sie praktisch nicht zu unterscheiden. Dieser Verlust der Identität führt, wenn er im quantenmechanischen Formalismus berücksichtigt wird, zu einer anomalen Energiekomponente in der Bindung. Wie in Abbildung 31.1 gezeigt, gehen daraus zwei Möglichkeiten hervor. Wenn die Spins der zwei interagierenden Elektronen parallel sind, ist E_x positiv und das Molekül instabil; es wird in dieser Form nicht Bestand haben. Wenn die Spins entgegengesetzt ausgerichtet (antiparallel) sind, dann ist E_x negativ und die Molekülkonfiguration stabil. Die Stärke der Bindung hängt von der Überlappung der beiden Elektronenwellenfunktionen in der zusammengesetzten Potentialmulde ab, die von den Ladungen der beiden Atomkerne für die Elektronen hervorgerufen wird.

a)

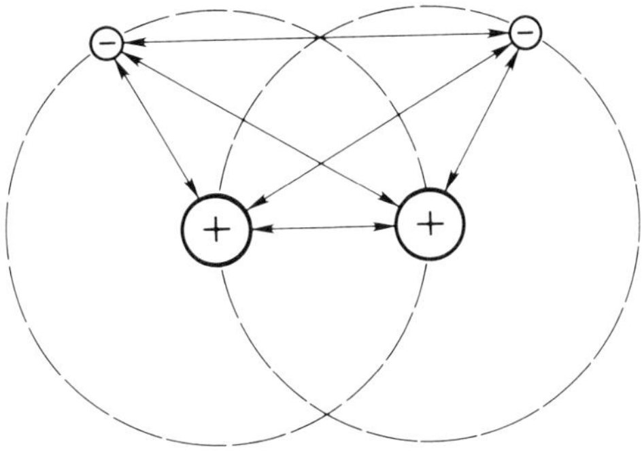

Abb. 31.1: zweiatomige Moleküle mit kovalenter Bindung

a) Ladungskonfiguration

b)

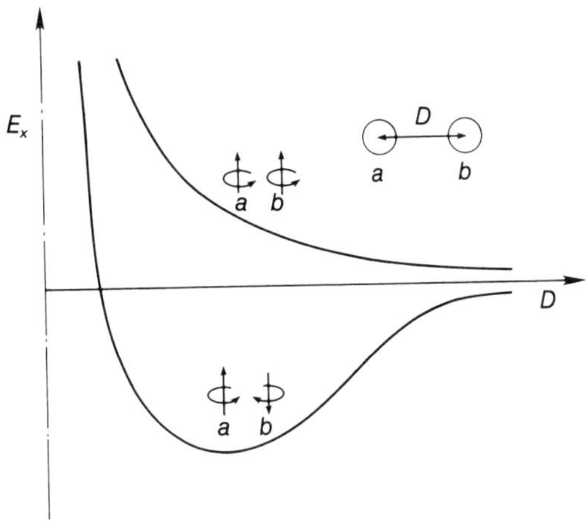

b) Energie als Funktion des Kern-Kern-Abstands *D* und der Spinausrichtung

Die Bewußtseinsmetapher für diese molekulare Bindung führt zu vielen nützlichen Deutungen. Unser Atommodell sagt voraus, daß ein individuelles Bewußtsein, eingebettet in eine umgebende Situation, einen Satz charakteristischer Erfahrungen ausbildet. Wir wollen diese ε_a nennen. Ein zweites Individuum, derselben Situation ausgesetzt, entwickelt einen davon verschiedenen Satz von Erfahrungen ε_b. Wenn aber diese zwei Bewußtseinsindividuen stark miteinander in Wechselwirkung treten, verflechten sich ihre Erfahrungswellenfunktionen in einer Art Resonanz, und ihr gemeinsamer umgebender Behälter wird durch ihren gegenseitigen Einfluß ebenfalls modifiziert. Daher wird das neue Muster stehender Wellen in dieser modifizierten Umgebung einen Satz ε_{ab} von Erfahrungen enthalten, der sich deutlich von der einfachen Summe ihrer atomaren Merkmale unterscheiden wird:

$$\varepsilon_{ab} \neq \varepsilon_a + \varepsilon_b \tag{31.2}$$

Somit muß die Superposition (Überlagerung) der atomaren Zustände um einen Kombinationseffekt ε_x vermehrt werden, der alle gerade beschriebenen quanten- und wellenmechanischen Prozesse einschließt:

$$\varepsilon_{ab} = \varepsilon_a + \varepsilon_b + \varepsilon_x \qquad (31.3)$$

In der Teilchendarstellung wäre ε_x anomal, aber bei der wellenmechanischen Behandlung ist es eine *normale* Konsequenz der Wechselwirkung. Daher ist es die Größe ε_x, die für unsere experimentellen Anomalien stehen kann.

> **Wenn einfache Zellen sich miteinander verbinden, ... zeigen sie organisierende Kräfte in neuen Richtungen, die für jede der einzelnen Zellen unmöglich wären.**
>
> Luther Burbank

Zum Beispiel können die in Teil III dieses Buches vorgestellten Resultate zur Fernwahrnehmung als eine normale Konsequenz der Wechselwirkung eines Paares Perzipient/Agent in der experimentellen Umgebung interpretiert werden, deutlich geschieden von der schlichten Kombination von Erfahrungen, die beide, jeder für sich, gemacht hätten. Ähnlich können die in Teil II vorgestellten Mensch/Maschine-Anomalien als Resonanz zwischen Teilnehmer und Versuchsgerät angesehen werden, wodurch ein kombiniertes Resultat von Erfahrungen zustande kommt, das sich von dem unterscheidet, das mit dem Kalibrierungsverhalten ohne derlei Kopplung erzielt werden würde. Es könnten auch andere Beispiele aufgeführt werden, wie Geistheilung, mystische Erfahrungen, Meditation, Hypnose oder einfach die emotionale Abhängigkeit einer Person von einer anderen oder die Fixiertheit eines Kindes auf sein Lieblingsspielzeug. Viele Aspekte künstlerischer und intellektueller Aktivität mögen ebenfalls mit Resonanz und Nichtunterscheidbarkeit einhergehen, und was wir als Inspiration oder Kreativität bezeichnen, kann gerade von einem solchen Opfern der »atomaren« Identität des Künstlers, Forschers oder Planers zugunsten der Bindung an seine Instrumente oder seine Aufgabe herrühren.

Die molekulare Metapher braucht nicht auf binäre Wechselwirkungen beschränkt zu sein. Ein drittes individuelles oder unpersönliches Element kann am Resonanzsystem beteiligt sein, ähnlich wie in den dreiatomigen Molekülen H_2O oder CO_2. Aus unserem experimentellen Zusammenhang passen hierzu die Protokolle der Ko-Teilnehmer, die Kombination Perzipient/Agent/Ziel bei den Experimenten zur präkognitiven Fernwahrnehmung und die Rolle des Experimentators bei der Verstärkung der Resultate. Kompliziertere Gruppenwechselwirkungen können analog zu organischen Molekülen

Meeresgötter. Relief an einem römischen Sarkophag

gesetzt werden, zu Ringen und Ketten aus Molekülen oder zu der an Komplexität unübertroffenen DNS-Doppelhelix. Hier sollten die anomalen Gruppenbewußtseinseffekte den Arten der Informationsund Energieübertragung oder den Speichermerkmalen solcher großer Makromoleküle entsprechen, die gleichfalls nicht durch die einfache Kombination des Verhaltens der einzelnen Atome zu deuten sind. Alternativ könnte man Analogien zu anorganischen Festkörpersystemen wie Ionenkristallen, Metallen oder Halbleitern untersuchen, bei denen das organisierte oder ungeordnete Verhalten einer hohen Zahl wechselwirkender Bestandteile deren individuelle Charakteristika unterdrückt und ein diffuses, wellenähnliches Verhalten des Ganzen hervorruft. Beispiele für solche resonanzbetonten Gruppensituationen sind offenkundig: die Anteilnahme der Zuschauer an einer künstlerischen Darbietung oder einem Sportereignis, eine politische Kundgebung oder die Hysterie des Mobs, ein Gottesdienst oder eine Meditationsgruppe, eine militärische Einheit oder ein Orchester.

Obwohl diese molekulare Metapher hier in eher qualitativen Begriffen vorgestellt wurde, wird doch zumindest eine überprüfbare Vorhersage und Richtlinie für die Experimente deutlich: Weil die Größe der Austauscheffekte, die sich als Anomalien manifestieren, von der wellenmechanischen Resonanz der beteiligten Elemente abhängt, sollten stärkere Effekte zwischen Personen auftreten, die dazu neigen, die Identität zu teilen. Hier sind die Eltern-Kind- und die Geschwister-Bindung (vor allem bei eineiigen Zwillingen) und nicht genetisch begründete Resonanzen zwischen Liebenden, engen Freunden oder Kollegen, Mannschaftskameraden und einfühlsamen Personen allgemein heranzuziehen.

Der Formalismus enthält auch die Vorhersage, daß die Umgebung dadurch, wie sie das Muster der stehenden Wellen bestimmt, Resonanz und die damit verbundenen Anomalien erleichtern oder unterdrücken kann. Auch hierfür gibt es bekannte Beispiele: die romantische Szenerie, das komfortable Büro, die prickelnde Stimmung in einem vollen Stadion. Auf der negativen Seite sind zu nennen: die deprimierende Wirkung eines ablehnenden Publikums, ein steriler Arbeitsplatz oder ein unglückliches Zuhause. Es gibt deutliche Hinweise darauf, daß die Umgebung auch Psi-Experimente beeinflussen kann, und aus diesem Grund wird sorgfältig darauf geachtet, daß die Bedingungen in unserem Labor bequem und damit »psi-förderlich« sind.

Bevor wir dieses Kapitel schließen, wollen wir kurz abschweifen und ein Thema ansprechen, das auf den vorangegangenen Seiten nur gestreift wurde: die Definition des »Bewußtseins« eines unbelebten physikalischen Systems. Dazu einige Anmerkungen:

1) Die Unterscheidung zwischen lebenden und unbelebten Systemen oder zwischen Systemen mit Bewußtsein und ohne wird zunehmend diffus, wenn man sie aus der biologischen oder der physikalischen Perspektive heraus treffen will. Biologische Wesen wie Viren oder die Lebensbausteine der DNS befinden sich sozusagen in der Grauzone zwischen komplizierten chemischen Komplexen und lebensfähigen Organismen.
2) Die immer raffinierteren mikroelektronischen Systeme, die bei der künstlichen Intelligenz, der automatisierten Fertigung, der Mustererkennung, der Robotik und bei neuronalen Netzwerken verwendet werden, nähern sich langsam unabhängiger Kompetenz, Urteilsvermögen und Selbstreplizierbarkeit.
3) Die fundamentalste Prämisse dieses Modells, nämlich daß die Realität nur durch die Wechselwirkung eines Bewußtseins mit seiner Umgebung festgelegt wird, muß nicht streng auf das Bewußtsein eines lebenden Systems beschränkt bleiben. Sogar in der physikalischen Forschung wird meine Realität, wenn ich ein gerade ablaufendes Experiment betrachte, durch eben diese Beobachtung zur solchen. Wenn ich ein Tier darauf dressiere, dieses Experiment zu beobachten, bestimmen die Beobachtungen seine Realität. Wenn ich das Tier durch eine »intelligente« mikroelektronische Vorrichtung ersetze, die fähig ist, das Experiment zu beobachten und darauf zu reagieren, so wird für diese Vorrichtung durch ihren Beobachtungsprozeß im gleichen formalen Sinne eine Realität etabliert. (Ob deren Realitäten auch eine Realität

Der Beobachter [wird] niemals vollständig durch das Meßgerät ersetzt; denn wäre er es, so könnte er offensichtlich keinerlei Wissen irgendwelcher Art erlangen. ... Die sorgfältigste Registrierung sagt uns gar nichts, wenn sie nicht abgelesen wird.

Erwin Schrödinger

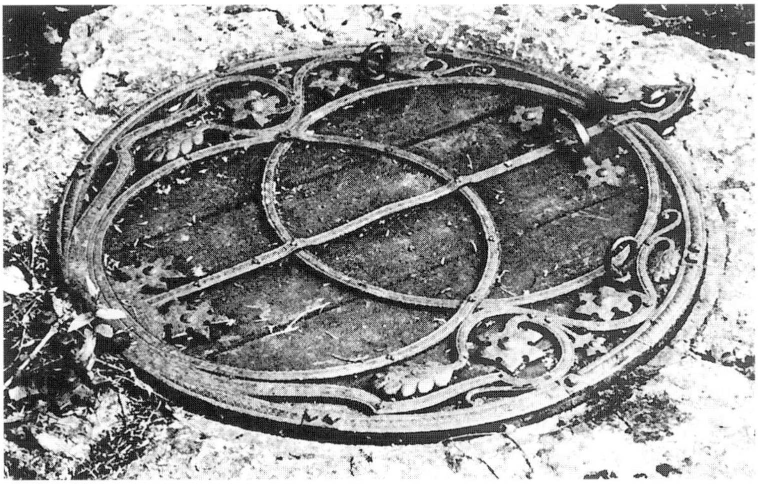

Abdeckung der Chalice-Quelle bei Glastonbury Tor

für *mich* konstituieren, hängt von meiner unabhängigen Beobachtung des Experiments, des Tieres oder der intelligenten Vorrichtung ab.) Also kann in unserer Bewußtseinsmetapher jedes funktionierende Wesen, das Information erzeugen, empfangen oder nutzen kann, als Bewußtsein eingestuft werden.

4) Anwender von Computern, Führer von Fahrzeugen und Benutzer von Werkzeugen legen deren Verhalten nicht selten anthropomorphe Züge bei. Viele erfolgreiche Teilnehmer am Zufallsgenerator und an der mechanischen Zufallskaskade äußerten sich im Gespräch in dem Sinne, daß diese physikalischen Vorrichtungen auch menschenähnliche Züge besäßen und es ihnen daher erlaubt hätten, quasipersonale Beziehungen zu ihnen aufzubauen.

Daher dürfen wir innerhalb dieses metaphorischen Modells vermuten: Jede Vorrichtung, Situation oder Aufgabe, die in der Wahrnehmung durch ein menschliches Bewußtsein anthropomorphe Züge trägt und durch denselben Satz von Quantenzahlen repräsentiert werden kann (der ihre Intensität, ihre Emotion/Kognition-Balance und ihre Fähigkeit zu Durchsetzung oder Empfänglichkeit bestimmt), nimmt dadurch die entsprechenden Eigenschaften einer Bewußtseinswellenfunktion an, um in Wechselwirkung mit der Umgebung zu treten – einschließlich des wahrnehmenden Menschen.

32. Metaphorische Prinzipien

Wenn die hier vorgeschlagene Analogie zur physikalischen Quantenmechanik für die Darstellung der Wechselwirkungen des Bewußtseins mit seiner Umgebung allgemeingültig ist, dann sollten die entsprechenden quantenmechanischen Prinzipien als Metaphern auch eine Relevanz für die menschliche Erfahrung haben. Einige sind bei den Bewußtseinsatomen und -molekülen schon erwähnt worden, aber wir können noch genauere Assoziationen herausarbeiten.

Das Nichtunterscheidbarkeitsprinzip

Wie schon diskutiert, kann das Aufgeben der individuellen Identität in einer Resonanzbindung mit einem anderen Bewußtseinsindividuum oder mit einem »quasibewußten« physischen Wesen eine gegenüber dem erwarteten individuellen Verhalten anomale Erfahrung herbeiführen. Wieder sind uns die persönlichen und sozialen Auswirkungen vertraut: »Es ist stärker als wir beide«; »ineinander auf-

gegangen«; »das Ganze ist mehr als die Summe seiner Teile«. Ähnliche Begriffe liegen mystischen Traditionen zugrunde (so können die Yogis durch Verzicht auf persönliche Identität angeblich »magische« Kräfte erlangen) und anderen transzendentalen oder spirituellen Vereinigungen. Für unsere Experimente ist entscheidend, daß anomale Resultate leichter zustande kommen, wenn die individuelle Identität in einer gemeinsamen intimen Erfahrung aufgeht.

Es gibt jetzt einen zwingenden Grund zu glauben, daß alle physikalischen Wechselwirkungskräfte von der Nichtunterscheidbarkeit der fundamentalen Teilchen herrühren. Die Wechselwirkung hat also einen subjektiven Ursprung. Arthur Eddington

Das Ausschließungsprinzip

In der Physik behaupten die Gesetze der Quantenmechanik, daß zwei Elektronen mit denselben Quantenzahlen nicht denselben Raum einnehmen können, wenn ihre Spins identisch sind. Die Wechselwirkung von Elektronenpaaren mit antiparallelen Spins bestimmt über die Ausbildung molekularer Bindungen, die Besetzung der Elektronenschalen gemäß dem Periodensystem der Elemente sowie über quantenstatistische Effekte. Im Bereich des Bewußtseins, für das wir die Spinausrichtung mit der passiven/bestimmenden oder der nehmenden/gebenden Eigenschaft assoziiert haben, entspräche dem die Tendenz, Bindungen zwischen zwei Teilnehmern mit jeweils entgegengesetzten Neigungen dieser Art auszubilden. Das augenscheinlichste Beispiel ist die allgegenwärtige Dyade (Zweiheit) weiblich/männlich, wie sie zahlreiche Ausdrücke bestätigen. Doch die Mechanik des Ausschließungsprinzips beim Bewußtsein ist keineswegs auf Paare aus femininen und maskulinen Teilen beschränkt. Entscheidend ist, daß beim Informationsaustausch die Yin- und Yang-Rollen ausgeglichen sind. Wenn beide Partner bestimmend oder beide passiv sind, kann nur wenig Information geteilt werden, und es wird nur eine schwache Bindung zustande kommen. Nur wenn jede der beiden Rollen ausgefüllt ist, kann sich eine stabile molekulare Wechselwirkung vollziehen.

Die bestimmende oder die rezeptive Rolle muß nicht fixiert sein; ihr Hin- und Herwechseln kann gleichermaßen effektiv sein. In jedem Dialog zwischen dem Bewußtsein und seiner Umgebung nehmen zwangsläufig beide Partner beide Rollen ein. Das Bewußtsein wechselt zwischen Informationsaufnahme aus der Umgebung und Informationsabgabe an diese. In metaphysischen Traditionen wird diese

zyklische Hinein/heraus-Dynamik oft mit der Atmung illustriert. Johann Wolfgang Goethe drückte eine ähnliche Metapher als Maxime aus:

Denken und Tun, Tun und Denken, das ist die Summe aller Weisheit. ... Wie Ein- und Ausatmen müssen beide stets abwechseln.[76]

Das Korrespondenzprinzip

In der Physik spielen Quanteneffekte eine Rolle, sobald die Abmessungen des betreffenden Objekts und seiner Umgebung ebenso groß wie (oder kleiner als) die De-Broglie-Wellenlängen der Wellenfunktionen sind, durch die es repräsentiert wird; sind die Abmessungen viel größer als die entsprechenden Wellenlängen, dann ergibt sich das klassische Kontinuumsverhalten. Das von Niels Bohr aufgestellte Korrespondenzprinzip postuliert nun ein kontinuierliches Verhalten beim Übergang zwischen beiden Bereichen. In unserer Bewußtseinsanalogie vertreten wir daher die Ansicht, daß anomales Verhalten auftreten wird, wenn die Wellenlängen der Bewußtseinswellenfunktionen ebenso große oder größere Abmessungen haben wie die umgebenden Mulden oder Zusammenhänge, in die das Bewußtsein eingebettet ist, und daß das Verhalten zum normalen Muster zurückkehren wird, wenn die Wellenlängen viel kleiner als diese Abmessungen sind.

Wieder einmal wird die Brauchbarkeit dieser Metapher eingeschränkt, und zwar dadurch, weil wir derzeit die Bewußtseinswellenlängen oder die Abmessungen der umgebenden, sie einhüllenden

Profile nicht genauer anzugeben vermögen. Dennoch postulieren wir entsprechend der De-Broglie-Beziehung für das Bewußtsein (Gleichung 28.1; S. 220), daß die Bewußtseinswellenlänge zumindest qualitativ das Spektrum oder die Breite seiner Beteiligung oder umgekehrt die Genauigkeit angibt, mit der es auf seinen Kontext eingeht. Noch genauer: Große Wellenlängen sollten eher frei fließende, holistische, verallgemeinerte, ästhetisch geprägte Bewußtseinsstrategien darstellen, während kleine Wellenlängen genaueren, reduktionistischen, spezialisierten analytischen Formen entsprechen. Demzufolge sind auch die Abmessungen der umgebenden Mulde ein Maß für ihre Allgemeinheit oder Spezifizität: Große Abmessungen bilden einen globalen oder holistischen Kontext (das »große Ganze«), und kleine Abmessungen entsprechen einem genau definierten, spezialisierten Kontext, der »unmittelbaren Situation«.

Gemäß der Metapher sollte normales Verhalten dann auftreten, wenn eine Bewußtseinsfunktion eine für den Kontext, in dem das Bewußtsein agieren muß, genügend kleine Wellenlänge hat. Wenn es nämlich die Charakteristika seiner Umgebung mit einiger Präzision definieren könnte, würde eine Bestrahlung mit noch viel kleineren als den adäquaten Wellenlängen benötigt, um einen scharfen Schatten zu werfen oder ein scharfes Bild eines ausgedehnten Objekts zu erzeugen. In solchen Situationen aber, in denen die Wellenlänge der Bewußtseinsfunktion die Dimensionen seines Kontexts übersteigt, werden präzise Definitionen durch verschiedene wellenmechanische Prozesse ersetzt, wie zum Beispiel Beugung, Interferenz oder Austritt abklingender Wellen. Jeder dieser Vorgänge kann als anomales Verhalten interpretiert werden.

> **Ist es eine allgemeine Tatsache, daß unsere Vorstellungen, solange ihre Form unscharf ist, im großen und ganzen der Wirklichkeit entsprechen, während sie zu Idealformen werden, deren wirklicher Inhalt verschwindet, wenn man sie genau präzisieren will?**
>
> Louis de Broglie

Übrigens hatte unsere formale und auch die zwanglosere Erziehung traditionell den Zweck, die erstgenannte Klasse von Bewußtseinswechselwirkungen auf Kosten der letztgenannten zu entwickeln – das Bewußtsein zu schärfen, ihm eine immer höhere Präzision, also immer kleinere Wellenlängen zu verleihen –, so daß immer spezialisiertere Zusammenhänge mit steigender Genauigkeit angesprochen werden können. Bewußtseinsindividuen, die nicht in dieser Weise konditioniert wurden – wie Kleinkinder, Angehörige primitiver

Völker oder jene Erwachsenen in unserer Gesellschaft, die aus welchen Gründen auch immer solcher Erziehung widerstanden –, können mit ihrem jeweiligen Kontext nicht automatisch mit solcher Präzision in Beziehung treten; und diese Personen scheinen in der Tat stärker für anomale Phänomene empfänglich zu sein. Im pathologischen Extremfall können verschiedenartige Geisteskrankheiten die Unfähigkeit bewirken, innerhalb der allgemein anerkannten Referenzsysteme zu agieren, und sie können einen unaussprechlichen oder unzutreffenden Eindruck von der Realität hervorrufen.

Die Metapher läßt daher ein brauchbares, jedoch vages Kriterium für die Erleichterung des Übergangs von gewöhnlicher zu anomaler Erfahrung vermuten: nämlich daß das beteiligte Bewußtsein sich im Kontext der Aufgabe möglichst frei bewegen kann und demnach in der Lage ist, eine möglichst große Wellenlänge anzunehmen. Wieder finden wir Anspielungen darauf in den Beschreibungen von Bewußtseinszuständen, die mit anomalen Erfahrungen assoziiert werden: »außer sich«, »abwesend« oder »abgehoben« im Gegensatz zu »prägnant«, »scharf« oder »korrekt«. Für die praktische Anwendung dieses Kriteriums ist es interessant, ob physiologische Schwingungen wie die Muster der Gehirnwellen, der Herzschlag oder der Puls die vorherrschenden Bewußtseinswellenlängen widerspiegeln und daher nützliche quantitative Korrelate für die Phänomene sein können.

Unbestimmtheitsrelation und Komplementaritätsprinzip

Werner Heisenberg postulierte als erster eine Beschränkung der Genauigkeit, mit der ein Paar konjugierter physikalischer Eigenschaften (Impuls/Ort, Energie/Zeit) beobachtet oder lokalisiert werden kann. Die unvermeidliche Ungenauigkeit gehorcht der in Gleichung 28.3 (S. 221) angegebenen mathematischen Beziehung. Bei weiteren Überlegungen zu dieser Relation kam Niels Bohr zu dem Schluß, daß ihre philosophische Auswirkung bei weitem über die Anwendung auf Messungen im atomaren Maßstab hinausgeht, und verallgemeinerte die Beziehung daher zum »Komplementaritätsprinzip«. Dieses betrifft das Wechselspiel von Wahrnehmungs- und Interpretationsmodi eines Ereignisses, was mit dem Welle-Teilchen-Dualismus an herausragender Stelle gezeigt werden sollte. Bohrs entscheidender Hinweis war, daß solche Modi einander zwar auszuschließen scheinen, jedoch als komplementär anzusehen sind, so daß mittels ihrer Überlagerung der gesamte begriffliche Gehalt des Ereignisses deutlich werden könnte. Später erweiterte der geniale

Däne diese Überlegung auf fundamentalere Dichotomien, etwa solche zwischen Subjekt und Objekt oder Analyse und Anwendung. Es erwies sich nicht einmal als notwendig, sich auf die physikalische Logik allein zu beschränken. Dies drückte Bohr so aus:

Wappen von Niels Bohr

... wir müssen uns wirklich klarmachen, daß die Natur unseres Bewußtseins in allen Bereichen der Erkenntnis eine Komplementarität zwischen der Analyse eines Begriffs und dessen unmittelbarer Anwendung hervorbringt. ... Beim Assoziieren der psychischen und physischen Aspekte der Existenz befassen wir uns mit einer speziellen Komplementarität, die durch einseitige Anwendung entweder physikalischer oder psychologischer Gesetze nicht völlig zu verstehen ist. ... Nur ein derartiger Verzicht wird uns das Verständnis ... dieser Harmonie ermöglichen, die als freier Wille erfahren und in bezug auf die Kausalität analysiert wird.[77]

Werner Heisenberg schien eine solche Verallgemeinerung akzeptiert zu haben. In einem Gespräch mit Niels Bohr bemerkte er:

Ein anderes Argument ..., das gelegentlich für eine Erweiterung der Quantentheorie vorgebracht wird, ist die Existenz des menschlichen Bewußtseins. Es kann kein Zweifel daran bestehen, daß in Physik und Chemie kein »Bewußtsein« auftritt, und ich kann nicht erkennen, wie es aus der Quantenmechanik resultieren könnte. Doch jede Wissenschaft, die sich mit lebenden Organismen befaßt, muß das Phänomen Bewußtsein einbeziehen, weil das Bewußtsein auch ein Teil der Realität ist.[78]

Niels Bohr erwiderte:

Das eigentliche Problem ist: Wie kann dieser Teil der Realität, der beim Bewußtsein beginnt, mit jenen Teilen kombiniert werden, die in Physik und Chemie behandelt werden? ... Hier liegt offensichtlich ein echter Fall von Komplementarität vor.[79]

An anderer Stelle räumte Heisenberg ein:

Wir stellen fest, daß die Situation der Komplementarität keineswegs auf die Welt der Atome beschränkt ist. Wir treffen sie etwa an, wenn wir über eine Entscheidung und über die Motive für unsere Entscheidung reflektieren oder wenn wir die Wahl haben zwischen dem Genuß von Musik und der Analyse ihrer Struktur.[80]

Auch der Physiker Wolfgang Pauli schloß sich dieser erweiterten Interpretation an:

Einerseits hat uns die Idee der Komplementarität innerhalb der modernen Physik den Widerspruch in den Anwendungen alter gegensätzlicher Vorstellungen (wie Teilchen und Welle) in einer neuartigen Synthese als nur scheinbar erwiesen, andererseits deutet aber die Verwertbarkeit alter alchemistischer Ideen in der Psychologie C. G. Jungs auf eine tiefere Einheit von psychischem und physischem Geschehen hin. Anders als für Kepler und Fludd erscheint uns heute nur ein solcher Standpunkt annehmbar, der *beide* Seiten

> der Wirklichkeit – das Quantitative und das Qualitative, das Physische und das Psychische – als vereinbar anerkennt und einheitlich umfassen kann. … Es wäre am meisten befriedigend, wenn sich Physis und Psyche als komplementäre Aspekte derselben Wirklichkeit auffassen ließen.[81]

Für unsere Zwecke folgen wir nun diesem philosophischen Strang und stellen zur Diskussion, daß in fast demselben Sinne viele Bewußtseinszustände von Natur aus komplementär sein könnten. Bei einigen Paaren verkörpern diese Zustände denselben Typ einer wechselseitigen Unbestimmtheit oder eines Abstrichs an der Genauigkeit, mit der konjugierte physikalische Größen angegeben werden können. Ohne Anspruch auf Vollständigkeit oder Eindeutigkeit seien hier einige solche »Bewußtseinskonjugate« genannt:

Analyse / Synthese
Beobachtung / Teilnahme
Struktur / Funktion
Ziel / Vorgang
Verantwortung / Unabhängigkeit
Überlegung / Intuition
Tun / Sein

Zu beachten ist, daß in allen Fällen die Eigenschaften jeweils keine diametralen Gegensätze darstellen, sondern in dem Sinne komplementär sind, daß die Ausprägung einer jeden unabhängig spezifiziert werden muß, um die Erfahrung auf dieser Ebene zu lokalisieren. Aber wegen der Unbestimmtheitsgrenzen der Lokalisierung ergeben sich Fragen der Balance oder der Betonung: Eine stark strukturierte Beweisführung hemmt die frei fließende Inspiration, aber zuviel Tagträumerei verhindert präzises Denken; eine übermäßig reduktionistische Analyse kommt der holistischen Synthese in die Quere, während übertriebene ästhetische Anforderungen zu einem Chaos bei der Anwendung führen können; zu straffe Kontrolle, zu viel Verantwortlichkeit oder Verpflichtungen können die Kreativität und die Initiative schwächen, während völlige Unabhängigkeit des Verhaltens sozial untragbar wird; übermäßige Aktivität oder Trägheit kann zu Angstzuständen oder zu Langeweile führen.
Wieder spiegelt unser Sprachgebrauch den Zwang zu solchen Kompromissen: »Du kannst nicht beides haben.« »Er sieht den Wald vor lauter Bäumen nicht.« »Wasch mir den Pelz, aber mach mich nicht naß.«[82] »Alles, was unseren Geist befreit, ohne uns eine Selbstkontrolle aufzuerlegen, ist verhängnisvoll«.[83]
Mathematisch leitet sich das Unbestimmtheitsprinzip davon her, daß mit der Wellenmechanik prinzipiell ohne einen entsprechend

großen Bereich von Wellenlängen kein scharf lokalisiertes Objekt darzustellen ist, daß eben eine schmalbandige Wellenfunktion sich nicht auf einen engen Raum beschränken läßt. Die entsprechende technische Überlegung für das Bewußtseinsmuster besagt: Wenn ein Begriff oder eine Aufgabe klar umrissen ist, dann muß ein großer Bereich von Bewußtseinswellenlängen angesetzt werden, damit das gesamte Spektrum der Aufgabe berücksichtigt werden kann; dann ist der Zustand des Bewußtseins selbst nicht eindeutig anzugeben. Wenn umgekehrt das Bewußtsein auf eine einzige Wellenlänge beschränkt ist, auf einen »reinen Zustand«, so kann es keine Details der Aufgabe angeben, die es behandelt. Solche reinen Zustände »sturer« Aufmerksamkeit werden bei verschiedenen Methoden der Meditation und bei mystischen Übungen angestrebt. Wir begegnen ihnen auch im Alltag, beispielsweise wenn man sich in seinem Tun so stark »verliert«, daß man sich außerstande sieht zu beschreiben, was in einem vorgeht.

Aus der klinischen Perspektive kann das Interesse der Psychologie und der Physiologie an der Funktion der Gehirnhälften eine andere Form der Bestätigung dieses Unbestimmtheitsprinzips beim Bewußtsein darstellen: Funktionen, die vorwiegend eine Gehirnhälfte ausführt, werden durch solche der anderen Hälfte ergänzt. Umgekehrt können extreme Fälle von Dominanz einer Gehirnhälfte mit

»Ankunft & Abfahrt

Diese Eisenbahn unterliegt dem Heisenbergschen Unbestimmtheitsprinzip. Ort und Geschwindigkeit irgendeines Zuges können niemals gleichzeitig angegeben werden.«

Abweichungen der Wahrnehmung oder der Beurteilung im anderen Bereich einhergehen.

Über die Begrenzung der Genauigkeit hinaus, mit der die betreffenden Größen anzugeben sind, kann das Unbestimmtheitsprinzip auch auf den produktivsten und erfüllendsten Zustand der Bewußtseinsaktivität eingehen, wenn nämlich Tun und Sein oder Analysieren und Synthetisieren sich die Waage halten. Dafür heranzuziehen ist der Mensch, der »für seine Arbeit lebt«, der Schauspieler, Tänzer, Sportler oder geschickte Handwerker, dessen Fertigkeiten durch Vertiefung in seine Tätigkeit geadelt werden, so daß eine hervorragende Leistung oder ein außerordentliches Produkt herauskommen. Schilderungen solcher Genies oder hoher Kunstfertigkeit zeugen nur davon, daß eine dynamische Balance zwischen Können und Vertiefung, zwischen Tun und Sein angestrebt werden muß, wenn höchste Kreativität das Ziel sein soll. Zu beachten ist hier, wie der höchste Effekt mit technischen Vorrichtungen erzielt wird, in denen Struktur und Funktion auf das Glücklichste vereint sind. Eine ähnliche Komplementarität kann auch für die kontrollierte Erzeugung anomaler Phänomene erforderlich sein und sollte dem Design entsprechender Experimente zugrunde liegen.

33. Mensch/Maschine-Modelle

Im einleitenden Kapitel gebrauchten wir eine etwas andere Metapher von der wissenschaftlichen Schrittfolge Experiment/Theorie und der Rolle der Anomalien, die dabei mitwirken, die Richtung der wissenschaftlichen Forschung zu ändern. Der eine Schritt basiert auf den experimentellen Ergebnissen, die in den Teilen II und III beschrieben sind, und der andere tastet sich vorsichtig in der gerade erläuterten theoretischen Richtung voran. Damit können wir unsere eigenen Schritte überprüfen, mit denen wir beim Verständnis der Rolle des Bewußtseins bei der Bestimmung der physikalischen Realität vorankommen. Obschon ein vollständig auf der Quantifizierung beruhender wissenschaftlicher Dialog eindeutig außerhalb der Möglichkeiten unseres Modells in seinem derzeitigen Stadium liegt, kann aus dessen Konzepten und Begriffen eine qualitative und sogar »halbquantitative« Interpretation der Daten gewonnen werden und ebenso manche zweckmäßigen Richtlinien für den Entwurf der Experimente.

Die alles überspannende Idee ist, kurz zusammengefaßt, folgende: Wenn man die klassische Teilchenvorstellung des menschlichen Bewußtseins beibehält, das im physiologischen Rahmen scharf lokalisiert sein soll, dann ist nicht zu erklären, wie es eine physikalische Vorrichtung oder einen physikalischen Prozeß direkt beeinflussen oder Information über Ziele erlangen kann, die von ihm räumlich und zeitlich entfernt sind. Wenn aber dem Bewußtsein auch eine Wellennatur eingeräumt wird – metaphorisch ähnlich derjenigen, die man den physikalischen Systemen atomarer Größenordnungen zubilligt –, dann werden vielfältige wellenmechanische Prozesse zugänglich, durch die die Optionen für die Realität am Rande erweitert werden können.

Als erste Anwendung dieses Modells betrachten wir einen Teilnehmer, der vor einer Vorrichtung wie dem Zufallsgenerator oder der mechanischen Zufallskaskade sitzt und versucht, die resultierende Verteilung durch anomale Mittel zu beeinflussen. Wir stellen das Bewußtsein dieses Teilnehmers als ein quantenmechanisches Wel-

lenmuster dar, also in den begrifflichen Koordinaten von Reichweite, Einstellung und Orientierung (siehe Kapitel 30). Dann weist es im Umgebungskontext einen Satz von stehenden Erfahrungswellen auf, die nach dem Grad ihrer Intensität (*n*), ihrer Komplexität (*l*), ihres Verhältnisses von Kognition und Emotion (*m*) sowie ihres rezeptiven/aktiven »Spins« (*s*) festgelegt werden. Genauso stellen wir das Wesentliche der Versuchsvorrichtung durch einen ähnlichen Satz von Wellenmustern dar, ausgedrückt durch dieselben begrifflichen Koordinaten und denselben Satz von Quantenzahlen, die die funktionalen und ästhetischen Merkmale angeben, wie sie vom Teilnehmer wahrgenommen werden.

Die Vorhersage unseres Modells lautet, daß sich keine anomale Wechselwirkung zwischen Teilnehmer und Vorrichtung einstellen wird, wenn das Wellenmuster des ersteren im formalen wellenmechanischen Sinne mit dem der Vorrichtung keine Resonanz ausbildet. Beide werden vielmehr ihre atomaren Identitäten behalten, und es wird bei beiden keine erkennbare Veränderung des normalen Verhaltens eintreten. Wenn aber zwischen ihnen eine gewisse wellenmechanische Resonanz entsteht, kann sich ein molekulares Erfahrungsmuster ausbilden, dessen beobachtbare Charakteristika sich deutlich von denen der einfachen Summe ihrer individuellen Verhaltensweisen unterscheiden. Beim Experiment sollte also grundsätzlich versucht werden, durch praktische Mittel eine solche wellenmechanische Resonanz zu verstärken.

Das Ausmaß dieser Resonanz hängt von den Einzelheiten der Überlagerung der Wellenmuster von Teilnehmer und Vorrichtung in der betreffenden experimentellen Umgebung ab. Demnach könnte die gewünschte Abstimmung auf drei Arten realisiert werden (die auch kombiniert werden können):

1) Anpassung des Teilnehmerwellenmusters an dasjenige, das für die Vorrichtung wahrgenommen wird;
2) Konfiguration des Vorrichtungswellenmusters, so daß es dem des jeweiligen Teilnehmers entspricht;
3) Anpassung des umgebenden Profils, in dem Teilnehmer und Vorrichtung während des Experiments zur Wechselwirkung kommen, so daß die Überlagerung ihrer individuellen Wellenmuster optimiert wird.

Um diese Optionen zu realisieren, muß man sich klarmachen, daß die Wahrnehmung der Vorrichtung von Teilnehmer zu Teilnehmer wellenmechanisch variieren kann, je nachdem, wie technisch ausgefeilt die Apparatur ist und wie der psychologische Zustand und die experimentelle Strategie beschaffen sind. In manchen Fällen können die wesentlichen Merkmale aus dem Charakter der Rückkopplung abgeleitet werden, durch den die Vorrichtung Information mit dem Teilnehmer teilt, so daß sich die Quantenzahlen *n*, *l*, *m* und *s* (die das Wellenmuster kennzeichnen) vor allem auf die Intensität dieser Rückkopplung, ihre Komplexität, die Balance zwischen kognitiver und emotionaler Einwirkung sowie auf das Verhältnis von Passivität und Aktivität beziehen, und zwar so, wie sie jeweils vom Teilnehmer wahrgenommen werden. Eine Rolle spielen auch andere Aspekte der Vorrichtung, zum Beispiel Gesamterscheinung, Abmessungen, das Betriebsgeräusch und sogar einige ihr zugeschriebene anthropomorphe Merkmale. Doch den meisten technisch nicht ausgebildeten Teilnehmern erscheint es unwahrscheinlich, daß einer der internen Mechanismen relevant ist.

Die Merkmale der Vorrichtung sind indessen festgelegt, und der Teilnehmer beginnt mit der ersten Abstimmungsprozedur, wobei er irgendeiner psychologischen Strategie folgt oder intuitiv »abtastet«, um das eigene Wellenmuster zu identifizieren und aufrechtzuerhalten, das die beste Resonanz mit dem Wellenmuster der Vorrichtung, wie er sie wahrnimmt, bildet. Er bemüht sich also, seine eigene Wellenlänge in Übereinstimmung mit der der Maschine zu bringen, indem er seinen Impuls verändert (siehe Gleichung 28.2, S. 220), und zwar entweder durch eine Veränderung seiner Bewußtseinsmasse (Schwere/Leichtigkeit) oder durch Änderung seiner Geschwindigkeit (Erfahrung pro Verarbeitungsschritt).

Bei der zweiten Abstimmungsoption kann der wahrnehmbare Charakter der Wirkungsweise der Vorrichtung verändert werden, indem

einige Parameter ihrer Informationsverarbeitung verändert werden. Dazu können verschiedene Sample-Zahlen und -Raten oder Zählweisen festgelegt werden, oder man kann eine Rückkopplung mit unterschiedlicher Bedeutung, Intensität oder Komplexität einstellen; das alles dient der Suche nach einer Parameterkombination, die die beste Resonanz mit dem Bewußtseinszustand des Teilnehmers ergibt. Veränderungen der Länge von Durchgängen oder Serien können ebenfalls den Charakter des Experiments ändern, wie er vom Teilnehmer wahrgenommen wird.

Bei der dritten Abstimmungsoption werden einige Aspekte gemäß den ausgedrückten oder wahrgenommenen Präferenzen des Teilnehmers variiert: einige Bestandteile der experimentellen Vorschrift, das Umfeld des Experiments, das Tempo der Datenaufnahme, Rolle oder Verhalten des Laborpersonals. Beispielsweise läßt die Sensitivität einiger Teilnehmer gegenüber dem instruierten/selbstbestimmten Modus oder dem automatischen/manuellen Modus vermuten, daß diese protokollarischen Aspekte die Resonanz der Teilnehmer mit der Vorrichtung beeinflussen können.

Vielleicht ist der einzige, besonders kritische Aspekt dieser Abstimmungsprozesse die Korrelation der Spins von Teilnehmer und Vorrichtung. Der quantenmechanische Formalismus besagt, daß nur die antiparallele Ausrichtung dieser Spins eine produktive Resonanz zur Folge haben kann; sind die Spins parallel, dann ist die Wechselwirkung abstoßend (repulsiv), und man kann anomale Effekte erwarten, deren Richtung der Intention zuwiderlaufen. Um die Spins aufeinander einzustellen, kann der Teilnehmer zuerst abschätzen, ob die Vorrichtung zu ihm in einer aktiven oder einer passiven Beziehung steht, und dann sein eigenes Verhalten danach ausrichten. Alternativ dazu kann er einen bestimmten Spin beibehalten und die Bedienungsmodi herausfinden, bei denen die Aktivität oder Passivität der Vorrichtung deutlich wahrgenommen wird. Beim automatischen Modus der Maschinenfunktion etwa werden ohne Einwirkung des Teilnehmers die Intervalle in regelmäßigen Zeitabständen initiiert und die Resultate über die Rückkopplung wiedergegeben, was dem Teilnehmer den Rückschluß auf ein »bestimmendes« Verhalten der Vorrichtung nahelegen könnte, auf das er nur passiv reagieren könne. Beim manuellen Modus dagegen initiiert der Teilnehmer jedes Intervall nach seinem Belieben, und man kann den Teilnehmer in der bestimmenden und die Vorrichtung in der rezeptiven Rolle beobachten. Ein ähnlicher Unterschied der Wahrnehmung kann vorliegen, wenn der Teilnehmer die Richtung seiner Bemühung frei wählen kann oder aber die zufälligen

Instruktionen der Vorrichtung akzeptieren muß. Wendet man dabei optionale Rückkopplungsmodi oder andere subjektive Strategien an, so kann der Prozeß kompliziert werden, indem die Rollen der Spins von Teilnehmer und Vorrichtung während eines Intervalls oder Durchgangs, einer Sitzung oder Serie laufend wechseln, so daß das Einrichten von Phase und Frequenz beim Aufrechterhalten der Resonanz bedeutungsvoll sind.

Die Korrelation der experimentellen Daten mit den verschiedenen Aufgaben, Vorrichtungen und Modi sowie der Vergleich mit den informellen Berichten über die Teilnehmermethoden entsprechen zumindest qualitativ den eben vorgestellten Aspekten der Strategie der Bindungssysteme. Beispielsweise sind die Leistungen der meisten Teilnehmer quantitativ, und oft qualitativ, für die beiden Richtungen der Bemühungen (PK^+ und PK^-) unterschiedlich. Angesichts der vollständigen Symmetrie in der technischen Wirkungsweise der Vorrichtungen und in den Vorschriften ist diese Verschiedenheit vermutlich auf subjektive Faktoren im Ansatz des Teilnehmers zurückzuführen, etwa auf bewußte oder unbewußte psychologische Nuancen, die er mit »nach oben« oder »nach unten« (bzw. nach rechts oder links) in Verbindung bringt. Diese Faktoren können sich als Abweichungen in seinem Wellenmuster manifestieren, wenn er sich den beiden Aufgaben stellt. Abgesehen von dieser Asymmetrie zeugen die Charakteristika der individuellen Teilnehmersignaturen von einem komplexen und schwer faßbaren Abstimmungsprozeß mit vielen Freiheitsgraden, von denen einige technischer, andere psychologischer Art sind.

Das Modell legt eine Anzahl anderer möglicher Korrelationen nahe, die derzeit experimentell untersucht werden oder deren Erforschung geplant ist. Beispielsweise soll bei den Experimenten zur Fernwahrnehmung, zur Präkognition oder zur Psychokinese (PK) die Abhängigkeit der Mensch/Maschine-Resonanz von räumlichen oder zeitlichen Trennungen untersucht werden. Damit könnte die Bedeutung solcher physikalischer Parameter in diesen Bindungen bewertet werden. Experimente, bei denen zu einem Zeitpunkt zwei oder mehr Teilnehmer an einer Vorrichtung tätig sind oder einem Teilnehmer mehr als nur eine Vorrichtung zur Verfügung steht, können die wellenmechanische Kombination von Einflüssen und Bemühungen verdeutlichen. Bei Entwurf und Interpretation dieser und anderer interessanter experimenteller Möglichkeiten scheint das ursprüngliche Konzept von Teilnehmer und Maschine, die eine durch Abstimmungsstrategien veränderte wellenmechanische Bindung eingehen und sich statistisch signifikant vom Verhalten nicht

verbundener Mensch/Maschine-Systeme unterscheiden, seinen pragmatischen und philosophischen Nutzen zu beweisen.
Die experimentellen Daten und die informellen Berichte der Teilnehmer entsprechen ebenso einer etwas abweichenden metaphorischen Darstellung der Anomalien – in dem Sinne, daß sie durch einen Prozeß entstehen, bei dem das Bewußtsein des Teilnehmers »tunnelt« oder eine Barriere durchdringt. In gewissem Sinne kann die Differenz zwischen einer Zufallsverteilung binärer Ereignisse und den leicht verschobenen Verteilungen, die bei den PK-Bemühungen erzielt wurden, als marginaler Anstieg des Informationsgehalts der Bitsequenz angesehen werden, der in mancher Hinsicht dem Bewußtsein des Teilnehmers zuzuschreiben ist. In einer teilchenartigen Darstellung des Bewußtseins ist kein Mechanismus für eine solche Informationsübertragung in den Bedingungen und der Prozedur des Experiments enthalten; alle werden hier durch die totale Einkapselung des Bewußtseins in den physischen Körper ausgeschlossen. In der wellenmechanischen Darstellung hingegen ist ein Durchsickern von Information möglich, und zwar über abklingende stehende Wellen des Bewußtseins, die sich über die Abmessungen seiner umgebenden Mulde hinaus erstrecken.
Nach unserem Modell ist zu erwarten, daß dieses Durchsickern von Information gefördert wird, wenn die umgebende Barriere zwischen dem Teilnehmerbewußtsein und dem externen System so klein wie möglich gehalten wird und wenn Bewußtseinsmuster mit großer Wellenlänge und hoher Amplitude verwendet werden. Subjektiver betrachtet werden diese Muster in den Bewußtseinskoordinaten in eine »Nähe« zur PK-Aufgabe umgesetzt (»sich nahe fühlen«), ferner in eine Herabsetzung der Körperbezogenheit des Bewußtseins sowie in eine Lockerung der exakten analytischen Denkprozesse zugunsten weiter reichender, jedoch intensiver und unklar fokussierter Modi. Alle stimmen mit den berichteten Strategien vieler unserer erfolgreichen Teilnehmer überein.

Abraxas (gnostische Gemme)

Welche dieser wellenmechanischen Optionen auch immer angewandt werden, das Modell und die Experimente deuten darauf hin, daß das menschliche Bewußtsein unter bestimmten Umständen mit physikalischen Systemen eine Wechselwirkung eingehen kann, so daß ihr beobachtbares Verhalten die Zufallserwartung übertrifft. Eine eher quantitative Übereinstimmung von Experiment und Theorie kann sich erst zeigen, wenn verbesserte Definitionen der Bewußtseinskoordinaten, der Bewußtseinsquantenzahlen und der Bewußtseinsquanten selbst vorliegen.

34. »Tunneln« in die Zukunft

Die Phänomene der präkognitiven Fernwahrnehmung lassen sich ebenso auch via ähnliche quantenmechanische Metaphern interpretieren. Modelle von Resonanzbindungen können je nach den Rollen formuliert werden, die man für Perzipient, Agent und Ziel annimmt. Zum Beispiel kann der anomale Informationserwerb als Konsequenz einer Resonanz zwischen Perzipient und Agent angesehen werden, wobei die Charakteristika des Zieles Komponenten des umgebenden Profils ausmachen und so das Erfahrungswellenmuster des verbundenen Paares bestimmen. In dem Ausmaß, in dem dieses Bindungsmuster von den separaten atomaren Mustern der Teilnehmer abweicht, kann es sowohl die anomal vom Perzipienten erworbene Information als auch jeglichen Einfluß von ihm auf das Aufmerksamkeitsmuster des Agenten im Angesicht des Ziels enthalten.

Alternativ kann man sich den Perzipienten als in Resonanz mit dem Ziel anstatt mit dem Agenten befindlich denken, wobei diesem nur die Rolle bleibt, das umgebende molekulare Muster zu bestimmen. Diese Version scheint für jene Experimente zu gelten, bei denen das Paar Perzipient/Agent sich völlig fremd ist oder überhaupt kein Agent beteiligt ist. Dabei ist es nötig, dem Ziel in der Art, wie man es mit der PK-Vorrichtung hält, eine Wellenfunktion und Quantenzahlen zuzuweisen. Das Bewußtsein des Empfängers muß dann nach einer Strategie, die es selbst für effizient hält, sein eigenes Wellenmuster »spielen lassen«, bis eine gewisse Resonanz mit dem unbekannten Ziel erreicht ist, um von dorther auf Kennzeichen des Ziels schließen zu können. Eine dritte Möglichkeit wäre es, alle drei – Perzipient, Agent und Ziel – einzubeziehen, und zwar auf einer äquivalenten Basis analog zum dreiatomigen Molekül; siehe Kapitel 31.

Die Metaphern des quantenmechanischen Tunnelns oder der Ausbreitung freier Wellen können auch die Interpretation der Resultate der präkognitiven Fernwahrnehmung erleichtern. Beim Tunnelmodell müßten in der Strategie des Perzipienten drei miteinander zusammenhängende Optimierungen wirksam werden: 1) die Maximierung von Amplitude und Bereich der durchdringenden abklingenden Welle, 2) deren Lokalisierung auf das gewünschte entfernte Ziel, 3) das Herausfiltern zutreffender Information über das Ziel aus dem Grundrauschen. Im theoretischen Formalismus wird wiederum der erste Aspekt begünstigt, indem die umgebende Barriere, die der Welle entgegensteht, verkleinert wird, Bewußtseinswellenlänge und -amplitude dagegen vergrößert werden. Die Schritte der Lokalisierung und des Herausfilterns lassen einen Richtungs- und Abstimmungsprozeß vermuten, der vielleicht demjenigen bei der Luftraumüberwachung oder der Sonarortung ähnelt; hierbei werden schwächste Resonanzen zwischen dem Wellenmuster des Wahrnehmenden und demjenigen des Zieles erkannt. Alternativ dazu kann man annehmen, daß Ziel oder Agent eine lokale Verzerrung des gesamten umgebenden Profils bilden, die wie ein Leuchtfeuer oder ein Verkehrszeichen für die suchende abklingende Welle des Perzipienten wirkt.

Die Berichte vieler Teilnehmer an unseren Experimenten zur präkognitiven Fernwahrnehmung stimmen mit solchen Tunnelmechanismen überein:

»Zuerst versuche ich, alles abzuschließen, was immer ich gerade getan oder gedacht habe, und dann versuche ich mir eine leere Kinoleinwand vorzustellen, auf der ich gleich einen Film sehen werde, in dem der Agent auftritt, den ich nie zuvor gesehen habe. Dann warte ich ab, was auf der Leinwand erscheint. Normalerweise aber ist es kein scharfes Bild, sondern eher so etwas wie eine Sequenz traumähnlicher Eindrücke.«

»Die meisten meiner Wahrnehmungen kommen mir morgens nach dem Aufwachen – bevor irgendwelche logischen Überlegungen meinen Geist beanspruchen. Nachdem ich den Zweck meiner Suche definiert habe, liege ich ganz still und warte einfach auf die einströmenden Bilder.«

Im wesentlichen scheint es so, als versuchten die Perzipienten mit unterschiedlichen psychologischen Strategien zunächst, die analytische, mit kleinen Wellenlängen verknüpfte Aktivität ihrer gewöhnlichen kognitiven Prozesse auszusetzen, die ihrem Wesen nach scharf lokalisiert sind und keine hohe Fähigkeit zur Durchdringung haben. Das läßt ihre langwellige, Eindrücken gegenüber empfängliche Aufmerksamkeit intakt, die sich nach draußen orientiert und die entfernte Umgebung abtastet. Um das Durchsickern zu verstärken, können sich diese Perzipienten auch bemühen, die umgebende Barriere herabzusetzen, wenn sie etwa versuchen, ihr Bewußtsein von seinem Ort »forttreiben« zu lassen.

In extremen Fällen mag ein Perzipient berichten, daß sein Bewußtsein völlig von seinem Zentrum befreit und frei zu sein scheint, in Raum und Zeit herumzustreifen. Das entspräche in der Metapher dem Entweichen in den Zustand einer freien Welle. Dadurch könnte das Bewußtsein Zugriff auf entfernte Örtlichkeiten haben – genau wie eine sich nach außen ausbreitende Welle, deren Reflexionen Informationen über jene Örtlichkeiten zurücksenden. Dieser Prozeß könnte den »außerkörperlichen« Erfahrungen oder den Nahtoderlebnissen ähneln, bei denen Individuen behaupten, ihren eigenen Körper und die Umgebung von einem externen »Aussichtspunkt« aus erblickt zu haben.

Von allen Merkmalen der Daten zur präkognitiven Fernwahrnehmung sind die präkognitiven Aspekte vielleicht die bemerkenswertesten; sie sind allerdings auch am schwierigsten in einen theoretischen Formalismus zu fassen. Dennoch bietet dieses Modell eine gewisse Erklärung dieser Eigenschaft; es könnte sein, daß das Bewußtsein des Perzipienten eine dazwischenliegende zeitliche Barriere durchdringt oder daß sich freie Wellen in der Zeitdimension ausbreiten. Erinnern wir uns daran, daß die grundlegenden Bewußt-

Fernwahrnehmung
in »Cyrano de Bergerac«

seinswellen in ihrer ungebundenen Form Zugang zum gesamten Raum-Zeit-Gefüge des Bewußtseins haben. Nur aufgrund der aus der Umgebung einwirkenden Beschränkungen bilden sich die räumlichen und zeitlichen Lokalisierungen der stehenden Erfahrungswellen des Bewußtseins. Wenn diese Beschränkungen auf irgendeine Weise entfallen, können Raum und Zeit schließlich neu definiert werden. Das Bewußtsein kann sich also entscheiden, anstatt seine Erfahrungen im »Hier und Jetzt« zu haben, das »Dort und Dann« abzutasten. In den verfeinerteren quantenmechanischen Formalismen, die in relativistische Koordinaten gezwungen werden, gibt es kaum eine mathematische Unterscheidung zwischen räumlichem und zeitlichem Verhalten; metaphorische Mechanismen, mit denen die Informationsaufnahme aus räumlicher Entfernung erklärt werden soll, ließen sich in gleicher Weise auf zeitlich entfernte Informationen anwenden. Schließlich müssen wir uns auf jeden Fall Albert Einsteins und Arthur Eddingtons Mahnungen vor Augen halten, daß die Begriffe Raum und Zeit selbst Konstrukte des Bewußtseins sind.

Noch ist unklar, auf welches Modell sich Deutung oder Experimententwurf stützen sollen: auf die Resonanzbindung, die Barrierendurchdringung oder die freien Wellen. Aber diese Konzepte verkörpern ähnliche begriffliche und pragmatische Merkmale, so daß die Unterscheidung eher eine semantische als eine praktische ist. Der wesentliche Punkt ist, daß verschiedene nichtklassische Effekte in Quanten- und Wellenmechanik hilfreiche Ähnlichkeiten zu diesen anomalen Erfahrungen des menschlichen Bewußtseins aufweisen.

35. Eine breitere Grundlage

Zahlreiche andere Daten über anomale bewußtseinsbezogene Phänomene, in den vergangenen hundert Jahren ermittelt, könnten ebenfalls mit diesem wellenmechanischen Modell gedeutet werden. Wir wollen das hier nicht versuchen; jedoch mögen die interessierten Leserinnen und Leser über die Anwendung der Metapher in bezug auf alle möglichen Forschungsergebnisse nachdenken: auf umstrittenere Behauptungen von Levitationen und Poltergeistern, Erscheinungen und Teleportationen, die Suche nach Wasser oder archäologischen Überresten mit der Wünschelrute, Geistheilung und »spirituelle« Diagnose sowie Reinkarnation und das Leben nach dem Tod. Um auf weniger umstrittenere Gefilde zurückzukehren: Das Modell kann auch dazu dienen, prägnante Aspekte »normalen« menschlichen Verhaltens zu repräsentieren, die zu besonderen Interpretationen Anlaß geben, darunter Liebe, Humor, Kreativität, Inspiration, Intuition, Freundschaft oder andere Erfahrungen, bei denen Bindungen oder interaktive Resonanzen mit Personen, Haustieren, Werkzeugen und Aufgaben eine große Rolle spielen.

Möglicherweise liegt ein anderes fruchtbares Feld für die Metapher bei kollektiven Systemen wie Menschenmengen oder Gesellschaften, für die quantenstatistische Formalismen verallgemeinert werden könnten, so daß eine Vorhersage der wahrscheinlichsten Umstände für anomales Verhalten möglich wäre. Erinnern wir uns daran, daß bei Ensembles atomarer Größenordnung das Paulische Ausschließungsprinzip die Regel umwirft, daß sich individuelle Teilchen in der Nähe zu anderen anordnen können, und die »klassische« statistische Verteilung ändert. Es gibt zwei derartige quantenstatistische Verteilungen: die sogenannte Fermi-Dirac-Statistik, die für Teilchen mit halbzahligem Spin gilt, und die Bose-Einstein-Statistik, die auf Teilchen mit ganzzahligem Spin oder dem Spin null zutrifft. Wie stark das Verhalten eines Systems von den klassischen Regeln abweicht, hängt vom Wert des Ausdrucks $n/(mT)^{3/2}$ ab; darin ist m die Masse des betreffenden Teilchens, T die (absolute) Temperatur des

Der heilige Gral erscheint den Rittern der Tafelrunde.

Ensembles, und n ist die Anzahldichte im Ensemble, das heißt die Anzahl der Teilchen pro Volumeneinheit. Demnach werden Abweichungen vom klassischen Verhalten durch geringe Teilchenmasse und Temperatur, aber hohe Anzahldichte oder Konzentration begünstigt.

Man könnte in Erwägung ziehen, daß kollektive Wechselwirkungen des Bewußtseins ein ähnliches quantenstatistisches Verhalten aufweisen und daher im Vergleich zu konventionellen Erwartungen als anomal erscheinen. Bei strikter Anwendung würde diese Metapher beispielsweise besagen, daß ein konzentriertes Feld von Bewußtseinswechselwirkungen, die sich bei geringer Masse (Leichtigkeit, Unbeschwertheit) in einem Ambiente niedriger Temperatur (gelassen, kühl) vollziehen, mit höherer Wahrscheinlichkeit Abweichungen vom klassischen statistischen Verhalten zeigen. Dieses »Rezept« ist tatsächlich eine angemessene Beschreibung vielfältiger sozialer Konfigurationen, die für das Hervorbringen anomaler Effekte gute Bedingungen bieten, etwa bei religiösen Ritualen, Séancen und gemeinsamen Exerzitien. In diesem Sinne wird auch unser Labor geführt: Die Vorrichtungen und die Vorschriften, das spielerische Herangehen der Teilnehmer und eine ruhige Einrichtung erleichtern die Konzentration auf dichte Ensembles digitaler Information.

Bei der Vorstellung dieses Modells haben wir eingeräumt, daß die Wahl der Quantenmechanik als zu verallgemeinerndes theoretisches Gefüge ziemlich willkürlich war und daß andere physikalische Theorien – die der Elektrizität und des Magnetismus sowie die statistische Thermodynamik, die spezielle und die allgemeine Relativität oder sogar die klassische Newtonsche Mechanik – auf ähnliche Weise zur metaphorischen Darstellung von Bewußtseinsprozessen geeignet sein könnten. Gewiß gehen die Begriffe Bewußtseinskoordinaten und -maßsystem über den Gültigkeitsbereich der speziellen Gleichungen hinaus, für die sie hier benötigt werden, könnten aber auch in anderen Formalismen gleichermaßen ihren Platz finden.

> **Es ist die Theorie, die entscheidet, was wir beobachten können.** Albert Einstein

Außerdem war es unsere entscheidende Voraussetzung, daß *jede* physikalische Theorie nur die Wechselwirkung des Bewußtseins mit seiner physikalischen Umgebung darstellt und daher die Prozesse reflektiert, durch die das Bewußtsein dabei Information wahrnimmt, ordnet und darstellt. Folglich zeugen die Maxwellschen Gleichungen, die Gesetze der Thermodynamik und sogar Newtons zweites Bewegungsgesetz zwangsläufig vom Wesen des Bewußtseins, das sie entwickelt und anwendet; daher sollten sie auch brauchbare Metaphern zur Darstellung dieses Bewußtseins liefern.

> **Theorie ist wie Beschlag auf Brillengläsern. Er verhüllt Tatsachen.** Charlie Chan

Ein ganz bestimmter Bereich der Physik grenzt an das hier betrachtete Gebiet der mit Hilfe von Quanten beschriebenen Atome und könnte bei der zukünftigen Erweiterung dieses Modells mitwirken: gemeint sind die Phänomene in den Atomkernen und an ihnen. Sie können insbesondere zu einem besseren Verständnis und zur genaueren Spezifikation der umgebenden Profile führen, die das Muster der stehenden Bewußtseinswellen bestimmen, und zwar im folgenden Sinne: Die physikalische Potentialmulde, der die Elektronen im Atom ausgesetzt sind, wird durch die Ladungsverteilung hervorgerufen, die ihrerseits von der Anordnung des dicht gepackten Ensembles der Kernteilchen abhängt; diese Konfigurationen beschreibt die theoretische Kernphysik. Für die Feinstrukturen der Kernteilchen (Nukleonen) gibt es Modelle, die aus Erweiterungen der Vorstellungen in der Hochenergiephysik hervorgingen. Viele Darstellungen, wie etwa unsere Bewußtseinsmetapher, bauen auf einer quasiatomaren Begriffswelt und derartigen Formalismen auf. Man könnte nunmehr postulieren, daß die das Bewußtsein umgebenden Mulden auf ähnliche Weise durch verschiedene interne

Anordnungen von Bewußtseins-»Nukleonen« gebildet werden, die einer Hierarchie von analogen Kern-»Kräften« unterliegen. Weiterhin könnte man spekulieren, daß diese Bewußtseinsnukleonen in Beziehung zu intensiven und tief verwurzelten psychologischen Faktoren stehen, etwa zu C. G. Jungs Archetypen. Diese Erweiterung unseres Modells würde eine Anstrengung erfordern, die im Umfang noch einmal dem bislang Vorgelegten entspräche; sie kann hier nicht geleistet werden. Jedoch wollen wir als möglichen wertvollen nächsten Schritt darzustellen versuchen, wie sich das menschliche Bewußtsein nach innen wendet, seinem Zentrum zu, anstatt nach außen zu seiner Umgebung.

Die mikrophysikalische Atomwelt zeigt ja Züge, deren Verwandtschaft mit dem Psychischen auch dem Physiker aufgefallen ist. Hier ergibt sich, wie es scheint, wenigstens andeutungsweise eine Möglichkeit der »Rekonstruktion« des psychischen Vorganges in einem andern Medium, nämlich in dem der Mikrophysik des Stoffes.

Carl Gustav Jung

In einem noch weiteren Sinne müssen die metaphorischen Darstellungen des Bewußtseins nicht auf das physikalische oder auch nur allgemein wissenschaftliche Vokabular beschränkt sein, sondern können ihre Analogien aus irgendeinem Gebiet beziehen, das der menschliche Geist zu organisieren oder zu korrelieren versucht hat. Denn durch genau solche Prozesse der Organisation und Korrelation enthüllen sich die wesentlichen Charakteristika des Geistes. Mit den Worten von William James:

> Aus dieser ursprünglichen, sensiblen Vielfalt meißelt die Aufmerksamkeit Objekte heraus, die die Vorstellung dann benennt und für immer identifiziert – im Himmel »Sternbilder«, auf der Erde »Strand«, »Meer«, »Klippe«, »Büsche« und »Gras«. Aus der Zeit meißeln wir heraus »Tage« und »Nächte«, »Sommer« und »Winter«. Wir benennen, *was* jeder Teil des sensiblen Kontinuums ist, und alle diese abstrakten »*Was*« sind Begriffe.
> *Das geistige Leben des Menschen besteht fast vollständig aus seiner Substitution der Wahrnehmungsordnung, in der seine Erfahrung ursprünglich auftritt, durch eine begriffliche Ordnung.*[84]

Man könnte tatsächlich behaupten, daß sich, obwohl unsere Metapher zwar in physikalischen Konzepten und Begriffen formuliert war, doch letztlich ein psychologisches Modell ergeben hat. Das ist kein Zufall, denn im weitesten Sinne befassen sich Physik und Psychologie mit der Frage, wie der Mensch seine Welt wahrnimmt und beschreibt. Es gibt sicherlich viele ins Auge fallende Ähnlichkeiten

zwischen der Entwicklung der Psychologie – von ihrer empirischen und klassischen Phase über die einst radikalen Aussagen von James, Freud und Jung bis zu ihren heutigen Spezialisierungen – und der Entwicklung der Physik seit Newtons Zeiten über die Quantenmechanik bis zu ihren derzeitigen »esoterischen« Erweiterungen. Einstein erkannte klar die erkenntnistheoretische Parallele:

> Körper und Seele sind nicht zwei verschiedene Dinge, sondern nur zwei Arten der Wahrnehmung derselben Sache. In ähnlicher Weise sind Physik und Psychologie nur verschiedene Versuche, unsere Erfahrungen zu verknüpfen, und zwar durch systematisches Denken.[85]

Aus jeder Perspektive bleibt der wesentliche Punkt gleich: Was das Bewußtsein erfährt, versucht es zu verstehen; zum Verstehen muß es ordnen; zum Ordnen muß es benennen; und beim Benennen *erzeugt* es seine Erfahrung. Es gibt kein profunderes oder dauerhafteres Zeugnis für diese Wahrheit als in der Schöpfungsgeschichte (1. Buch Mose, 2,19):

> Denn als Gott der Herr gemacht hatte von der Erde allerlei Tiere auf dem Felde und allerlei Vögel unter dem Himmel, brachte er sie zu dem Menschen, daß er sähe, wie er sie nennte; denn wie der Mensch allerlei lebendige Tiere nennen würde, so sollten sie heißen.

Diese zeitlose Allegorie erhält heute eine noch größere Bedeutung, wenn zu den »Tieren« auch Schwarze Löcher und Quarks, Raum und Zeit, Wellen und Teilchen, alle anderen Aspekte der Umgebung und natürlich das Bewußtsein selbst gehören dürfen.

V. Neue Perspektiven

Der Madonna-Nebel

Wenn wir die tiefgreifende Verknüpfung zwischen Denken und Handeln auf allen Gebieten des menschlichen Strebens, besonders in der Wissenschaft, philosophisch auszudrücken wünschen, so müssen wir die Quellen zweifellos in den unergründlichen Tiefen der menschlichen Seele suchen. Vielleicht können die Philosophen sie in einem sehr allgemeinen Sinn »Liebe« nennen – die Kraft, die alle unsere Handlungen leitet und die Quelle all unser Freuden und all unserer Beschäftigungen ist. Unauflöslich mit dem Denken und dem Handeln verbunden, ist die Liebe deren gemeinsame Triebfeder und daher ihr Bindeglied. Die Baumeister der Zukunft werden einen wesentlichen Anteil am Festigen dieser Bindung haben.

LOUIS DE BROGLIE[86]

Teil V versucht eine Neubewertung der epistemologischen Ausgangspunkte (Teil I) angesichts der empirischen Befunde (Teil II, III) und der dargelegten theoretischen Analogien und Denkbilder (Teil IV). Es ist wohl berechtigt zu sagen, daß die Pionierarbeit, die die Autoren seit nunmehr zwei Jahrzehnten durchführen, zu Aufmerksamkeit sogar seitens der etablierten Wissenschaften geführt hat. Die Resonanz ist jedoch nach wie vor unterschiedlich. Das soziologische und psychologische Klima in den Wissenschaften hat sich in den letzten Jahren dahingehend gewandelt, daß die Bereitschaft zu Multi-, Inter- und Transdisziplinarität gewachsen ist. Doch es darf gefragt werden, inwieweit sich diese Bereitschaft auf so radikale Problemstellungen erstreckt, wie sie das psychophysische Problem darstellt. Bis heute wird entsprechende Forschung kaum durch öffentliche Mittel, sondern fast ausschließlich privat finanziert. Die Rezeptionsproblematik der Anomalienforschung im Rahmen der wissenschaftlichen Gemeinschaft wird durch die Diskussion zweier konträre Positionen vertretender und zusammen publizierter Artikel von Rao und Palmer (1987) und Alcock (1987) eindrucksvoll belegt.

Im Grenzgebiet zwischen Philosophie, Psychologie und Physik steht das psychophysische Problem mit all seinen Facetten ebenso fraglos wie konkurrenzlos im Mittelpunkt. Obwohl dazu mittlerweile sehr reichhaltige Sammlungen empirischer Befunde vorliegen, befindet man sich bislang sofort auf unsicherem Terrain, sobald der Bereich der Modellbildung oder auch nur der systematischen Planung und Auswertung von Experimenten berührt wird. Es gibt heute eine ganze Reihe philosophisch wie naturwissenschaftlich orientierter neuer Ansätze zum Verständnis des psychophysischen Problems, von der Philosophie des Geistes über die kognitiven und Neurowissenschaften bis zur Physik, – allerdings nach wie vor noch keine Lösungen. Vorschnelle Antworten sind nicht nur angesichts der Schwierigkeit der Fragestellung unglaubwürdig, sondern auch angesichts deren Tragweite unverantwortlich.

Die Autoren stellen im Schlußteil ihres Buches die Frage, ob im Lichte ihrer Befunde eine ganze Reihe von (oft unhinterfragten) Grundannahmen der Wissenschaften so noch aufrechterhalten werden können. Wenn es Beziehungen zwischen materiellen und nicht-materiellen Teilen der Welt gibt, dann muß zum Beispiel über die strikte Unterscheidung zwischen Fakten und Gesetzen nachgedacht werden, die grundlegend für die Rolle ist, die Experiment und Theorie in der Wissenschaft spielen. Antinomien wie die von Geist und Materie, Gegenstand und Umgebung, selbst und fremd, Natur und Kultur müssen umfassend untersucht werden, sie dürfen nicht einfach vorausgesetzt werden. Als Folge stehen wesentliche Bereiche der wissenschaftlichen Methodologie zur Diskussion. Beispiele finden sich in den Themen Beobachtung, Reproduzierbarkeit, Stabilität, Objektivität, Kausalität und so fort. Ihre diesbezüglichen Vorstellungen haben Jahn und Dunne (1997) jüngst zusammengefaßt. Dabei kann kaum genug betont werden, daß präzise Definitionen für substantielle Arbeit und tragfähige Ansätze unverzichtbar sind.

Über die wissenschaftliche Komponente hinaus plädieren die Autoren dafür, daß soziale, ethische, moralische und religiöse Fragen von der wissenschaftlichen Arbeit nicht einfach abgetrennt werden dürfen. Das traditionelle Bild einer wertfreien Wissenschaft mit Wissenschaftlern, die mit problematischen Konsequenzen ihrer Arbeit nichts zu tun haben wollen, ist heute alles andere als zeitgemäß. Das bedeutet zum Beispiel, daß die Frage nach der Verantwortung des Wissenschaftlers vom Feierabend- oder Sonntagsthema zu einer Frage des wissenschaftlichen Alltags wird. Jonas (1984) hat dazu bereits vor einiger Zeit wichtige Ansätze diskutiert. Im gleichen Zusammenhang sei auf einen jüngeren Aufsatz von Primas (1995) hingewiesen. In bezug auf die Neurowissenschaften finden sich einige detaillierte Ausführungen bei Maar et al. (1996).

Angesichts der Probleme, in die uns der rasante wissenschaftliche und technologische Fortschritt der letzten Jahrhunderte neben all seinen positiven Seiten geführt hat, ist die Versuchung groß, in das entgegengesetzte Extrem einer radikalen Abwendung von Wissenschaft und Technik zu verfallen und etwa östliche Traditionen »ohne Sinn und Verstand« zu importieren. Wozu das führen kann, zeigt die hierzulande blühende Jahrmarktesoterik (die nicht mit seriösen esoterischen Traditionen verwechselt werden darf) überdeutlich. Hemminger (1987) hat derlei Tendenzen einer gründlichen Kritik unterzogen. Unter ähnlichem Blickwinkel ist auch Rousseaus »zurück zur Natur« keine vernünftige Option, wenn sie als Aufruf zur Wiederherstellung einer vergangenen »heilen Welt« verstanden wird.

Statt unser Heil im Fernen Osten oder in der Vergangenheit zu suchen, besteht die einzig sinnvolle Möglichkeit darin, unseren Weg in die Zukunft an das Hier und Jetzt anzuknüpfen. Das heißt nicht, daß andere Kulturen sowie deren und unsere Vergangenheit ignoriert werden sollen – ganz im Gegenteil. Aber es heißt, daß vor allem *unsere gegenwärtige Situation* nicht ignoriert werden darf. Die Einseitigkeit, die unter dem Einfluß von Wissenschaft und Technologie (und den von ihnen geprägten Wirtschafts- und Gesellschaftsformen) entstanden ist, muß reflektiert und besser verstanden werden, als dies momentan der Fall ist. Ein wesentlicher Ansatzpunkt dabei ist die Dominanz der materiellen Außenwelt, die einer hierzulande eher vernachlässigten spirituellen Innenwelt gegenübersteht. *Klassiker der Naturphilosophie* (Böhme 1989) mögen hier bei der Orientierung hilfreich sein.

In jüngster Zeit gewinnen eine ganze Reihe von Fragen, die damit zusammenhängen, deutlich zunehmendes Interesse und wachsende Attraktivität. Die Konsequenzen einer vorläufig ungebremsten Informations- und Kommunikationstechnologie (virtuelle Realität; siehe z. B. Heim 1993) und die immer weitere Kreise ziehende Werte- und Sinnkrise (siehe z. B. Atmanspacher 1996) sind nur zwei Beispiele. Ein drittes besteht in der Problematik einer *Ökologie des Geistes* (Bateson 1972, Illies 1974), also der nicht-materiellen Welt, ohne die unsere derzeitigen ökologischen Bemühungen prinzipiell kontraproduktiv zu bleiben drohen. Eine einseitige Ökologie der Materie ohne ihr geistiges Gegenstück wiederholt nur dieselbe Fehlentwicklung, aus der sich ihre eigene Notwendigkeit erst ergeben hat: die unhinterfragte Trennung von Geist und Materie. Das Erfordernis einer politischen Orientierung, die ökologische Belange mit großer Aufmerksamkeit behandelt, scheint zwar inzwischen weithin akzeptiert zu sein. Die adäquate Berücksichtigung nicht-materieller Aspekte der Wirklichkeit darf jedoch dabei nicht weiterhin ausgespart bleiben.

H. A. & E. B.

Alcock, J. (1987). Parapsychology: Science of the anomalous or search for the soul? *Behavioral and Brain Sciences 10*, 553–565; Kommentare pp. 566–618; Erwiderungen von Alcock pp. 627–634.

Atmanspacher, H. (1996). Sinnlehre gegen Sinnleere? In *Der Mensch als Zeuge des Unendlichen*, hg. von J. Robrecht et al. Schaffhausen: Novalis, S. 23–51.

Bateson, G. (1972). *Steps to an Ecology of Mind*. New York: Ballantine. Deutsch: *Ökologie des Geistes*. Frankfurt: Suhrkamp, 1981.

Böhme, G., Hrsg. (1989). *Klassiker der Naturphilosophie*. München: Beck.

Heim, M. (1993). *The Metaphysics of Virtual Reality*. Oxford: University Press.

Hemminger, H., Hrsg. (1987). *Die Rückkehr der Zauberer*. Hamburg: Rowohlt.

Illies, J. (1974). *Umwelt und Innenwelt*. Freiburg: Herder.

Jahn, R. G., und Dunne, B. J. (1997). Science of the subjective. *J. Sci. Explor. 11*, 201–224.

Jonas, H. (1984). *Das Prinzip Verantwortung*. Frankfurt: Suhrkamp.

Maar, C., Pöppel, E., und Christaller, T., Hrsg. (1996). *Die Technik auf dem Weg zur Seele*. Hamburg: Rowohlt, siehe vor allem Teil V: »Schnittstelle Gehirn/Computer – eine Herausforderung für unsere Gesellschaft« mit Beiträgen von Rötzer, Metzinger, Linke und Emrich.

Primas, H. (1995). Über dunkle Aspekte der Naturwissenschaft. In *Der Pauli-Jung-Dialog und seine Bedeutung für die moderne Wissenschaft*, hg. von H. Atmanspacher et al. Berlin: Springer, S. 205–238. Siehe auch Primas, H. (1992), Umdenken in der Naturwissenschaft. *Gaia 1*, 5–15.

Rao, K. R., und Palmer, J. (1987). The anomaly called psi: recent research and criticism. In *Behavioral and Brain Sciences 10*, 539–551; Kommentare pp. 566–618; Erwiderungen von Rao und Palmer pp. 618–627.

36. Die drei Pfade der Motivation

Selten vergeht eine wissenschaftliche Tagung, ein Besuch im Labor oder eine Diskussion mit Kollegen, ohne daß irgendwann die Frage nach unseren Motiven für diese Untersuchungen aufkommt. Zuweilen werden derartige Fragen ziemlich unverblümt gestellt: »Warum arbeiten nette Leute wie Sie auf einem solchen Gebiet?« Oder: »Ich wundere mich, daß sich jemand mit Ihrer Ausbildung für solche Dinge interessiert.« Aber meist wird die Herausforderung unsicher und indirekt formuliert, mit abgewandtem Blick oder von einem nervösen Hüsteln begleitet, was etwas über die Betroffenheit des Fragenden und seine Sorge aussagt, die Antwort könnte sein Leben berühren. Die Frage ist angebracht. Wer sich auf ein so herausforderndes und umstrittenes Gebiet einläßt, sollte sich über die kurzfristigen und längerfristigen persönlichen Auswirkungen dieser Arbeit auf sein Leben im klaren sein.

Unsere Antwort auf die erwähnte Frage beruft sich auf die Motive, die auch der der Mystik zugeneigte Mensch der Frühzeit genannt haben mag und die bei der Beschäftigung aller Gelehrter mit metaphysischen Dimensionen der menschlichen Erfahrung eine Rolle gespielt haben: die pragmatische, die intellektuelle und die spirituelle Motivation. Natürlich pflegen wir das in modernen und wohlgesetzten Worten auszudrücken, aber zweifellos lassen sich ihre Wurzeln bis zu »archetypischen« Bestrebungen unserer akademischen Ahnen zurückverfolgen. Man kann sagen, daß diese drei miteinander verwobenen Absichten die hervorragendsten Unternehmungen charakterisieren, bei denen Technik, Systeme und Prozesse zusammengeführt wurden, so daß effizientes Funktionieren, Begreifen und ästhetische Befriedigung das beglückende Ergebnis war.

Als Ingenieure befassen wir uns zunächst mit der praktischen Bedeutung der beobachteten Phänomene und des theoretischen Modells. Mit der gebotenen Vorsicht müssen wir die Möglichkeit einräumen, daß auch andere Vorrichtungen und Systeme, ähnlich den von uns benutzten, auf bewußte oder unbewußte Intentionen ihrer Bediener ansprechen könnten – und das in einem Ausmaß, das den sinnvollen Einsatz des Geräts in Frage stellt. Aus einer etwas positiveren Perspektive kann dieselbe Ansprechbarkeit Wege zu neuen Generationen technischer Geräte und Prozesse eröffnen, bei denen das menschliche Bewußtsein eine aktive, entscheidende Rolle spielen kann. Zumindest kann ein besseres Verständnis solcher subtiler Fähigkeiten die Entwicklung immer besserer Vorrichtungen unterstützen, die eben jene subtilen Funktionen nachzuahmen vermögen. Der Techniker hat auf alle Fälle die Verantwortung, Studien zu treiben, Anwendungen zu testen und Kontrollen auszuführen, denn ihn treibt das Streben an, die größtmögliche Übereinstimmung von Mensch und Maschine zu erzielen.

Der Mensch muß an seinem Glauben festhalten, daß das Unverstehbare verstehbar ist, sonst würde er aufhören zu forschen. Johann Wolfgang Goethe

Ebenso haben wir uns in unserer Eigenschaft als Techniker mit der Ermittlung, Korrelation und Interpretation grundlegender Erkenntnisse zu befassen. Auf diesem besonderen Gebiet erfordert unsere wissenschaftliche Schrittfolge die Aufnahme großer Mengen verläßlicher empirischer Daten über die anomalen Effekte, begleitet von einer Erweiterung des theoretischen Paradigmas um die bewußtseinsbezogenen Parameter, die auf die beobachteten Phänomene einwirken. Mit beiden Füßen betreten wir einen für die traditionelle wissenschaftliche Forschung fremdartigen Boden, und jeglicher Fortschritt kann weitere Implikationen für andere Bereiche mit sich bringen.

So wichtig und reizvoll diese pragmatischen und intellektuellen Motive sein mögen, dürfen wir doch nicht die Rolle der dritten Dimension verkennen – das Spirituelle –, wenn wir diese technische Forschung mit noch größerer Bedeutung und Leben erfüllen wollen. Wir meinen damit weder quasireligiösen Eifer noch dogmatische Überzeugung, sondern denselben Wunsch, die Lebensqualität zu verbessern und die gleiche stille philosophische Ehrfurcht vor der Majestät des Kosmos und der Rolle des Menschen in ihm, die zu allen Zeiten von den größten Denkern anerkannt wurden. In dieser Kategorie überlegen wir etwa, ob ein unwiderlegbarer wissenschaftlicher Beweis (wenn er überhaupt zu führen ist), daß nämlich das Bewußtsein seine physikalische Realität zu beeinflussen vermag, grundlegend die Wahrnehmung verändern würde: die individuelle

In jedem Werk der Liebe und des Willens – schließlich sind beide in jeder aufrichtigen Handlung präsent – formen wir gleichzeitig uns selbst und unsere Welt. Rollo May

und kollektive Wahrnehmung des menschlichen Zustands, sein Wertsystem und seine Verhaltensmuster. Ebenfalls im Hinblick auf das Spirituelle unterstützen wir Louis de Broglies Vision von den »Ingenieuren der Zukunft«, sowohl auf der philosophischen als auch auf der handwerklichen Ebene. Eine sorgsame Anwendung der wissenschaftlichen Erkenntnis und Striktheit der Methode, umgeben von einer Aura der »Liebe« in einem allgemeinen Sinn, sind noble Vorsätze, um Denken und Handeln in der Technik zusammenzubringen. Doch der Formalismus scheint auf diesem Feld besonders leistungsfähig zu sein; denn gerade durch die Bewußtseinsbindungen zwischen Teilnehmern oder zwischen ihnen und den technischen Vorrichtungen und Prozessen scheinen anomale Daten aufzutauchen. Daher wirkt die spirituelle Komponente in einem sehr pragmatischen Sinne mit: Das selbstlose Einbringen des Selbst kann die physikalische Realität beeinflussen.

Unsere Aussagen über die Motivation ziehen häufig eine zweite Herausforderung nach sich: Was *sind* die wissenschaftlichen und die philosophischen Implikationen angesichts der Gesamtheit experimenteller Resultate und der Vorhersagen gemäß dem wellenmechanischen Modell? Oder, wieder in platten Worten: »Na und?« Eine Möglichkeit der Antwort auf diese legitime, nicht einfache Frage ist es, auf das Zusammentreffen der thematischen und topologischen Fluchtlinien (siehe Teil I) zurückzukommen und zu fragen, ob diese beim Weg durch unser Experiment abgelenkt oder gebrochen hätten werden können, um nun anderen Bahnen zu folgen. In diesem letzten Teil wollen wir vor allem diese individuellen Abweichungen betrachten und versuchen, ihre neue Konfiguration in ein strukturelles Netzwerk einzufügen, das eine umfassendere Darstellung der Realität unterstützen kann. Zu diesem Zweck werden wir die Reihenfolge gegenüber der bisherigen Behandlung vertauschen. Das erlaubt ein systematisches Fortschreiten von den pragmatischen zu den intellektuellen und spirituellen Gebieten.

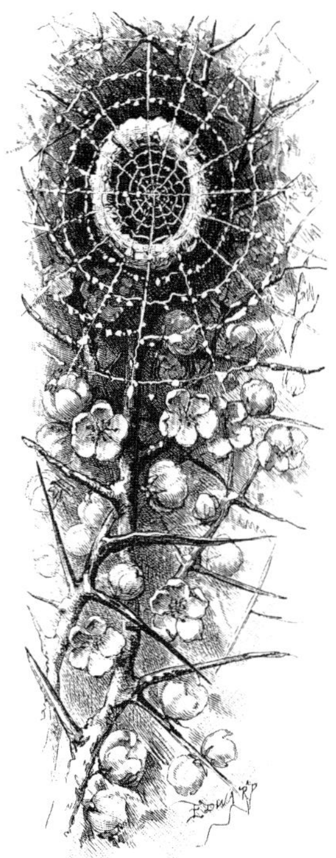

37. Spielraum Mensch/Maschine

Wir haben bereits das Schreckgespenst eines möglichen »High-Tech«-Versagens erwähnt, unter Umständen verschuldet durch anomale Wechselwirkungen von Anwendern mit mikroelektronischen Vorrichtungen, mit simplen Geräten oder informationsverarbeitenden Systemen. Die experimentellen Daten sowie Aspekte des theoretischen Modells haben solche Bedenken verstärkt. Im wesentlichen stellten wir fest, daß eine Anzahl von Geräten, deren Funktionsweise auf zufälligen oder pseudozufälligen physikalischen Prozessen beruht, in ihren Ergebnisverteilungen geringfügige Abweichungen aufweisen können, die mit den individuellen Teilnehmerintentionen übereinstimmen. Während Ausmaß und Art dieser Veränderungen von Teilnehmer zu Teilnehmer deutlich variieren, läßt ihre statistische Reproduzierbarkeit kaum einen Zweifel an der Realität der Effekte. Bei großen Datenmengen können sich die Abweichungen so stark akkumulieren, daß sie hoch signifikante Werte erreichen, welche die Toleranzbereiche vieler empfindlicher Vorrichtungen zur Informationsverarbeitung weit überschreiten. Daher erheben sich berechtigte Fragen nach der Sicherheit und Unversehrtheit der Geräte, die nicht ausreichend gegen Bedienereinflüsse geschützt sind. Es ergeben sich auch eine Reihe faszinierender Möglichkeiten, solche Effekte technisch zu nutzen.

In der erstgenannten Kategorie stellen wir uns das Cockpit eines modernen Kampf- oder Transportflugzeugs vor. Die Besatzung sieht sich einer Vielzahl von Anzeigen und Steuerelementen gegenüber (die auch mikroelektronische Bauteile enthalten, wie wir sie bei unserer Forschung verwenden); ihr wird ein Übermaß an technischer Information geboten, und sie muß zahlreiche Aktionen ausführen, die sich auf unzählige voneinander abhängige Subsysteme beziehen. Dürfen wir angesichts unserer experimentellen Resultate als sicher annehmen, daß alle diese hochintegrierten Geräte und Systeme stets auf die vorgesehene Weise funktionieren, also völlig unabhängig von bewußten oder unterbewußten Intentionen der

beteiligten Menschen? Oder ist es möglich, daß dieselbe Art geringfügiger Abweichungen, wie wir sie bei unseren Experimenten beobachteten, auch hier auftritt, und zwar in einem solchen Ausmaß, daß sie die Gesamtleistung des Systems beeinflussen kann?
Betrachten wir nun ähnliche Szenarien, etwa in einem Tower der Flugüberwachung, an einem Startsilo für ballistische Interkontinentalflugkörper, in einem Kernkraftwerk, in einem Operationsraum der Neurochirurgie, in einem großen Rechenzentrum oder in einer automatisierten Fertigungsstraße: In diesen Fällen müssen menschliche und künstliche Intelligenz unter heiklen Bedingungen im Rahmen einer zuverlässigen Gesamtfunktion eng zusammenwirken. Welche Spielräume der Unbestimmtheit können hier erwartet oder toleriert werden? Welche Strategien zur Isolation, Begrenzung oder Kompensation können konzipiert werden? Wie weit können wir unseren »intelligenten« oder »spezialisierten« Geräten in solchen Situationen vertrauen? Rechtfertigen die elementaren Forschungsergebnisse eine *angewandte* Forschung, um solche Aspekte direkter zu bewerten? Wenn man diese Probleme nicht berücksichtigt, erscheint das unreflektierte Streben nach immer empfindlicheren und spezialisierteren Systemen unverantwortlich.
Gehen wir die Dinge aus einer positiveren Perspektive an, dann ist es wohl ebenso vernünftig, nach möglichen konstruktiven Anwendungen dieser Effekte zu fragen. Nehmen wir ein einfaches Beispiel: Hätten wir unsere Algorithmen zur Datenverarbeitung mit einem zusätzlichen Logikschritt ausgerüstet, durch den ein bestimmtes Signal abgegeben wird, wenn bei einem Experiment die kumulierte Abweichung einen vorher eingestellten Grenzwert überschreitet, so könnte man mit dem Signal ein Garagentor öffnen, ein Fernsehgerät

abschalten oder eine Katze hereinlassen. Angesichts der statistischen Natur der Effekte, der Verschiedenheit der Anwender sowie unseres noch ungenügenden Verständnisses der Auswirkung der Motivation und Intention der Teilnehmer sollten solche direkten Anwendungen am besten zurückgestellt oder nur mit großer Vorsicht genutzt werden. Eventuell leichter durchführbar und gewiß logischer wäre die Entwicklung ausgefeilterer, effizienterer und kreativerer Mensch/Geräte-Systeme auf der Grundlage eines besseren Verständnisses der subtilen Fähigkeiten des Bewußtseins bei Wechselwirkungen in verbundenen Systemen.

Eine größere Unsicherheit bei all diesen Spekulationen ist der Grad, bis zu dem anomale Effekte – bei Experimenten mit kleiner Teilnehmergruppe, in besonderer Laborumgebung, mit wenigen speziellen Geräten – extrapoliert werden dürfen, so daß andere Klassen von Geräten, größere Teile der Bevölkerung oder weniger stark strukturierte Arbeitsumgebungen einbezogen werden können. Offensichtlich sind dazu umfangreichere Experimente und Theoriearbeiten nötig. Dennoch kann es sein, daß gewisse Mensch/Maschine-Wechselwirkungen eine Verallgemeinerung traditioneller mechanistischer Modelle erfordern, um das Bewußtsein als eine aktive, synergistische Komponente des gesamten Systems ansehen zu können.

Die Resultate der Experimente zur präkognitiven Fernwahrnehmung deuten ebenso auf eine Anzahl potentiell technisch bedeutsamer Anwendungen hin, von denen einige schon in Gebrauch sind. Wie erwähnt, werden ähnliche Verfahren, wenn auch nur als flankierende Maßnahmen, bei der nationalen Sicherheit und im Strafvollzug angewandt, in der archäologischen Forschung, bei der Suche nach Rohstofflagerstätten sowie in der medizinischen Diagnostik. Genau wie bei unserer grundlegenden Forschung hat sich das Schwergewicht bei den meisten dieser Anwendungen vom Beweis der Glaubwürdigkeit hin zur Verfeinerung der Verfahren, der Teilnehmerstrategien und der analytischen Methoden verschoben, so daß ihre Effizienz gesteigert werden konnte. Der Stellenwert unserer Arbeit hinsichtlich solcher Anwendungen liegt vor allem in der Kategorie »Analyse«. Hier haben sich digitale Auswertungsverfahren

Im Sinne der bisherigen Physik ist Information weder Materie noch Energie. Der Informationsbegriff bringt vielmehr die beiden älteren Gegenpole der Materie, die Form und das Bewußtsein, wieder ins Spiel. ... Man muß »Wahrscheinlichkeit« und »Information« als objektiv annehmen und gleichzeitig als mit dem Subjekt verknüpfte Begriffe. Carl Friedrich von Weizsäcker wie die in Teil III beschriebenen als nützlich erwiesen, um die Resultate systematisch und quantitativ wiederzugeben.

Von viel größerer und fundamentalerer, langfristiger Bedeutung für die technische Praxis ist die Möglichkeit, daß eine gewisse Umdefinition des grundlegenden Begriffs der *Information* in deren praktischem Sinne nötig sein kann. So wie die teilnehmerspezifischen winzigen Variationen der Ergebnisverteilungen aus den empfindlichen Mensch/Maschine-Wechselwirkungen hervorgehen können, deutet die präkognitive Fernwahrnehmung darauf hin, daß ähnliche willensinduzierte Informationselemente aus Quellen stammen, die nach der klassischen Auffassung ausgeschlossen sind. In den Fällen, in denen nach der klassischen Theorie eine zufällige oder Rauschverteilung zu erwarten ist, können durch Einwirkung des menschlichen Bewußtseins signifikante positive oder negative Informationssteigerungen auftreten. Wenn die klassische Verteilung bereits einen gewissen endlichen Informationsgehalt mit sich bringt, kann dieser auch zu höheren oder niedrigeren Werten hin verbreitert sein. Kurz gesagt, jeder der konventionellen Sinnesmodi der Informationsaufnahme kann auch durch anomal über Bewußtseinsbindungen aufgenommene Steigerungen verstärkt werden.

So paradox diese bewußtseinsinduzierte Veränderung der Informationsverteilungen physikalischer Vorrichtungen und Prozesse zunächst erscheinen mag, so entspricht er doch weitgehend dem Aufbau der Realität, wie sie in Kapitel 26 vorgeschlagen wurde. Wenn nämlich die Realität nur durch die gegenseitige Durchdringung von Bewußtsein und Umgebung festgelegt wird, dann muß der einzige Ausdruck dieser Realität – die Information – das Kind beider Eltern sein und daher auch beider Einfluß widerspiegeln. Die Situation wird treffend beschrieben durch die legendäre Antwort eines berühmten Baseballschiedsrichters auf die Frage, wie er im Zweifelsfall entscheidet. »Nun«, meinte er, »das ist nicht schwierig; manche sind Bälle, andere sind Strikes, und manche sind gar nichts, bis ich sie benenne.«

Um die allgemeineren Folgen unserer Resultate für Ingenieurwesen und Technik zusammenzufassen, muß nach unserem Vorschlag die deterministische Anschauung vom Verhalten der informationsverarbeitenden Vorrichtungen und Systeme verallgemeinert werden. Dadurch wird ein Spielraum im Ergebnisverhalten möglich, der in gewisser Weise die bewußten oder unterbewußten Intentionen der einzelnen Teilnehmer in der Interaktion einbezieht. Die praktische Bedeutung dieses Spielraums wird von der Empfindlichkeit des physikalischen Systems abhängen, ferner von seiner Anwendung, von den Umständen der Umgebung und vom Ausmaß der Resonanz zwischen ihm und dem Teilnehmer. Wenn die Kombination dieser Faktoren vernachlässigbar ist, dann ergibt sich das klassische Verhalten; ist ihre Überlappung aber merklich, so kann sich anomales Verhalten ergeben.

38. Parapsychologischer Fortschritt

Wenn die derzeitige parapsychologische Forschung auf ihrem einsamen und umstrittenen Weg voranschreitet, setzt sie ihre primäre Hoffnung auf wissenschaftliche Glaubwürdigkeit und auf das Erzielen einer viel größeren statistischen Reproduzierbarkeit ihrer experimentellen Datenbasis. In den vergangenen Jahren wurden bedeutende Schritte unternommen, die Psi-Forschung umzustrukturieren, so daß sie sich nun darauf konzentriert. Mit sorgfältig kombinierten experimentellen Designs und Geräten, besserer Datenverarbeitung und intensiver Zusammenarbeit mehrerer Laboratorien konnte die Datenbasis allmählich an Status gewinnen und überzeugen. Im vergangenen Jahrzehnt konnten beispielsweise die experimentellen Vorschriften und Ausrüstungen deutlich verbessert werden. Dadurch wurde eine höhere Genauigkeit erzielt, und schnellere Aufnahme, Aufzeichnung und Verarbeitung der Daten sind möglich. Man befaßte sich auch gründlich mit den Kalibrierungsvorgängen und den abgesicherten Kontrollen, so daß technische Artefakte oder verborgene Ausfälle der Geräte beträchtlich reduziert wurden. Gleichzeitig hat die *online* durchgeführte automatische Datenaufnahme die Beteiligung von Teilnehmer und Experimentator bei der Aufzeichnung der Rohdaten auf ein Minimum reduziert. Daher kann man nun Daten in ausreichend großen Blöcken sammeln, und zwar unter hinreichend konstanten Bedingungen, so daß über dem Zufallsgrundrauschen eindeutige Trends erkennbar werden. Entscheidend waren bei dieser Strategie einfache Designs und differenzierte Datenaufnahmeverfahren, darunter Vorschriften mit drei Intentionen. Somit können die bewußtseinsbezogenen Effekte von denen, die auf andere Ursachen zurückgehen, getrennt und getrennt behandelt werden.

Es wird auch immer deutlicher, daß Daten, die vor allem auf einer teilnehmerspezifischen Grundlage erfaßt, verarbeitet und interpretiert wurden, detailliertere Aspekte der Phänomene aufzeigen und sich besser für systematischeres Korrelieren mit psychologischen und physiologischen Größen eignen. In diesen individuellen Teilnehmerdatenmengen wird die Intention eine primäre Variable, während technische Fragen und Verfahrensmodi die zweite Geige spielen und die Vorrichtung selbst am wenigsten wichtig ist. Bei vielen Experimenten zur Psychokinese und zur außersinnlichen Wahrnehmung gestalten sich anomale Effekte, die bei einzelnen Versuchsdurchgängen nur marginal ausfallen, mit statistischer Regelmäßigkeit signifikanter, sobald die Datenmengen größer werden. Entsprechend wurde die Suche nach größeren Abweichungen einer systematischeren Akkumulation solch marginaler Steigerungen untergeordnet. Die Resultate werden nun anhand eines breiten Spektrums von Teilnehmerpersönlichkeiten, physikalischen Vorrichtungen und experimentellen Vorschriften ermittelt, wobei das Schwergewicht nicht mehr bei den »begabten Versuchspersonen« liegt. Schließlich erwies sich, daß der Reproduzierbarkeitsgrad der gewöhnlichen Teilnehmerdatenbasen mehr als ausreichend ist, um eine glaubwürdige Korrelation und Interpretation entlang verschiedener empirischer und theoretischer Stränge zu erlauben.

> **Die parapsychologische Forschung stellt eine Herausforderung dar, der die Wissenschaft nicht länger ausweichen kann. ... Sie ist vielleicht ein wichtiges Element in der langgesuchten Formel zum Bereichern des menschlichen Bewußtseins, zum Umgestalten der Gesellschaft und allgemein zum Unterstützen der Natur bei dem gewaltigen Werk der Evolution.** Edgar D. Mitchell

In neueren Studien hat man systematischer versucht, empirische Daten und experimentelle Konzeptionen auf entsprechend stark differenzierte theoretische Modelle zu beziehen. Diese kleine Version der wissenschaftlichen Schrittfolge wurde in der Vergangenheit durch die Grenzen vieler Modelle blockiert. Seit aber mit verbesserten Experimentdesigns unzutreffende Theorien entwertet, eingeschränkt oder modifiziert wurden, können die übriggebliebenen die Richtung zu einem empirischen Fortschritt vorgeben.

Zur selben Zeit änderte die parapsychologische Forschung ihre Politik: Sie legte ihre traditionell defensive Haltung ab und stellte sich konstruktiven Dialogen, war zur Zusammenarbeit mit Forschern außerhalb ihrer eigenen Gemeinschaft und sogar mit einigen ihrer schärfsten Kritiker bereit. Besonders interessant waren die gemeinsamen Bemühungen, glaubwürdige Methoden der »Metaanalyse« zu entwickeln, mit der die Resultate ähnlicher Experimente in mehreren Labors kombiniert, genauer gesagt, in einen »Pool« gegeben und als Ganzes untersucht werden können. Solche Untersuchungen ergaben eine gewisse Gemeinsamkeit der geringfügigen Ergebnisse aus verschiedenartigen Studien.

Man wird auch künftig die Experimente genauer konzipieren und analysieren müssen. Zudem muß man sich bei der Extrapolation der Effekte auf der Basis zu kleiner Datenmengen stärker zurückhalten, und schließlich müssen tragfähigere theoretische Modelle entwickelt und ausgearbeitet werden. Am wichtigsten ist dabei die Forderung nach größeren und ausgewogeneren Datenmengen, so daß man unter den Myriaden von Faktoren leichter unterscheiden kann, welche zu den Phänomenen beitragen. Damit hängt der Wunsch nach engerer Kooperation verschiedener Institute eng zusammen, die sich in besser kompatiblen Versuchsaufbauten, einheitlicherer Nomenklatur und gleichartigen Verfahren der Datenverarbeitung manifestieren sollte. Obendrein wird die weitere Integration der Teilnehmer in die experimentellen und theoretischen Teams vorgeschlagen.

Weil diese verfeinerte parapsychologische Strategie besser reproduzierbare und glaubwürdigere neue Daten liefern wird, sollten die betrachteten Phänomene eine breitere Anerkennung finden. Der Spielraum wird sich dann erweitern, so daß sich zusätzliche Berührungspunkte mit weiteren etablierten Zweigen von Wissenschaft, Technik und anderen weniger technischen Disziplinen ergeben; davon wird wiederum das ganze Feld profitieren. In diesem Sinne kann sich die Parapsychologie bald im historischen und erkenntnistheoretischen Zentrum einer neuen Generation wirklich interdisziplinärer Wissenschaft wiederfinden.

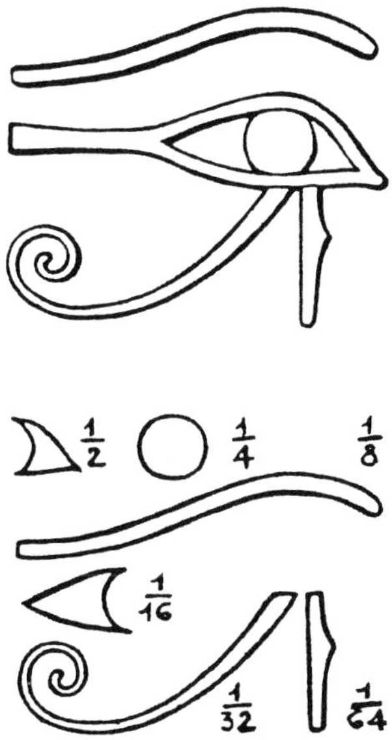

Das Auge des Horus: holistische Vorstellung im Vergleich zur quantitativen Analyse

39. Auf dem Marktplatz

Die traditionellen Marktplätze der Wissenschaft sind die Tagungen ihrer professionellen Gesellschaften und die Zeitschriften, in denen Forscher ihre Versuchsergebnisse oder Theorien wie Waren anpreisen und auf Bestätigung oder Kritik durch ihre Kollegen warten. Die eigentliche Funktion der Kritik in diesen Foren ist es, die behaupteten Beweise und Ideen mit Augenmaß auf den Prüfstand zu stellen, so daß in einem Wettstreit die stichhaltigen Informationen und Begriffe bestätigt, unzutreffende Befunde aber ausgesondert werden. Um dieser wichtigen Aufgabe in geeigneter Weise nachzukommen, muß Widerspruch begründet und fair sein, er muß sich relevanter Fakten und sachdienlicher Argumente bedienen, und er darf sich nicht in kategorischer Ablehnung erschöpfen oder auf Dogmatik beharren. Natürlich muß die Kritik im wissenschaftlichen Sinn altruistisch und nicht auf Selbstbestätigung gerichtet sein. In der Wissenschaftsgeschichte haben sich die Kommentatoren mit ihrer Kritik an vielen Klassen anomaler Phänomene nicht immer an diese Regeln gehalten, weshalb ihre Kritik einer mindestens ebenso sorgfältigen Überprüfung bedurfte wie die Ziele ihrer Kritik, – um Inkompetenz, Eigennutz und wissenschaftliche Scheinheiligkeit aufzudecken. Nur dadurch konnte das, was übrigblieb, im Forschungsdialog Beachtung finden.

Die häufigsten Spielarten der Kritik hinsichtlich Durchführung, Resultate und Interpretation der zeitgenössischen Forschung über anomale bewußtseinsbezogene Phänomene sind im fünften Kapitel genannt, ebenso ihre Bedeutung für die Konzeption und die Anwendung unseres eigenen Programms. Die Nachprüfung dieser Aspekte anhand besonderer Resultate des Programms läßt künftig auf konstruktivere Kritik hoffen.

Wenn es darum geht, etwaige Blauäugigkeit oder sogar Betrug in einer Forschungsarbeit festzustellen, gibt es keinen besseren Weg als die gründliche und unabhängige Prüfung von Apparaten, Verfahren und Ergebnissen durch verantwortungsbewußte und objektive

Kollegen. Noch besser wäre der Versuch einer formalen Reproduktion der Resultate durch andere Institute oder durch die Kritiker selbst. Dazu sollten ihnen die lückenlosen Zusammenfassungen aller Daten sowie die Beschreibungen der Geräte, Vorschriften und Datenverarbeitungsmethoden zugänglich gemacht werden. Dann obliegt es den Kritikern, sich über die Einzelheiten zu informieren und darauf ihre Anmerkungen zu gründen. Wir glauben, daß die Resultate, die in diesem Buch skizziert und in Zeitschriftenartikeln sowie Berichten noch detaillierter beschrieben wurden, Beschwerden wegen schlechter experimenteller Reproduzierbarkeit und mäßiger Korrelationen weitgehend ausschließen. Es sollte aber betont werden, daß diese Reproduzierbarkeit vor allem vom einzelnen

A. absolute Gravity. B. Conatus against absolute Gravity. C. partial Gravity. D. comparative Gravity E horizontal, or good Sence. F. Wit. G. comparative Levity or Coxcomb. H. partial Levity, or pert Fool. I. absolute Levity, or Stark Fool. —

Satire über Newtons Gravitationstheorie. 18. Jahrhundert

Teilnehmer abhängt – dies ist ein wesentliches Ergebnis unserer Forschungsarbeiten – und sie scheint auf die grundsätzliche Natur der Phänomene schließen zu lassen.

> **Es ist dies ein interessantes Beispiel dafür, daß selbst Forscher von kühnem Geist und feinem Instinkt durch philosophische Vorurteile für die Interpretation von Tatsachen gehemmt werden können. Das Vorurteil – welches seither keineswegs ausgestorben ist – liegt in dem Glauben, daß die Tatsachen allein ohne freie begriffliche Konstruktion wissenschaftliche Erkenntnis liefern könnten und sollten.** Albert Einstein

Der Einwand, daß die Abweichungen von der Zufallserwartung nur von marginaler Größenordnung seien, wird von der Forschung tatsächlich bestätigt, und zwar auf der Ebene kleiner individueller Datengruppen. Aber die immanente statistische Reproduzierbarkeit der individuellen Teilnehmerleistung erlaubt es, daß sich diese geringen Effekte bei steigender Größe der Datenbasen akkumulieren, so daß ein höheres Maß an Signifikanz die Folge ist. Wir können nun nicht behaupten, systematisch geprüft zu haben, ob die Effekte bei Anwesenheit von Kritikern oder Gegnern tatsächlich ausbleiben oder sich wieder dem Zufall nähern; jedoch können wir berichten, daß in unserem Labor Teilnehmer, die skeptisch eingestellt waren, für signifikante Daten gesorgt haben.

Der Kritik am Fehlen brauchbarer theoretischer Modelle und an der fehlenden Übereinstimmung der behaupteten Phänomene mit dem

Kapitän Blighs Zeichnung des »anomalen« Schnabeligels (Echidna)

herrschenden wissenschaftlichen Paradigma wurde durch ein Konzept begegnet, das die Notwendigkeit einer wesentlichen Begriffserweiterung zugesteht, damit die bewußtseinsbezogenen Effekte einbezogen werden können. Die Metaphern und Formalismen, auf denen dieses verallgemeinerte Modell ruht, sind sämtlich von etablierten wissenschaftlichen Begriffen abgeleitet; lediglich ihr Anwendungsbereich wurde erweitert.

Wir glauben, daß ein Großteil der traditionellen Kritik an der Forschung über bewußtseinsbezogene Anomalien durch Resultate wie diese und ähnliche Projekte weitgehend entkräftet wird. Weiterhin meinen wir, daß die Kritiker erst einen festeren Stand finden müssen. Insbesondere sollten sie den Forschern nicht mehr die Last aufbürden, selbst für den Nachweis der Korrektheit ihrer Experimente sorgen zu müssen; statt dessen sollten sie selbst auf Schwachpunkte

> **Denn wenn jene, die meinen, es müsse für alles eine physikalische Grundlage geben, auch glauben, daß diese mystischen Sichtweisen unsinnig seien, so können wir fragen: Was ist dann die physikalische Grundlage des Unsinns? ... In einer Welt des Äthers und der Elektronen mögen wir vielleicht dem Unsinn begegnen; wir können aber keinem völligen Unsinn begegnen.** Arthur Eddington

bei Entwurf, Ausführung oder Interpretation der Experimente hinweisen. Außerdem sollten zuwiderlaufende Daten mit diesen oder ähnlichen experimentellen Einrichtungen erzeugt werden, und es sollten überprüfbare andere Hypothesen vorgelegt sowie konkurrierende Experimente mit vergleichbarer Differenziertheit ausgeführt werden. Solche Ansätze könnten den schrittweisen Dialog zwischen Verfechtern und Kritikern wiederbeleben, bis sich die Realität der Phänomene herausgestellt hat.

In diesem Dialog müssen beide Seiten anerkennen, wieviel beruflich und persönlich von Menschen investiert wurde und wird, damit der derzeit herrschende negative Status quo bestehen bleibt. Die Wissenschaft kann es sich nicht erlauben, sich von jedem anscheinend anomalen Effekt, der am Horizont auftaucht, aus dem Gleichgewicht bringen zu lassen – vor allem dann nicht, wenn bedeutende Lehrsätze des gültigen Paradigmas bedroht werden. Außerdem hat sie jedes Recht der Welt, für außergewöhnliche Behauptungen außergewöhnliche Beweise zu verlangen. In ähnlicher Weise kann persönlicher Widerstand gegen fundamentale Änderungen des gewohnten Belief-Systems durchaus vor einer Überreaktion der Psyche gegen scheinbar anomale Reize schützen. Dennoch müssen eben diese Wissenschaft und die persönliche Psyche offen sein, sich Beweisen beugen und neue Informationen verarbeiten können, wenn diese unwiderlegbar präsentiert werden. Nur hierin liegt der Weg zu ihrem vitalen Wachstum und ihrer Reife.

40. Auch Statistik ist subjektiv

Die in diesem Buch vorgestellten Beweise für bewußtseinsbezogene Anomalien fußen auf systematischen, statistisch gesicherten Abweichungen von der Zufallserwartung bei großen Datensätzen, die mit verschiedenen Teilnehmerintentionen gewonnen wurden: demonstriert durch die kumulierten Abweichungssignaturen beim Zufallsgenerator und bei der mechanischen Zufallskaskade. Die Ähnlichkeit solcher Signaturen spricht dagegen, daß diese im mikroskopischen Maßstab mechanistisch sind, wie es eine physikalische Störung der Elektronenstromverteilung in der mikroelektronischen Rauschdiode wäre oder eine nicht näher bezeichnete Kraft, die auf die Kugeln in der mechanischen Zufallskaskade einwirkte. Es scheint vielmehr eine holistische Veränderung des gesamten Informationsgehalts dieser Systeme einzutreten, die sich in verzerrten Ergebnisverteilungen manifestiert. Weniger klar ist indessen, ob diese beobachteten Abweichungen direkt auf entsprechenden Verschiebungen der Einzelwahrscheinlichkeiten der individuellen Bits der Information beruhen, die vom System verarbeitet wurde, oder ob sie auf eine Modifikation des statistischen Verfahrens zurückzuführen sind, nach dem sie ermittelt wurden.

Bekannte Beispiele auf der Bit-Ebene der Verschiebung wären eine Münze oder ein Würfel mit Unwucht, die nicht mehr exakt die Einzelwahrscheinlichkeiten $1/2$ oder $1/6$ produzieren würden, sondern geringfügig andere Werte, so daß entsprechend verschobene statistische Muster der Resultate aufträten. Auch bei den PK-Experimenten kann man postulieren, daß die Einwirkung des Bewußtseins die zugrundeliegenden binären Wahrscheinlichkeiten leicht verändert und daß diese Veränderung dann gemäß der traditionellen statistischen Mechanik verzerrte Ergebnisverteilungen hervorruft. Wenn dies wirklich der ablaufende Mechanismus wäre, könnten wir aus den Endergebnissen schließen, daß die binären Einzelwahrscheinlichkeiten normalerweise nur um einige zehntel Prozent verändert wurden.

Im Universum führen kleine Ursachen zu gewaltigen Wirkungen. Lao-Tse

Die zweite oder kombinatorische Klasse von Verzerrungen hat im Bereich der Quantenstatistik einen Vorläufer, der in Kapitel 28 schon kurz erwähnt wurde. In unserem Fall könnten wir annehmen, daß – sofern die Bewußtseinswechselwirkungen einem Ausschließungsprinzip unterliegen – große Gesamtheiten wiederholter Wechselwirkungen der Quantenstatistik anstatt der klassischen Statistik gehorchen können, so daß sich signifikante Abweichungen von den klassischen Erwartungen ergeben.

Ob nun einer dieser Mechanismen auf die Laborexperimente zutrifft oder nicht, eine Beteiligung des Bewußtseins am statistischen Verhalten der Effekte scheint unvermeidbar und in gewissem Sinne sogar nachvollziehbar zu sein. Aus übergeordneter Perspektive sind alle Wahrnehmungsvorgänge sowie alle kognitiven und emotionalen Prozesse im Bewußtsein von statistischer Natur. Jedesmal wenn wir Sinnesreizen ausgesetzt sind, laufen vielfältige komplizierte mentale Prozesse oder Programme ab: Vergleiche, Unterscheidungen und Vorhersagen werden getroffen, Assoziationen gebildet, und alle diese Programme setzen mittels Logik die Reize in bedeutungsvolle Informationen um. Während wir überlegend unseren Weg durch die Probleme finden, werden andere Möglichkeiten automatisch auf der Grundlage der Wahrscheinlichkeit bewertet. Sogar unsere emotionalen Erwartungen werden danach einsortiert, für wie wahrscheinlich wir künftige Bedrohungen, Herausforderungen oder Freuden halten. Dieser innere statistische Sinn liegt zweifellos formalen statistischen Begriffen und Methoden zugrunde, die vom Bewußtsein entwickelt wurden, um seine Erfahrungen quantitativ darstellen zu können. Anders ausgedrückt: Die Statistik ist, wie alle anderen theoretischen Konzepte, eine subjektive Matrix des Bewußtseins, um Reize in Informationen umzuwandeln; die Statistik kann daher das Bewußtsein selbst ebenso widerspiegeln wie die Effekte, die es ordnet.

I Ging

Bei der Analogie zum Apfelbaum, mit der wir in Kapitel 8 elementare statistische Konzepte illustrierten, wurde angemerkt, daß die charakteristische Breite oder Varianz der statistischen Verteilungen um ihre Mittelwerte alle Arten potentiell wirksamer Parameter umfassen kann – etwa Örtlichkeit, Jahreszeit, Wetter und Apfelsorte –, die in diesem Modell aus welchen Gründen auch immer nicht deterministisch einbezogen werden können. Bei unseren Experimenten scheint es so, als eigne sich das Bewußtsein des Teilnehmers dazu,

ein potentiell wirksamer Parameter zu sein: entweder als konstanter Index der individuellen Daten oder als unkontrollierte Variable, die zur Varianz der Gesamtresultate beiträgt. Dies entspricht natürlich genau dem Unterschied zwischen den grafischen Darstellungen der individuellen und kollektiven kumulierten Abweichungen.
Weil die Teilnehmerintention ebenfalls eine primäre Variable zu sein scheint, muß man eine zweite statistische Unterscheidung treffen, um die Signaturen zu deuten. Die PK^+- und PK^--Kurven sowie die Baseline müssen also separat dargestellt werden; wenn man sie aber kombiniert, dann wirken die meisten Teilnehmerresultate wie zufälliges Verhalten. Bei manchen Teilnehmern muß man zur Verdeutlichung der Effekte außerdem untergeordnete Parameter angeben, etwa den selbstbestimmten bzw. instruierten Modus oder den automatischen bzw. manuellen Modus.
Eine hypothetische Interpretation dieser experimentellen Resultate ist die, daß das Bewußtsein während der Datenaufnahme eine Art (anomaler) Trennung der Ausgangsdaten vornimmt. Beispielsweise zeigten die letzten Verteilungen der Serienergebnisse (siehe Abbildung 13.1; S. 121) signifikante Verschiebungen der Mittelwerte und steigende Varianzen der PK^+- und der PK^--Verteilungen, jedoch eine Abnahme der Varianz der Baseline. Wenn diese freilich alle in einer ausgeglichenen Mischung miteinander kombiniert werden, dann nimmt die Gesamtverteilung im wesentlichen das Aussehen der Gaußschen Zufallsverteilung an. Ein mögliches Postulat wäre daher: Die vom Bewußtsein in dieser Situation ausgeübte Funktion besteht vor allem darin, aus der großen Zufallsverteilung der möglichen Ergebnisse jene Teilmengen herauszulösen, die seine (teleologische) Intention, hohe oder niedrige Werte oder auch Baseline-Werte zu erhalten, unterstützen, ohne damit die Gesamtverteilung zu verändern.

> **Man muß offen zugeben, daß das Leben sogar auf der menschlichen Ebene nur zaudernd voranschreitet, beeinflußt von großen Zahlen und dem Spiel des Zufalls. ... Das Werk der Schöpfung präsentiert sich unserer Erfahrung als ein Prozeß, dessen Gesetze die Wissenschaft zu erforschen hat; der Philosophie bleibt die Aufgabe überlassen, im Phänomen den Ort und den Einfluß der Absicht zu erkennen.**
>
> Pierre Teilhard de Chardin

Aus all dem folgt die faszinierende Möglichkeit, daß das, was wir oft als zufälliges Verhalten bezeichnen, sich nicht vom unverfälschten mechanistischen Verhalten einer deterministischen physikalischen Welt ableitet, sondern eindeutig eine Zusammenfassung einer breiteren Verteilung von Möglichkeiten ist, die alle Resonanzen und Intentionen des Bewußtseins in bezug auf das betreffende System oder den Prozeß widerspiegelt. In diesem Sinne sollte das Konzept der »Ränder des Realen«, das speziell für diese Versuchsergebnisse erarbeitet wurde, erweitert werden, damit es auf alle Arten probabilistischer Erfahrung anzuwenden ist. Der englische Astronom Arthur Eddington beschrieb die Situation nur wenig anders:

> Offenbar müssen wir dem Geist nicht nur die Macht zugestehen, das Verhalten einzelner individueller Atome zu entscheiden, sondern auch systematisch auf ganze Atomgruppen Einfluß auszuüben, d. h. also willkürlich in die Wahrscheinlichkeiten atomistischen Verhaltens eingreifen zu können. ... Wenn sie nicht ihren eigenen Namen Lügen strafen will, so läßt eine Wahrscheinlichkeit Modifizierungen zu, die bei gewöhnlichen physikalischen Größen nicht möglich wären. Niemals kann mit irgendeinem Ereignis oder Verhalten nur eine ganz bestimmte Wahrscheinlichkeit verknüpft sein, vielmehr kann man nur von »einer Wahrscheinlichkeit nach Maßgabe gewisser gegebener Informationen« sprechen, und die betreffende Wahrscheinlichkeit ändert sich mit dem Umfang dieser Informationen.[87]

Wie immer man es ausdrückt, wir nähern uns nun einer umfassenden Antwort auf die im Vorwort gestellte Kernfrage nach Art und Bedeutung des Bewußtseins bei der Bestimmung der physikalischen Realität. Jedes Bewußtsein hat ja seinen eigenen, privaten Randbereich zur Realität, mit dem es sozusagen spielen kann. Dieser richtet sich nach seinem eigenen, angeborenen statistischen Sinn, seiner Art der Informationsverarbeitung sowie nach seiner Fähigkeit, zu einer Resonanz mit seiner Umgebung zu kommen.

41. Quanten-Konsequenzen

Die stärkste Überzeugungskraft im Hinblick auf unseren speziellen theoretischen Ansatz resultierte aus dem Glauben vieler Pioniere der modernen Physik, daß ihre Quantenmechanik für andere Bereiche der menschlichen Erfahrung von Bedeutung sein könnte – auch für Anomalien jener Art, mit der wir uns befassen. Die meisten Mitglieder dieses erlesenen Kreises bewiesen eine erfrischende Offenheit gegenüber den Möglichkeiten von Psi-Phänomenen im allgemeinen; sie wiesen das Thema nicht ungeprüft zurück, sondern wollten mit einem Urteil warten, bis mehr glaubwürdige Daten ermittelt waren. Sicher haben sie alle gespürt, daß die physikalische Theorie unvollständig ist, solange das Bewußtsein nicht einbezogen wird. Die in diesem Buch skizzierte Forschung liefert in aller Bescheidenheit zwei Antworten auf diese Herausforderungen. Zum einen liefert sie einige gewichtige empirisch gewonnene Datenmengen, was es den heutigen Quantentheoretikern erleichtern könnte, sich erneut mit dem Bewußtsein zu befassen. Zum zweiten bietet sie einen möglichen Ansatz, die Mechanik des Bewußtseins durch eine Erweiterung der quantenmechanischen Metapher zu beschreiben, die sowohl seine Quelle als auch sein Objekt berücksichtigt.

Was unsere experimentellen und theoretischen Bemühungen im gegenwärtigen Stadium und in der künftigen Entwicklung der Quantenphysik wert sind, wird erst eine Reihe einander ergänzender wissenschaftlicher und philosophischer Betrachtungen erweisen. Die Quantenmechanik ersetzt eine streng deterministische Logik durch probabilistische Aussagen über physikalische Eigenschaften und Prozesse. Die Kopenhagener Deutung geht über diesen abstrakt statistischen Ansatz hinaus und beschränkt die Mechanik auf *beobachtete* Eigenschaften und Prozesse, befaßt sich also nur mit der Theorie der Beobachtungswahrscheinlichkeit. Damit weist diese Interpretation, wenn auch nicht ausdrücklich, dem Bewußtsein einen Anteil bei der Bestimmung der physikalischen Realität zu. Unsere Experimente und unser Modell besitzen klare Elemente der statistischen Sichtweise der Realität im allgemeinen und der Kopenhagener Deutung im besonderen. Die Versuchsergebnisse lassen im Kern erkennen, daß die Beziehung des menschlichen Bewußtseins zu einem probabilistischen physikalischen System oder Prozeß statistische Möglichkeitsbereiche eröffnet, die mit dem Individuum und dessen Intention sowie mit den technischen Bedingungen korreliert sein können. Wie im vorangehenden Kapitel postuliert, reflektiert jede Form des statistischen Verhaltens bereits eine gewisse subjektive Komponente in der Erfahrung. Die gezeigten spezifischen Korrelationen mit Individuen und deren Intentionen beweisen, daß das Subjektive nicht nur im »abwägenden« Sinne der Kopenhagener Deutung Veränderungen herbeiführt, sondern auch im volitionalen Sinn.

Diese »volitionale Verursachung« wird von der Quantentheorie in ihrer konventionellen und heutigen Form nicht ausdrücklich anerkannt. Ob diese Daten oder das metaphorische Modell überzeugend genug sind, um eine Neuinterpretation des so erfolgreichen Formalismus zu stützen, ist noch unklar. Einerseits erscheint es unwahrscheinlich, daß die meisten der überzeugenden Anwendungen der Quantentheorie bei der Berechnung von Eigenschaften im atomaren Maßstab wesentlich verändert werden, wenn eine explizite Bewußtseinskomponente in die Mechanik einbezogen wird; andererseits kann diese Komponente durchaus diejenige sein, die die Klärung bestimmter »hartnäckiger« Phänomene wie des EPR- bzw. Einstein-Podolsky-Rosen-Paradoxons ermöglicht, das eine anomale Wirkung zwischen getrennten Teilen eines zuvor verbundenen Systems über eine Entfernung hinweg zu beweisen scheint.[88,89] Man könnte immerhin den Vorschlag einbringen, daß alle offenbar willkürlichen quantenmechanischen Einwände, aus denen der erfolgreiche Formelapparat ursprünglich abgeleitet wurde, nun selbst aus dieser verallgemeinerten, das Bewußtsein einbeziehenden Perspektive logisch erklärbar wird. Insbesondere wenn solche zentralen Postulate wie die Welle-Teilchen-Komplementarität, die grundlegenden Quantelungen, die Unbestimmtheitsrelation und das Ausschließungsprinzip sowie das Beobachtbarkeitskriterium als archetypische Inhalte aller Wechselwirkungen zwischen Bewußtsein und Umgebung angesehen werden und nicht als besondere Erfordernisse in der Atomphysik, dann erweist sich alle daraus folgende Mechanik als universeller begründet und somit als bedeutungsvoller für jeden Bereich der menschlichen Erfahrung. In gewissem Sinne ist dieser Ansatz die Umkehrung unserer Vereinnahmung der Quantenmechanik als Metapher für das Bewußtsein. Nun kehren wir die

EPR-Experiment

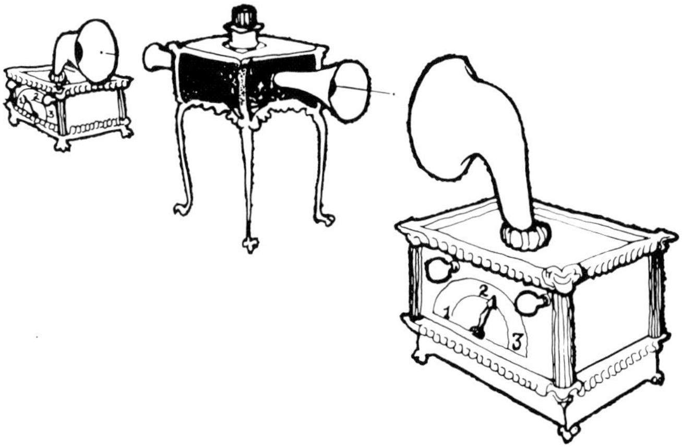

Argumentation um und postulieren, daß das Bewußtsein die grundlegende Metapher für die Quantenmechanik oder für jedes andere theoretische Modell ist.

Während wir diesem philosophischen Ansatz folgen, sollten wir uns daran erinnern, daß das Korrespondenzprinzip uns die Gewißheit verschafft, daß die meisten quantenphysikalischen Anomalien keine Rolle mehr spielen, sobald das betreffende System makroskopische Abmessungen erreicht. Nur im atomaren Maßstab sind die meisten quanten- und wellenmechanischen Effekte relevant. Analog dazu erfordert das Extrahieren der bewußteinsbezogenen Anomalien aus den Ergebnismerkmalen unserer makroskopischen Experimente sehr große Datenmengen, weil die marginalen Effekte verhältnismäßig schwach sind. Bei Wechselwirkungen in den atomaren Domänen können die Realitätsränder des Bewußtseins von der Größe her vergleichbar werden mit den grundlegenden Prozessen selbst; sie können eine viel größere relative Bedeutung erlangen. In der Tat können sie *in toto* gerade die grundlegenden Prozesse *sein*, und jegliche atomare Realität könnte allein durch diese Mechanismen festgelegt werden.

Einen ähnlichen Verdacht mag wohl Erwin Schrödinger gehegt haben, als er den folgenden Vorschlag machte:

> Nun, die reale Außenwelt und wir selbst, das heißt unser Bewußtsein, sind aus demselben Baumaterial gemacht, bestehen beide sozusagen aus denselben Bausteinen, nur in einer verschiedenen Anordnung, nämlich aus Sinneswahrnehmungen, Erinnerungen, Vorstellungen, Gedanken. Es erfordert etwas Überlegung, aber man macht es sich leicht klar, daß auch die Materie aus diesen Elementen und nichts anderem besteht. Ferner spielen Vorstellung und Denken (gegenüber der reinen Sinneswahrnehmung) eine in dem Maß wachsende Rolle, als die Naturwissenschaft, das Wissen von der Natur, sich erweitert.[90]

Die einzig mögliche Schlußfolgerung aus diesen ... Befunden ist, so meine ich, daß das Ich – in der weitesten Bedeutung des Wortes, also jeder bewußte Geist, der jemals »Ich« gesagt oder gefühlt hat – wenn überhaupt jemand, die Person ist, die die »Bewegung der Atome« gemäß den Naturgesetzen steuert.[91]

In ähnlicher Weise vermutete Arthur Eddington:

Wir können uns mit ungebrochenem Enthusiasmus darauf freuen, in den nächsten Jahren zu erfahren, was sich im Atomkern befindet – obgleich wir vermuten, daß wir selbst es dort versteckt haben.[92]

Andere Wissenschaftler und Philosophen hatten erwogen, daß der Aufbau der Atome durch ihre eigene immanente Form von Bewußtsein charakterisiert sein könnte. Nach der in Kapitel 31 postulierten Definition des Bewußtseins wären Atome und Moleküle gewiß geeignet, denn sie können Information untereinander und mit ihrer Umgebung austauschen sowie auf diese in quasiintelligenter Weise reagieren. Aber jeder Unterscheidungsversuch zwischen einem solchen atomaren Bewußtsein und einem Bewußtsein, das durch unsere eigenen Wechselwirkungen mit diesen Entitäten eingeführt wird, ist wahrscheinlich unnötig und vergeblich, weil wir es sind, die letztlich beide Formen definieren, und es nur *unsere* Realität ist, die in solchen Wechselwirkungen mitschwingt.
Arthur Eddingtons Anspielung auf die Rolle des Geistes im Atomkern mag besonders prophetisch anmuten, denn während die Wissenschaft immer kleinere Maßstäbe ausprobiert, könnte der Randbereich des Bewußtseins immer dominierender werden. Gegen Ende seines Lebens gab Werner Heisenberg zu, daß die Grundfrage der Zusammensetzung der Kernteilchen unzulässig sein und nur dann vernünftige Antworten liefern könne, wenn diese Teilchen oder deren Bestandteile nur beobachtet werden können, wenn man zu ihrer Freisetzung oder Beobachtung Energien ähnlich ihren Ruhemassen einsetzt.[93] Um es deutlicher zu sagen: Hochenergiebeschleuniger könnten die Kernstruktur nicht identifizieren, sondern sie selbst erzeugen. Und den daraus hervorgehenden Produkten – »Quarks«, »Antiquarks«, »Gluonen« und allen übrigen – werden inzwischen verdächtig subjektive Bezeichnungen verliehen wie »Color« (Farbe), »Flavor« (Geschmack), »Strangeness« (Seltsamkeit) und »Charm« (Charme). Sie sind, wie ein Physiker kürzlich zugab, Objekte, die wohl niemals direkt zu beobachten sein werden. Man könnte sie mit Gedichten vergleichen, die nicht »bedeuten«, sondern nur »sein« müssen, und man sollte nicht fragen, »was« sie sind, sondern »wann« sie sind.[94] Andere meinen, die Quarks seien

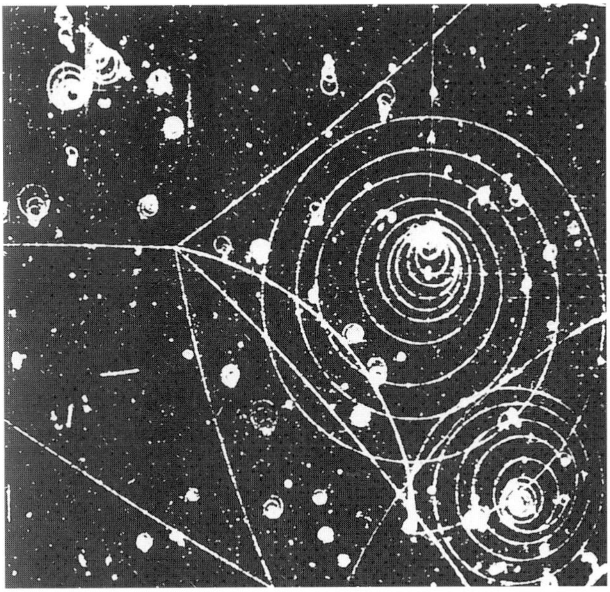

Nebelkammeraufnahme von Kernteilchenbahnen

Spiralnebel im Sternbild Jagdhunde (Canes Venatici)

eher als Ereignisse anzusehen und nicht als Teilchen.[95] Im Teilchenzoo finden wir nebenan die »Tachyonen«, das sind Teilchen, die sich schneller als das Licht bewegen, die eine imaginäre Ruhemasse haben und Energie verlieren, wenn ihre Geschwindigkeit zunimmt; diese kann unendlich hoch werden, so daß die Tachyonen keine Energie mehr, wohl aber einen endlichen Impuls haben. Da wären außerdem die noch umstritteneren »Anomalons«, das sind Kernfragmente, die ungewöhnlich starke Tendenzen zu Wechselwirkungen

Raumkrümmung bei einem Schwarzen Loch

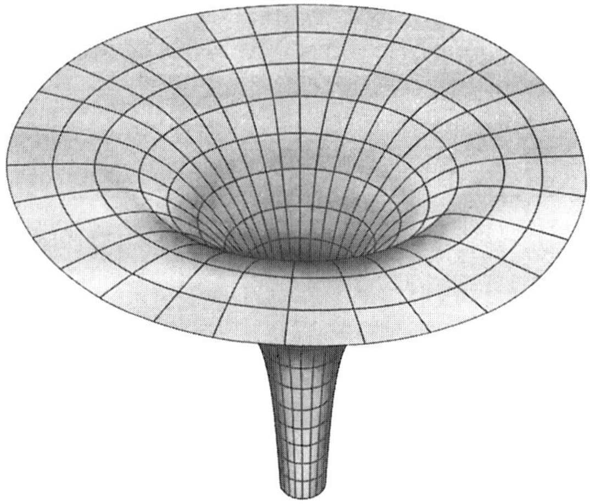

aufweisen und schwierig zu erzeugen sind, denn ihre Eigenschaften scheinen von Institut zu Institut zu variieren; zudem würfe ihre Existenz einige fundamentale Fragen hinsichtlich der statistischen Berechnungen auf.

Bei der Suche nach einer Lösung dieser Rätsel muß man sich vor Augen halten, daß ähnliche »ätherische« physikalische Objekte und Systeme auch weit jenseits der Bereiche von Atomen oder Atomkernen angenommen wurden. Wenn wir uns dem anderen Extrem der realen Ausdehnungen – der Astrophysik, der Kosmologie und dem sich ausbreitenden Universum – zuwenden und hartnäckig unserem etablierten wissenschaftlichen Formalismus folgen, so wird uns zwangsläufig ein anderes Sortiment schwieriger Begriffe Kopfzerbrechen bereiten. Am bemerkenswertesten ist dabei wohl die Störung des Raum-Zeit-Gefüges, die gemäß der allgemeinen Rela-

Das Bewußtsein (*shu*) unterscheidet die Erde (*geb*) vom Himmel (*nut*).

tivitätstheorie von der Kontraktion großer Massen hervorgerufen wird. Diese Störung erreicht sozusagen ihren Höhepunkt in so merkwürdigen Konzepten wie dem Urknallmodell (Big bang) für den Ursprung des Kosmos und dem Konzept der »Schwarzen Löcher«. Dies ist die wohl leistungsfähigste physikalische Vorstellung, ohne jedes überflüssige Detail. Dem Einfluß eines Schwarzen Lochs kann kein Objekt oder Signal entkommen. Zu seiner Beschreibung mußte eine neue Teildisziplin der Physik aus der Taufe gehoben werden.

Wollen wir es uns nicht einmal ernsthaft überlegen? Wenn diese mächtige, Raum und Zeit verzerrende Eigenschaft, die wir »Masse« nennen, uns letztlich zu den »Teilchen« führt, die wir eher erfahren als beobachten können, die wir eher als Ereignisse denn als Substanz ansehen müssen und die wir nur mit quasipoetischen anthropomorphen Begriffen belegen können, kann es dann nicht wirklich das Bewußtsein sein, das über die physikalische Realität entscheidet, sogar im kosmischen Maßstab? Ist unser Geist überbeansprucht, oder überbeansprucht er sich selbst? Vielleicht mußte erst ein anderer Schritt auf dem Weg der wissenschaftlichen Begriffsbildung vollzogen werden, der uns von der kausalen Teilchenmechanik zum wenig greifbaren Welle-Teilchen-Dualismus, zum probabilistischen Determinismus und zum Realismus der Beobachtung führte. Jener »andere Schritt« erkennt explizit an, daß das Bewußtsein eben die Realität bestimmt, die es wahrnimmt, über die es nachdenkt und die es für vorgegeben hält.

42. Weisheit, von fern

Das Generalthema des im dritten Kapitel gegebenen Überblicks über die Geschichte der Anomalienforschung war die relativ neue Abscheidung der Wissenschaften von der Philosophie – insbesondere der Physik von der Metaphysik – nach Jahrtausenden untrennbarer, symbiotischer Aktivität. Das sich entfaltende Muster aus den wissenschaftlichen Beweisen für bewußtseinsbezogene Anomalien läßt vermuten, daß diese Trennung inzwischen so extrem, ja kontraproduktiv geworden ist, daß sich für ein weiteres Fortschreiten in beiden Bereichen ein schwankender Boden darbietet. Es ist unstrittig, daß die nüchterne Wissenschaft, wie sie Francis Bacon vorschwebte – jenseits von theologischen Prämissen, politischen Überzeugungen und persönlicher Befangenheit, allein gegründet auf beweisbare empirische Daten und sachliche Überlegungen –, die menschliche Existenz völlig umkrempelte und ihr in den vergangenen Jahrhunderten enormen Nutzen brachte. Ebenso liegt es auf der Hand, daß dieser Fortschritt auch zahlreiche Nachteile ökologischer, sozialer und persönlicher Art mit sich brachte; mit diesen wollen wir uns hier aber nicht befassen. Vielmehr geht es darum, daß die moderne Wissenschaft im Namen der Strenge und der Objektivität durch den willkürlichen Ausschluß aller metaphysischen Parameter Gefahr läuft, sozusagen ihr Kind – ihre intellektuellen und technischen Leistungen – mit dem Bade auszuschütten.

Dieser Mangel wurde auf beredte Weise von William James schon vor fast hundert Jahren prophezeit:

Der Geist und die Prinzipien der Wissenschaft sind nur eine Sache der Methode; nichts in ihnen müßte die Wissenschaft daran hindern, sich erfolgreich mit einer Welt zu befassen, in der persönliche Kräfte der Ausgangspunkt neuer Effekte sind. Die einzige dingliche Form, auf die wir direkt treffen können, die einzige Erfahrung, die wir konkret haben, ist unser eigenes persönliches Leben. Die einzige vollständige Kategorie unseres Denkens, von der unsere Philosophieprofessoren uns berichten, ist die Kategorie der Persönlichkeit, und jede andere Kategorie, die es gibt, ist ein davon abstrahiertes Element. Und diese systematische Ablehnung seitens der Wissenschaft, Persönlichkeit als eine Voraussetzung für Ereignisse anzuerkennen, diese strikte Überzeugung, daß in ihrem eigenen essentiellen und innersten Wesen unsere Welt völlig unpersönlich ist, kann sich im Strudel der Zeit durchaus als genau der Defekt unserer prahlerischen Wissenschaft erweisen, über den sich unsere Nachkommen am meisten wundern werden, und vor allem diese Unterlassung wird ihnen die Wissenschaft als perspektivlos und kurzsichtig erscheinen lassen.[96]

Ähnliche Ermahnungen wurden auch von vielen anderen weitsichtigen Forschern ausgedrückt. In der philosophischen Sicht von Henri Bergson:

Die exakten Wissenschaften und die Metaphysik treffen also zusammen in der Intuition. Eine wahrhaft intuitive Philosophie würde die so sehr ersehnte Vereinigung der Metaphysik und der Wissenschaft verwirklichen. Sobald sie die Metaphysik in die Stellung einer positiven – d.h. einer fortschreitenden und unbegrenzt vervollkommnungsfähigen – Wissenschaft einsetzte, würde sie die im eigentlichen Sinne positiven Wissenschaften dazu bringen, sich ihrer wahren Tragweite bewußt zu werden, die oft sehr viel größer ist, als sie ahnen. Sie würde mehr Wissenschaft in die Metaphysik und mehr Metaphysik in die Wissenschaft bringen.[97]

Aus der astrophysikalischen Perspektive von James Jeans:

Aber die allgemeine Relativitätstheorie hat uns gezeigt, daß die elektrischen und magnetischen Kräfte ganz und gar nicht real sind; sie sind bloße Konstruktionen unseres eigenen Geistes, Ergebnis unserer ziemlich mißgeleiteten Anstrengungen, die Bewegungen der Partikeln zu verstehen. Das gleiche gilt von der Newtonschen Gravitationskraft, das gleiche von Energie, Impuls und anderen Begriffen, die wir eingeführt haben, um mit ihrer Hilfe die Wirkungsweise der Welt zu verstehen – sie alle erwiesen sich als bloße Geisteskonstruktionen, die nicht einmal der Probe der Objektivität standhalten.[98]

Und mit den theologischen Einblicken von Pierre Teilhard de Chardin:

Die wahre Physik ist das, was eines Tages den Menschen in seiner Gesamtheit in ein einheitliches Bild von der Welt einzubeziehen vermag.[99]

Daher ist an unserem Plädoyer für eine Zusammenfügung der objektiven und der subjektiven Bereiche von Erfahrung und Erkenntnis kaum etwas neu, außer daß diese Behauptung nun durch wesentliche Beweise für pragmatische Effekte einer solchen Synthese

Die wunderbar komplexen Kräfte, die die Materie zu steuern, wenn nicht gar zu bilden scheinen, sind Produkte des Geistes und müssen es sein. Alfred Russel Wallace gestützt wird; diese Beweise legen einen Ansatz zur theoretischen Formulierung einer solchen Wiederannäherung von Verstand und Geist in der Wissenschaft nahe.

Die Möglichkeit, daß das Bewußtsein durch seine Intention seine physikalische Realität an den Rändern und in einem Ausmaß beeinflussen kann, das von seiner subjektiven Resonanz mit dem betreffenden System oder Prozeß abhängt, führt zu Weiterungen, die über die Bestandteile von Technik, Parapsychologie, Statistik und Quantenmechanik weit hinausgehen können. Diese Weiterungen könnten sich auf die Bio-, Sozial- und auch Humanwissenschaften erstrecken. Betrachten wir einmal Mikroelektronik, künstliche Intelligenz und Informationsverarbeitung – dort werden im nächsten Schritt lebende Organismen in die Beurteilung eines Einflusses von Bewußtsein auf Materie einbezogen werden. Im Prinzip können viele der hier in den Teilen II bis IV beschriebenen experimentellen und theoretischen Methoden direkt auf vergleichbare Untersuchungen der Wechselwirkung des menschlichen Bewußtseins mit einfachen biologischen Systemen und Prozessen angewandt werden, besonders mit jenen, die auf einer Art probabilistischen Verhaltens beruhen, etwa Bakterien, Algen und Samenzellen. Zwar wurden schon einige wenige grundlegende Experimente dieser Art durchgeführt, hingegen gestatten die Daten noch keine fundierte-

Koko und ihr Kätzchen

ren Behauptungen, während sich die Hinweise darauf häufen, daß ziemlich ähnliche marginale Verschiebungen des Verhaltens auch in lebenden Systemen auftreten können.[100]

Wenn Bewußtseinseffekte in diesem Bereich umfassender zu etablieren sind, können die Folgen und Anwendungen extrem weitreichend sein – von der Molekularbiologie und der Genetik bis zur allgemeinen Evolutionstheorie. Die Möglichkeit, daß die Zellbiologie eine willensabhängige oder teleologische Komponente hat, die über die zufällige Anpassung hinausgeht, würde das Verständnis und die Darstellung der Organisationsfähigkeit von lebendigen Systemen aller Art in neue Bahnen lenken und überdies zwangsläufig die Einbeziehung motivationaler Faktoren erfordern. Auch dies ist keineswegs ein neuer Ansatz; Teile von ihm finden sich in den Lamarckschen Modellen der Evolution, ferner in Theorien der komplexen und dissipativen Strukturen,[101] in Bergsons Konzept eines *élan vital* sowie in der umstrittenen Postulierung »morphogenetischer Felder«[102]. Aber nun können wir dank unserer Forschungen auf festem Boden solche Aspekte besser illustrieren und sie möglicherweise sogar erklären.

Ein zweiter wichtiger Nutzen der Forschung über biologische Anomalien könnte es sein, einige der strittigen, aber hartnäckig wiederholten Aussagen zu glätten, die sich auf nicht traditionelle medizinische Praktiken und die Gesundheitsvorsorge beziehen. Viele Behauptungen über Geistheilung und spirituelle Diagnose, holistische Heilmethoden, Placeboeffekte, Hypnose, Therapie für Haustiere, Pflanzenwirkungen und verschiedene psychotherapeutische Verfahren scheinen dieselben zwei gemeinsamen Triebkräfte aufzuweisen, die wir auch bei Anomalien physikalischer Systeme vorfinden: Resonanz oder Empathie und das Wollen. Selbst in der traditionellen Medizin wird immer deutlicher, daß solche nichtphysikalischen Parameter für die Widerstandskraft und die Heilung wichtig sein können. Wenn man zeigen kann, daß das statistische Verhalten mikroskopischer physiologischer Systeme und Prozesse mit den Intentionen menschlicher Teilnehmer korreliert ist, dann kann das die Basis für eine rationale Erklärung bilden, vielleicht auch für eine systematische Erweiterung und Verbesserung unorthodoxer Praktiken.

Die Kognitions- und die Verhaltenspsychologie können aufgrund ihrer Verknüpfung mit der Neurophysiologie und der Biochemie ebenfalls an diesen biologischen Implikationen teilhaben. Wie die physikalischen Wissenschaften tendierte die akademische Psychologie immer stärker dazu, sich von den subjektiven und metaphysischen Dimensionen und sogar von ihrer eigenen klinischen Praxis zu entfernen, um sich auf greifbarere und quantitative Aspekte von Wahrnehmung, Gedächtnis und beobachtbarem Verhalten zu konzentrieren. Die richtungweisenden Arbeiten von Pionieren wie William James, Sigmund Freud und Carl Gustav Jung werden in den modernen Lehrplänen weitgehend ignoriert, und man verwendet wenig Mühe darauf, die Psyche oder den Geist – oder gar das Bewußtsein – in die bevorzugten Modelle menschlichen Verhaltens einzubeziehen. Wenn die sicheren Beweise für den Einfluß des Bewußtseins auf lebende wie auf nichtlebende Systeme gefunden und auf Dauer bestätigt werden und das Resonanzmodell der Bindung auch weiterhin vom Experiment gestützt wird, dann könnte es nötig werden, den Wirkungskreis der modernen Psychologie – wie den der Physik – zu erweitern, damit eine Form der »metaphysischen Mechanik« einbezogen wird.

Die Beziehung zwischen Arzt und Patient kann, besonders wenn eine Übertragung des Patienten oder eine mehr oder weniger unbewußte Identifikation von Arzt und Patient hineinspielt, gelegentlich zu Erscheinungen parapsychologischer Natur führen. Dies habe ich öfters erlebt. Carl Gustav Jung

Diese Dimension scheint den vielen klinischen Praktikern, die die Bedeutung der Liebe oder Empathie für eine effiziente Therapie erkannt haben, eher klar geworden zu sein. Bei unseren zahlreichen Gesprächen mit Psychiatern und Therapeuten erwähnten diese wiederholt Beispiele für offensichtlich psychokinetische, präkognitive oder hellseherische Anomalien, die ihnen in ihrer Praxis begegnet waren. Zudem bestätigten Fachleute der Sportpsychologie den allgemeinen Eindruck, daß die begabtesten Sportler von Natur aus außergewöhnliche Fähigkeiten besitzen, etwa Geschehnisse vorherzusehen, Zeitskalen zu dehnen oder »transzendente Resonanzen« mit ihren Mannschaftskollegen oder ihrer Ausrüstung zu erzielen. Vieles in »New-Age«-Beratung, Therapie und Selbstverwirklichungsprogrammen beruht weitgehend auf Empathie und dem Willen zur Veränderung eines seit langem gewohnten negativen Verhaltens. Die Herausforderung besteht darin, alle überkommenen Lehren zu sichten, zu kombinieren und anzuwenden, so daß sich ein systematischeres, analytisches Reservoir wissenschaftlichen Verständnisses ergibt, das nach allen Seiten mit überzeugenden Forschungsergebnissen abgesichert ist.

Die Auswirkungen der metaphysischen Komponente können sich

Antonius bei der Totenrede für Cäsar

auch auf andere Sozialwissenschaften erstrecken. In Soziologie, Anthropologie, Politik und Ökonomie werden nichtgreifbare Faktoren wie soziale Einstellung und Wertsystem, charismatische Führung, Gruppenmanagement, öffentliche Meinung und andere Aspekte des sozialen Umfeldes oder des Zeitgeistes schon lange gewürdigt, jedoch selten systematisch formuliert. Obwohl die Vorgänge hier zuweilen komplexer sind, könnte die Bedeutung des menschlichen Wollens und der Resonanz auf sozialen Ebenen angesichts der quantitativen Forschungsergebnisse und der wellenmechanischen Modelle des kollektiven Bewußtseins nun konsequenter einbezogen werden. Aufschlußreich wären hier Untersuchungen etwa von Gruppenwechselwirkungen mit physikalischen Systemen und Prozessen oder Experimente mit mehreren Teilnehmern (siehe Kapitel 15) oder andere Studien, bei denen Implikationen des Modells auf das Gruppenverhalten angewandt werden.

Gehen wir von der technischen Basis zur kulturellen über, so können wir mehrere divergierende Strömungen erkennen, die durch die Anerkennung unserer Forschungsergebnisse beeinflußt und vielleicht sogar vereinigt werden könnten. Zunächst sollte betont werden, daß sich klassische Kunst, Musik, Literatur und Theater niemals gescheut haben, metaphysische Aspekte in ihre jeweiligen kreativen Arbeiten einzubeziehen. In jeder Epoche und jedem Genre der

Kunst finden sich mythische und spirituelle Anspielungen, und vieles davon läßt sich zweifellos im phänomenologischen Katalog der Wissenschaft unterbringen. In dieser Hinsicht können die Forschungsergebnisse nur dazu dienen, solche kreative Freiheit zu verstärken.

Darüber hinaus ist anzumerken, daß die moderne Technik in jüngster Zeit zumindest zwei wichtige Einflüsse auf kreative Menschen ausübte. Einerseits wurden durch die Massenmedien, durch Reproduktionen höherer Qualität und bessere Bildungsmöglichkeiten viele Formen des künstlerischen Ausdrucks für immer größere Teile der Bevölkerung selbstverständlich. Andererseits trieb dieselbe Technik die wissenschaftliche Aktivität auf diesen Gebieten zunehmend in eine bedenkliche Zergliederung und künstliche Reproduktion, weg von einer intuitiven, inspirierten und ganzheitlichen Schaffensweise.

Vielleicht hing mit diesem Einfluß die Rolle der heutigen kreativen Künste als Vehikel des Protests gegen die vorherrschende materialistische Sozialethik zusammen, im Gegensatz zu den ursprünglichen persönlichen Bedürfnissen nach ästhetischer innerer Erfahrung. Kunst, Literatur und Musik des 20. Jahrhunderts sind voller Verzerrungen, Dissonanzen, Surrealitäten und Widersprüchen, die als Anomalien eigener Art angesehen werden können und außerdem stark auf eine grundsätzliche Unfähigkeit des modernen Paradigmas

Le Modèle Rouge. René Magritte

schließen lassen, künstlerische Schöpfungen in eine übermäßig reduktionistische und mechanistische Welt einzubeziehen. Gemäß dem Korrespondenzprinzip des Bewußtseins ist in dieser »kurzwelligen« Gesamtheit zu wenig Raum für die »langwelligen« Komponenten der menschlichen Psyche. Zu dieser intuitiven Empfindung eines Ungleichgewichts addiert die Forschung das Unbestimmtheitsprinzip des Bewußtseins und fordert so eine bessere Komplementarität der analytischen und der ästhetischen Konjugate des Lebens. Die offensichtlichste Einbeziehung metaphysischer Phänomene in einen etablierten Wissenschaftsbereich finden wir in der akademischen Theologie. Praktisch alle heutigen Religionen beziehen sich, wie die meisten ihrer Vorläufer, weitgehend auf mystische Haltungen und Aktivitäten wie Glaube, Hoffnung, Liebe, Gebet und Opfer. Forschungsergebnisse wie die hier vorgestellten können solchen schwer faßbaren metaphysischen Begriffen eine andere Perspektive eröffnen. In einem zunehmend analytischen und technischen Zeitalter mag die Theologie für ihre Bedeutung und Lebendigkeit durchaus von ihren eigenen angemessenen Formen wissenschaftlicher Forschung profitieren – etwa so, wie die moderne Diagnostik und die heutigen Rechenverfahren das Verständnis und sogar die ästhetische Wertschätzung in so stark auf Eindrücken beruhenden Gebieten wie Kunst, Musik und Literatur gefördert haben. Vor allem eine gewisse Erweiterung der theologischen Forschungsfelder über ihre traditionellen literarischen und archäologischen Bereiche hinaus, die die kontrollierte wissenschaftliche Untersuchung menschlicher Einstellungen, Strategien und Überzeugungen bei der Festlegung der Realität einbezieht, könnte eine vollständigere Würdigung von Dimensionen, Wirkungsweisen und Zielen dieser sublimen Vorgänge mit sich bringen.

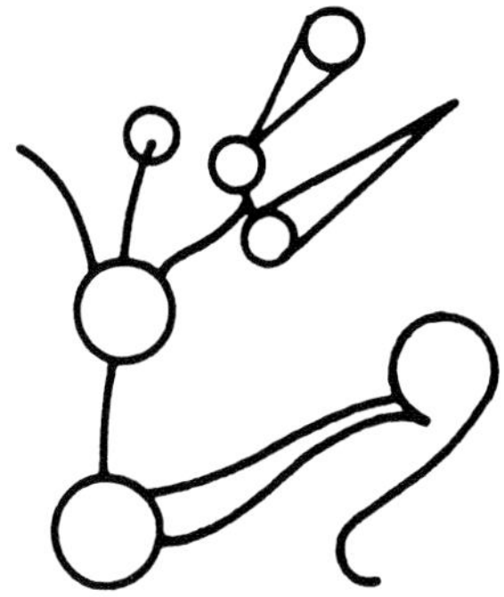

Der Stein der Weisen

43. Mensch und Mystik heute

Vor einigen Jahren fand in der Kapelle der Duke University der Gedenkgottesdienst für J. B. Rhine statt. An ihm nahmen zahlreiche Familienmitglieder und Freunde teil, frühere Schüler und Mitarbeiter im Labor, Kollegen und Bewunderer aus der parapsychologischen Gemeinschaft, einige Würdenträger, ein paar neugierige Universitätsangehörige und Vertreter von Fakultät und Verwaltung, die zwar Rhine als Menschen und seine berufliche Integrität schätzten, jedoch von seinen Forschungsarbeiten nie ganz überzeugt waren. Nach etlichen Würdigungen und der Schilderung von Anekdoten, die Rhines Leben und Wirken illustrieren sollten, überraschte der letzte Redner das Auditorium mit einer Provokation. »Jeder von uns«, sagte er, »hat nun die Gelegenheit zu entscheiden, ob er wirklich an die Botschaft von J. B. Rhine glaubt. – Lasset uns beten.«

Isoliert von ihrem persönlichen und kirchlichen Kontext betrachtet, war diese Äußerung elementar und sprach für sich. Man kann nicht aufrichtig beten und gleichzeitig jegliche Möglichkeit logisch ausschließen, daß der menschliche Wille auf physikalische Vorgänge einwirkt. Doch das moderne Leben ist inzwischen so stark in Einzelbereiche gegliedert, daß sich unsere intellektuellen und spirituellen Handlungen gewöhnlich mit wenig Bezug zueinander vollziehen und mit sehr geringer Wechselwirkung, von gegenseitiger Verstärkung einmal ganz zu schweigen. Wir gehen abends oder am Wochenende zur Encounter-Gruppe, zum Diskussionsforum über Religion, zum Kampfsport oder zum Kurs »ganzheitliche Gesundheit« – und am nächsten Tag legen wir wieder unsere Arbeitskleidung an und kehren zurück zu den streng analytischen, zunehmend digitalen, unpersönlichen Handlungen in unserem beruflichen Verantwortungsbereich. Und die ganze Zeit über, gut verborgen unter unserem weißen Kragen oder Laborkittel, hört unser schwaches und ängstliches geistiges Selbst nicht auf zu träumen, zu hoffen, zu lieben und zu beten.

Auf die Gefahr hin, daß es so klingt wie Mr. Spock in der Fernsehserie »Raumschiff Enterprise«: Ist es für den Menschen logisch, wenn er seine ganze Hoffnung in seine Wünsche und Gebete oder seine Liebe legt und doch am Nutzen derartiger Handlung zweifelt? Wenn die Wirksamkeit aber empirisch anerkannt wird, warum sollten solche Phänomene dann von wissenschaftlichen Untersuchungen oder systematischen Anwendungen in unseren pragmatischen oder wissenschaftlichen Tätigkeitsbereichen ausgenommen sein? Warum können unser mystisches und unser mentales Selbst sich nicht in praktischen wie in geistigen Angelegenheiten zusammentun? Warum können sie nicht einfach miteinander verschmelzen?

Wiederum ist dieses Plädoyer für eine wechselseitig sich verstärkende Verknüpfung dieser zwei einzigartigen menschlichen Fähigkeiten nicht neu. Die größten Denker vieler Disziplinen und Zeitalter haben diese Notwendigkeit wiederholt in Worte gefaßt; kaum jemand tat dies treffender oder schöner als Albert Einstein:

> Nun, selbst bei einer reinlichen Scheidung von Religion und Naturwissenschaft bleiben starke wechselseitige Beziehungen und Abhängigkeiten bestehen. Obwohl die Religion das Ziel bestimmt, hat sie doch weitgehend von der Wissenschaft gelernt, mit welchen Mitteln sich diese von ihr gesetzten Ziele erreichen lassen. Die Wissenschaft kann indessen nur von denen aufgebaut werden, die durch und durch von dem Streben nach Wahrheit und Erkenntnis erfüllt sind. Die Quelle dieser Gesinnung entspringt aber wiederum auf religiösem Gebiet. Hierher gehört auch der Glaube an die Möglichkeit, daß die Welt der Erscheinungen nach Gesetzen der Vernunft gelenkt wird und daß diese Welt mit dem Verstand zu erfassen ist. Ohne diesen Glauben kann ich mir einen echten Wissenschaftler nicht vorstellen. Ein Bild mag dieses Verhältnis veranschaulichen: Naturwissenschaft ohne Religion ist lahm, Religion ohne Naturwissenschaft ist blind.[103]

Wir hatten im Zusammenhang mit der quantenmechanischen Metapher bereits das wichtige Konzept der Komplementarität angesprochen – die umfassende wissenschaftliche Perspektive, die erforderlich ist für die philosophische Lösung des Welle-Teilchen-Dilemmas, des Unbestimmtheitsprinzips und der Bedeutung des Beobachters. Wir diskutierten seine Ausweitung auf zusätzliche philosophische Bereiche. Im Wechselspiel von Geist und Intellekt befassen wir uns mit den letzten konjugierten Perspektiven, durch die das Bewußtsein all seine abstrakte Erfahrung ausbalanciert; das Ergebnis mag aus einem schwierigen, belastenden Gegeneinander oder aus sich wechselseitig erfüllender Komplementarität hervorgegangen sein. Daß letzteres erwünscht ist, wird natürlich seit langem von der Literatur und der Kanzel herab vertreten und auf vielen Gebieten im Vertrauen auf abstrakte Begriffe akzeptiert. Dieses Buch hat die Absicht, die Wirksamkeit des menschlichen Willens zu bestätigen, der in Resonanz mit einem bestimmten System, Prozeß oder anderen Bewußtseinsindividuen tritt, der sich darin aufgibt und sich dennoch entfaltet. Die Bedeutung einer solchen Bestätigung für die eigene spirituelle Überzeugung und Ethik ist selbstverständlich eine sehr persönliche Angelegenheit.

Eine Religion, die der Wissenschaft widerspricht, und eine Wissenschaft, die der Religion widerspricht, sind gleichermaßen falsch. P. D. Ouspensky

Wenn wir also die Bedeutung dieser Arbeiten für die thematische Linie, die wir im zweiten Kapitel formuliert haben, abzuschätzen versuchen, dann kommen wir fast zu demselben Schluß wie im dritten Kapitel; jede dieser Peillinien sollte abgelenkt werden und sich mit einer anderen verflechten, und ihre künftigen Verläufe sollten ein Ausdruck für diese Komplementarität sein. Diese Synthese muß nicht erzwungen oder schwierig sein, denn die zwei Perspektiven haben ein gemeinsames Erbe und Ziel und eine ähnliche Strategie; sie unterscheiden sich vor allem in den Begriffsbildungen. Die Wissenschaft ist, von der mystischen Perspektive aus gesehen, das kosmische Fragespiel, mit dem sie sich selbst durch die systematische Erzeugung, Verarbeitung und Interpretation von Information verstehen möchte. Durch immer verfeinertere Unterscheidungen und Korrelationen ihrer Erfahrungen strebt sie in objektiver Weise danach, das Wesen der Realität zu verstehen. Das Mystische ist – aus wissenschaftlicher Perspektive – die Sehnsucht nach Überwindung der Beschränkungen der physikalischen Welt durch direkte Erfahrung der kosmischen Mysterien auf dem Weg der subjektiven Integration des Selbst in das mystische Milieu.

Sowohl die wissenschaftliche als auch die mystische Erkenntnis manifestieren sich in ihren Folgeerscheinungen: die Wissenschaft in Ingenieurwesen, Technik, Medizin; die mystische Einsicht in menschlichen Werten, Perspektiven und Verhaltensweisen. Ob wir uns mit objektiven Studien subjektiver Phänomene befassen oder umgekehrt – unsere Eigenfunktionen der Erfahrung reflektieren die sie umgebenden Profile und auch die ihnen innewohnenden Welleneigenschaften. Wenn diese Komponenten in separaten, beschränkten Koordinaten ausgewertet werden, wird sich ihre Wechselwirkung als unklar und steril darstellen. Wenn sie aber in einheitlicher, holistischer Form ausgebreitet werden, sollten sich Erfahrung und Verständnis die Waage halten und als fruchtbar erweisen. Niemand erkannte diesen Nutzen besser als der erste Vertreter der modernen Physik, Max Planck:

In Wahrheit stellen Wissenschaft und Religion keine Gegensätze dar; für jeden ernsthaften Menschen bedingen sie einander, um sich gegenseitig zu ergänzen. Es ist gewiß kein Zufall, daß gerade die größten Denker aller Zeiten auch tief religiös waren. ... Nur aus dem Zusammenwirken der Kräfte von Geist und Willen ist die reifste, kostbarste Frucht der Philosophie hervorgegangen: die Ethik.[104]

44. Organisation und Ordnung

Die Begriffe, der Wortschatz und das Erbteil der gerade besprochenen Linien sind so unterschiedlich, daß eine umfassendere Übersicht über ihre potentiellen künftigen Ablenkungen unmöglich ist; jedoch durchdringt ihre verschiedenen Dimensionen ein gemeinsames Thema. Es ist die Rolle des Bewußtseins beim Organisieren und Ordnen von Information oder, umgekehrt, beim Umsetzen willkürlicher Tendenzen in Desorganisation, Unordnung und Chaos. Dieser Prozeß kann außerdem mit Hilfe physikalischer Metaphern, die sich aus der statistischen Thermodynamik und der Informationstheorie ableiten lassen, eingehender illustriert werden.

Damit man Ordnung erhalten kann, muß es Zufälligkeit geben, denn wenn es keine Zufälligkeit gibt, kann sich keine Ordnung manifestieren. Alan Watts

Ein pauschal anwendbarer und nützlicher Begriff in diesen Feldern ist eine Eigenschaft, Entropie genannt; sie ist ein Maß für die Unordnung eines sich ausbreitenden Systems und umgekehrt proportional zur verfügbaren Informationsmenge über das System. Als schlichtes Beispiel stellen wir uns einen quaderförmigen Kasten vor, an dessen linker Innenwand sich einige weiße Murmeln und an dessen rechter Wand sich ebensoviele schwarze Murmeln befinden. Wenn wir, ohne hinzusehen, links in den Kasten greifen, werden wir höchstwahrscheinlich eine weiße Murmel erwischen und rechts entsprechend eine schwarze. Dieser Zustand der Aufteilung der verschiedenfarbigen Murmeln entspricht einer geringen Entropie und ist gleichbedeutend mit einem hohen Informationsgehalt.

Schütteln wir den Kasten eine Weile, so vermischen sich die Murmeln, und wenn wir danach an einer der beiden Seiten hineingreifen, um eine Murmel mit einer bestimmten Farbe zu erwischen, so kann das Ergebnis nur noch mit einer wesentlich geringeren Gewißheit vorausgesagt werden. Nach ausreichend starker Durchmischung wird sich die Wahrscheinlichkeit, eine gewünschte Farbe zu finden, dem Wert $^1/_2$ nähern. Dies ist der Zustand maximaler Unordnung oder Entropie beziehungsweise der Zustand geringster Information oder Ordnung. Nicht vergessen werden darf, daß der Mischprozeß irreversibel ist: Kein weiteres Mischen wird jemals den ursprünglichen Zustand der Trennung beider Farben wiederherstellen beziehungsweise die Wahrscheinlichkeit, eine bestimmte Farbe zu finden, auf einen Wert über $^1/_2$ erhöhen. Nur durch Fremdeinwirkung, etwa manuelles Sortieren der Murmeln, kann dies erreicht werden.

»Alle Pferde und alle Soldaten des Königs werden Humpty nicht wieder zusammensetzen können.«

Der gerade beschriebene Vorgang unterliegt einem allgemeinen physikalischen Prinzip, das gewöhnlich als 2. Hauptsatz der Thermodynamik bezeichnet wird; dieser besagt, daß spontane Vorgänge in einem isolierten System nur in der Richtung ablaufen können, in der die Entropie steigt beziehungsweise die Ordnung abnimmt. Dieses Prinzip gilt unmittelbar für alle physikalischen Systeme, seien sie klassischer oder gequantelter Natur, es wurde aber, zumindest metaphorisch, auch auf biologische, soziologische und psychologische Situationen erweitert. Bei allen Anwendungen muß das jeweilige System genau spezifiziert werden und in seiner Isolation bleiben, denn der »Verfall« der Ordnung kann durch Intervention von außen stets rückgängig gemacht oder verhindert werden.

Die Resultate unserer Laborexperimente könnten so gedeutet werden, als verletzten sie dieses Prinzip in dem Sinne, daß maximale Entropie oder Bitverteilungen mit minimalem Informationsgehalt sich – allein als Reaktion auf eine menschliche Intention – in der Weise veränderten, daß die Ordnung der Verteilungen zunahm, die Entropie also abnahm. Beispielsweise waren bei den Mensch/-Maschine-Versuchen die mit entsprechenden Teilnehmerintentionen erzielten PK^+- und PK^--Ergebnisverteilungen relativ zur Bezugssequenz +, –, +, –, ... etwas stärker geordnet, als es die Verteilungen waren, die die Kalibrierungen ergaben. In ähnlicher Weise verbesserte sich bei den Studien zur präkognitiven Fernwahrnehmung der Zustand der Null-Information über das Ziel etwas, nur weil sich der Perzipient auf die Wahrnehmung konzentrierte. In keinem der beiden Fälle hatte irgendein bekannter externer physikalischer Mechanismus auf das System eingewirkt.

Der Geist filtert die Materie aus dem sinnlosen Durcheinander von Eigenschaften heraus, so wie das Prisma die Regenbogenfarben aus den chaotischen Schwingungen des weißen Lichts herausfiltert. Arthur Eddington

Um diesen Widerspruch aufzulösen, muß man eines der folgenden drei Zugeständnisse machen: a) Der 2. Hauptsatz der Thermodynamik ist nicht universell gültig, das heißt, diese speziellen isolierten Systeme besitzen eine Fähigkeit zur Selbstorganisation; b) diese Systeme sind nicht völlig isoliert, das heißt, irgendein Einfluß hat auf sie eingewirkt oder ist von ihnen ausgegangen; c) diese Systeme sollten neu definiert werden, so daß sie Teilnehmer oder Perzipienten als integralen Teil enthalten. Die Möglichkeit a) erfordert natürlich eine nähere Angabe des selbstorganisierenden Mechanismus der jeweiligen Systeme. Die Möglichkeit c) ist ein Spezialfall von b) und läßt die Art der Wechselwirkung zwischen Teilnehmer oder Perzipienten und Gerät oder Ziel offen.

Es könnten noch viele andere Beispiele für Systeme oder Prozesse angeführt werden, die dem Entropieprinzip widersprechen. In der Biologie finden wir zahlreiche Fälle, bei denen Organismen spontan von Zuständen geringerer Organisation zu solchen höherer Ordnung übergehen, ohne daß eine externe Triebkraft zu erkennen ist. Kosmologische Modelle, vor allem jene vom Ursprung des Universums und des Lebens, könnten so gedeutet werden, daß hier Lücken in der Anwendbarkeit des Entropieprinzips bestehen. Manche dieser offensichtlichen Ausnahmen können durch clevere theoretische Überlegungen umgangen werden, und eine – allerdings dürftigere – Erklärung könnte aus dem Postulat eines Einflusses folgen, der die Entropie reduziert und irgendwie mit dem indivi-

Wenn physikalische Ereignisse nicht determiniert sind und die Zukunft nicht vorhersagbar ist, dann kann vielleicht die unbekannte Größe namens »Geist« doch das Geschick des Menschen durch die unendlichen Unbestimmtheiten des launischen Universums führen. Lincoln Barnett

duellen oder kollektiven Bewußtsein zusammenhängt. In einer hinreichend allgemeinen Form könnte solch ein Postulat nicht nur physikalische und biologische Anomalien dieser Art umfassen, sondern auch – metaphorisch gefaßt – einen weiten Bereich von psychologischen, philosophischen, sozialen und religiösen Wirkungen. Es könnte in der Tat das Bewußtsein im allgemeinsten Sinne als einen universell organisierenden Faktor im Kosmos berücksichtigen. Noch einmal möchten wir behaupten, daß dieser anscheinend radikale Ansatz wenig mehr als eine spezielle Erweiterung eines gewöhnlichen kognitiven Prozesses enthält. Die Hauptaufgabe des Bewußtseins ist es, aus dem Chaos der Reize Information herauszufiltern und sie zu ordnen, so daß nützliche oder befriedigende Funktionen ausgeführt werden können. Ob es das Zusammenstellen von einzelnen Bleistiftstrichen zu Buchstaben, Wörtern und Sätzen ist, die Transkription von visuellen oder akustischen Elementen in bedeutungstragende Begriffe oder das Extrahieren zusammenhängender Muster von Information und Erfahrung aus anderen im Übermaß einströmenden physikalischen oder emotionalen Reizen – das Bewußtsein ist Meister der intellektuellen Organisation und Ordnung. Der gesamte psychologische Prozeß des Lernens kann – zusammen mit allen formalen und nichtformalen Ausbildungssystemen, die ihn unterstützen – als eine große, die Entropie vermindernde Übung angesehen werden. Angesichts dessen wird die Fähigkeit, ein paar Einsen und Nullen in einer zufälligen Binärfolge umzustellen oder sinnvolle Informationen über eine entfernte Zielszene zusammenzustellen, vielleicht einmal als weniger sensationell angesehen werden, vor allem wenn eine günstige kulturelle Einstellung oder ein persönliches Paradigma dies befördern.

Erschaffung des Onogoro aus dem Ozean des Chaos. 19. Jahrhundert

Jede Bezeichnung, die man für diese organisierende Fähigkeit des Bewußtseins vorschlagen könnte, wäre zwangsläufig durch Nebenbedeutungen entwertet. Wir könnten sie mit Louis de Broglie »Liebe in einem sehr allgemeinen Sinne« nennen, mit Henri Bergson »Lebenskraft« oder mit den Theologen »Heiliger Geist« oder »göttlicher Geist«, mit den Mystikern »Einheit« oder »Selbst« – aber jede Benennung umfaßt das Potential, das Teilhard de Chardin wohl vor Augen hatte, als er schrieb:

Irgendwann, wenn wir einmal Winde, Wellen, Gezeiten und Schwerkraft beherrschen, werden wir statt Gott die Energien der Liebe anrufen. Dann wird der Mensch zum zweiten Mal in der Geschichte der Welt das Feuer entdeckt haben.[105]

Wie auch immer wir diese chaosreduzierende Fähigkeit des Bewußtseins nennen, wenn wir sie mit dem Symbol L bezeichnen, dann gilt für den Prozeß, den sie definiert:

$$L = -\Delta s$$

Darin ist $-\Delta s$ die Abnahme der Entropie des betreffenden Systems, also seine Zunahme an Information, die Bestimmung seiner Realität.

45. Das Vielleicht-Prinzip

Man erzählt sich von einem König, der die Weisen an seinem Hof aufforderte, das letztgültige Urteil über die Wirklichkeit abzugeben. Nach vielen Jahren intensiver Bemühungen legten die Gelehrten ein außerordentlich anspruchsvolles Werk vor, wurden aber mit der Anordnung zurückgewiesen, das Ergebnis sei in einem einzigen Absatz auszudrücken. Ziemlich entmutigt kehrten die Weisen in ihre Studierzimmer zurück, und nach weiteren Jahren qualvoller Debatten gaben sie die einmütig gewonnene Verdichtung ihrer Meinung kund. »Immer noch zu lang«, murrte der König: »Sagt mir nur *ein Wort.*« Erschöpft und entmutigt setzte das Gremium seine Überlegungen fort, und erst gegen Ende ihres Lebens kamen die wenigen noch verbliebenen Gelehrten mühsam zu einem Schluß und präsentierten mit zitternden Händen ein schon recht abgegriffenes Pergament, auf dem oft radiert worden war. Darauf stand, wie verlangt, nur ein einziges Wort: VIELLEICHT.

Auch unser Buch war eine Abhandlung über das »Vielleicht«. Nicht über das gewöhnliche, passive »Vielleicht« der Ausflucht, Unschlüssigkeit oder Ignoranz, sondern über ein bestimmteres »Vielleicht«, das die persönliche Chance bekräftigt, an den täglichen Entscheidungen im Kosmos teilzuhaben. Die Beschreibung dieser Chance sowie einige Hinweise zu ihrer Realisierung beruhte nicht auf kruder metaphysischer Spekulation oder unbegründeten Annahmen, sondern auf der üblichen wissenschaftlichen Schrittfolge aus physikalischen Experimenten und metaphorischer Umsetzung der erarbeiteten theoretischen Begriffe. Und das damit definierte »Vielleicht« – nämlich die Ränder des Realen, an denen zu liegen unser Bewußtsein behaupten kann – stellte sich lediglich als eine natürliche Folge dessen heraus, wie das Bewußtsein Informationen sammelt und Fragen stellt.

Sri Yantra

Zwei der effizientesten Vorgehensweisen des Bewußtseins beim Aufnehmen und Nutzen der ihm aus der Umgebung unaufhörlich zuströmenden Reize sind die Prozesse der Unterscheidung und der

Assoziation. In dem Bestreben, die Entropie unserer Erfahrung zu vermindern, unterscheiden wir – nach dem einen Satz von Kriterien – zwischen Äpfeln und Birnen und beziehen uns – nach einem anderen Satz von Kriterien – auf ihre Gemeinsamkeiten, so daß durch iterative Anwendung der Logik die betrachteten Aspekte schließlich genauer angegeben werden können. Bei unseren Experimenten bezüglich der Anomalien waren das Entscheidende die aufzunehmenden Daten, die Unterscheidungen zwischen den individuellen Teilnehmerleistungen, zwischen PK^+- und PK^--Leistungen, zwischen instruiertem und selbstbestimmtem Modus sowie zwischen automatischen und manuellen Bedingungen oder auch zwischen den anderen technischen Parametern; gleichermaßen wichtig für das Verständnis des Prozesses sind aber die beobachteten Ähnlichkeiten der wiederholten Bemühungen ein und desselben Teilnehmers oder auch seiner Signaturen bei verschiedenen Vorrichtungen, ferner die Ähnlichkeiten der statistischen Merkmale der Ergebnisse, die am Zufallsgenerator, an der mechanischen Zufallskaskade und bei der präkognitiven Fernwahrnehmung gewonnen wurden. Auf einer elementareren Ebene ist die Unterscheidung zwischen den Binärziffern 0 und 1 oder zwischen den Intervallen + und – für die gesamte Erzeugung und Verarbeitung der Daten entscheidend, doch die Ähnlichkeit ihrer Ergebnisverteilungen dient als Grundlage aller folgenden Interpretationen. In der Theorie ist auch die Differenzierung der gequantelten Zustände der physikalischen Atomstrukturen wesentlich für deren Verständnis und Darstellung, jedoch ist es das Muster der Ähnlichkeiten zwischen diesen und der Funktion des menschlichen Bewußtseins, das unserem metaphorischen Modell zugrunde liegt.

In der Kontemplation neigt das Bewußtsein dazu, durch aufeinanderfolgendes Unterscheiden und Assoziieren logische Strukturen zu weben, bis – durch Separieren, dann Korrelieren; durch Differenzieren, dann Integrieren; durch Analysieren, dann Synthetisieren – sozusagen ein brauchbares Netz orthogonaler begrifflicher Fasern entstanden ist, in dem es die Fülle der aus seiner Umgebung potentiell aufzunehmenden Informationen sammeln, sie dort sichten und sortieren kann. Und weil diese »Fäden« der Unterscheidung und

Liebe ist eine Art exaltierter, aber nicht spezialisierter Telepathie – der einfachste und universellste Ausdruck wechselseitiger Anziehung oder Verwandtschaft von Geistern, die die Grundlage des Gesetzes der Telepathie ist. F. W. H. Myers

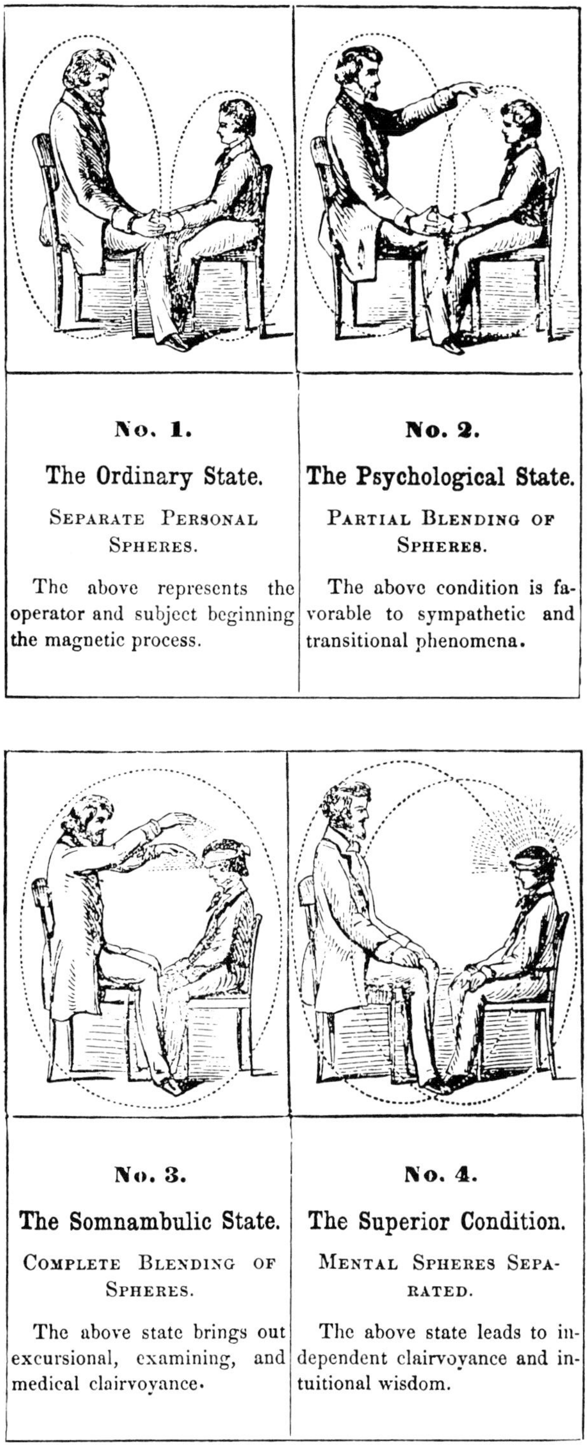

»Vier Schritte der magnetischen Vermischung der Geister«. 19. Jahrhundert

Nr. 1: Der gewöhnliche Zustand: separate persönliche Sphären. Die Abbildung stellt Teilnehmer und Subjekt zu Beginn des magnetischen Prozesses dar.
Nr. 2: Der psychologische Zustand: teilweises Durchdringen der Sphären. Diese Bedingung fördert sympathetische und Übergangsphänomene.
Nr. 3: Der somnambule Zustand: vollständiges Durchdringen der Sphären. Dieser Zustand bringt räumliches, prüfendes und medizinisches Hellsehen hervor.
Nr. 4: Die höhere Bedingung: Separation der mentalen Sphären. Dieser Zustand führt zu unabhängigem Hellsehen und intuitiver Weisheit.

Assoziation vom Bewußtsein selbst entwickelt werden, müssen sie komplementär sein, und zwar in voller Bedeutung des Begriffs, wie sie Bohr definierte; und an jedem Knoten ihres Netzes müssen sie aufgrund der von Heisenberg erkannten Unbestimmtheit Einschränkungen aufweisen. Aus dieser Anordnung von Unbestimmtheiten, die über das Bewußtseinsnetz verteilt sind, gehen die Ränder des Realen hervor, denen wir in unserer Forschung, in unserem Modell und im Alltagsleben begegnen.

Die treffendsten Beispiele dieser flexiblen Unterscheidungs-/Assoziations-Dynamik des Bewußtseins finden wir in den Resonanzbindungen, die es mit Personen, Orten, Dingen und Prozessen eingeht. Um Bindungen im physikalischen Raum oder im Bewußtseinsraum herzustellen, muß zunächst anerkannt werden, daß getrennte Partner vorhanden sind. Ist diese Unterscheidung getroffen, muß die jeweilige individuelle Identität dann zumindest teilweise zugunsten des verbundenen Zustands aufgegeben werden, wenn die Austauschenergie aktiviert werden soll. Daher bringt eine erfolgreiche Strategie für das Experimentieren mit Anomalien ein gewisses Vermischen oder Ineinanderlaufen der Identität bei Teilnehmer und Gerät oder bei Perzipient und Agent mit sich. Außerdem ist das natürlich auch das »Rezept« für jegliche Form der Liebe: Aufgabe der selbstbezogenen Interessen der Partner zugunsten derer des Paares.

In diesem Sinne muß für jede Hingabe an eine Aufgabe das Verhältnis zwischen den Elementen aktiv und passiv, gebend und nehmend, handelnd und seiend ausgeglichen sein. Neben den von unseren Kollegen gestellten rhetorischen Fragen zu unserer Motivation und zu den möglichen Folgen dieser Forschung gibt es noch eine dritte, ebenso oft gestellte und nicht einfach zu beantwortende Frage: »Aber *wie* erzielen die Teilnehmer und Wahrnehmenden die anomalen Resultate?« Oder einfach: »Was *machen* die eigentlich?« Schon durch ihre Form lassen solche Fragen einen wesentlichen Punkt außer acht. Es ist nicht nur wichtig, was man *tut*, sondern auch, was man *ist*. Nicht die Taktik des Teilnehmers, sondern sein Zustand ist maßgebend. Resultate folgen auf natürliche Weise aus dem Aufgehen in der Aufgabe wie auch aus der Aufmerksamkeit für diese. Solche Phänomene sind im klassischen Sinne nicht deterministisch; sie entstehen im heiklen Dialog zwischen objektiver Unterscheidung und subjektiver Assoziation.

In diesem Buch wurde eine ähnlich gewobene Struktur aus Unterscheidung und Assoziation angewandt, um seinen Gegenstand darzustellen. Die wissenschaftlichen Linien, die das Forschungsprogramm begründeten und definierten sowie anschließend die Basis für die Bewertung lieferten, umfassen einen unterschiedlichen Satz von konvergierenden Linien. Um diese wurden – spiralig wie Fäden – gemeinsame Merkmale, Metaphern und andere Assoziationen gewoben, damit ein begrifflicher Rahmen für die Betrachtung der Rolle des Bewußtseins in der physikalischen Realität geschaffen werden konnte. Wir meinen, diese besondere Struktur habe universelle Implikationen für alle Bewußtseinsprozesse, denn in ihrem Geflecht von Regeln für die *Untersuchung* der Realität etabliert sie automatisch die Schablone für die *Erfahrung* der Realität.

Weil diese Regeln der Realität ebenso für alle Linien relevant sind, die das erkenntnistheoretische Muster durchziehen, können sie gleichermaßen in der Sprache einer dieser Linien zusammengefaßt und dann metaphorisch auf alle anderen erweitert werden. Weil die quantenmechanische Nomenklatur uns hier gute Dienste leistete, schlagen wir vor, auch unsere Zusammenfassung der Regeln in diesem Vokabular abzufassen. Und tatsächlich brauchen wir dazu kaum mehr als eine energische Neuformulierung der verallgemeinerten quantenmechanischen Prinzipien, die ja die wichtigen Leitlinien zur Unterscheidung und Assoziation in ihrem eigenen begrifflichen Genre und daher auch in anderen sind:

Realitätsregeln

Komplementarität

Das Bewußtsein besitzt sowohl teilchenähnliche als auch wellenähnliche Merkmale, aus denen sich eine Gesamtheit vieler anderer Paare konjugierter Perspektiven ableiten, etwa Tun/Sein, Beobachtung/Teilnahme, objektiv/subjektiv oder Funktion/Struktur. Die Bestandteile solcher Paare sind weder diametrale Gegensätze, noch widersprechen sie einander; sie sind eher andere Bewußtseinszustände, die einander ergänzen und für die das Unbestimmtheits- und das Korrespondenzprinzip gelten.

Unbestimmtheit

Die gleich detaillierte Bestimmung der Bestandteile komplementärer Paare von Bewußtseinseigenschaften ist wechselseitig beschränkt; die genaue Angabe der einen Größe macht zwangsläufig die der anderen ungenauer. Die Optimierung von Kreativität, analytischer Fertigkeit, künstlerischer Leistungen oder des anomalen Einflusses erfordert einen weisen Kompromiß zwischen den Komplementen, die der Aufgabe dienlich sind. Für eine sehr hohe analytische Leistung muß das Schwergewicht in Richtung der reduktionistischen, objektiven, »kurzwelligen« Charakteristika verschoben werden; für ästhetische, inspiratorische, transzendente Erfahrungen müssen die holistischen, subjektiven, »langwelligen« Prozesse dominieren. Aber ein gleichzeitiger Ausbau beider Komponenten ist nicht möglich; durch den Ausschluß einer solchen bilateralen Präzision definiert das Unbestimmtheitsprinzip die Ränder des Realen.

Nichtunterscheidbarkeit
Das Teilen oder Zerlaufen der persönlichen Identität bei Wechselwirkungen mit Personen, Vorrichtungen oder Teilen der Umgebung kann zu einem resonanzartigen Verhalten führen, das sich so stark von den Erwartungen für die Einzelperson unterscheidet, daß es als anomales Verhalten gelten muß. Dies ist aber bei Bindungssystemen völlig normal; anomal ist es nur im Vergleich zu einer linearen Kombination des normalen Verhaltens der separaten Komponenten.

Ausschließung
Die stärksten Bindungen des Bewußtseins sind jene, in denen die rezeptiven oder bestimmenden Rollen von den Teilnehmern in einem dynamischen Geben und Nehmen ausgefüllt werden. Wenn beide Teilnehmer dieselbe Rolle spielen, kann eine Antibindung oder Aversion auftreten. In jedem Fall werden sich anomale Effekte ergeben, die jedoch unterschiedlichen Charakter haben.

Korrespondenz
Die wellenähnlichen Aspekte des Bewußtseins und alle mit ihnen zusammenhängenden Anomalien manifestieren sich nur, wenn die Wellenlänge, wie sie durch die Geschwindigkeit der betreffenden Informationsverarbeitung definiert ist, vergleichbar mit den Abmessungen des Umgebungszusammenhangs oder größer als diese ist. Wenn die Wellenlänge viel kleiner als jene sie umgebenden Abmessungen ist, kehren Verhalten und Erfahrung zu den gewohnten teilchenartigen Formen zurück. Daher wird das Überwiegen der potentiell anomalen Effekte durch das gewöhnliche analytische Wirken des Geistes verhindert.

Wiederum können diese fundamentalen Leitlinien für die Komposition der Realität in vielen anderen Sprachen und Zusammenhängen ausgedrückt werden. Aber in welcher Form dies auch geschieht, sie definieren stets die Prinzipien des großartigen »Vielleicht«, das der Kosmos all denen entgegenhält, die den Wunsch und den Mut haben, mit ihm ein Spiel anzufangen. Im Kollektiven sind sie gleichbedeutend mit der nicht mehr zu lösenden Vereinigung der Prozesse der physikalischen Welt mit den Prozessen des Geistes. So kam Arthur Eddington gegen Ende seiner wissenschaftlichen Lebensreise zu dem Schluß:

> Nicht einmalig, in dunkler Vergangenheit, sondern immerwährend vollbringt der bewußte Geist das Wunder der Schöpfung.[106]
> Die ganze physikalische Welt ist erfüllt von diesem unbekannten Inhalt, der das Material unseres Bewußtseins sein muß. ... Und überdies haben wir gesehen, daß da, wo die Wissenschaft am weitesten vorgedrungen ist, der Geist aus der Natur nur wieder zurückgewonnen hat, was der Geist in die Natur hineingelegt hat.
> Wir haben an den Gestaden des Unbekannten eine sonderbare Fußspur entdeckt. Wir haben tiefgründige Theorien, eine nach der andern, ersonnen, um ihren Ursprung aufzuklären. Schließlich ist es uns gelungen, das Wesen zu rekonstruieren, von dem die Fußspur herrührt. Und siehe! Es ist unsere eigene.[107]

Dem kann die Forschung, welche das Thema dieses Buches war, nur eines hinzufügen, in aller Bescheidenheit, aber auch mit Überzeugung: VIELLEICHT.

Anmerkungen

1 Niels Bohr, *Atomic Theory and the Description of Natur.* Cambridge: The University Press, 1961, S. 119

2 Mircea Eliade, *Myths, Dreams, and Mysteries.* New York: Harper & Row, 1960, S. 13

3 Hermes Trismegistos, *Emerald Tablet,* in J. Ruska, *Tabula Smaragdina.* Heidelberg: Carl Winters Universitätsbuchhandlung, 1926, S. 2

4 Roger Bacon in D. E. Smith, »The Place of Roger Bacon in the History of Mathematics«, in A. G. Little (Hrsg.), *Roger Bacon: Essays.* Oxford: Clarendon Press, 1914, S. 178

5 Nicolaus Copernicus (zitiert in J. Bronowski, *The Ascent of Man.* Boston und Toronto: Little, Brown and Co., 1973, S. 196–197)

6 William Gilbert, *De Magnete.* Buch V, Kapitel 12. Mottelay, London, 1893 (zitiert in H. Kearney, *Science and Change 1500–1700.* New York und Toronto: McGraw-Hill, World University Library, 1971, S. 110–112)

7 John M. Keynes, »Newton, the Man«, in G. Keynes (Hrsg.), *Essays in Biography.* New York: W. W. Norton & Co., 1963, S. 311

8 D. Kubrin, »Newton's Inside Out! Magic, Class Struggle, and the Rise of Mechanism in the West«, in H. Woolf (Hrsg.), *The Analytic Spirit: Essays in the History of Science.* Ithaca und London: Cornell University Press, 1981, S. 113

9 Francis Bacon, *Neues Organon* [*Novum Organum*], übersetzt, erläutert und mit einer Lebensbeschreibung des Verfassers versehen von J. H. von Kirchmann, Berlin: L. Heimann, 1870 (Philosophische Bibliothek, Bd. 32), S. 148–149

10 Robert Hooke (zitiert in Henry Lyons, *The Royal Society 1660–1940.* Cambridge: The University Press, 1944, S. 41)

11 Francis Bacon in D. P. Walker, »Francis Bacon and *Spiritus*«, A. G. Debus (Hrsg.), *Science, Medicine and Society in the Renaissance.* New York: Neale Watson Academic Publications, Inc. (Science History Publications), 1972, S. 127

12 Robert Hooke in R. Waller (Hrsg.), *The posthumous works of Robert Hooke, M. D., S. R. S., ... containing his Cutlerian lectures and other discourses, read at the meetings of the illustrious Royal Society.* London: Smith and Walford (Printers to the Royal Society), 1705, S. 147 (zitiert in B. R. Singer, »Robert Hooke on Memory, Association, and Time Perception«, in R. V. Jones und W. D. M. Paton [Hrsg.], *Notes and Records of the Royal Society of London,* 31, Nr. 1, Juli 1976, S. 123–124)

13 Robert Boyle, *Works,* Bd. 1, S. cxxx. (zitiert in L. T. More, *Isaac Newton: A Biography.* New York: Dover Publications, 1962, S. 163)

14 F. A. Yates, *The Rosicrucian Enlightenment.* Boulder, Col.: Shambhala, 1978

15 Henry More, *An Antidote Against Atheism* (zitiert im Vorwort von C. O. Parsons [Hrsg.], J. Glanvill, *Saducismus Triumphatus.* Gainesville, Fla.: Scholars' Facsimiles and Reprints, 1966, S. viii)

16 Immanuel Kant, *Kritik der reinen Vernunft* (1. Aufl.), Akademieausgabe, Bd. IV, Berlin: Georg Reimer 1903, S. 92

17 Henri Bergson, *Die schöpferische Entwicklung,* übers. von Gertrud Kantorowicz, Zürich: Coron, o. J. S. 196

18 Ibid., S. 267

19 William James, *Some Problems of Philosophy: A Beginning of an Introduction to Philosophy.* New York: Longmans, Green, & Co., 1911, S. 50

20 R. Haynes, *Philosopher King: The Humanist Pope Benedict XIV.* London: Weidenfeld and Nicholson, 1970, S. 100–103

21 Emanuel Swedenborg in G. Trobridge, *Swedenborg: Life and Teaching.* New York: Swedenborg Foundation, Inc., 1976, S. 134

22 Israel Regardie, *The Philosopher's Stone.* St. Paul, Minn.: Llewellyn Publications, 1978, S. 92–93

23 Carl G. Jung, »Synchronizität als ein Prinzip akausaler Zusammenhänge«, in: C. G. Jung / W. Pauli, *Naturerklärung und Psyche,* Zürich 1952, S. 1–107

24 William James, »Review of Human Personality and Its Survival of Bodily Death by F. W. H. Myers«, *Proceedings of the Society for Psychical Research* 18 (1903), S. 23
25 F. W. H. Myers, *Human Personality and Its Survival of Bodily Death*. L. H. Myers (Hrsg.), London und Bombay: Longmans, Green, & Co., 1907, S. xi, 9
26 Ibid., S. 73
27 Charles Richet, »La suggestion mentale et la calcul des probabilités«. *Revue Philosophique* 18 (1884), S. 608–674
28 Sigmund Freud, »Traum und Telepathie«, in: *Gesammelte Werke*, Bd. XIII, 165–191, S. 191
29 S. Freud, Brief an H. Carrington (1921), zitiert nach: Ernest Jones, *Leben und Werk von Sigmund Freud. 1919–1939*, Bd. III, Bern: Huber 1962, S. 456
30 J. B. Rhine, »Psi and psychology: Conflict and solution«, *Journal of Parapsychology* 32 (1968), S. 101–128
31 Wolfgang Pauli, *Aufsätze und Vorträge über Physik und Erkenntnistheorie*. Braunschweig: Friedr. Vieweg und Sohn, 1961, S. 111
32 Niels Bohr, *Atomic Theory and the Description of Nature*. Cambridge: The University Press, 1961
33 Carl G. Jung, »Der Einfluß archetypischer Vorstellungen auf die Bildung naturwissenschaftlicher Theorien«, in: C. G. Jung/W. Pauli, *Naturerklärung und Psyche*, Zürich 1952, S. 109–194
34 Erwin Schrödinger, *My View of the World*. Cambridge: The University Press, 1964 (siehe auch: E. Schrödinger, *Nature and the Greeks*. Cambridge: The University Press, 1954)
35 Werner Heisenberg, *Physics and Philosophy*. New York: Harper & Row, Harper Torchbooks, 1958. (siehe auch: W. Heisenberg, *Physics and Beyond*. New York: Harper & Row, 1972)
36 Pascual Jordan, »Parapsychological implications of research in atomic physics«, *International Journal of Parapsychology* 2, Nr. 4 (1960), S. 5–16
37 Eugene Wigner, *Symmetries and Reflections*. Bloomington und London: Indiana University Press, 1967
38 Carl Friedrich von Weizsäcker, *Die Einheit der Natur*. München: Hanser, 1971
39 Albert Einstein, *Aus meinem späten Leben*, Stuttgart: Kohlhammer 1952, S. 25–35 (8. Naturwissenschaft und Religion)
40 Max Planck, *A Survey of Physical Theory*. New York: Dover Publications, 1960, S. 53
41 Max Planck, *The Universe in the Light of Modern Physics*. New York: W. W. Norton & Co., 1931, S. 113–114
42 Max Planck, *Where Is Science Going?* New York: W. W. Norton & Co., 1932, S. 159–160
43 Erwin Schrödinger, *Geist und Materie*. Zürich: Diogenes 1989, S. 74
44 Erwin Schrödinger, *Mein Leben, meine Weltsicht*. Wien-Hamburg: Paul Zsolnay 1985, S. 94
45 Ibid., S. 164
46 Erwin Schrödinger, *Geist und Materie*. Zürich: Diogenes 1989, S. 65
47 Louis de Broglie, *New Perspectives in Physics*. New York: Basic Books, 1962, S. 221
48 Louis de Broglie, *Licht und Materie. Ergebnisse der Neuen Physik*, Hamburg: H. Goverts 1939, S. 274
49 R. G. Jahn, B. J. Dunne, »On the Quantum Mechanics of Consciousness with Application to Anomalous Phenomena. Appendix B: Collected Thoughts on the Role of Consciousness in the Physical Representation of Reality«. Technical Note PEAR 83005.1B, Princeton Engineering Anomalies Research, Princeton University, School of Engineering/Applied Science, 1984
50 Albert Einstein, zitiert nach: L. Barnett, *Einstein und das Universum*, Amsterdam: Bermann-Fischer 1950, S. 123 f.
51 Friedrich Schiller, *Wallensteins Tod*, 2. Akt, 3. Szene
52 Helmut Schmidt, »Anomalous Prediction of Quantum Processes by Some Human Subjects«, Boeing Scientific Research Laboratories Document D1-82-0821, Februar 1969 (siehe auch: H. Schmidt, »A PK test with electronic equipment«, *Journal of Parapsychology* 34, Nr. 3, [1970], S. 175–181)
53 R. D. Nelson, B. J. Dunne, R. G. Jahn, »An REG Experiment with Large Data Base Capability, III: Operator Related Anomalies«. Technical Note PEAR 84003, Princeton Engineering Anomalies Research, Princeton University, School of Engineering/Applied Science, 1984
54 G. Spencer Brown, »Statistical significance in psychical research«, *Nature* 172 (25. Juli 1953), S. 154–156
55 Abner Shimony, »Metaphysical problems in the foundations of quantum mechanics«, *International Philosophical Quarterly* 18 (1978), S. 3–17
56 Francis Galton, *Natural Inheritance*. New York und London: Macmillan and Co., 1894, S. 63–65
57 R. D. Nelson, B. J. Dunne, R. G. Jahn, »Operator Related Anomalies in a Random Mechanical Cascade Experiment«. Technical Note PEAR 88001, Princeton Engineering Anomalies Research, Princeton University, School of Engineering/Applied Science, 1988

58 Franz Hartmann, *Paracelsus: Life and Prophecies.* Blauvelt, N.Y.: Rudolf Steiner Publications, 1973, S. 105

59 H.E. Puthoff, R. Targ, »A perceptual channel for information transfer over kilometer distances: Historical perspective and recent research«, *Proceedings IEEE* 64 (1976), S. 329–354

60 B.J. Dunne, R.G. Jahn, R.D. Nelson, »Precognitive Remote Perception«. Technical Notes PEAR 83003 und 89001, Princeton Engineering Anomalies Research, Princeton University, School of Engineering/Applied Science, 1983 und 1989

61 Herman Melville, *Moby-Dick: An Authoritative Text, Reviews and Letters by Melville, Analogues and Sources, Criticism.* H. Hayford, H. Parker (Hrsg.), New York und London: W.W. Norton & Co., 1967, S. 264

62 Francis Bacon, *Neues Organon [Novum Organum]*, übersetzt, erläutert und mit einer Lebensbeschreibung des Verfassers versehen von J. H. von Kirchmann, Berlin: L. Heimann, 1870 (Philosophische Bibliothek, Bd. 32), S. 94

63 James Jeans, *Der Weltenraum und seine Rätsel,* München: Paul List 1955, S. 133f., 145

64 Sigmund Freud, *Die Zukunft einer Illusion,* (1927), in: Gesammelte Werke, Bd. XIV, 325–380, S. 380

65 Arthur Schopenhauer, *Die Welt als Wille und Vorstellung.* Zürcher Ausgabe. Werke in zehn Bänden. Zürich: Diogenes, 1977, Bd. 3, S. 23f.

66 Albert Einstein, in: P.A. Schilpp (Hrsg.), *Albert Einstein als Philosoph und Naturforscher,* Stuttgart: Kohlhammer 1955, S. 96

67 Ibid., S. 4f.

68 Werner Heisenberg, *Physik und Philosophie,* Stuttgart: Hirzel, 1978^3, S. 66

69 William James, *Some Problems of Philosophy: A Beginning of an Introduction to Philosophy.* New York: Longmans, Green, & Co., 1911, S. 185

70 William James, *Psychology: Briefer Course.* New York: Collier Books, 1962, S. 211

71 E. Pöppel, »Oscillations as possible basis for time perception«, in J. T. Fraser, F. C. Maker, G. H. Müller, (Hrsg.), *The Study of Time: Proceedings of the First Conference of the International Society for the Study of Time, Oberwolfach, Deutschland (1969).* New York, Heidelberg, Berlin: Springer-Verlag, 1972, S. 235

72 Sigmund Freud, »Die Abwehr-Neuropsychosen. Versuch einer psychologischen Theorie der akquirierten Hysterie, vieler Phobien und Zwangsvorstellungen und gewisser halluzinatorischer Psychosen« (1894), in: *Gesammelte Werke,* Bd. I, 59–74, S. 74

73 Hermann Weyl, *Mind and Nature.* Philadelphia: University of Pennsylvania Press, 1934, S. 19–20

74 Carl G. Jung, »Theoretische Überlegungen zum Wesen des Psychischen«, in: *Gesammelte Werke,* Bd. VIII, Zürich-Stuttgart: Rascher 1967, S. 266f.

75 Erwin Schrödinger, »Mind and Matter« in *What Is Life? and Mind and Matter.* Cambridge: The University Press, 1967, S. 127–128

76 J.W. Goethe in F. Ungar (Hrsg.), *Practical Wisdom: A Treasury of Aphorisms and Reflections from the German.* New York: Frederick Ungar Publishing Co., 1977, S. 131

77 Niels Bohr, *Atomic Theory and the Description of Nature.* Cambridge: The University Press, 1961, S. 20, 24

78 Werner Heisenberg, *Physics and Beyond.* New York: Harper & Row, Harper Torchbooks, 1972, S. 114

79 Ibid., S. 115

80 Werner Heisenberg, *Physik und Philosophie,* Stuttgart: Hirzel, 1978^3, S. 173

81 C. G. Jung/W. Pauli, *Naturerklärung und Psyche,* Zürich 1952, S. 163f.

82 Benjamin Franklin, *Poor Richard's Almanack.* Mt. Vernon, Peter Pauper Press, 1939

83 J. W. Goethe in F. Ungar (Hrsg.), *Goethe's World View, Presented in His Reflections and Maxims.* New York: F. Ungar Publishing Co., 1963, S. 139

84 William James, *Some Problems of Philosophy: A Beginning of an Introduction to Philosophy.* New York: Longmans, Green, & Co., 1911, S. 50–51

85 Albert Einstein in *Albert Einstein, the Human Side: New Glimpses from His Archives,* H. Dukas und B. Hoffmann (Hrsg.), Princeton, N.J.: Princeton University Press, 1981, S. 38

86 Louis de Broglie, »The Role of the Engineer in the Age of Science«, in *New Perspectives in Physics.* New York: Basic Books, 1962, S. 213

87 Arthur Eddington, *Das Weltbild der Physik und ein Versuch seiner philosophischen Deutung,* Braunschweig: Vieweg 1931, S. 306, 308

88 A. Einstein, B. Podolsky, N. Rosen, »Can quantum mechanical description of reality be considered complete?« *Physical Review* 47, Nr. 777 (1935) (siehe auch: J. S. Bell, »Quantum interconnectedness«, *Physics* 1, Nr. 195 [1965])

89 A. Aspect, J. Dalibard, G. Roger, »Experimental test of Bell's Inequalities using time-varying analyzers«, *Physical Review Letters* 49 (1982), S. 1804

90 Erwin Schrödinger, *Die Natur und die Griechen,* Hamburg: Rowohlt 1956, S. 121

91 Erwin Schrödinger, *What Is Life?* Cambridge: The

University Press; New York: Macmillan Co., 1945, S. 88

92 Arthur Eddington, *Relativity Theory of Protons and Electrons*. New York: Macmillan Co., und Cambridge: The University Press, 1936, S. 329

93 Werner Heisenberg, »The nature of elementary particles«, *Physics Today* 29 (1976), S. 32–39

94 Sidney D. Drell, »When is a particle?«, *Physics Today* 31 (1978), S. 23–32

95 Fritjof Capra, Paper LBL-796, Lawrence Berkeley Laboratories, University of California, Berkeley, 1978

96 William James, »Psychical Research«, in *The Will to Believe and Other Essays in Popular Philosophy and Human Immortality*. New York: Dover Publications, Inc., 1956, S. 327

97 Henri Bergson, *Einführung in die Metaphysik*, (übers. von Margarete Sußmann), Eugen Diederichs: Jena 1920, S. 46

98 James Jeans, *Physik und Philosophie*, Zürich: Rascher 1944, S. 272

99 Pierre Teilhard de Chardin, *The Phenomenon of Man*. New York: Harper & Row, 1965), S. 36

100 C. M. Pleass, N. D. Dey, »The use of cultures of marine microalgae as biotransducers in the scientific study of the energy fields of living organisms«. College of Marine Studies, University of Delaware (persönliche Mitteilung)

101 I. Prigogine, I. Stengers, *Order Out of Chaos: Man's New Dialogue with Nature*. New York: Bantam Books, 1984

102 Rupert Sheldrake, *A New Science of Life: The Hypothesis of Formative Causation*. Los Angeles: J. P. Tarcher, 1981

103 Albert Einstein, *Aus meinen späteren Jahren*, Stuttgart: DVA 1952, S. 30 f.

104 Max Planck in F. Ungar (Hrsg.), *Practical Wisdom: A Treasury of Aphorisms and Reflections from the German*. New York: Frederick Ungar Publishing Co., 1977, S. 19

105 Pierre Teilhard de Chardin, *On Love*. New York: Harper & Row, 1967, S. 33–34 (aus P. Teilhard de Chardin, »The Evolution of Chastity«)

106 Arthur S. Eddington, *Das Weltbild der Physik und ein Versuch seiner philosophischen Deutung*, Braunschweig: Vieweg 1931, S. 238

107 Arthur S. Eddington, *Raum, Zeit und Schwere*, Braunschweig: Vieweg 1923, S. 204

Quellennachweise

Zitatkästen: (**27**) Israel Regardie, *The Middle Pillar*. St. Paul, Minn.: Llewellyn Publications, 1978, S. 19 — (**31**) James Jeans, *Physics and Philosophy*. Cambridge: The University Press, 1943, S. 204 — (**35**) Johannes Kepler, *Harmonices mundi*. Buch V (Frisch, Bd. V, S. 223) in W. Pauli, »The Influence of Archetypal Ideas on Kepler's Theories«. In C. G. Jung und W. Pauli, *The Interpretation of Nature and the Psyche*. New York: Pantheon Books (Bollingen Series LI), 1955, S. 161 — (**55**) J. B. Rhine, *The Reach of the Mind*. New York: William Sloane Associates, Inc., 1962, S. 153 — (**59**) Stephen Jay Gould, »Bligh's Bounty«. *Natural History*. Bd. 94, Nr. 9, September 1985, S. 4, 6 f. — (**64**) Max Planck, *Where Is Science Going?* New York: W. W. Norton & Co., 1932, S. 117 — (**65**) Niels Bohr, *Atomic Theory and the Description of Nature*. Cambridge: The University Press, 1961, S. 116 — (**199**) Hazrat Inayat Khan, *The Complete Sayings of Hazrat Inayat Khan*. New Lebanon, N. Y.: Sufi Order Publications, 1978, S. 42 — (**206**) Jonas Salk, *The Survival of the Wisest*. New York: Harper & Row, 1973, S. 45 — (**208**) Werner Heisenberg, *Physics and Beyond*. New York: Harper & Row, 1971, S. 101 — (**212**) James Jeans, *Physik und Philosophie*. Zürich: Rascher 1944, S. 277 — (**218**) Immanuel Kant, *Kritik der reinen Vernunft*. 1. Aufl., Akademieausgabe, Bd. IV, Berlin: Georg Reimer 1903, S. 109 — (**222**) Arthur Eddington, *The Philosophy of Physical Science*. New York: The Macmillan Co., 1939, S. 129 — (**223**) Louis de Broglie, *Physics and Microphysics*. New York: Pantheon Books, 1955, S. 131 — (**227**) Arthur S. Eddington, *Raum, Zeit und Schwere*. Braunschweig: Vieweg 1923, S. 153 f. — (**228**) Niels Bohr, *Atomic Theory and the Description of Nature*. Cambridge: The University Press, 1961, S. 19 — (**237**) Werner Heisenberg, *Physik und Philosophie*, Stuttgart: Hirzel, 1978[3], S. 94 — (**238**) P. D. Ouspensky, *Tertium Organum*. New York: Random House (Vintage Books), 1981, S. 290 — (**245**) Alfred North Whitehead, *Nature and Life*. Chicago: University of Chicago Press, 1934, S. 46 — (**252**) Luther Burbank, in W. S. Harwood, »A wonder-worker of science: An authoritative account of Luther Burbank's unique work in creating new forms of plant life«. *The Century Magazine* Nr. 69, 1904–1905, S. 838 — (**254**) Erwin Schrödinger, *Geist und Materie*. Zürich: Diogenes 1989, S. 143 f. — (**257**) Arthur Eddington, *The Philosophy of Physical Science*. New York: Macmillan, 1939, S. 128 — (**259**) Louis de Broglie, *Licht und Materie. Ergebnisse der Neuen Physik*. Hamburg: H. Goverts 1939, S. 272 — (**277**) Albert Einstein, in W. Heisenberg, *Physics and Beyond*. New York: Harper & Row, 1971, S. 63 — (**277**) Charlie Chan, »Charlie Chan in Egypt«. 1935 (zitiert in S. J. Gould, »Bligh's Bounty«, *Natural History*, Bd. 94, Nr. 9, September 1985, S. 10) — (**278**) Carl Gustav Jung, »Analytische Psychologie und Erziehung II« in: *Gesammelte Werke*. Bd. XVII, Olten-Freiburg: Walter 1972, S. 105 — (**288**) J. W. Goethe, in F. Ungar, *Practical Wisdom: A Treasury of Aphorisms and Reflections from the German*. New York: Frederick Ungar Publishing Co., 1977, S. 25 — (**289**) Rollo May, *Love and Will*. New York: Dell Publishing Co. (A Delta Book), 1969, S. 325 — (**292**) Carl Friedrich von Weizsäcker, *Die Einheit der Natur*. München: Hanser, 1971, S. 346 f. — (**296**) Edgar D. Mitchell, »From Outer Space to Inner Space ...« in E. D. Mitchell, *Psychic Exploration: A Challenge for Science*. J. White (Hrsg.). New York: G. S. Putnam's Sons, 1974, S. 25, 43 f. — (**300**) Albert Einstein, in: P. A. Schilpp (Hrsg.), *Albert Einstein als Philosoph und Naturforscher*, Stuttgart: Kohlhammer 1955, S. 18 — (**301**) Arthur Eddington, *The Nature of the Physical World*. Ann Arbor, Mich.: The University of Michigan Press, 1978, S. 344 f. — (**304**) Lao Tse, *Tao Te Ching*. New York: Random House (Vintage Books), 1972, Kapitel 63 — (**305**) Pierre Teilhard de Chardin, *L'Apparition de l'homme*. S. 179–182 (zitiert in C. E. Raven, *Teilhard de Chardin: Scientist and Seer*. New York und Evanston: Harper & Row, 1962, S. 40) — (**315**) Alfred Russel Wallace, *Man's Place in the Universe: A Study of the Results of Scientific Research in Relation to the Unity or Plurality of Worlds*. New York: McClure Phillips and Company, 1903 (zitiert in S. J. Gould, *The Flamingo's Smile: Reflections in Natural History*. New York und London: W. W. Norton & Co., 1985, S. 397) — (**318**) C. G. Jung, *Erinnerungen, Träume, Gedanken*. Zürich–Stuttgart: Rascher 1968, S. 142 — (**324**) P. D. Ouspensky, *Tertium Organum*. New York: Random House (Vintage Books), 1981, S. 194 — (**326**) Alan

Watts, *Uncarved Block, Unbleached Silk: The Mystery of Life*. New York: A & W Visual Library, 1978 — (**328**) Arthur Eddington, *Space, Time and Gravitation*. Cambridge: The University Press, 1978, S. 198 — (**329**) Lincoln Barnett, *The Universe and Dr. Einstein*. New York: William Morrow (Bantam Books), 1979, S. 35 — (**332**) F. W. H. Myers, *Human Personality and Its Survival of Bodily Death*. London und Bombay: Longmans, Green & Co., 1907, S. 344

ABBILDUNGEN: (**11**) Culver Pictures — (**18**) New York Public Library (aus Michael Majer, *Atalanta Fugiens*, 1687) — (**19**) New York Public Library (aus Mainz Breydenback, *Travels in the Holy Land*, 1486) — (**21**) Culver Pictures — (**24**) Dr. Fabrizio Mori, Nannini, Rom — (**25**) The Bettmann Archive — (**26**) Culver Pictures — (**28**) Samuel Weiser, Inc./U.S. Games Systems, Inc. — (**30**) Culver Pictures — (**32**) Picture Collection, The New York Public Library — (**34**) Österreichische Nationalbibliothek, Wien — (**36**) Vadian-Bibliothek, St. Gallen — (**38, 42**) Culver Pictures — (**44**) Bridgeman/Art Resource/British Museum — (**47**) Charles Scribner's Sons — (**48 o.**) Culver Pictures — (**48 u.**) New York Public Library (aus R. G. Medhurst, *Crookes and the Spirit World*, 1972) — (**50, 51**) Robert G. Jahn und Brenda J. Dunne — (**53**) New York Public Library (aus Joseph Glanvil, *Saducismus Triumphatus*, 1681) — (**58**) *Harper's Magazine*, Dezember 1876 — (**61**) Culver Pictures — (**62**) The Bettmann Archive — (**63**) Woldemar von Jaskowsky — (**66 o.**) New York Public Library (aus Max Born, *Atomic Physics*) — (**66 u.**) New York Public Library (aus Lincoln Barnett, *The Universe and Dr. Einstein*) — (**71**) Ken Love / Black Star — (**74**) Culver Pictures (Sir Isaac Newton) — (**82**) Four By Five — (**83, 84**) Michael L. Freeman mit Robert G. Jahn und Brenda J. Dunne — (**85**) New York Public Library (aus Heinrich Khunrath, *Amphitheatrum Aeternae Sapientiae*, 1609) — (**87, 94**) Culver Pictures — (**99 o.**) Donald Neiler — (**129 o.**) New York Public Library (aus Francis Galton, *Natural Inheritance*, 1884) — (**129 u.**) Karen Halverson — (**193**) Culver Pictures / Rockwell Kent Legacies — (**200**) Oswald White Bear Fredericks, Viking Press (Hopi-Labyrinth) — (**201 o.**) aus Jill Purce, *The Mystic Spiral*, 1980 (Labyrinth auf der Insel Weir, Finnland) — (**201 u.**) *Parabola Magazine*, 1979 (kretisches Labyrinth) — (**202**) *Parabola Magazine*, 1979 (Labyrinth in der Kathedrale von Chartres) — (**204**) aus Jill Purce, *The Mystic Spiral*, 1980 (Labyrinth in Toussaints Abbey) — (**206**) Michael L. Freeman mit Robert C. Jahn und Brenda J. Dunne — (**207**) Culver Pictures — (**211**) Robert G. Jahn — (**212 o.**) Donald Neiler — (**212 u.**) Dr. G. L. Germer — (**214 o., 214 u.**) Culver Pictures — (**215 o.**) New York Public Library (aus Henry DeWolf Smyth und Charles Wilbur Ufford, *Matter, Motion and Electricity*, 1939) — (**215 u.**) Culver Pictures — (**217**) Eugene Anthony / Black Star (offene Wasserwellen) — (**219**) Culver Pictures — (**225**) Science Source / Photo Researchers, Inc. — (**229**) Österreichische Nationalbibliothek, Wien — (**231**) Mary Evans Picture Library / Photo Researchers, Inc. — (**233**) aus Larousse, *World Mythology* — (**235**) Smithsonian Institution — (**241, 242, 244**) Michael L. Freeman mit Robert G. Jahn und Brenda J. Dunne — (**245**) Marc Hasselnis — (**247**) New York Public Library (aus Max Born, *Atomic Physics*) — (**248**) George Cruikshank / Culver Pictures — (**251**) Michael L. Freeman mit Robert G. Jahn und Brenda J. Dunne — (**253**) Culver Pictures — (**255**) Reece Winston — (**256, 258**) Culver Pictures — (**261**) A. I. S. Niels Bohr Library / Margrethe Bohr Collection — (**263**) © 1987 by Sidney Harris / American Scientist Magazine — (**266**) Robert S. Matthews — (**268**) © 20th Century Fox Film Corporation (Artoo und Deetoo mit See Threepio, Roboter aus *Star Wars*) — (**270**) aus G. W. King, *The Gnostics & Their Remains*, 1887 — (**273**) New York Public Library — (**276**) Giraudon / Bibliothèque Nationale, Paris — (**279**) Culver Pictures (Adam benennt die Tiere) — (**281**) Mount Wilson & Palomar Observatories, California Institute of Technology — (**289**) Culver Pictures (Spinnennetz) — (**291**) James Edward Vaughan / Black Star — (**297**) Harper & Row Publishers, Inc. (aus J. A. West, *Serpent in the Sky*, 1979) — (**299**) William Hogarth / Trustees of the British Museum — (**300**) American Museum of Natural History — (**304**) American Heritage — (**309**) Martin Saint Martin / *Physics Today*, April 1985 — (**311 o.**) Mount Wilson & Palomar Observatories, California Institute of Technology — (**311 u.**) Lawrence Radiation Laboratory, Berkeley, California / Science Source / Photo Researchers, Inc. — (**312 o.**) Michael L. Freeman mit Robert G. Jahn und Brenda J. Dunne — (**312 u.**) Culver Pictures — (**316**) Dr. Ronald H. Cohn, The Gorilla Foundation — (**319**) Culver Pictures — (**320**) René Magritte, Giraudon / Musée Nationale d'Art Moderne, Paris — (**321**) Michael L. Freeman mit Robert G. Jahn und Brenda J. Dunne — (**324**) Hans Holbein, *Das Buchdruckerzeichen des Johannes Froben* / Öffentliche Kunstsammlung Basel, Kunstmuseum — (**327**) Ellen Mogensen — (**329**) Gemälde von Eitaku Kobayashi, William Sturgis Bigelow Collection, Museum of Fine Arts, Boston — (**331**) Dell Publishing Co. — (**333**) New York Public Library

Dank

Das *Princeton Engineering Anomalies Research Program* (PEAR-Programm) wurde in den vergangenen zehn Jahren durch regelmäßige großzügige Unterstützung von der *James S. McDonnel Foundation* und der *John E. Fetzer Foundation* gefördert, ferner durch Spenden vieler anderer philanthropischer Organisationen und Einzelpersonen. Dieses Buch wurde insbesondere durch eine generöse Zuwendung von Trammell Crow möglich. Außer diesen Spendern schulden die Autoren vielen anderen Freunden und Kollegen, die dieses Werk förderten, großen Dank.

In unserem Institut unterstützten uns Susan Intner, Roger Nelson und viele andere derzeitige und ehemalige Mitglieder der PEAR-Familie bei der Abfassung und der Korrektur von Manuskript, Abbildungen, Tabellen und Literaturhinweisen. Wir danken besonders Yolanda Pastor, die die Textverarbeitung der zahllosen Entwürfe vornahm. Einige Mitglieder unseres Fachbereichs und anderer Abteilungen der *School of Engeneering and Applied Science* erwiesen uns wertvolle Dienste und ermutigten uns bei unserem Forschungsprogramm, unter ihnen George Mueller, Jeremiah Farrington und William Surber.

Vor allem sind wir William und Peter Jovanovich für ihr großes Engagement sowie ihre persönliche und fachliche Ermutigung äußerst dankbar. Wir danken auch John Radziewicz herzlich für das Einbringen seiner technischen Fähigkeiten und sein sicheres Urteil.

Ferner danken wir John E. Fetzer, James S. McDonnell, John F. McDonnell und Gattin, George L. Ohrstrom jr., Charles E. Spence, Donald C. Webster und Michael Witunski. In unseren Dank wollen wir auch die zahllosen Kollegen in der Forschung einbeziehen, die in Ost und West auf diesem und auf verwandten Gebieten arbeiten. Sie nahmen Anteil an unserer Forschung, ermutigten uns oder erkannten unsere Arbeiten der letzten Jahre an. Dank gilt auch Rose Rackley und anderen, die unsere Überzeugungen hinsichtlich dieser schwierigen Materie durch ihre eigenen unterstützten – und das zu einer Zeit, als es nicht sehr populär war, so zu denken. Wir wollen auch die Wegbereiter in der Vergangenheit und die künftigen Erben nicht vergessen, diejenigen, die diese Expedition in das Reich des kreativen Bewußtseins einst begannen, und diejenigen, die sie noch lange fortsetzen werden.

Schließlich wollen die Autoren den vielen anonymen Teilnehmern bei den Experimenten ihren Dank abstatten. Sie haben viel Zeit und Energie geopfert, ihr Vertrauen und ihre Zuwendung eingebracht, und nur dadurch konnten die Daten aufgenommen werden, mit denen dieses Programm, dieses Buch und unsere Botschaft insgesamt stehen oder fallen.

Robert G. Jahn / Brenda J. Dunne Princeton, New Jersey, 1987

Anhang

Tabelle A: Ergebnisse: Zufallszahlengenerator nach einzelnen Teilnehmern

		PK⁺						PK⁻					
Teilnehmer	Anzahl der Serien	Anzahl der Intervalle	Mittelwert	*z*-Wert	Wahrscheinlichkeit	Anzahl der Serien $p < 0{,}05$*	Anzahl der Serien $p < 0{,}5$	Anzahl der Intervalle	Mittelwert	*z*-Wert	Wahrscheinlichkeit	Anzahl der Serien $p < 0{,}05$*	Anzahl der Serien $p < 0{,}5$
10	15	55100	100,082	2,729	0,003	3	12	55050	99,896	−3,459	3×10^{-4}	4 (1)	13
14	3	8000	100,070	0,885	0,188	1	2	7800	99,872	−1,603	0,054	1	3
16	3	7500	100,070	0,856	0,196	–	2	7500	99,763	−2,903	0,002	1	3
19	1	2950	100,030	0,232	0,408	–	1	2800	100,042	0,313	(0,377)	–	–
20	3	7550	100,087	1,064	0,144	–	2	7450	99,979	−0,262	0,397	–	2
21	1	2700	100,044	0,321	0,374	–	1	2300	100,156	1,056	(0,146)	–	–
29	1	2500	99,912	−0,625	(0,266)	–	–	2500	100,046	0,322	(0,347)	–	–
30	2	5000	100,026	0,262	0,397	–	1	5000	99,939	−0,606	0,272	–	2
33	1	4000	99,868	−1,178	(0,119)	–	–	2500	99,928	−0,512	0,304	–	1
36	2	5000	99,978	−0,218	(0,414)	–	1	5250	100,068	0,695	(0,244)	–	1
41	5	13450	100,023	0,373	0,355	–	3	15050	99,984	−0,273	0,392	– (1)	4
42	1	2700	100,094	0,691	0,245	–	1	2300	100,031	0,212	(0,416)	–	–
44	2	5300	99,781	−2,255	(0,012)	– (1)	–	6200	99,918	−0,914	0,180	–	2
49	2	4950	99,871	−1,284	(0,099)	–	–	5,050	100,072	0,722	(0,235)	–	1
53	3	7550	99,937	−0,778	(0,218)	– (1)	1	7450	99,981	−0,236	0,407	–	2
55	13	43300	100,018	0,544	0,293	2 (1)	7	43400	100,028	0,818	(0,207)	– (1)	5
59	2	5100	100,046	0,461	0,322	–	1	3900	99,923	−0,684	0,247	–	2
64	2	5500	99,940	−0,625	(0,266)	–	1	4500	100,042	0,403	(0,344)	–	1
65	1	2600	100,207	1,489	0,068	–	1	2400	99,956	−0,303	0,381	–	1
66	2	7950	100,003	0,041	0,484	–	1	7050	99,930	−0,830	0,203	–	1
68	1	4650	99,955	−0,429	(0,334)	–	–	5350	100,005	0,048	(0,481)	–	–
70	3	7700	99,963	−0,459	(0,323)	–	1	7300	99,922	−0,940	0,174	–	2
80	2	7500	100,185	2,272	0,012	1	1	7500	99,871	−1,581	0,057	1	2
82	2	4100	100,193	1,745	0,041	1	2	5250	100,060	0,615	(0,269)	–	–
84	1	2500	100,102	0,724	0,235	–	1	2500	99,765	−1,663	0,048	1	1
85	1	5100	100,088	0,891	0,186	–	1	5300	100,180	1,851	(0,032)	– (1)	1
88	1	2750	100,169	1,254	0,105	–	1	3000	100,084	0,648	(0,258)	–	–
90	1	2500	100,088	0,619	0,268	–	1	2500	99,968	−0,229	0,409	–	1
92	2	7400	99,941	−0,722	(0,235)	1 (1)	1	5400	100,087	0,903	(0,183)	– (1)	1
93	2	5000	100,144	1,440	0,075	–	2	5000	100,019	0,194	(0,423)	–	1
94	4	10000	100,056	0,796	0,213	1	2	10000	99,939	−0,863	0,194	–	3
96	1	2250	100,073	0,492	0,311	–	1	2750	100,085	0,634	(0,263)	–	–
97	1	2500	100,110	0,781	0,218	–	1	2500	99,935	−0,461	0,322	–	1
Alle	87	262650	100,037	2,666	0,004	10 (4)	53	259800	99,966	−2,444	0,007	8 (5)	56

* Zahlen in ( ) geben die der Teilnehmerintention entgegengesetzten Ergebnisse an.

Tabelle A: Fortsetzung

Teilnehmer	Baseline							ΔPK				
	Anzahl der Serien	Anzahl der Intervalle	Mittelwert	z-Wert	Wahrscheinlichkeit	Anzahl der Serien $p < 0{,}05$	Serien anzahl Mittelw. >100	Anzahl der Intervalle	z-Wert	Wahrscheinlichkeit	Anzahl der Serien $p < 0{,}05$*	Anzahl der Serien $p < 0{,}5$
10	13	59100	100,011	0,389	0,349	–	8	110150	4,375	6×10^{-6}	4	14
14	3	7250	99,936	–0,774	0,219	–	1	15800	1,756	0,040	–	3
16	3	7500	100,024	0,292	0,385	–	1	15000	2,658	0,004	1	3
19	1	2500	100,044	0,311	0,378	–	1	5750	–0,052	(0,479)	–	–
20	3	7500	99,956	–0,537	0,296	–	0	15000	0,940	0,174	–	3
21	1	2500	100,032	0,229	0,409	–	1	5000	–0,480	(0,316)	–	–
29	1	2500	100,076	0,540	0,295	–	1	5000	–0,670	(0,251)	–	–
30	1	2650	99,978	–0,162	0,436	–	0	10000	0,614	0,270	–	1
33	1	2500	100,053	0,376	0,353	–	1	6500	–0,607	(0,272)	–	–
36	2	4500	99,928	–0,679	0,249	–	1	10250	–0,650	(0,258)	–	–
41	3	9800	100,012	0,166	0,434	–	1	28500	0,455	0,325	–	4
42	1	2500	99,964	–0,255	0,400	–	0	5000	0,364	0,358	–	1
44	2	3000	99,982	–0,137	0,446	–	1	11500	–0,860	(0,195)	–	–
49	2	5000	100,078	0,784	0,217	–	2	10000	–1,417	(0,078)	– (1)	–
53	3	7500	99,961	–0,477	0,317	–	2	15000	–0,386	(0,350)	– (1)	2
55	10	40000	100,004	0,113	0,455	–	6	86700	–0,194	(0,423)	1 (1)	6
59	1	1100	100,119	0,559	0,288	–	1	9000	0,798	0,213	–	2
64	1	5500	99,908	–0,965	0,167	–	0	10000	–0,734	(0,232)	–	–
65	1	2500	100,172	1,213	0,112	–	1	5000	1,284	0,100	–	1
66	2	7500	99,964	–0,444	0,328	–	1	15000	0,599	0,275	–	1
68	1	4950	100,158	1,572	0,058	–	1	10000	–0,328	(0,371)	–	–
70	3	7500	100,081	0,998	0,159	–	2	15000	0,327	0,372	–	2
80	2	5500	100,160	1,676	0,047	–	2	15000	2,724	0,003	1	1
82	1	5000	100,014	0,144	0,443	–	1	9350	0,695	0,244	–	2
84	1	2500	100,092	0,653	0,257	–	1	5000	1,688	0,046	1	1
85	1	5550	100,107	1,129	0,129	–	1	10400	–0,698	(0,243)	–	–
88	1	2900	99,915	–0,649	0,258	–	0	5750	0,399	0,345	–	1
90	1	2500	99,820	–1,270	0,102	–	0	5000	0,600	0,274	–	1
92	2	4950	99,900	–0,997	0,159	–	0	12800	–1,135	(0,128)	1 (1)	1
93	2	5000	99,827	–1,730	0,042	–	0	10000	0,881	0,189	–	2
94	4	9500	99,961	–0,543	0,294	–	2	20000	1,173	0,120	1	3
96	1	2500	99,914	–0,611	0,271	–	0	5000	–0,140	(0,444)	–	–
97	1	2500	100,104	0,735	0,231	–	1	5000	0,878	0,190	–	1
Alle	76	243750	100,004	0,282	0,389	–	41	522450	3,614	2×10^{-4}	10 (4)	56

Tabelle B: Ergebnisse: mechanische Zufallskaskade nach einzelnen Teilnehmern

				PK$^+$ (rechts)					
Teilnehmer	Anzahl der Serien	Anzahl der Durchgänge	PK^0-Mittelwert	Mittelwert	S.A.*	*t*-Wert	Wahrscheinlichkeit	Anzahl der Serien $p < 0{,}05$	Anzahl der Serien $p < 0{,}5$
10	17	270	10,0328	10,0297	0,0508	–0,987	(0,162)	– (2)	6
14	1	20	10,0336	10,0284	0,0497	–0,472	(0,321)	–	–
16	3	30	10,0111	10,0246	0,0496	1,497	0,073	–	3
20	2	20	10,0002	10,0226	0,0505	1,975	0,031	1	2
41	7	90	10,0205	10,0240	0,0533	0,620	0,268	–	4
42	3	30	9,9913	10,0181	0,0452	3,248	0,001	1	3
44	1	20	10,0419	10,0361	0,0457	–0,571	(0,287)	–	–
49	1	10	10,0219	10,0291	0,0462	0,488	0,319	–	1
51	1	10	10,0047	10,0066	0,0456	0,133	0,488	–	1
53	1	10	10,0283	10,0214	0,0682	–0,321	(0,378)	–	–
55	20	300	10,0272	10,0283	0,0497	0,374	0,354	2 (1)	11
63	1	7	10,0207	10,0342	0,0458	0,782	0,232	–	1
64	1	10	10,0164	10,0219	0,0476	0,364	0,362	–	1
66	1	10	10,0210	9,9907	0,0306	–3,142	(0,006)	– (1)	–
68	2	40	10,0224	10,0180	0,0453	–0,608	(0,273)	–	1
69	1	11	10,0463	10,0253	0,0679	–1,023	(0,165)	–	–
70	4	40	10,0166	10,0278	0,0541	1,310	0,099	–	4
79	1	9	10,0214	10,0448	0,0649	1,079	0,156	–	1
84	1	10	10,0237	10,0348	0,0376	0,937	0,187	–	1
91	1	16	10,0290	10,0325	0,0462	0,306	0,382	–	1
93	3	31	10,0142	10,0219	0,0492	0,875	0,194	–	2
94	3	30	10,0041	9,9977	0,0557	–0,636	(0,265)	– (1)	2
Alle	76	1024	10,0245	10,0260	0,0506	0,978	0,164	4 (5)	45

* Der *t*-Wert für Paardaten ersetzt bei diesen Experimenten den sonst üblichen *z*-Wert, weil eine empirische Baseline-Verteilung verwendet wird, anstelle der theoretischen Verteilung. Für diese Berechnung wird eine empirische Standardabweichung (S. A.) der Mittelwertdifferenzen benötigt.

** Das ΔPK-Ergebnis wurde aus der Differenz zwischen den PK$^+$- und den PK$^-$-Daten berechnet, während beim Zufallsgenerator ΔPK den kombinierten Effekt in Richtung der jeweiligen Intention widerspiegeln.

Tabelle B: Fortsetzung

	PK⁻ (links)						ΔPK (rechts–links)**					
Teilnehmer	Mittelwert	S.A.*	t-Wert	Wahrscheinlichkeit	Anzahl der Serien $p < 0,05$	Anzahl der Serien $p < 0,5$	Anzahl der Durchgänge	S.A.*	t-Wert	Wahrscheinlichkeit	Anzahl d. Serien $p < 00,5$	Anzahl d. Serien $p < 0,5$
10	10,0195	0,0536	−4,076	3×10^{-5}	6	14	270	0,0521	3,235	7×10^{-4}	7 (1)	11
14	10,0259	0,0418	−0,822	0,211	–	1	20	0,0402	0,270	0,395	–	1
16	9,9994	0,0507	−1,256	0,110	1	2	30	0,0515	2,683	0,006	1	3
20	10,0259	0,0448	2,566	(0,009)	– (1)	–	20	0,0328	−0,461	(0,325)	– (1)	1
41	10,0241	0,0488	0,697	(0,244)	–	3	90	0,0530	−0,018	(0,493)	– (1)	3
42	9,9990	0,0502	0,838	(0,204)	–	–	30	0,0432	2,427	0,011	1	3
44	10,0342	0,0484	−0,713	0,242	–	1	20	0,0531	0,158	0,438	–	1
49	10,0212	0,0369	−0,058	0,478	–	1	10	0,0375	0,659	0,263	–	1
51	10,0002	0,0322	−0,436	0,337	–	1	10	0,0307	0,655	0,264	–	1
53	10,0195	0,0632	−0,444	0,334	–	1	10	0,0288	0,214	0,418	–	1
55	10,0244	0,0494	−0,985	0,163	1	13	300	0,0490	1,373	0,085	2	13
63	10,0126	0,0391	−0,550	0,301	–	1	7	0,0358	1,600	0,080	–	1
64	10,0241	0,0506	0,482	(0,321)	–	–	10	0,0523	−0,134	(0,448)	–	–
66	10,0017	0,0590	−1,038	0,163	–	1	10	0,0478	−0,728	(0,243)	–	–
68	10,0221	0,0469	−0,031	0,488	1 (1)	1	40	0,0511	−0,510	(0,306)	–	1
69	10,0121	0,0680	−1,664	0,064	–	1	11	0,0359	1,218	0,126	–	1
70	10,0122	0,0454	−0,627	0,267	–	2	40	0,0463	2,143	0,019	2	3
79	10,0329	0,0394	0,872	(0,204)	–	–	9	0,0666	0,535	0,303	–	1
84	10,0175	0,0516	−0,375	0,358	–	1	10	0,0566	0,965	0,180	–	1
91	10,0395	0,0566	0,743	(0,235)	–	–	16	0,0383	−0,729	(0,239)	–	–
93	10,0045	0,0440	−1,221	0,116	–	2	31	0,0466	2,075	0,023	–	3
94	9,9841	0,0467	−2,350	0,013	1	3	30	0,0462	1,606	0,060	–	3
Alle	10,0190	0,0503	−3,473	3×10^{-4}	10 (2)	49	1024	0,0489	4,581	3×10^{-6}	13 (3)	53

Tabelle C: Ergebnisse: Teilnehmer 10

Experiment	Anzahl der Trials pro Durchgang	Anzahl der Zufallsereignisse pro Trial*	Ort	Anzahl der Serien	Intention	Anzahl der Trials	Mittelwert	t-Wert	Wahrscheinlichkeit	Anzahl der Serien $p < 0{,}05$	Anzahl der Serien $p < 0{,}5$
Zufallszahlengenerator	50	200	lokal	15	PK^0	59100	100,011	0,388	0,349	–	5
					PK^+	55100	100,082	2,723	0,003	3	12
					PK^-	55050	99,896	–3,470	3×10^{-4}	4 (1)	13
					ΔPK	110150		4,379	6×10^{-6}	4	14
	50	2000	lokal	9	PK^0	20000	999,960	–0,257	0,399	–	5
					PK^+	22350	1000,116	0,781	0,217	2 (1)	6
					PK^-	22950	999,612	–2,656	0,004	3 (1)	8
					ΔPK	45300		2,439	0,007	2	8
	50	100	lokal	5	PK^0	5250	50,028	0,406	0,342	–	1
					PK^+	12350	50,018	0,393	0,347	–	3
					PK^-	13300	49,980	–0,474	0,318	–	4
					ΔPK	25650		0,614	0,270	–	4
	50	20	lokal	6	PK^0	15000	10,010	0,460	0,323	–	3
					PK^+	15300	10,014	0,774	0,219	1	3
					PK^-	14700	10,020	1,077	(0,141)	– (1)	2
					ΔPK	30000		–0,205	(0,419)	–	3
	1000	200	lokal	7	PK^0	21000	100,019	0,383	0,351	–	3
					PK^+	21000	100,139	2,852	0,002	2	7
					PK^-	21000	99,905	–1,958	0,025	2 (1)	5
					ΔPK	42000		3,401	3×10^{-4}	2	6
	1000	200	entfernt	13	PK^0	39000	100,005	0,139	0,445	–	6
					PK^+	39000	100,078	2,183	0,015	3 (1)	9
					PK^-	39000	100,018	0,500	(0,309)	–	5
					ΔPK	78000		1,190	0,117		9

* Trial bezeichnet die Anzahl eingeflossener Intervalle in den Zufallszahlengenerator- und Pseudozufallszahlengeneratorexperimenten sowie die Anzahl der Durchgänge der mechanischen Zufallskaskade.

Tabelle C: Fortsetzung

Experiment	Anzahl der Trials pro Durchgang	Anzahl der Zufallsereignisse pro Trial	Ort	Anzahl der Serien	Intention	Anzahl der Trials*	Mittelwert	t-Wert	Wahrscheinlichkeit	Anzahl der Serien $p<0{,}05$	Anzahl der Serien $p<0{,}5$
Pseudo-	50	200	lokal	9	PK$^{\circ}$	22500	99,957	−0,903	0,183	–	3
zufalls-					PK^{+}	23000	100,059	1,275	0,101	2	4
generator					PK^{-}	22000	99,845	−3,263	6×10^{-4}	2	8
					ΔPK	45000		3,193	7×10^{-4}	3	7
	50	2000	lokal	5	PK$^{\circ}$	12500	999,875	−0,629	0,265	–	4
					PK^{+}	12000	1000,060	0,290	0,386	–	3
					PK^{-}	13000	999,912	−0,450	0,326	1	2
					ΔPK	25000		0,525	0,300	1	2
	1000	200	lokal	5	PK$^{\circ}$	15000	100,031	0,534	0,297	–	1
					PK^{+}	15000	100,112	1,974	0,024	1	4
					PK^{-}	15000	100,074	1,268	(0,102)	– (2)	2
					ΔPK	30000		0,499	0,309	1	2
mecha-	9000	~40	lokal	17	PK$^{\circ}$	270	10,033				
nische					PK^{+}	270	10,030	−0,987	(0,162)	– (2)	6
Zufalls-					PK^{-}	270	10,020	−4,076	3×10^{-5}	6	14
kaskade					ΔPK	270		3,235	7×10^{-4}	7 (1)	11
	9000	~40	entfernt	5	PK$^{\circ}$	50	10,013				
					PK^{+}	50	10,019	0,754	0,227	1	3
					PK^{-}	50	10,012	−0,115	0,455	–	2
					ΔPK	50		0,928	0,179	–	4

Tabelle D: Ergebnisse: Pseudozufallsgenerator nach einzelnen Teilnehmern

		PK⁺						PK⁻					
Teilnehmer	Anzahl der Serien	Anzahl der Intervalle	Mittelwert	z-Wert	Wahrscheinlichkeit	Anzahl der Serien $p < 0,05$	Anzahl der Serien $p < 0,5$	Anzahl der Intervalle	Mittelwert	z-Wert	Wahrscheinlichkeit	Anzahl der Serien $p < 0,05$	Anzahl der Serien $p < 0,5$
10	9	23000	100,059	1,269	0,102	2	4	22000	99,845	–3,249	0,001	2	8
14	1	2300	100,339	2,300	0,011	1	1	2700	100,197	1,448	(0,074)	–	–
15	1	2500	99,788	–1,499	(0,067)	–	–	2500	99,802	–1,397	0,081	–	1
16	1	2500	100,385	2,724	0,003	1	1	2500	100,122	0,860	(0,195)	–	–
41	2	5600	99,928	–0,758	(0,224)	–	–	4400	99,934	–0,616	0,269	–	1
55	9	23400	99,988	–0,251	(0,401)	–	3	21600	99,986	–0,293	0,385	1	4
70	2	5450	99,933	–0,695	(0,243)	– (1)	1	4550	99,921	–0,751	0,226	1	1
80	1	2500	100,082	0,583	0,280	–	1	2500	99,984	–0,116	0,454	–	1
88	1	2500	99,953	–0,334	(0,369)	–	–	2500	99,748	–1,782	0,037	1	1
94	2	5400	100,208	2,161	0,015	1	2	4600	99,978	–0,215	0,415	–	1
Alle	29	75150	100,037	1,418	0,78	5 (1)	13	69850	99,931	–2,564	0,005	5	18

		Baseline						ΔPK				
Teilnehmer	Anzahl der Serien	Anzahl der Intervalle	Mittelwert	z-Wert	Wahrscheinlichkeit	Anzahl der Serien $p < 0,05$	Serienanzahl Mittelwert > 100	Anzahl der Intervalle	z-Wert	Wahrscheinlichkeit	Anzahl der Serien $p < 0,05$	Anzahl der Serien $p < 0,5$
10	9	22500	99,957	–0,904	0,183	–	3	45000	3,179	0,001	3	7
14	1	2500	100,019	0,133	0,447	–	1	5000	0,496	0,310	–	1
15	1	2500	100,183	1,293	0,098	–	1	5000	–0,072	(0,471)	–	–
16	1	2500	99,875	–0,882	0,189	–	0	5000	1,318	0,094	–	1
41	2	5000	100,138	1,384	0,083	–	2	10000	–0,158	(0,437)	–	1
55	9	22500	99,939	–1,291	0,098	–	2	45000	0,022	0,491	1 (1)	5
70	2	5000	100,139	1,392	0,082	–	2	10000	–0,007	(0,497)	1 (1)	1
80	1	2500	100,089	0,631	0,264	–	1	5000	0,494	0,311	–	1
88	1	2500	99,886	–0,809	0,209	–	0	5000	1,024	0,153	–	1
94	2	5000	99,717	–2,834	0,002	1	0	10000	1,734	0,041	1	2
Alle	29	72500	99,969	–1,170	0,121	1	12	145000	2,801	0,003	6 (2)	20

Register

Das Papier dieses Buches besteht zu 100 Prozent aus Altpapier.
Das Kapitalband und das Leseband wurden aus ungefärbter und ungebleichter Baumwolle gefertigt.